国家一流本科课程配套教材
中国大学MOOC（慕课）配套教材

新编21世纪财税系列教材

政府会计

第二版

童光辉　周克清　刘　丹　王积慧　编著

Government Accounting

中国人民大学出版社
·北京·

内容简介

本书坚持以习近平新时代中国特色社会主义思想为指导，以党的十八届三中全会提出的“建立权责发生制的政府综合财务报告制度”为核心依据，深入贯彻党的二十大报告精神，以全面深化改革为着力点，根据《政府会计准则——基本准则》《政府会计制度——行政事业单位会计科目和报表》《财政总会计制度》等相关政府会计准则制度，按照“政府会计基础理论—行政事业单位会计—财政总会计”的框架设计相关内容。本书共计十六章。

本书为中国大学 MOOC（慕课）“政府会计实务”课程的配套新形态教材，并与易财经合作建立了实操实训平台，实现了线上线下资源的深度融合。

本书既可作为高等院校（含职业院校）经济管理类专业政府会计相关课程的教材，也可作为财政总会计和行政事业单位会计人员的参考用书。

易财经政府会计实操实训软件包含行政单位会计真账实操、事业单位会计真账实操、财政总会计真账实操、行政单位会计课程实训、事业单位会计课程实训、财政总会计课程实训（http://www.51ycj.cn）。

作者简介

童光辉 浙江财经大学-中国社会科学院大学浙江研究院执行院长，副教授、硕士生导师，经济学博士，国家级课程思政教学名师，财政部债务管理人才库成员，浙江省政府会计准则制度咨询专家组成员，兼任中国财政学会财政史研究专业委员会常务委员、浙江省经济学会副秘书长、浙江省财政学会常务理事。主要研究领域为财政理论与政策、政府会计与财政管理、中国财税史与财税思想史。主持国家社科基金项目1项、中国博士后科学基金面上项目1项、浙江省社科基金等省部级项目多项。参与编写《迈向现代财政制度——改革开放40年浙江财政的改革与探索》《共和国财税60年》《地方财政学》等多部专著和教材。在CSSCI期刊上发表论文20余篇，多篇论文被人大复印报刊资料全文转载。曾获得第七次全国国际税收优秀研究成果一等奖。

周克清 西南财经大学财政税务学院教授、博士生导师，经济学博士，国家级课程思政教学名师，四川省学术和技术带头人后备人选，美国佐治亚州立大学访问学者，中国社会科学院财经战略研究博士后，兼任中国财政学会理事。主要研究领域为财税理论与实践、政府会计理论与实务等。主持国家社科基金项目2项、教育部人文社科基金项目1项、四川省哲学社会科学基金项目3项、四川省软科学项目1项。独立出版专著2部，主编参编教材5部。在CSSCI期刊上发表论文40余篇，多篇论文被《新华文摘》和人大复印报刊资料全文转载。曾获得四川省高等教育教学成果奖二等奖，四川省哲学社会科学优秀成果奖三等奖。

刘　丹 浙江财经大学财政税务学院副教授，经济学博士。主持中国博士后科学基金面上项目、教育部人文社会科学研究青年基金项目、国家民委民族研究项目等多项课题，参与国家社科基金和国家自然科学基金项目多项。在CSSCI期刊上发表论文多篇。

王积慧 成都大学商学院教授，高级会计师，四川省会计高端人才（行政事业类），意大利萨尼奥大学访问学者，兼任成都市会计学会常务理事、成都市财政局决策咨询专家智库专家、四川省财政投资评审专家。主要研究领域为非营利组织会计、政府会计与绩效管理等。

第二版前言

本书是中国大学 MOOC（慕课）“政府会计实务”课程的配套教材。自 2019 年上线以来，“政府会计实务”在线开放课程累计选课人数达到 6 万余人次，受到国内众多高校师生和社会学习者的欢迎。自本书 2022 年出版以来，财政部相继出台相关政府会计准则制度解释及事业单位财务规则和成本核算具体指引，逐步推行预算一体化系统，并出台《财政总会计制度》，从而迫切要求对本教材进行修订。为全面贯彻党的二十大报告精神，落实上述政府会计改革相关措施，我们对本教材进行了修订。

本次修订主要涉及三个方面：一是根据 2022 年出台的《政府会计准则制度解释第 5 号》，结合预算一体化系统的实施要求，对财政拨款（预算）收入、零余额账户用款额度、项目间接费用或管理费等进行了修订。二是根据《财政总会计制度》对财政总会计部分进行了全面修订。三是根据《政府会计准则制度解释》等文件对相关内容进行了修订，并对文字进行了重新表述。修订后，本书共包括十六章。其中，第一篇为政府会计基础理论，包括第一至三章；第二篇为行政事业单位会计，包括第四至十一章；第三篇为财政总会计，包括第十二至十六章。

本书主要有三个特色：

第一，重视搭建政府会计的财政理论背景知识。政府会计是对财政资金的核算，因而必须对财政资金运动的基本规律有所把握，为此本书将现代财政制度建设、权责发生制的政府综合财务报告制度改革等贯穿于全书，确保读者能够把握政府会计知识的财政理论背景，做到知其然并知其所以然。

第二，线上线下课程资源相结合。本课程先有在线课程，后有教材编写，主要章节都有相应的线上资源可供学习参考，可通过中国大学 MOOC（慕课）学习。伴随着政府会计制度准则的完善，团队不断更新和优化课程内容，形成了以视频、课件、习题库、阅读材料库、准则制度库和讨论题库等为核心内容的资源库（参见封底的二维码），便于读者使用。

第三，建有相配套的政府会计业务实操平台。政府会计是一门实务性较强的课程，本书除了在各章节中给出相应的习题外，还建有配套的实操平台供读者使用。作为教育部产学合作协同育人项目的成果，课程团队与易财经合作建立了实训实操平台，供政府会计课程学员及实务界人士进行实践操作，以加深他们对课程内容的理解。除易财经平台外，中国大学 MOOC（慕课）上也建有相应的题库，可供学员进行实践性操作。

本书第一版的分工为：周克清教授负责编写第一、二章；王积慧教授负责编写第三章；童光辉副教授负责编写第四章至第十二章；刘丹副教授负责编写第十三章至第十八章。全书由童光辉副教授统稿。本书第二版主要由童光辉、周克清和刘丹负责修订。

在本书的编撰过程中，我们参考了国内政府会计相关教材和文献，汲取了大量有价值的观点与编写方法，在此我们对上述文献的作者表示感谢；使用本课程和第一版教材的师生也提供了宝贵的意见，对此我们深表谢意。我们还要感谢中国人民大学出版社的韩兆丹先生及其同事，他们对本书的出版给予了极大的鼓励和帮助。

当然，由于我们水平有限，缺点和错误在所难免，恳请各位专家、学界同仁和广大读者批评指正。

编　者

第一版前言

本书是中国大学 MOOC（慕课）“政府会计实务”课程的配套教材。自 2019 年上线以来，“政府会计实务”在线开放课程累计选课人数超过 4.6 万人次，受到国内众多高校的欢迎。特别是在 2020 年春季学期新冠疫情期间，全国共有 50 余所高校利用“政府会计实务”在线课程开设了 60 多个小规模限制性在线课程（SPOC），选课人数超过 1.1 万人，为各高校抗疫“停课不停学”做出了应有的贡献。

在课程交流过程中，各高校师生及学员强烈要求我们编写一本配套教材。为此，来自浙江财经大学、西南财经大学和成都大学的四位教师联合编写了本教材。本书主要包括三个部分，第一部分是政府会计基础理论，主要包括政府会计概论、政府会计的财政制度环境和政府会计的基本方法；第二部分是行政事业单位会计，主要包括行政事业单位会计八大要素的核算与会计报表；第三部分是财政总预算会计，主要包括财政总预算会计五大要素的核算与会计报表。本书主要有三个特色：

第一，重视搭建政府会计的财政理论背景知识。政府会计是对财政资金的核算，因而必须对财政资金运动的基本规律有所把握，为此本教材将现代财政制度建设、权责发生制的政府综合财务报告制度改革等贯穿于全书，确保读者能够把握政府会计知识的财政理论背景，做到知其然并知其所以然。

第二，线上线下课程资源相结合。本课程先有在线课程，后有教材编写，主要章节都有相应的线上资源可供学习参考，可通过中国大学 MOOC（慕课）学习。伴随着政府会计制度准则的完善，团队不断更新和优化课程内容，形成了以视频、课件、习题库、阅读材料库、准则制度库和讨论题库等为核心内容的资源库（参见封底的二维码），便于读者使用。

第三，建有相配套的政府会计业务实操平台。政府会计是一门实务性较强的课程，本书除了在各章节中给出相应的习题外，还建有相配套的实操平台供读者使用。作为教育部产学合作协同育人项目的成果，课程团队与易财经合作建立了实训实操平台，供政府会计课程学员及实务界人士进行实践操作，以加深他们对课程内容的理解。除易财经平台外，中国大学 MOOC（慕课）上也建有相应的题库，可供学员进行实践性操作。

从 2020 年春季学期筹划编写本教材以来，编写组通力合作，前后历时一年有余，数易其稿。其中，周克清教授负责编写第一、二章；王积慧教授负责编写第三章；童光辉副教授负责编写第四章至第十二章；刘丹博士负责编写第十三章至第十八章。全书由童光辉副教授统稿。

在本书的编撰过程中，我们参考了国内政府会计相关教材和文献，汲取了大量有价值的观点与编写方法，在此我们对上述文献的作者表示感谢；使用本课程的师生也提供了宝贵的意见，对此我们深表谢意。我们还要感谢中国人民大学出版社的韩兆丹先生及其同事，他们对本书的出版给予了极大的鼓励和帮助。

当然，由于我们水平有限，缺点和错误在所难免，恳请各位专家、学界同仁和广大读者批评指正。

编　者

目录

第一篇

政府会计基础理论

第二篇

行政事业单位会计

第八章

负债的核算

第九章

净资产的核算

第十章

收入的核算

第十一章

费用的核算

第三篇

财政总会计

第十二章

总会计的资产核算

第十三章

总会计的负债核算

第十四章

总会计的收入与预算收入核算

第十五章

总会计的费用与预算支出核算

PART ONE

1

|第一篇|

政府会计基础理论

第一章

政府会计概论

本章学习目标:

1. 了解我国政府会计概念与组成体系
2. 掌握我国政府会计目标与核算模式
3. 理解我国政府会计信息质量要求
4. 掌握我国政府会计要素及其确认
5. 熟悉政府决算报告与财务报告的构成

作为全书的开篇，本章的主要任务是解释以下几个方面的问题：(1) 什么是政府会计；(2) 政府会计是干什么的；(3) 政府会计的基本假设是什么；(4) 政府会计信息质量的要求是什么；(5) 如何得到所需要的政府会计信息；(6) 通过什么方式将会计信息传递给信息使用者。本章将安排六节内容，逐一回答上述问题，以期对政府会计的总体概况有一个基本了解。

第一节　政府会计概念与组成体系

一、政府会计的概念

在现代社会中，会计是确认、计量、记录和综合报告组织经济活动以及与外部实体交流活动的一种经济管理活动。按照核算对象的不同，可以分为企业会计、政府会计和民间非营利组织会计等多个会计体系（见图 1-1）。

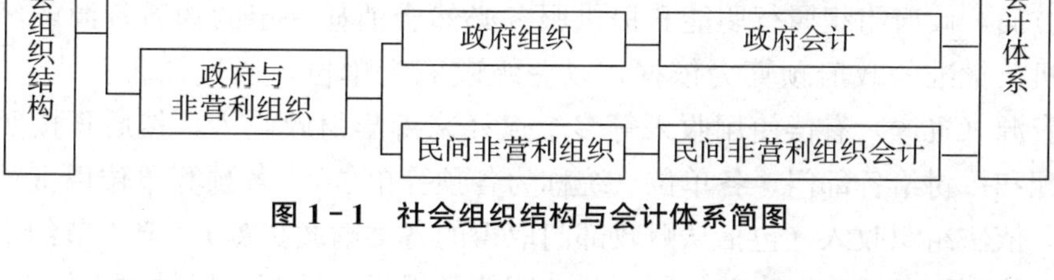

图 1-1　社会组织结构与会计体系简图

所谓政府会计，是以货币作为主要计量单位对政府组织的经济活动或会计事项进行记录、核算、反映和监督的一种专门技术方法和专门管理活动。

在我国，上述概念里的“政府组织”是指以管理社会公共事务、提供公共产品和服务、维护和实现社会公共利益为目的，拥有法定的或授予的公共权力的所有组织实体，不仅包括各级各类国家机关和政党组织，还包括政府出资举办的事业单位等公立非营利组织。

根据 2015 年颁布的《政府会计准则——基本准则》（以下简称《基本准则》），我国的政府会计主体包括各级政府、各部门、各单位。这里所称的“各部门、各单位”是指与本级政府财政部门直接或者间接发生预算拨款关系的国家机关、军队、政党组织、社会团体、事业单位和其他单位。在会计上统称为政府会计主体，在预算管理上统称为预算单位。具体范围包括：

（1）立法机关，包括各级人民代表大会及其常务委员会。

（2）行政机关，包括各级人民政府及其所属工作机构。

（3）司法机关，包括最高及地方各级人民法院和人民检察院。

（4）政治协商机关，包括中国人民政治协商会议各级委员会。

（5）中国共产党机关，包括中国共产党中央委员会和各级地方委员会。

（6）各级民主党派和工商联组织。

（7）各级各类事业单位。

（8）由政府出资举办的社会团体和其他单位等。

政府会计准则——基本准则

与此同时，由于军队等机构的特殊性，军队、已纳入企业财务管理体系的单位和执行《民间非营利组织会计制度》的社会团体，其会计核算不适用政府会计准则制度。

二、政府会计的组成体系

相对于营利组织而言，政府组织的基本职责在于管理社会公共事务、提供公共产品和服务、维护和实现社会公共利益，并不是为了获取利润，因而，非营利性是政府组织的核心特征之一，政府服务的接受者与政府组织之间是一种非交换性交易。

一方面，各级政府组织及其所属的各部门、各单位在履行职能过程中提供的各项公共服务通常是免费的，或者是部分收费的。尽管有部分事业单位可以通过开展专业业务活动及其辅助活动、经营活动和投资活动等方式取得事业收入、经营收入和投资收益等各项收入，但是仍然不足以弥补其成本耗费，需要依靠财政拨款等经济资源的流入来维持其持续运营。

另一方面，政府组织履行职能和提供服务必然会消耗一定的物质资源或经费。首先要以立法机关批准的政府预算为依据，以一级政府为单位，通过征收税费、举借债务、取得国有资源（资产）有偿使用收入等多个途径来筹集财政收入，然后再按照预算将财政资金分配和拨付给各部门、各单位（统称为各预算单位）。各预算单位以批准的单位预算为依据，依法组织收入（包括从财政部门取得的各类财政拨款），努力节约支出，加强财务管理，防范财务风险，为单位履行公共职能和提供公共服务提供财力保障。

（一）按照核算对象的不同，政府会计分为财政总会计和行政事业单位会计

财政总会计是指各级政府财政核算、反映、监督一般公共预算资金、政府性基金预算资金、国有资本经营预算资金、社会保险基金预算资金以及财政专户管理资金、专用基金和代管资金等资金有关的经济活动或事项的一门专业会计。其中，社会保险基金预算资金会计核算不适用《财政总会计制度》，由财政部另行规定。

行政事业单位会计是适用于各级各类行政事业单位财务活动的一门专业会计，又称政府单位会计。

（二）按照核算功能的不同，政府会计分为政府预算会计和政府财务会计

政府预算会计，是指以收付实现制为基础，对政府会计主体预算执行过程中发生的全部收入和全部支出进行会计核算，主要反映和监督预算收支执行情况的会计。

政府财务会计，是指以权责发生制为基础，对政府会计主体发生的各项经济业务或事项进行会计核算，主要反映和监督政府会计主体财务状况、运行情况和现金流量等的会计。

三、政府会计的准则制度体系

自 2015 年以来，我国在政府会计领域陆续颁布了一系列规章制度，建立了一套全新的政府会计准则制度体系。具体来说，这套准则制度体系是由政府会计基本准则、政府会计具体准则及应用指南、政府会计制度等组成。

（一）基本准则

基本准则主要是对政府会计目标、会计主体、会计信息质量要求、会计核算基础，以及会计要素定义、确认和计量原则、列报要求等做出规定。基本准则属于“概念框架”，统驭政府会计具体准则和政府会计制度的制定，并为政府会计实务问题提供处理原则，为编制政府财务报告提供基础标准。

从会计规则的角度来看，基本准则为在政府会计具体准则和政府会计制度层面规范政府发生的经济业务或事项的会计处理提供了基本原则，保证了政府会计准则体系的内在一致性。

从会计主体的角度来看，基本准则适用于各级政府、各部门、各单位（统称“政府会计主体”），有利于消除各级政府、部门、行业和单位执行不同规范所导致的信息差异，打破不同部门、行业的藩篱，各政府会计主体都以统一规范的会计语言体系处理会计事务、参与政府治理，提高了政府会计信息的可比性。

（二）具体准则及应用指南

具体准则主要规定政府发生的经济业务或事项的会计处理原则，应用指南主要是对具体准则的实际应用做出操作性规定。

（三）政府会计制度

政府会计制度主要规定政府会计科目及其使用说明、报表格式及其编制说明等。根据会计主体的不同，又进一步分为《财政总会计制度》和《政府会计制度——行政事业单位会计科目和报表》。

（四）事业单位成本核算指引

事业单位成本核算指引分为基本指引和具体指引两个层级。其中，基本指引旨在为事业单位构建统一的有关成本核算的基本框架，其主要定位和作用包括两个方面：一是为事业单位树立成本的基本概念和理念，明确成本核算的基本原则和基本方法，为事业单位开展成本核算工作提供基本遵循依据；二是确立事业单位成本核算技术层面的顶层设计，统驭各类事业单位成本核算具体指引等的制定。

具体指引是在遵循基本指引的基础上，分别就有关行业事业单位开展成本核算通用的内容做出规定，为行业主管部门和单位开展成本核算提供制度依据。

（五）政府会计准则制度解释

政府会计准则制度解释主要是对政府会计准则制度在实施过程中亟待解决的问题、有关规定需要进一步说明的问题、对相关规定进行补充和完善的问题等方面的内容做出解释。

授课视频：请访问中国大学MOOC→政府会计实务/周克清等→第一章第一节政府会计概述

第二节　政府会计目标与核算模式

在新的政府会计标准体系出台之前，我国实施的是以收付实现制为基础的预算会计体系①，主要包括财政总预算会计制度、行政单位会计制度和事业单位会计准则制度等。原有的预算会计体系是适应财政预算管理的要求建立和逐步发展起来的，为财政资金的运行管理和宏观经济决策发挥了重要的基础性作用。但与此同时，也存在着诸多问题亟须改进。为此，新的政府会计标准体系引入新的“双目标”核算模式，实行财务会计与预算会计适度分离并相互衔接，在完善预算会计功能基础上，增强政府财务会计功能，夯实政府财务报告核算基础，为中长期财政发展、宏观调控和政府信用评级服务。

建立健全政府会计标准体系　夯实政府财务报告编制基础

① 这里的“预算会计体系”是指整个会计制度体系，有别于“双功能”意义上的“预算会计”，后者只是新的政府会计准则制度体系中的一个核算功能。

一、政府会计目标

政府会计目标是指政府会计最终期望达到的效果，它主要涉及政府会计信息使用者及其信息需求，政府应当提供哪些信息以满足信息使用者的需求等方面的问题。对此，我国在政府会计中采用了“双目标”，包括决算报告目标和财务报告目标。

（一）决算报告目标

决算报告目标是向决算报告使用者提供与政府预算执行情况有关的信息，综合反映政府会计主体预算收支的年度执行结果，有助于决算报告使用者进行监督和管理，并为编制后续年度预算提供参考和依据。政府决算报告使用者包括各级人民代表大会及其常务委员会、各级政府及其有关部门、政府会计主体自身、社会公众和其他利益相关者。

根据政府会计主体的不同，预算执行信息可以分为三个层面：政府单位层面、政府部门层面和一级政府层面。

在政府单位层面，政府会计应当提供本单位预算执行情况的信息。根据“一个单位，一本预算”的要求，单位所有收支都必须纳入预算管理。因此，单位层面提供的预算执行信息，既包括财政拨款预算收支，也包括各类非财政拨款预算收支。

在政府部门层面，政府会计应当提供部门本级预算执行信息，以及部门本级与所属各预算单位汇总的部门预算执行信息。因为部门预算执行信息是通过汇总存在预算管理关系的政府单位预算执行情况的信息形成的，所以，部门层面和单位层面关于预算执行情况信息的具体内容是一致的。

在一级政府层面，政府会计应当提供本级政府预算执行情况的信息，以及本级政府和所属下级政府汇总的预算执行情况的信息。其中，预算执行情况的信息包括收入预算执行情况的信息、支出预算执行情况的信息和政府间转移支付执行情况的信息等。

总之，经批准的预算编制到哪里，政府会计信息就提供到哪里。只有这样，才能全面反映政府会计主体的预算执行情况，综合反映政府会计主体预算收支的年度执行结果。

（二）财务报告目标

财务报告目标是向财务报告使用者提供与政府的财务状况、运行情况（含运行成本）和现金流量等有关的信息，反映政府会计主体公共受托责任履行情况，有助于财务报告使用者做出决策或者进行监督和管理。政府财务报告使用者包括各级人民代表大会常务委员会、债权人、各级政府及其有关部门、政府会计主体自身和其他利益相关者。

根据政府会计主体的不同，财务报告也可以分为三个层面：政府单位层面、政府部门层面和一级政府层面。

在政府单位层面，各单位应按时编制以资产负债表、收入费用表等财务报表为主要内容的财务报告，并按预算管理的隶属关系报送上级部门。

在政府部门层面，各部门应按时合并部门所属各单位的财务报表，编制部门财务报告，并报送财政部门。

在一级政府层面，财政部门应合并各部门和其他纳入合并范围主体的财务报表，编制政府综合财务报告，反映各级政府整体财务状况、运行情况和财政中长期可持续性。

总之，政府财务报告包括政府综合财务报告和政府部门财务报告，从而构建起一个满足现代财政制度需要的政府财务报告体系。

二、核算模式

在系统总结和分析传统预算会计体系利弊的基础上，新的政府会计实行财务会计与预算会计适度分离并相互衔接的核算模式。

（一）财务会计与预算会计的适度分离

所谓“适度分离”，是指适度分离财务会计和预算会计功能、决算报告和财务报告功能，全面反映政府会计主体的财务信息和预算执行信息。主要体现在以下几个方面：

1. 双功能

在同一会计核算系统中实现财务会计和预算会计双重功能，通过资产、负债、净资产、收入、费用五个要素进行财务会计核算；通过预算收入、预算支出和预算结余三个要素进行预算会计核算。

2. 双基础

财务会计实行权责发生制；预算会计实行收付实现制，国务院另有规定的，从其规定。

3. 双报告

通过财务会计核算形成财务报告，通过预算会计核算形成决算报告。

（二）财务会计与预算会计的相互衔接

所谓“相互衔接”，是指在同一会计核算系统中，财务会计要素和预算会计要素相互协调，决算报告和财务报告相互补充，共同反映政府会计主体的财务信息和预算执行信息。主要体现在：

1. 对纳入预算管理的现金收支进行“平行记账”

在财政总会计中，对于纳入预算管理的财政资金收支业务，在采用财务会计核算的同时应当进行预算会计核算；对于不同预算类型资金间的调入调出、待发国债等业务，仅需进行预算会计核算；对于其他业务，仅需进行财务会计核算。

在行政事业单位会计中，对纳入部门预算管理的现金收支业务进行财务会计核算的同时也进行预算会计的核算。对于其他业务，仅需进行财务会计核算。

2. 财务报表与预算会计报表之间存在勾稽关系

通过编制“本期预算结余与本期盈余差异调节表”并在附注中进行披露，反映单位财务会计与预算会计因核算基础和核算范围不同所产生的本年盈余数（即本期收入与费用的差额）与本年预算结余数（本年预算收入与预算支出的差额）之间的差异，从而揭示财务会计与预算会计的内在联系。

这种核算模式既兼顾了编制收付实现制决算报告制度的需要，又能满足编制权责发生制财务报告的要求，对于规范政府部门的会计行为，夯实政府部门的预算和财务管理基础，强化政府部门的绩效管理具有深远的影响。

授课视频：请访问中国大学 MOOC→政府会计实务/周克清等→第一章第三节政府会计目标

第三节 政府会计假设和会计基础

一、政府会计假设

政府会计假设，是指对政府会计所处的空间和时间环境以及所使用的主要计量单位所作的合理假定或设定，是组织会计核算工作所必须具备的前提条件。

（一）会计主体

会计主体是指政府会计工作特定的空间范围，明确了会计对所掌握的经济资源、承担的负债、开展活动的经济内容进行核算和报告。

1. 财政总会计的主体是各级政府，并具体由各级政府的财政部门负责进行会计核算等工作

按照“一级政府，一级预算”的原则，我国从中央到地方有五级政府，分别设立中央、省（自治区、直辖市）、设区的市（自治州）、县（自治县、不设区的市、市辖区）、乡（民族乡、镇）五级预算。与之相对应的是，各级政府在财政部门设立本级财政总会计，并主要负责：(1) 进行会计核算，(2) 加强财政资金收付调度管理，(3) 规范账户管理，(4) 实行会计监督，(5) 协调预算收入征收部门、国家金库、国库集中收付代理银行和其他有关部门之间的业务关系，(6) 组织本地区财政总决算、部门决算、政府财务报告编审和汇总工作，(7) 组织和指导下级财政总会计工作。

2. 行政事业单位会计的主体是各级各类行政事业单位（统称预算单位）

按照国家机构建置和预算管理关系，各级各类行政事业单位分为：一级预算单位（也称为主管预算单位或主管会计单位）、二级预算单位（也称为二级会计单位）、基层预算单位（也称为基层会计单位）。

一级预算单位是指向财政部门直接领报经费且发生预算管理关系的单位。

二级预算单位是指向主管预算单位领报经费且有下属单位的单位。

基层预算单位是指向上级预算单位领报经费且没有下属单位的单位。

（二）持续运行

持续运行是指政府会计主体的业务活动能够持续不断地进行下去。这一假设保证政府财政以及行政事业单位可以按照正常的会计方法进行会计核算，而不将会计核算建立在非正常的财政财务清算的基础之上。

（三）会计分期

会计分期是指将政府会计主体持续运行的时间人为地划分成时间阶段，以便分阶段结算账目，编制会计报表。政府会计期间分为年度、半年度、季度和月份。会计年度、半年度、季度和月份采用公历日期。

分期提供会计信息，除了可以及时提供信息外，还有利于将各期会计信息进行比较，从而有利于进行信息分析，提高信息的有用性。

（四）货币计量

货币计量是指政府会计核算以人民币作为记账本位币。如果发生外币收支，应当按照中国人民银行公布的人民币汇率折算为人民币核算。

货币计量可以使得各种经济业务在数量上有一个统一的衡量标准，即人民币“元”，从而使得相同或不同的经济业务在数量上可以进行相加或相减，得出富有意义的财务信息。

二、政府会计基础

会计基础是指会计确认、计量和报告的基础，主要有收付实现制和权责发生制两种。

收付实现制，是指以现金的实际收付为标志来确定本期收入和支出的会计核算基础。凡在当期实际收到的现金收入和支出，均应作为当期的收入和支出；凡是不属于当期的现金收入和支出，均不应当作为当期的收入和支出。

权责发生制，是指以取得收取款项的权利或支付款项的义务为标志来确定本期收入和费用的会计核算基础。凡是当期已经实现的收入和已经发生的或应当负担的费用，不论款项是否收付，都应当作为当期的收入和费用；凡是不属于当期的收入和费用，即使款项已在当期收付，也不应当作为当期的收入和费用。

由于政府预算会计以如实反映预算执行情况作为主要会计目标，因此，政府预算会计采用收付实现制基础。国务院另有规定的，从其规定。

由于政府财务会计以如实反映财务状况和运行情况作为主要会计目标，因此，政府财务会计实行权责发生制。

授课视频：请访问中国大学 MOOC→政府会计实务/周克清等→第一章第二节政府会计基础

第四节 政府会计信息质量要求

所谓会计信息质量，也就是会计信息所应当达到或满足的基本质量要求。它就像产品质量一样，如果不能符合既定的产品质量标准，这些产品就不能为消费者带来应有的效益。具体落实到政府会计领域，相应的会计信息质量要求包括：可靠性、全面性、相关性、及时性、可比性、可理解性、实质重于形式等。

将“不做假账”进行到底！

其中，可靠性、全面性、相关性是对会计信息质量的实质性要求，是会计信息应具备的基本质量特征。及时性、可比性、可理解性是对会计信息质量的形式性要求，是对可靠性、全面性、相关性等首要质量要求的补充和完善。实质重于形式是对会计信息的约束性要求，在对某些特殊经济业务或事项进行处理时，需要根据这一质量要求来把握其会计处理原则。

一、可靠性

可靠性，是指政府会计主体应当以实际发生的经济业务或者事项为依据进行会计核算，如实反映各项会计要素的情况和结果，保证会计信息质量真实可靠。

可靠性是高质量会计信息的重要基础和关键所在，要求政府会计主体应当以实际发生的经济业务或者事项为依据进行确认、计量和报告，如实反映符合确认和计量要求的各种会计要素及其他相关信息，保证会计信息真实可靠、内容完整。否则，政府会计信息不仅不能帮助信息使用者做出正确的评价和决策，还会导致信息使用者做出错误的评价和决策，从而影响社会公众的利益。

二、全面性

全面性，是指政府会计主体应当将发生的各项经济业务或者事项统一纳入会计核算，确保会计信息能够全面反映政府会计主体的预算执行情况、财务状况、运行情况和现金流量情况等。

全面性体现了《中华人民共和国会计法》和《中华人民共和国预算法》（简称《预算法》）等法律法规对会计核算内容的要求，从而保证了会计信息的完整性。比如，《预算法》第四条规定，预算由预算收入和预算支出组成。政府的全部收入和支出都应当纳入预算。所以，预算编制到哪里，会计信息就要提供到哪里。又如，在行政事业单位中，单位会计核算的资产不仅要包括单位占有、使用的资产，还要包括受托管理的资产，以及负有经管责任的公共基础设施、政府储备物资、文物文化资产、保障性住房和自然资源资产等。

三、相关性

相关性，是指政府会计主体提供的会计信息，应当与反映政府会计主体公共受托责任履行情况以及报告使用者决策或者监督、管理的需要相关，有助于报告使用者对政府会计主体过去、现在或者未来的情况做出评价或者预测。

四、及时性

及时性，是指政府会计主体对已经发生的经济业务或者事项，应当及时进行会计核算，不得提前或者延后。

会计信息的价值在于帮助信息使用者做出经济决策，具有时效性。即使是可靠的、全面的、相关的会计信息，如果不及时提供，就失去了时效性，对于使用者的效用就大大降低，甚至不再具有实际意义。

在会计确认、计量和报告过程中贯彻及时性，一是要求及时收集会计信息，即在经济业务或者事项发生后，及时收集整理各种原始单据或凭证；二是要求及时处理会计信息，即按照国家统一的会计制度的规定，及时对经济业务或者事项进行确认或计量，并编制报告；三是要求及时传递会计信息，即按照国家规定的有关时限，及时将编制的报告传递给信息使用者，便于其及时使用和决策。

五、可比性

可比性，是指同一政府会计主体不同时期发生的相同或相似的经济业务或者事项，应当采取一致的会计政策，不得随意变更。确需变更的，应当将变更的内容、理由及其影响在附注中予以说明。不同政府会计主体发生的相同或相似的经济业务或者事项，应当采取一致的会计政策，政府会计信息口径一致，相互可比。

六、可理解性

可理解性，是指政府会计主体提供的会计信息应当清晰明了，便于报告使用者理解和使用。

政府会计主体编制决算报告和财务报告、提供会计信息的目的在于使用。所以，为了让使用者有效使用会计信息，应当能让其了解会计信息的内涵，弄懂会计信息的内容，这就要求决算报告和财务报告所提供的会计信息应当清晰明了，易于理解。只有这样，才能提高会计信息的有用性，实现财务报告的目标，满足向信息使用者提供有用信息的要求。

七、实质重于形式

实质重于形式，是指政府会计主体应当按照经济业务或者事项的经济实质进行会计核算，不限于以经济业务或者事项的法律形式为依据。

政府会计主体发生的经济业务或者事项在多数情况下其经济实质和法律形式是一致的，但在有些情况下也会出现不一致。例如，单位通过融资租赁取得一项设备，尽管从法律上来说，这项设备的所有权不属于本单位，但从经济实质上来讲与该设备所有权有关的全部或者绝大部分风险和报酬已经被转移给单位，因此，应当将该设备确认为本单位的资产。

第五节　政府会计要素及其确认

按照政府预算会计和财务会计适度分离又相互衔接的核算模式，政府会计要素也分为政府预算会计要素和政府财务会计要素。

一、政府预算会计要素及其确认和计量原则

政府预算会计要素包括预算收入、预算支出和预算结余。

（一）预算收入

预算收入是指政府会计主体在预算年度内依法取得并纳入预算管理的现金流入。预算收入一般在实际收到时予以确认，以实际收到的金额计量。

（二）预算支出

预算支出是指政府会计主体在预算年度内依法发生并纳入预算管理的现金流出。预算支出一般在实际支付时予以确认，以实际支付的金额计量。

（三）预算结余

预算结余是指政府会计主体预算年度内预算收入扣除预算支出后的资金余额，以及历年滚存的资金余额。预算结余包括结余资金和结转资金。其中，结余资金是指年度预算执行终了，预算收入实际完成数扣除预算支出和结转资金后剩余的资金。结转资金是指预算安排项目的支出年终尚未执行完毕或者因故未执行，且下年需要按原用途继续使用的资金。

政府预算会计要素之间的平衡关系为：

预算收入－预算支出＝预算结余

二、政府财务会计要素及其确认和计量原则

政府财务会计要素包括资产、负债、净资产、收入和费用。

（一）资产

资产是指政府会计主体过去的经济业务或者事项形成的，由政府会计主体控制的，预期能够产生服务潜力或者带来经济利益流入的经济资源。其中，服务潜力是指政府会计主体利用资产提供公共产品和服务以履行政府职能的潜在能力。经济利益流入表现为现金及现金等价物的流入，或者现金及现金等价物流出的减少。

符合资产定义的经济资源，在同时满足以下条件时，确认为资产：第一，与该经济资源相关的服务潜力很可能实现或者经济利益很可能流入政府会计主体；第二，该经济资源的成本或者价值能够可靠地计量。

资产的计量属性主要包括历史成本、重置成本、现值、公允价值和名义金额。

在历史成本计量下，资产按照取得时支付的现金金额或者支付对价的公允价值计量。

在重置成本计量下，资产按照现在购买相同或者相似资产所需支付的现金金额计量。

在现值计量下，资产按照预计从其持续使用和最终处置中所产生的未来净现金流入量的折现金额计量。

在公允价值计量下，资产按照市场参与者在计量日发生的有序交易中，出售资产所能收到的价格计量。

无法采用上述计量属性的，采用名义金额（即人民币 1 元）计量。

政府会计主体在对资产进行计量时，一般应当采用历史成本。采用重置成本、现值、公允价值计量的，应当保证所确定的资产金额能够持续、可靠地计量。

（二）负债

负债是指政府会计主体过去的经济业务或者事项形成的，预期会导致经济资源流出政府会计主体的现时义务。其中，现时义务是指政府会计主体在现行条件下已承担的义务。未来发生的经济业务或者事项形成的义务不属于现时义务，不应当确认为负债。

符合负债定义的义务，在同时满足以下条件时，确认为负债：第一，履行该义务很可能导致含有服务潜力或者经济利益的经济资源流出政府会计主体；第二，该义务的金额能够可靠地计量。

负债的计量属性主要包括历史成本、现值和公允价值。

在历史成本计量下，负债按照因承担现时义务而实际收到的款项或者资产的金额，或者按照承担现时义务的合同金额，或者按照为偿还负债预期需要支付的现金计量。

在现值计量下，负债按照预计期限内需要偿还的未来净现金流出量的折现金额计量。

在公允价值计量下，负债按照市场参与者在计量日发生的有序交易中，转移负债所需支付的价格计量。

政府会计主体在对负债进行计量时，一般应当采用历史成本。采用现值、公允价值

计量的，应当保证所确定的负债金额能够持续、可靠地计量。

（三）净资产

净资产是指政府会计主体资产扣除负债后的净额。净资产金额取决于资产和负债的计量。

（四）收入

收入是指报告期内导致政府会计主体净资产增加的、含有服务潜力或者经济利益的经济资源的流入。

收入的确认应当同时满足以下条件：第一，与收入相关的含有服务潜力或者经济利益的经济资源很可能流入政府会计主体；第二，含有服务潜力或者经济利益的经济资源流入会导致政府会计主体资产增加或者负债减少；第三，流入金额能够可靠地计量。

（五）费用

费用是指报告期内导致政府会计主体净资产减少的、含有服务潜力或者经济利益的经济资源的流出。

费用的确认应当同时满足以下条件：第一，与费用相关的含有服务潜力或者经济利益的经济资源很可能流出政府会计主体；第二，含有服务潜力或者经济利益的经济资源流出会导致政府会计主体资产减少或者负债增加；第三，流出金额能够可靠地计量。

政府财务会计要素之间的平衡关系为：

资产－负债＝净资产

收入－费用＝净资产的增加或减少

授课视频：请访问中国大学 MOOC→政府会计实务/周克清等→第一章第四节政府会计要素

第六节　政府决算报告和财务报告

政府决算报告和财务报告是政府会计工作的最终产品，是全面系统地反映政府组织经济活动及其结果的报告性书面文件，是考核政府组织预算和财务业绩的重要依据，也是政府组织解除预算和财务受托责任的书面信息载体。

财政部关于“政府会计准则第 9 号”答记者问

一、政府决算报告

政府决算报告是综合反映政府会计主体年度预算收支执行结

果的文件。政府决算报告包括财政总决算报告和部门决算报告，前者由财政部门编制，后者由各预算执行部门编制。财政总决算报告是全面反映各级政府年度预算收支执行结果的总结性文件。部门决算报告是综合反映本部门预算执行结果和财务状况的总结性文件。

政府决算报告应当包括决算报表和其他应当在决算报告中反映的相关信息和资料。在现行实务中，政府决算报表分别由财政总决算会计报表和单位预算会计报表组成。预算会计报表至少包括预算收入支出表、预算结余结转变动表和财政拨款预算收入支出表。其中，预算收入支出表是反映单位在某一会计年度内各项预算收入、预算支出和预算收支差额情况的报表。预算结余结转变动表是反映单位在某一会计年度内预算结余结转变动情况的报表。财政拨款预算收入支出表是反映单位本年财政拨款预算资金收入、支出及相关变动具体情况的报表。

政府决算报告的编制主要以收付实现制为基础，以预算会计核算生成的数据为准。

二、政府财务报告

政府财务报告是反映政府会计主体某一特定日期的财务状况和某一会计期间的运行情况和现金流量等信息的文件。政府财务报告包括政府综合财务报告和政府部门财务报告。政府综合财务报告是指由政府财政部门编制的，反映各级政府整体财务状况、运行情况和财政中长期可持续性的报告。政府部门财务报告是指政府各部门、各单位按规定编制的财务报告。

政府财务报告应当包括财务报表和其他应当在财务报告中披露的相关信息和资料。财务报表是对政府会计主体财务状况、运行情况和现金流量等信息的结构性表述。财务报表包括会计报表和附注。会计报表至少应当包括资产负债表、收入费用表和现金流量表。资产负债表是反映政府会计主体在某一特定日期的财务状况的报表。收入费用表是反映政府会计主体在一定会计期间运行情况的报表。现金流量表是反映政府会计主体在一定会计期间现金及现金等价物流入和流出情况的报表。附注是对在资产负债表、收入费用表、现金流量表等报表中列示项目所作的进一步说明，以及对未能在这些报表中列示项目的说明。

政府财务报告的编制主要以权责发生制为基础，以财务会计核算生成的数据为准。

授课视频：请访问中国大学 MOOC→政府会计实务/周克清等→第一章第五节政府决算报告与财务报告

思考题

1. 什么是政府会计？
2. 政府会计信息质量的要求是什么？
3. 政府会计的基本假设是什么？

4. 政府会计要素都包括什么？请分别解释其定义。不同会计要素的确认和计量原则是什么？

5. 什么是“财务会计与预算会计适度分离并相互衔接的核算模式”？

6. 政府会计通过什么方式将会计信息传递给信息使用者？

第二章
政府会计的财政制度环境

本章学习目标：

1. 了解我国政府预算的基本情况
2. 掌握我国政府收支分类科目的基本设置
3. 熟悉我国国库集中收付的基本程序
4. 了解我国预算管理一体化制度的基本内容

作为整个财政管理的重要组成部分，政府会计的有效运行离不开一定的制度环境。其中，有四个方面的制度体系是需要重点了解的：一是政府预算，二是政府收支分类体系，三是国库集中收付制度，四是预算管理一体化。

第一节　政府预算

一、政府预算概念

政府预算是指经过法定程序核准的具有法律效力的政府年度财政收支计划，是规范政府收支行为的工具，是提升国家治理能力、建立现代治理体系的重要依据。

分分钟讲讲新预算法

（一）政府预算是政府年度财政收支计划

从政府财政的角度看，预算是按一定标准分门别类的政府年度财政收支计划，反映了一个预算年度内政府及公共经济部门的全部经济活动的结果和政府财政收支的全部内容。预算收支计划不仅反映了政府财政资金的来源与规模，而且反映了财政资金的用途、去向以及这些支出安排的科学性、合理性，它对政府支出实施了有效的监督与控制。

（二）政府预算是规范政府收支行为的工具

在现代社会，政府公共权力的实质意义与价值来源于资源的支撑，唯有对公共资源的获取、分配和使用进行控制，才有可能真正约束与引导公共权力和公共政策的运作。

从社会的角度看，预算反映政府活动的范围和负责任程度，以预算为中心的治理模式是法治社会的标志，由法定程序审核通过的预算是国民意志与政府意志的统一，也是规范政府收支行为的工具，是治国理政的依据。

（三）政府预算是由一系列预算组成的预算体系

20 世纪 90 年代以来，我国政府预算体系不断拓展和完善，在一般公共预算的基础上，先后建立了政府性基金预算、国有资本经营预算和社会保险基金预算，初步形成了由一般公共预算、政府性基金预算、国有资本经营预算和社会保险基金预算组成的政府预算体系。新预算法进一步明确规定，政府的全部收入和支出都应当纳入预算，预算由上述四本预算组成，各本预算既应当保持完整、独立，同时也要求政府性基金预算、国有资本经营预算、社会保险基金预算应当与一般公共预算衔接。

以“预算法治”
推动现代治理

政府预算体系的建立健全，提高了政府预算编制的完整性，对加强政府预算管理、提高财政资金效益、增强财政预算透明度起到了积极作用。

二、政府预算体系

政府预算体系，包括政府预算的组织体系、构成体系和收支体系。从组织体系角度考察，我国政府预算由各级政府预算和机构预算组成。从构成体系角度来考察，我国政府预算由一般公共预算、政府性基金预算、国有资本经营预算、社会保险基金预算等组成。从收支体系角度考察，我国政府预算由预算收入和预算支出组成。

（一）政府预算的组织体系

从组织体系考察，我国政府预算由各级政府预算和机构预算组成。

1. 政府预算

我国实行一级政府、一级预算。目前，我国从中央到地方有五级政府，分别设立中央、省（自治区、直辖市）、设区的市（自治州）、县（自治县、不设区的市、市辖区）、乡（民族乡、镇）五级预算。

全国预算由中央预算和地方预算组成。地方预算由各省、自治区、直辖市总预算组成。地方各级总预算由本级预算和汇总的下一级总预算组成。

（1）中央预算。中央预算是经过法定程序批准的中央政府的财政收支计划。中央一般公共预算由财政部代表中央政府（国务院）汇编，经全国人民代表大会审查批准。

（2）地方预算。地方预算是经过法定程序批准的，地方各级政府的财政收支计划的统称。我国省级及其以下四级预算，都称为地方预算。地方各级一般公共预算由地方本级财政机关代表同级政府汇编，根据其涵盖的范围、级次，又分为本级预算和总预算。

各级政府的本级一般公共预算由同级各部门预算组成，部门预算由本部门及其所属各单位预算组成。

各级地方总预算由本级政府一般公共预算及所属的下级财政总预算汇总而成，是反映本地行政区域范围内政府财政收支的计划。如省总预算由省本级预算及所属市、县总预算汇总而成，县总预算由县本级预算及所属乡、镇总预算汇总而成。

2. 机构预算

机构预算是行使公共财力的机构所编制的预算，包括部门预算和单位预算。

（1）部门预算。部门是指与财政直接发生预算缴拨款关系的国家行政机关、军队、政党组织、社会团体及事业单位和国有（控股）企业。部门预算是以部门为依托，由主管单位汇编的、反映本部门全部收支的年度计划。部门预算的基本单元是单位预算。

（2）单位预算。单位预算是指各部门下属的机关、团体和企事业单位的年度财务收支计划。它以资金收支形式反映预算单位的各项活动，不仅反映预算单位与财政之间资金的领、拨、缴、销关系，而且反映行政事业单位活动的规模和方向，是对单位一定时期内财务收支规模、结构、资金来源和去向所作的预计。

（二）政府预算的构成体系

从构成体系考察，我国政府预算包括一般公共预算、政府性基金预算、国有资本经营预算、社会保险基金预算。四本预算各自保持完整和独立，政府性基金预算、国有资本经营预算、社会保险基金预算与一般公共预算相衔接。

1. 一般公共预算

收入以税收为主体，支出安排主要用于保障和改善民生、推动经济社会发展、维护国家安全、维持国家机构正常运转等方面。中央一般公共预算收入包括中央本级收入和地方向中央的上解收入。中央一般公共预算支出包括中央本级支出、中央对地方的税收返还和转移支付。

地方各级一般公共预算收入包括地方本级收入、上级政府对本级政府的税收返还和转移支付、下级政府的上解收入。地方各级一般公共预算支出包括地方本级支出、对上级政府的上解支出、对下级政府的税收返还和转移支付。

2. 政府性基金预算

这是对依照法律、行政法规的规定在一定期限内向特定对象征收、收取或者以其他方式筹集的资金，专项用于特定公共事业发展的收支预算。政府性基金预算，根据基金项目收入情况和实际支出需要，按基金项目编制，以收定支。

3. 国有资本经营预算

这是对国有资本收益作出支出安排的收支预算。国有资本经营预算，按照收支平衡的原则编制，不列赤字。国有资本经营预算支出与一般公共预算支出统筹使用。国有资本经营预算支出范围除调入一般公共预算和补充社保基金外，限定用于解决国有企业历史遗留问题及相关改革成本支出、对国有企业的资本金注入及国有企业政策性补贴等方面。

4. 社会保险基金预算

这是对社会保险缴款、一般公共预算安排和其他方式筹集的资金，专项用于社会保险的收支预算。社会保险基金预算按照统筹层次和社会保险项目分别编制，做到收支平衡。

（三）政府预算的收支体系

从收支体系角度考察，政府预算由预算收入和预算支出组成。各级政府的全部收入和支出都应当纳入预算。各级预算遵循统筹兼顾、勤俭节约、量力而行、讲求绩效和收支平衡的原则。《预算法》还要求各级政府财政建立跨年度预算平衡机制。

认真贯彻落实预算法实施条例　深入推进预算管理制度改革

授课视频：请访问中国大学 MOOC→政府会计实务/周克清等→第二章第一节政府预算管理体制

第二节　政府收支分类体系

政府收支分类体系是编制政府预算和决算、组织预算执行以及预算单位进行会计核算的重要依据，是财政管理的重要基础性工作，直接关系到预算透明度的提升，关系到预算管理的科学化和规范化。根据财政部每年制定的《政府收支分类科目》，政府收支分类分为：一般公共预算收支科目、政府性基金预算收支科目、国有资本经营预算收支科目、社会保险基金预算收支科目和支出经济分类科目。

一、一般公共预算收支科目

（一）一般公共预算收入科目

一般公共预算收入科目分为类、款、项、目四级，各级科目逐级递进，内容也逐级细化。其中一般公共预算收入的类级科目有税收收入、非税收入、债务收入和转移性收入。

税收收入的款级科目设置

1. 税收收入

税收收入反映政府通过征税取得的一般公共预算收入。税收收入类级科目按税种开设如下款级科目：增值税、消费税、企业所得税、企业所得税退税、个人所得税、资源税、城市维护建设税、房产税、印花税、城镇土地使用税、土地增值税、车船税、船舶吨税、车辆购置税、关税、耕地占用税、契税、烟叶税、环境保护税和其他税收收入。

2. 非税收入

非税收入反映各级政府及其所属部门和单位依法利用行政权力、政府信誉、国家资源、国有资产或提供特定公共服务征收、收取、提取、募集的除税收和政府债务收入以外的财政收入。非税收入类级科目开设如下款级科目：专项收入、行政事业性收费收入、国有资本经营收入、罚没收入、国有资源（资产）有偿使用收入、捐赠收入、政府住房基金收入等。

需要注意的是，政府非税收入是政府的财政收入，不是各执收单位的自有收入。因此，政府非税收入应当纳入政府财政管理，实行收支脱钩的管理办法，即收支两条线的管理办法。按照收支两条线的管理办法，非税收入各执收单位应当将按规定收取的非税收入及时足额地上缴财政；财政将收到的非税收入统一纳入政府预算。各执收单位在开展业务活动中需要使用的财政资金，应当纳入单位预算。财政部门依据经批准的单位预算向相关单位拨付财政资金。在收支两条线的管理方法下，非税收入各执收单位实际执收的非税收入数额，与其实际可以使用的财政资金数额没有关系。

非税收入与收支管理及款级科目

3. 债务收入

债务收入反映政府的各类债务收入，主要包括中央政府债务收入、地方政府债务收入 2 个款级科目。

4. 转移性收入

转移性收入反映政府间的转移支付以及不同资金性质之间的调拨收入，包括返还性收入、一般转移支付收入、专项转移支付收入、上解收入、上年结余收入、调入资金、债务转贷收入、接受其他地区援助收入等款级科目。

（二）一般公共预算支出功能分类科目

按照现行《政府收支分类科目》，一般公共预算支出功能分类科目分设类、款、项三级，各级科目逐级递进，内容也逐级细化。

其中，类级科目有：（1）一般公共服务支出；（2）外交支出；（3）国防支出；（4）公共安全支出；（5）教育支出；（6）科学技术支出；（7）文化旅游体育与传媒支出；（8）社会保障和就业支出；（9）卫生健康支出；（10）节能环保支出；（11）城乡社区支出；（12）农林水支出；（13）交通运输支出；（14）资源勘探工业信息等支出；（15）商业服务业等支出；（16）金融支出；（17）援助其他地区支出；（18）自然资源海洋气象等支出；（19）住房保障支出；（20）粮油物资储备支出；（21）灾害防治及应急管理支出；（22）预备费；（23）其他支出；（24）转移性支出；（25）债务还本支出；（26）债务付息支出；（27）债务发行费用支出。

一般公共预算支出功能分类的类级科目

二、政府性基金预算收支科目

政府性基金预算收支科目包括政府性基金预算收入科目和政府性基金预算支出功能分类科目。

（一）政府性基金预算收入科目

政府性基金预算收入科目包括非税收入、债务收入和转移性收入 3 个类级科目。其中，政府性基金预算的非税收入主要是政府性基金收入。债务收入主要是地方政府专项债务收入。转移性收入主要包括政府性基金转移收入、上年结余收入、调入资金和债务转贷收入等。

（二）政府性基金预算支出功能分类科目

政府性基金预算支出功能分类科目设有如下 15 个类级科目：（1）科学技术支出；（2）文化旅游体育与传媒支出；（3）社会保障和就业支出；（4）节能环保支出；（5）城乡社区支出；（6）农林水支出；（7）交通运输支出；（8）资源勘探工业信息等支出；（9）金融支出；（10）其他支出；（11）转移性支出；（12）债务还本支出；（13）债务付息支出；（14）债务发行费用支出；（15）抗疫特别国债安排的支出。

政府性基金预算支出功能分类的类级科目

三、国有资本经营预算收支科目

国有资本经营预算收支科目包括国有资本经营预算收入科目和国有资本经营预算支出功能分类科目。

国有资本经营预算收入科目包括非税收入（主要是国有资本经营收入）和转移性收入（主要是国有资本经营预算转移支付收入）2 个类级科目。

国有资本经营预算支出功能分类科目包括社会保障和就业支出、国有资本经营预算支出、转移性支出 3 个类级科目。

四、社会保险基金预算收支科目

社会保险基金预算收支科目包括社会保险基金预算收入科目和社会保险基金预算支出功能分类科目。

社会保险基金预算收入科目包括社会保险基金收入和转移性收入 2 个类级科目。

社会保险基金预算支出功能分类科目包括社会保险基金支出和转移性支出 2 个类级科目。

五、支出经济分类科目

支出经济分类是按支出的经济性质和具体用途所做的一种分类，分为类、款两级，它与上述支出功能分类从不同角度以不同方式反映政府支出活动：一个是在说明政府的钱在做什么事；另一个则说明做这些事的钱是怎么花出去的。根据适用对象的不同，支出经济分类科目分为政府预算支出经济分类科目和部门预算支出经济分类科目。

根据 2023 年《政府收支分类科目》，政府预算支出经济分类科目包括 15 个类级科目：（1）机关工资福利支出；（2）机关商品和服务支出；（3）机关资本性支出（一）；（4）机关资本性支出(二);(5)对事业单位经常性补助;(6)对事业单位资本性补助;(7)对企业补助;(8)对企业资本性支出;(9)对个人和家庭的补助;(10)对社会保障基金补助;(11)债务利息及费用支出;(12)债务还本支出;(13)转移性支出;(14)预备费及预留;(15)其他支出。

部门预算支出经济分类科目分为10个类级科目:(1)工资福利支出;(2)商品和服务支出;(3)对个人和家庭补助;(4)债务利息及费用支出;(5)资本性支出(基本建设);(6)资本性支出;(7)对企业补助(基本建设);(8)对企业补助;(9)对社会保障基金补助;(10)其他支出。

授课视频:请访问中国大学MOOC→政府会计实务/周克清等→第二章第二节政府收支科目制度

第三节 国库集中收付制度

根据《预算法》第六十一条的规定,国家实行国库集中收缴和集中支付制度,对政府全部收入和支出实行国库集中收付管理。

预算管理末端的"革命"

一、国库集中收付制度的基本框架

国库集中收付制度是在预算执行过程中,对财政资金实行集中收缴和支付的制度,是市场经济国家普遍采用的国库管理制度。其基本框架包括:

(一)集中收入管理

所谓集中收入管理,是指所有政府预算收入的缴付者将各项收入直接缴入国库或其授权的代理银行,再经过银行清算将款项划入国库。这样能够对预算收入从取得到划入国库的全过程进行监控。

(二)集中支付管理

所谓集中支付管理,是指财政部门在中央银行设立一个统一的银行账户,原则上所有单位的一切财政性支出都只有在实际支付行为发生时,才能由专门的国库资金支付机构从国库单一账户中直接支付给供应商或劳务提供者,预算资金不再拨付给各单位分散保存。各预算单位可以根据自身履行职能的需要,在批准的预算项目和额度内自行决定购买何种商品和劳务,但款项支付要由财政部门进行。财政部门不再简单地按预算级次层层向下拨付经费。这样能对预算资金从分配到资金拨付、资金使用、银行清算,直至资金到达商品供应商或劳务提供者账户的全过程进行监督控制。

(三)集中账户管理

所谓集中账户管理,即取消单位自开的银行账户,按照政府预算级次,在央行及其指定的代理商业银行建立国库单一账户体系，并设置与国库单一账户配套使用的国库分类账户。这样就可以对财政资金运行的全过程及所有环节进行监督控制。

二、中国国库集中收付制度的内容

为了适应社会主义市场经济体制和建立公共财政框架体系的需要，我国从 2001 年开始进行国库集中收付制度改革，现已建立了较为完善的国库集中收付制度。

（一）国库单一账户体系

财政部门在中国人民银行开设国库单一账户，按收入和支出设置分类账，收入账按预算科目进行明细核算，支出账按资金使用性质设立分账册。该账户为国库存款账户，用于记录、核算和反映纳入预算管理的财政收入和支出活动，并用于对财政部门在商业银行开设的零余额专户进行清算，实现支付。

财政部门按资金使用性质在商业银行开设零余额账户，在商业银行为预算单位开设零余额账户。财政部门的零余额账户用于财政直接支付以及与国库单一账户支出清算；预算单位的零余额账户用于财政授权支付和清算。

财政部门在商业银行开设财政专户，按收入和支出设置分类账。该账户用于记录、核算和反映纳入财政专户管理资金的收入和支出活动，并用于其日常收支清算。

财政部门在商业银行为预算单位开设小额现金账户，用于记录、核算和反映预算单位的零星支出活动，并用于与国库单一账户清算。

经国务院和省级人民政府批准和授权财政部门开设的特殊过渡性专户（以下简称“特设专户”），用于记录、核算和反映预算单位的特殊专项支出活动，并用于与国库单一账户清算。

建立国库单一账户体系后，相应取消各类收入过渡性账户，预算单位的财政性资金逐步全部纳入国库单一账户管理。

上述账户和专户要与财政部门及其支付执行机构、中国人民银行国库部门和预算单位的会计核算保持一致性，相互核对有关账户记录。在建立健全现代化银行支付系统和财政管理信息系统的基础上，逐步实现由国库单一账户核算所有财政性资金收入和支出，并通过各部门在商业银行的零余额账户处理日常支付和清算业务。

（二）收入收缴方式与程序

1. 收缴方式

适应建立现代国库管理制度的要求，将财政性收入的收缴分为直接缴库和集中汇缴。

直接缴库由缴款单位或缴款人按有关法律法规规定，直接将应缴收入缴入国库单一账户或财政专户。

集中汇缴由征收机关（有关法定单位）按有关法律法规规定，将所收的应缴收入汇总缴入国库单一账户或财政专户。

2. 收缴程序

（1）直接缴库程序。直接缴库的税收收入，由纳税人或税务代理人提出纳税申报，经征收机关审核无误后，由纳税人通过开户银行将税款缴入国库单一账户。社会保障缴款、非税收入、转移和赠与收入、贷款回收本金和产权处置收入以及债务收入，比照上述程序缴入国库单一账户或财政专户。

（2）集中汇缴程序。小额零散税收和法律另有规定的应缴收入，由征收机关于收缴收入的当日汇总缴入国库单一账户。非税收入中的现金缴款，比照本程序缴入国库单一账户或财政专户。此外，还要进一步规范收入退库管理。涉及从国库中退库的，必须依照法律、行政法规有关国库管理的规定执行。

（三）支出拨付方式与程序

1. 支付方式

按照不同的支付主体，对不同类型的支出，分别实行财政直接支付和财政授权支付。

（1）财政直接支付。财政直接支付是指由财政部门开具支付令，通过国库单一账户体系，直接将财政资金支付到收款人或用款单位账户。实行财政直接支付的支出主要包括工资支出和购买支出。比如，拨付企业大型工程项目或大型设备采购的资金等，直接支付到收款人；对企业的补贴和未指明购买内容的某些专项支出等，直接支付到用款单位。

（2）财政授权支付。财政授权支付是指由预算单位自行开具支付令，通过国库单一账户体系将资金支付到收款人账户。实行财政授权支付的支出包括未实行财政直接支付的购买支出和零星支出。

财政直接支付和财政授权支付的具体支出项目，由财政部门在确定部门预算时列出。

2. 支付程序

（1）财政直接支付程序。预算单位按照批复的部门预算和资金使用计划，向财政支付执行机构提出支付申请，财政支付执行机构根据批复的部门预算和资金使用计划及相关要求对支付申请审核无误后，向代理银行发出支付指令，并通知中国人民银行，通过代理银行进入全国银行清算系统实时清算，财政资金从国库单一账户划拨到收款人的银行账户。

（2）财政授权支付程序。预算单位按照批复的部门预算和资金使用计划，向财政支付执行机构申请授权支付的月度用款限额，财政支付执行机构将批准后的限额通知代理银行和预算单位，并通知中国人民银行国库部门。预算单位在月度用款限额内自行开具支付令，通过财政国库支付执行机构转由代理银行向收款人付款，并与国库单一账户清算。

授课视频：请访问中国大学 MOOC→政府会计实务/周克清等→第二章第三节国库集中收付制度

第四节　预算管理一体化

根据财政部制定发布的《预算管理一体化规范》和《预算管理一体化系统技术标

准》，预算管理一体化借鉴系统科学的原理和方法，将预算管理全流程作为一个完整的系统，整合完善预算管理流程和规则，并实现业务管理与信息系统密切结合，将规则嵌入信息系统以提高制度执行力，为深化预算制度改革打下坚实基础。

一、预算管理一体化的主要内容

预算管理一体化的主要内容可以概括为五个一体化。

（一）全国政府预算管理的一体化

统一全国各级财政预算管理规则和管理要素，建立健全上下级预算的衔接机制，实现逐级汇总编制真实完整的全国预算，动态实时反映全国预算资源的分配、拨付、使用情况，并对非财力性转移支付项目跟踪问效，及时掌握各级预算落实党中央、国务院决策部署情况，增强政府宏观调控能力。

（二）各部门预算管理的一体化

各部门及所属单位依法依规将取得的各类收入纳入部门和单位预算，执行统一的预算管理制度。各部门统筹使用好本部门非财政拨款收入等各类收入和存量资金资产，突出保障重点支出需要。

（三）预算全过程管理的一体化

整合预算编制、预算执行、决算和报告、政府采购、资产管理等预算管理环节，强化顺向环环相扣的控制机制和逆向动态可溯的反馈机制，预算执行结果及形成资产情况作用于以后年度预算编制，形成预算全过程的管理闭环。

（四）预算项目全生命周期管理的一体化

预算管理各环节以预算项目为基本单元，依托项目库对预算项目全生命周期实施管理。预算支出以预算项目形式全部纳入项目库，加强跨年度项目支出、政府偿债支出、政府承诺或做出的各类中长期支出事项等与各年度预算的衔接，更好地统筹未来财政收支，增强中期财政规划对年度预算的约束，加强跨年度预算平衡。

（五）全国预算数据管理的一体化

实现各级财政预算数据生产和对接传输的标准化。在坚持部门和单位财务管理主体责任的基础上，集中单位会计核算、资产管理、账户余额等预算数据，实现财政部门与单位主管部门共享共用。各省预算管理一体化系统集中地方各级财政预算数据，并与中央财政系统对接，实现全国预算数据的集中管理。

二、预算管理一体化机制建设

为实现上述五个方面的一体化，《预算管理一体化规范》建立了十个方面的预算管理一体化机制。

（一）建立健全预算项目全生命周期管理机制

《预算管理一体化规范》完善了项目库管理，将预算项目作为预算管理的基本单元，构建了预算项目前期谋划、项目储备、预算编制、项目实施、项目结束和终止等各阶段全生命周期的管理机制。主要内容包括：完善以项目库为源头的预算管理机制；完善项目预算分年度安排机制；实时记录和动态反映项目全生命周期的预算管理信息。

（二）建立健全统一的预算管理要素管理机制

预算管理要素反映预算管理中涉及的业务主体和对象的特征、行为、状态等内容，是各级财政预算管理业务协同和数据共享的基础。《预算管理一体化规范》制定了全国统一的《预算管理一体化要素目录》。主要内容包括：统一预算管理要素，精准设置管理要素，强化管理要素的规范统一应用。

（三）建立健全上下级政府间预算管理衔接机制

为保证上下级预算衔接，实现自动汇总全国预算、动态掌握各级预算编制和执行情况的目标，《预算管理一体化规范》要求上下级政府通过系统进行转移支付预算指标下达和接收，并健全转移支付预算控制规则和动态追踪机制。主要内容包括：实现上下级转移支付预算的严丝合缝；实现对转移支付项目的动态追踪。

（四）建立健全政府预算、部门预算、单位预算间的衔接机制

为明确政府预算、部门预算、单位预算三个主体的预算管理职责和衔接控制关系，《预算管理一体化规范》厘清了政府预算、部门预算、单位预算之间的相互关系，明确了各自的预算编制管理流程和规则，突出了政府预算在收支总额控制中的地位和作用。主要内容包括：明确政府预算的测算规则和政府预算对部门和单位预算的控制规则；明确政府预算项目与部门和单位预算项目之间的衔接规则。

（五）建立健全预算指标账管理机制

《预算管理一体化规范》引入管理会计理念，采用会计复式记账法核算预算指标管理业务或事项，遵循“全面反映收支预算、严格管控预算执行、有效衔接预算决算”的设计思路，强化财政部门对预算指标全生命周期的追踪和控制，实时掌握预算分配和执行进度，加强对预算执行的监督。主要内容包括：全面覆盖预算指标管理各业务环节；强化预算对执行的控制；强化对预算执行全过程的完整反映。

（六）建立健全国库集中支付管理机制

《预算管理一体化规范》根据预算制度改革对预算编制和执行控制的细化要求，以及现代信息技术发展情况，进一步优化了国库集中支付制度的运行机制。主要内容包括：优化国库集中支付业务流程；项目预算指标直接控制资金支付。

（七）建立健全结转结余资金预算管理机制

为严格执行《预算法》关于“连续两年未用完的结转资金，应当作为结余资金管理”的要求，加强结转结余资金回收效率和统筹使用，《预算管理一体化规范》依据《预算法》明确了结转结余资金计算和管理的规定，建立结余资金自动收回的机制。主要内容包括：严格按规定计算结转结余资金；建立结余资金自动收回机制；规范国库集中支付结余权责发生制列支。

（八）建立健全单位资金管理机制

为严格落实《预算法》关于“政府的全部收入和支出都应当纳入预算”的规定，《预算管理一体化规范》从预算编制、支出控制、核算管理等方面，依法加强了单位事业收入、事业单位经营收入等各类单位资金的预算管理。主要内容包括：明确单位资金收支全部列入预算；硬化单位资金预算对支出的约束；强化对单位资金核算的监督管理。

（九）建立健全预算管理与资产管理的衔接机制

《预算管理一体化规范》将资产管理嵌入预算编制、预算执行、会计核算、决算和报告等业务环节进行一体化设计，建立财政资金形成实物资产的全链条管理机制，准确核算和动态反映资产配置、价值变动、存量等情况，为强化资产预算约束、摸清资产家底提供基础支撑。主要内容包括：加强资产基础信息管理；将新增资产配置管理嵌入预算管理全流程；逐步完整反映存量资产并加强存量资产信息在预算编制管理中的应用。

（十）建立健全预算管理与债务管理的衔接机制

《预算管理一体化规范》按照一体化的要求，将债务管理涉及预算管理的流程和规则进行了整合规范，加强了债务管理与预算管理的衔接，有利于加强对地方政府举债融资的预算约束和风险防范。主要内容包括：地方政府债券收入安排的项目全部纳入项目库管理；新增债务限额提前下达；明确债务收入及专项债券对应项目专项收入的管理规则。

三、预算管理一体化下的预算管理与资产管理

为了更好了解预算管理一体化系统的运行机制，这里简单介绍部门（单位）预算管理和资产管理的主要流程。

（一）预算编制

部门（单位）预算编制工作分为预算编制前的项目储备和编制过程的“二上二下”。

1. 项目储备

主管部门和预算单位应尽早做好项目储备工作，提前启动项目研究论证、编制立项

和审核评审等工作。各预算单位的所有项目（含人员类项目、运转类项目、特定目标类项目）均纳入项目库管理，所有项目都要清晰反映项目内容、具体活动和支出需求，而且都要设置预算绩效目标，并细化、量化为具体的绩效指标。

各主管部门审核汇总本部门所属预算单位储备的项目，报送本级政府财政部门。财政部门对项目立项必要性、是否具备实施条件、经费总需求、项目周期等进行审核。财政部门审核通过后，作为预算储备项目，供预算编制时选取。

2. 预算编制过程

部门预算按照“二上二下”流程编制。

在“一上”阶段，根据年度部门预算编制要求，基层预算单位从项目库中选择已作为财政储备的预算项目，基于项目预算汇总形成年度单位预算建议数，逐级申报，部门审核汇总，编制形成年度部门预算建议数，在规定时间内报送财政部门。

在“一下”阶段，财政部门对各部门报送的年度预算建议进行审核，综合考虑财政政策、部门需求、可用财力等，研究提出部门预算安排总体建议方案，按程序报批后，下达部门预算控制数。

在“二上”阶段，各部门根据财政部门下达的“一下”预算控制数，调整细化编制部门和单位预算草案，重新编制汇总后报送财政部门。财政部门对部门报送的“二上”预算进行审核，汇编部门预算草案。

在“二下”阶段，在本级人民代表大会审查批准政府预算草案后，财政部门批复各部门预算，主管部门根据财政部门批复的部门预算，逐级批复所属单位预算。

（二）预算批复

财政部门批复部门预算后，在一体化系统中生成各预算单位拨款预算指标、财政专户管理资金和单位资金预算指标。生成的预算指标应该与项目库衔接，确保预算指标与实际执行的项目一致。其中，生成的政府采购预算、资产配置预算分别作为政府采购、配置资产活动的控制依据，在预算执行中按规定对照执行。

（三）预算执行

各部门（单位）应按照批复的年度预算，加强收入预算和支出预算的执行。这里重点介绍支出预算执行所涉及的国库集中支付流程及相应的会计核算。

1. 国库集中支付

国库集中支付流程图

在预算一体化系统下，国库集中支付主要按照下述流程进行操作：

（1）单位在一体化系统中填报支付申请报送财政部门。

（2）财政部门在一体化系统中预设校验规则，支付申请在一体化系统中进行事中校验。在此基础上，主管部门根据管理需要可向财政部门申请增加部门适用的个性化校验规则。

（3）除划拨工会经费、住房公积金等财政部门批准的特殊款项外，预算单位不得通过零余额账户违规向本单位、上级主管单位、所属下级单位的实有资金账户支付财政资金。

(4) 一体化系统校验不通过的支付申请自动退回单位主管部门，并告知退回原因，主管部门可根据实际情况将支付申请撤销、退回，或要求预算单位修改等。财政部门也可根据主管部门申请预先设置校验规则，将支付申请直接退回预算单位。

(5) 再次报送的支付申请发送至财政部门后，一体化系统自动进行校验。校验仍没通过的，由财政部门人工审核，根据实际情况将支付申请挂起、退回或通过。

(6) 支付校验通过后，系统相应登记预算指标账，并将国库集中支付凭证发送代理银行。

(7) 代理银行根据凭证支付资金后，将国库集中支付凭证回单发送财政部门和单位，作为财政总会计和单位会计核算的依据。涉及政府采购的，一体化系统同时将资金支付有关信息发送至政府采购模块。

(8) 代理银行按照规定与人民银行进行资金清算，人民银行完成资金清算，将划款清算凭证回单发送财政部门。

2. 会计核算

财政总会计依据集中支付代理银行支付凭证回单和人民银行清算凭证回单等相关凭证进行相应会计核算。预算部门依据集中支付代理银行支付凭证回单和政府采购合同进行相应会计核算。

(四) 资产管理

1. 资产验收入库管理

资产管理人员需要对部门(单位)购入的固定资产验收入库，按照“一物一卡”的原则建立资产卡片。资产卡片包含基本信息、财务信息和使用信息三类信息。基本信息包括卡片编号、资产分类、资产名称、项目代码、权属证号、政府采购合同号等。

2. 资产使用与折旧

单位购置的资产在完成财务信息确认后可投入使用，由资产管理部门根据资产管理的实际情况登记资产卡片相关使用信息。

在发生资产折旧时，系统根据资产使用年限、折旧方法等生成折旧信息，部门会计人员审核确认后进行会计核算。系统根据会计核算信息，自动更新资产卡片财务信息。

3. 资产出租与处置

在发生资产出租与处置时，单位资产管理人员履行相关审批程序后，将相关业务单据、内部决策文件、批复或备案文件等传递至单位会计进行会计核算。系统根据会计核算信息，自动更新资产卡片财务信息。

部门资产处置时产生的收入应作为非税收入管理，单位依据资产管理模块传递的应缴信息开具电子《非税收入一般缴款书》，将应缴款项及时足额上缴财政。财政部门通过系统获取资产变动信息，并与单位上缴的非税收入信息进行比对，督促其及时足额上缴财政。

思考题

1. 什么是政府预算？
2. 从组织体系来看，政府预算由哪几类预算构成？
3. 什么是政府收支分类体系？
4. 国库集中收付制度的内容是什么？
5. 预算管理一体化的主要内容是什么？

第三章

政府会计科目与平行记账

本章学习目标：

1. 了解政府单位会计的科目设置
2. 了解财政总会计的科目设置
3. 掌握财务会计与预算会计平行记账的原理

第一节 政府会计科目概述

要弄清楚政府会计科目，必须准确把握会计对象、会计要素和会计科目之间的关系。通常认为，会计对象是指会计工作所要核算和监督的内容，即业务活动所表现出的资金运动。会计要素是对会计对象所作的基本分类，是会计核算对象的具体化，用于反映会计主体财务状况、预算执行情况和经营成果的基本单位，也是构成会计报表的基本要素。会计科目是对会计要素具体内容进行分类核算的项目名称。

按照核算对象的不同，政府会计可以分为政府（行政事业）单位会计和财政总会计。因此，政府会计科目可以分为政府单位会计科目和财政总会计科目。其中，政府（行政事业）单位统一使用《政府会计制度——行政事业单位会计科目和报表》规定的会计科目，共有会计科目 103 个，其中预算会计科目 26 个，财务会计科目 77 个。财政总会计则使用《财政总会计制度》规定的会计科目，共有会计科目 89 个，其中预算会计科目 34 个，财务会计科目 55 个。

授课视频：请访问中国大学 MOOC→政府会计实务/周克清等→第三章第一节政府会计科目概述

第二节 政府单位会计的科目设置

一、行政事业单位预算会计科目

依据行政事业单位预算会计的三要素，其预算会计科目可分为预算收入、预算支出和预算结余等三类。

预算收入类科目共有 9 个。其中：行政事业单位共有科目有 3 个，分别是财政拨款预算收入、非同级财政拨款预算收入和其他预算收入；事业单位专有科目有 6 个，分别是事业预算收入、上级补助预算收入、附属单位上缴预算收入、经营预算收入、投资预算收益和债务预算收入。

预算支出类科目共有 8 个。其中：行政事业单位共有科目有 1 个，即其他支出；行政单位专有科目有 1 个，即行政支出；事业单位专有科目有 6 个，分别是事业支出、上缴上级支出、对附属单位补助支出、经营支出、投资支出和债务还本支出。

预算结余类科目共有 9 个。其中：行政事业单位共有科目有 6 个，分别是财政拨款结转、财政拨款结余、非财政拨款结转、非财政拨款结余、资金结存和其他结余；事业单位专有科目有 3 个，分别是非财政拨款结余分配、专用结余、经营结余。

二、行政事业单位财务会计科目

行政事业单位预算会计科目表

依据行政事业单位财务会计的五要素，其财务会计科目可分为资产、负债、净资产、收入和费用等五类。

资产类科目有 35 个。其中：资金类科目包括库存现金、银行存款、零余额账户用款额度、其他货币资金（4 个）；应收及预付类科目包括财政应返还额度、应收票据、应收账款、预付账款、应收股利、应收利息、其他应收款和坏账准备（8 个）；存货类科目包括在途物品、库存物品和加工物品（3 个）；投资类科目包括短期投资、长期股权投资和长期债券投资（3 个）；待摊费用类科目包括待摊费用和长期待摊费用（2 个）；固定资产类科目包括固定资产和固定资产累计折旧（2 个）；无形资产类科目包括无形资产、无形资产累计摊销和研发支出（3 个）；在建工程类科目包括工程物资和在建工程（2 个）；其他科目包括公共基础设施、公共基础设施累计折旧（摊销）、政府储备物资、文物文化资产、保障性住房、保障性住房累计折旧、委托代理资产、待处理财产损溢（8 个）。事业单位专有资产科目涉及投资活动和经营活动的往来款项，主要包括短期投资、长期股权投资、长期债券投资、应收账款、应收票据、应收股利、应收利息和坏账准备等。

负债类科目有 16 个，分别是短期借款、应交增值税、其他应交税费、应缴财政款、应付职工薪酬、应付票据、应付账款、应付政府补贴款、应付利息、预收账款、其他应付款、预提费用、长期借款、长期应付款、预计负债、受托代理负债。事业单位专有负债科目涉及的经济业务活动与举债的短期、长期借款本金和利息以及经营活动中的往来款项有关，包括短期投资、长期借款、应付利息、应付票据和预收账款等。行政单位专有负债科目有 1 个，为应付政府补贴款。

净资产科目 7 个。其中，行政事业单位共有科目 5 个，分别是本年盈余、本年盈余分配、累计盈余、无偿调拨净资产、以前年度盈余调整；事业单位专有科目 2 个，分别是专用基金和权益法调整。

收入类科目有 11 个。其中，行政事业单位共有科目 6 个，分别是财政拨款收入、非同级财政拨款收入、捐赠收入、租金收入、利息收入和其他收入；事业单位专有科目 5 个，分别是事业收入、经营收入、投资收益、上级补助收入、附属单位上缴收入。

行政事业单位财务会计科目表

费用类科目有 8 个。其中，行政事业单位共有科目 3 个，分别是业务活动费用、资产处置费用和其他费用；事业单位专有科目 5 个，分别是单位管理费用、经营费用、上缴上级费用、对附属单位补助费用、所得税费用。

三、行政事业单位会计科目使用规定

按照《政府会计制度——行政事业单位会计科目和报表》的规定，各级各类行政事业单位财务会计应当按照下列规定运用会计科目：

（1）单位应当按照本制度的规定设置和使用会计科目。在不影响会计处理和编制报表的前提下，单位可以根据实际情况自行增设或减少某些会计科目。

（2）单位应当执行本制度统一规定的会计科目编号，以便于填制会计凭证、登记账簿、查阅账目，实行会计信息化管理。

（3）单位在填制会计凭证、登记会计账簿时，应当填列会计科目的名称，或者同时填列会计科目的名称和编号，不得只填列会计科目编号、不填列会计科目名称。

（4）单位设置明细科目或进行明细核算，除遵循本制度规定外，还应当满足权责发生制政府部门财务报告和政府综合财务报告编制的其他需要。

授课视频：请访问中国大学 MOOC→政府会计实务/周克清等→第三章第二节政府财务会计科目

第三节　财政总会计的科目设置

一、财政总会计的预算会计科目

根据《财政总会计制度》的规定，财政总会计的预算会计科目包括预算收入、预算支出和预算结余三类。

总会计核算的预算收入类科目共有 13 个，包括一般公共预算收入、政府性基金预算收入、国有资本经营预算收入、财政专户管理资金收入、专用基金收入、补助预算收入、上解预算收入、地区间援助预算收入、调入预算资金、动用预算稳定调节基金、债务预算收入、债务转贷预算收入和待处理收入等。

总会计核算的预算支出类科目共有 13 个，包括一般公共预算支出、政府性基金预算支出、国有资本经营预算支出、财政专户管理资金支出、专用基金支出、补助预算支出、上解预算支出、地区间援助预算支出、调出预算资金、安排预算稳定调节基金、债务还本预算支出、债务转贷预算支出和待处理支出等。

总会计核算的预算结余类科目共有 8 个，包括一般公共预算结转结余、政府性基金预算结转结余、国有资本经营预算结转结余、财政专户管理资金结余、专用基金结余、预算稳定调节基金、预算周转金和资金结存等。

二、财政总会计的财务会计科目

财政总会计预算会计科目表

根据《财政总会计制度》的规定，财政总会计的财务会计科目包括资产、负债、净资产、收入和费用五类。

总会计核算的资产类科目共有 14 个，具体包括国库存款、其他财政存款、国库现金管理资产、有价证券、应收非税收入、应收股利、借出款项、与下级往来、预拨经费、在途款、其他应收款、应收地方政府债券转贷款、应收主权外债转贷款、股权投资等。

总会计核算的负债类科目共有 11 个，具体包括应付短期政府债券、应付国库集中支付结余、与上级往来、其他应付款、应付代管资金、应付利息、应付长期政府债券、借入款项、应付地方政府债券转贷款、应付主权外债转贷款、其他负债等。

总会计核算的净资产类科目共有 6 个，包括累计盈余、本期盈余、预算稳定调节基金、预算周转金、权益法调整、以前年度盈余调整等。

总会计核算的收入类科目共有 9 个，包括税收收入、非税收入、投资收益、补助收入、上解收入、地区间援助收入、其他收入、财政专户管理资金收入和专用基金收入等。

总会计核算的费用类科目共有 15 个，包括政府机关商品和服务拨款费用、政府机关工资福利拨款费用、对事业单位补助拨款费用、对企业补助拨款费用、对个人和家庭补助拨款费用、对社会保障基金补助拨款费用、资本性拨款费用、其他拨款费用、财务费用、补助费用、上解费用、地区间援助费用、其他费用、财政专户管理资金支出、专用基金支出等。

三、财政总会计科目使用规定

财政总会计财务会计科目表

按照现行《财政总会计制度》的规定，各级财政总会计在使用会计科目时应当遵循如下要求：

（1）总会计应当对有关法律、法规允许进行的经济活动，按照本制度的规定使用会计科目进行核算；不得以本制度规定的会计科目及使用说明作为进行有关经济活动的依据。

（2）总会计应当按照本制度的规定设置和使用会计科目，不需使用的总账科目可以不使用；在不影响会计处理和编报会计报表的前提下，各级总会计可以根据实际情况在本套科目体系下自行增设下级明细科目。

（3）总会计应当执行本制度统一规定的会计科目编号，不得随意打乱重编，以便于填制会计凭证、登记账簿、查阅账目，实行会计信息化管理。

（4）总会计在填制会计凭证、登记会计账簿时，应同时填列会计科目的名称及编号。

（5）总会计设置明细科目或进行明细核算，除遵循本制度规定外，还应当满足政府财政预算管理和财务管理的需要。

第四节 政府会计平行记账原理

在行政事业单位会计中，对纳入部门预算管理的现金收支业务进行财务会计核算的同时也进行预算会计的核算。对于其他业务，仅需进行财务会计核算。具体来说，当行政事业单位发生纳入单位预算管理的现金收支业务时，针对同一笔经济业务所产生的同一张原始凭证，不仅要按照权责发生制进行财务会计核算，还需要按照收付实现制进行预算会计核算。

在财政总会计中，对于纳入预算管理的财政资金收支业务，在采用预算会计核算的同时应当进行财务会计核算；对于不同预算类型资金间的调入调出、待发国债等业务，仅需进行预算会计核算；对于其他业务，仅需进行财务会计核算。

例如，某行政单位现通过财政国库集中支付方式向一社会组织支付一笔政府购买服务费用，金额为 23 000 元。因为这笔业务中涉及了纳入单位预算管理的现金支出，所以该行政单位需要同时编制以下两笔会计分录：

在财务会计中：

借：业务活动费用	23 000	
贷：财政拨款收入		23 000

同时，在预算会计中：

借：行政支出	23 000	
贷：财政拨款预算收入		23 000

反之，假如某行政单位当月计提固定资产累计折旧 10 000 元，因为这项会计业务不涉及纳入单位预算管理的现金收支，所以只需要进行财务会计核算，该单位编制会计分录如下：

借：业务活动费用	10 000	
贷：固定资产累计折旧		10 000

又如，2023 年 2 月 2 日，某市财政部门收到中国人民银行国库报来的预算收入日报表，当日共收到财政预算收入 400 000 元，其中：一般公共预算收入中的税收收入 280 000 元，非税收入 20 000 元；政府性基金预算收入中的非税收入 100 000 元。财政总会计编制会计分录如下：

财务会计：

借：国库存款	400 000	
贷：税收收入		280 000
非税收入		120 000

预算会计：

借：资金结存——库款资金结存　　400 000

　贷：一般公共预算收入　　300 000

　　　政府性基金预算收入　　100 000

平行记账的推出，及时解决了政府会计工作中出现的难题，同时进行财务会计、预算会计两种核算不仅简化了财务人员的工作流程，优化了其工作效率，还可以同时反映政府的预算执行情况和运行成本状况，真实全面地展现政府财务状况，促进政府财务管理水平的提升。

授课视频：请访问中国大学 MOOC→政府会计实务/周克清等→第三章第四节政府会计平行记账原理、第三章第五节政府会计平行记账实例

思考题

1. 财政总会计与行政事业单位预算会计之间的联系是什么？
2. 行政事业单位预算会计的“三要素”分别是什么？各个会计要素都设置了哪些会计科目？
3. 行政事业单位财务会计的“五要素”分别是什么？各个会计要素都设置了哪些会计科目？
4. 财政总会计中的预算会计包含了哪些会计要素？各个会计要素都设置了哪些会计科目？
5. 财政总会计中的财务会计包含了哪些会计要素？各个会计要素都设置了哪些会计科目？
6. 政府会计平行记账的基本原理是什么？

PART TWO

| 第二篇 |

2 行政事业单位会计

第四章

预算收入的核算

本章学习目标：

1. 理解行政事业单位预算收入的概念与分类
2. 了解行政单位与事业单位在预算收入类别上的异同点
3. 掌握行政单位各项预算收入的核算要点
4. 掌握事业单位各项预算收入的核算要点

第一节　预算收入概述

一、预算收入的概念

根据《政府会计准则——基本准则》的定义，预算收入是指政府会计主体在预算年度内依法取得并纳入预算管理的现金流入。在政府单位会计方面，预算收入是指行政事业单位在预算年度内依法取得并纳入单位预算管理的现金流入。对于预算收入的理解，至少需要重点把握三个方面：

第一，行政事业单位的预算收入必须是依法取得的，即行政事业单位在履行职责或开展业务活动过程中所取得的各项预算收入必须是法律法规所允许的。

第二，行政事业单位依法取得的各项预算收入应当全部纳入单位预算管理。按照规定，要求对行政事业单位预算收入实施统一核算，统一管理，务求全面、真实、准确，坚决防止私分、瞒报收入，私设“小金库”，坐收坐支，乱支滥用等现象。

第三，行政事业单位的预算收入是取得的货币资金。在行政事业单位的资产中，能够随时用于单位支付的货币资金包括库存现金、银行存款、其他货币资金、零余额账户用款额度、财政应返还额度。

二、预算收入的分类

按照不同的来源渠道和资金性质，行政事业单位的预算收入分为财政拨款预算收入、事业预算收入、上级补助预算收入、附属单位上缴预算收入、经营预算收入、债务预算收入、非同级财政拨款预算收入、投资预算收益和其他预算收入等。

（一）财政拨款预算收入

财政拨款预算收入是指行政事业单位从同级政府财政部门取得的各类财政拨款。具体来说，这里包含了两层含义：

第一，“从同级政府财政部门取得”是指行政事业单位按照部门预算隶属关系从同一级次财政部门取得的财政拨款。在账务处理过程中，要和“非同级财政拨款预算收入”中从同级政府其他部门取得的横向转拨财政款区别开来。

第二，“各类财政拨款”是指行政事业单位从同级财政部门取得的所有财政拨款，强调全面、完整。

（二）事业预算收入

事业预算收入是指事业单位开展专业业务活动及其辅助活动取得的现金流入。

专业业务活动是指事业单位根据本单位专业特点所从事或开展的主要业务活动。如学校的教学活动、科研院所的科研活动、医院的医疗保健活动等。辅助活动是指与专业业务活动相关、直接为专业业务活动服务的活动，如事业单位的行政管理活动、后勤服务活动及其他有关活动等。除了财政拨款外，事业单位还可以按照规定向服务对象收取一定的费用，所取得的现金流入就构成事业预算收入。

（三）上级补助预算收入

上级补助预算收入是指事业单位从主管部门和上级单位取得的非财政补助现金流入。比如，事业单位的主管部门或上级单位用自身组织的收入和集中下级单位的收入拨给事业单位的非财政补助资金。要注意，上级补助不能来自财政拨款资金。

（四）附属单位上缴预算收入

附属单位上缴预算收入是指事业单位取得的附属独立核算单位根据有关规定上缴的现金流入。其中，独立核算单位是指具有独立法人资格、独立的财务会计组织体系、独立完整地进行会计核算的单位，包括附属的事业单位和附属的企业等。

（五）经营预算收入

经营预算收入是指事业单位在专业业务活动及其辅助活动之外开展非独立核算经营活动取得的现金流入。确认经营预算收入需要同时具备两个条件：第一是开展经营活动取得的现金流入，而不是开展专业业务活动或辅助活动取得的现金流入；第二是强调非独立核算的经营活动，与附属单位上缴预算收入所强调的独立核算活动相反。

（六）债务预算收入

债务预算收入是指事业单位按照规定从银行和其他金融机构等借入的、纳入部门预算管理的、不以财政资金作为偿还来源的债务本金。事业单位向银行和其他金融机构借款过程中支付的银行贷款手续费等，应当作为其他预算支出，不能冲减债务预算收入。行政事业单位在业务活动中因资金周转困难，从上级部门、其他单位取得的临时借款，不纳入单位预算管理，不属于债务预算收入。

(七) 非同级财政拨款预算收入

非同级财政拨款预算收入是指行政事业单位从非同级政府财政部门取得的财政拨款，包括本级横向转拨财政款和非本级财政拨款。其中，本级横向转拨财政款是指从本级其他预算部门（单位）获得的财政拨款，非本级财政拨款是指行政事业单位从上级或下级政府的财政部门或主管部门获得的财政拨款。

(八) 投资预算收益

投资预算收益是指事业单位取得的按照规定纳入部门预算管理的属于投资收益性质的现金流入，包括股权投资收益、出售或收回债券投资所取得的收益和债券投资利息收入。

(九) 其他预算收入

其他预算收入是指行政事业单位除上述预算收入以外的纳入部门预算管理的现金流入，包括捐赠预算收入、利息预算收入、租金预算收入、现金盘盈收入等。其中，捐赠预算收入不包括行政事业单位收到的捐赠款项中捐赠人指定其他受赠人的资金，利息预算收入不包括事业单位债券投资取得的债券利息。

授课视频：请访问中国大学 MOOC→政府会计实务/周克清等→第四章第一节预算收入概述

第二节 行政事业单位共有的预算收入

财政拨款预算收入、非同级财政拨款预算收入和其他预算收入属于行政事业单位共有的预算收入。本节重点介绍这三类预算收入的科目设置、账务处理和核算案例。

一、财政拨款预算收入

(一) 科目设置

在总账科目上，行政事业单位应当设置“财政拨款预算收入”科目，核算单位从同级政府财政部门取得的各类财政拨款。

在明细科目上，本科目应当设置“基本支出”和“项目支出”两个明细科目，并按照《政府收支分类科目》中“支出功能分类科目”的项级科目进行明细核算；同时，在

“基本支出”明细科目下按照“人员经费”和“日常公用经费”进行明细核算，在“项目支出”明细科目下按照具体项目进行明细核算。有一般公共预算财政拨款、政府性基金预算财政拨款等两种或两种以上财政拨款的单位，还应当按照财政拨款的种类进行明细核算。

（二）账务处理

1. 国库集中支付方式取得财政拨款预算收入

以国库集中支付方式取得财政拨款预算收入时，单位应当根据收到的国库集中支付凭证及相关原始凭证，按照凭证上的国库集中支付入账金额，借记“行政支出”“事业支出”等科目，贷记本科目（使用本年度预算指标）或“资金结存——财政应返还额度”科目（使用以前年度预算指标）。

年末，根据本年度财政部门批准的本年度预算指标数大于当年实际支付数的差额中允许结转使用的金额，借记“资金结存——财政应返还额度”科目，贷记本科目。

为了便于读者更好地掌握平行记账法，从表4-1开始，我们将同时提供同一笔业务活动或事项的预算会计处理和财务会计处理，而财务会计的科目设置和核算要求则在后续章节中详细介绍。同时，为了更好地突出重点，在讲解预算会计科目时，先列示预算会计的会计分录，再列示财务会计的会计分录；反之，则先列示财务会计的会计科目，再列示预算会计的会计科目。

表4-1　财政国库集中支付方式下取得财政拨款预算收入的账务处理

业务和事项内容	预算会计	财务会计
通过国库集中支付取得财政拨款收入	借：行政支出/事业支出等 　贷：财政拨款预算收入/资金结存——财政应返还额度	借：库存物品/业务活动费用等 　贷：财政拨款收入/财政应返还额度
期末确认拨款差额，财政批准的预算指标数大于当年实际支付数的差额中允许结转使用的金额	借：资金结存——财政应返还额度 　贷：财政拨款预算收入	借：财政应返还额度 　贷：财政拨款收入

［**例4-1**］某行政单位2023年4月10日收到代理银行转来的国库集中支付凭证，财政国库集中支付水费30 000元。该单位编制会计分录如下：

预算会计：

借：行政支出　　　　30 000

　贷：财政拨款预算收入　　　　30 000

财务会计：

借：业务活动费用　　　　30 000

　贷：财政拨款收入　　　　30 000

［**例4-2**］某事业单位2023年5月10日收到代理银行转来的国库集中支付凭证，国库集中支付采购办公电脑费用100 000元。同时，这批电脑也已经交付使用。该单位编

制会计分录如下：

预算会计：

借：事业支出 100 000

贷：财政拨款预算收入 100 000

财务会计：

借：固定资产 100 000

贷：财政拨款收入 100 000

2. 按规定向本单位实有资金账户划转财政资金

从本单位零余额账户向实有资金账户划转资金时，应当根据收到的国库集中支付凭证及实有资金账户入账凭证，按照凭证入账金额，借记“资金结存——货币资金”科目，贷记“财政拨款预算收入”科目（使用本年度预算指标）或“资金结存——财政应返还额度”科目（使用以前年度预算指标）。财务会计下，借记“银行存款”科目，贷记本科目（使用本年度预算指标）或“财政应返还额度”科目（使用以前年度预算指标）。

3. 实拨资金方式取得财政拨款收入

在某些特定情况下，从本单位零余额账户向实有资金账户划转资金的，应当根据收到的国库集中支付凭证及实有资金账户入账凭证，按照凭证入账金额，借记“资金结存——货币资金”科目，贷记本科目（使用本年度预算指标）或“资金结存——财政应返还额度”科目（使用以前年度预算指标）（见表 4－2）。

表 4－2 实拨资金方式下取得财政拨款预算收入的账务处理

业务和事项内容	预算会计	财务会计
通过实拨资金取得财政拨款收入	借：资金结存——货币资金 贷：财政拨款预算收入/资金结存——财政应返还额度	借：银行存款等 贷：财政拨款收入

［例 4－3］某事业单位从本单位零余额账户向实有资金账户划转资金。2023 年 5 月 1 日收到的国库集中支付凭证及实有资金账户入账凭证表明，同级政府财政部门拨入某专项经费 100 000 元。该单位编制会计分录如下：

预算会计：

借：资金结存——货币资金 100 000

贷：财政拨款预算收入 100 000

财务会计：

借：银行存款 100 000

贷：财政拨款收入 100 000

4. 取得差错更正、退货收入

发生当年资金退回时，单位应当根据收到的财政资金退回通知书及相关原始凭证，按照通知书上的退回金额，借记本科目（支付时使用本年度预算指标）或“资金结存——财政应返还额度”科目（支付时使用以前年度预算指标），贷记“行政支出”“事业支出”等科目。

发生项目未结束的跨年资金退回时，单位应当根据收到的财政资金退回通知书及相关原始凭证，按照通知书上的退回金额，借记“资金结存——财政应返还额度”科目，贷记“财政拨款结转——年初余额调整”等科目（见表4-3）。

表4-3 取得差错更正、退货收入的账务处理

业务和事项内容	预算会计	财务会计
发生当年资金退回	借：财政拨款预算收入/资金结存——财政应返还额度 贷：行政支出/事业支出等	借：财政拨款收入/财政应返还额度 贷：库存物品/业务活动费用等
项目未结束的跨年资金退回	借：资金结存——财政应返还额度 贷：财政拨款结转——年初余额调整	借：财政应返还额度 贷：以前年度盈余调整/库存物品等

［**例4-4**］某行政单位当年通过国库集中支付采购的一批硒鼓在入库后发现有质量问题，硒鼓已退回。单位应当根据收到的财政资金退回通知书及相关原始凭证，退回相关货款50 000元。该单位编制会计分录如下：

预算会计：

借：财政拨款预算收入　　50 000

　贷：行政支出　　50 000

财务会计：

借：财政拨款收入　　50 000

　贷：库存物品　　50 000

5. 年终结转

年末，将本科目本年发生额转入财政拨款结转，借记本科目，贷记“财政拨款结转——本年收支结转”科目（见表4-4）。本科目年末结转后应无余额。

表4-4 财政拨款预算收入年终结转的账务处理

业务和事项内容	预算会计	财务会计
期末结转	借：财政拨款预算收入 贷：财政拨款结转——本年收支结转	借：财政拨款收入 贷：本期盈余

［**例4-5**］年末，某行政单位进行年终结算。经核算，财政拨款预算收入科目贷方余额25 000 000元；财政拨款收入科目贷方余额25 000 000元。该单位编制年终结转的会计分录如下：

预算会计：

借：财政拨款预算收入　　25 000 000

　贷：财政拨款结转——本年收支结转　　25 000 000

财务会计：

借：财政拨款收入　　25 000 000

　贷：本期盈余　　25 000 000

二、非同级财政拨款预算收入

（一）科目设置

在总账科目上，行政事业单位应当设置“非同级财政拨款预算收入”科目，核算单位从非同级政府财政部门取得的财政拨款，包括本级横向转拨财政款和非本级财政拨款。

在明细科目上，本科目应当按照非同级财政拨款预算收入的类别、来源、《政府收支分类科目》中“支出功能分类科目”的项级科目等进行明细核算。其中，有专项资金收入的，还应按照具体项目进行明细核算。

（二）账务处理

取得非同级财政拨款预算收入时，按照实际收到的金额，借记“资金结存——货币资金”科目，贷记本科目。

年末，将本科目本年发生额中的专项资金收入转入非财政拨款结转，借记本科目下各专项资金收入明细科目，贷记“非财政拨款结转——本年收支结转”科目；将本科目本年发生额中的非专项资金收入转入其他结余，借记本科目下各非专项资金收入明细科目，贷记“其他结余”科目（见表4－5）。本科目年末结转后，应无余额。

表4－5　非同级财政拨款预算收入的账务处理

业务和事项内容		预算会计	财务会计
取得非同级财政拨款收入		借：资金结存——货币资金 贷：非同级财政拨款预算收入	借：银行存款 贷：非同级财政拨款收入
期末结转	专项资金	借：非同级财政拨款预算收入 贷：非财政拨款结转——本年收支结转	借：非同级财政拨款收入 贷：本期盈余
	非专项资金	借：非同级财政拨款预算收入 贷：其他结余	

［例4－6］某部属高校收到开户银行的到账通知，收到所在地某省级财政部门拨付给本单位的一笔经费20 000 000元。该笔经费用于该省与该高校的共建发展。该单位编制会计分录如下：

预算会计：

借：资金结存——货币资金　　20 000 000

　贷：非同级财政拨款预算收入　　20 000 000

财务会计：

借：银行存款　　20 000 000

　贷：非同级财政拨款收入　　20 000 000

［例4－7］年末，某事业单位进行年终结算。本年度非同级财政拨款预算收入科目贷方余额为40 000 000元，其中专项收入明细科目余额为25 000 000元，非专项收入明细

科目余额为 15 000 000 元；同时，非同级财政拨款收入科目贷方余额也为 40 000 000 元。该单位编制年终结转的会计分录如下：

预算会计：

借：非同级财政拨款预算收入——专项收入　　25 000 000

　贷：非财政拨款结转——本年收支结转　　25 000 000

借：非同级财政拨款预算收入——非专项收入　　15 000 000

　贷：其他结余　　15 000 000

财务会计：

借：非同级财政拨款收入　　40 000 000

　贷：本期盈余　　40 000 000

三、其他预算收入

（一）科目设置

在总账科目上，行政事业单位应当设置“其他预算收入”科目，核算单位除财政拨款预算收入、事业预算收入、上级补助预算收入、附属单位上缴预算收入、经营预算收入、债务预算收入、非同级财政拨款预算收入、投资预算收益之外的纳入部门预算管理的现金流入，包括捐赠预算收入、利息预算收入、租金预算收入、现金盘盈收入等。

在明细科目上，本科目应当按照其他收入类别、《政府收支分类科目》中“支出功能分类科目”的项级科目等进行明细核算。其他预算收入中如有专项资金收入，还应按照具体项目进行明细核算。单位发生的捐赠预算收入、利息预算收入、租金预算收入金额较大或业务较多的，可单独设置“6603 捐赠预算收入”“6604 利息预算收入”“6605 租金预算收入”等科目。不单独设置“6603 捐赠预算收入”“6604 利息预算收入”“6605 租金预算收入”总账科目的行政事业单位，可以在二级明细科目下，设置“捐赠预算收入”“利息预算收入”“租金预算收入”“现金盘盈收入”等明细科目。

（二）账务处理

接受捐赠现金资产、收到银行存款利息、收到资产承租人支付的租金时，按照实际收到的金额，借记“资金结存——货币资金”科目，贷记本科目。

每日现金账款核对中如发现现金溢余，按照溢余的现金金额，借记“资金结存——货币资金”科目，贷记本科目。经核实，属于应支付给有关个人和单位的部分，按照实际支付的金额，借记本科目，贷记“资金结存——货币资金”科目。

收到其他预算收入时，按照收到的金额，借记“资金结存——货币资金”科目，贷记本科目。

年末，将本科目本年发生额中的专项资金收入转入非财政拨款结转，借记本科目下各专项资金收入明细科目，贷记“非财政拨款结转——本年收支结转”科目；将本科目本年发生额中的非专项资金收入转入其他结余，借记本科目下各非专项资金收入明细科目，贷记“其他结余”科目（见表4-6）。本科目年终结转后，应无余额。

表4-6　其他预算收入的账务处理

<table>
<tr><th colspan="2">业务和事项内容</th><th>预算会计</th><th colspan="2">财务会计</th></tr>
<tr><td colspan="2">接受捐赠现金资产、收到银行存款利息、收到资产承租人支付的租金</td><td>借：资金结存——货币资金
　贷：其他预算收入</td><td colspan="2">借：银行存款/库存现金
　贷：捐赠收入/利息收入/租金收入
或
借：银行存款/库存现金
　贷：应收账款/其他应收款/应收利息</td></tr>
<tr><td rowspan="2">现金盘盈</td><td>无法查明原因</td><td>借：资金结存——货币资金
　贷：其他预算收入</td><td rowspan="2">借：库存现金
　贷：待处理财产损溢</td><td>借：待处理财产损溢
　贷：其他收入</td></tr>
<tr><td>应支付给有关单位</td><td>借：其他预算收入
　贷：资金结存——货币资金</td><td>借：待处理财产损溢
　贷：其他应付款</td></tr>
<tr><td colspan="2">其他收入</td><td>借：资金结存——货币资金
　贷：其他预算收入</td><td colspan="2">借：银行存款等
　贷：其他收入</td></tr>
<tr><td rowspan="2">期末结转</td><td>非专项资金收入</td><td>借：其他预算收入
　贷：其他结余</td><td colspan="2" rowspan="2">借：其他收入
　贷：本期盈余</td></tr>
<tr><td>专项资金收入</td><td>借：其他预算收入
　贷：非财政拨款结转——本年收支结转</td></tr>
</table>

[例4-8] 某省属综合医院接受甲企业捐赠的定向用于公共疫情防控的款项500 000元，现已到账（备注：该单位不单设“6603 捐赠预算收入”总账科目）。该单位编制会计分录如下：

预算会计：

借：资金结存——货币资金　　500 000

　贷：其他预算收入——捐赠预算收入　　500 000

财务会计：

借：银行存款　　500 000

　贷：捐赠收入　　500 000

[例4-9] 某省属高校收到开户银行的到账通知书，本期银行存款利息10 000元，记入单位的银行账户。（备注：该单位不单设“6604 利息预算收入”总账科目）。该单位编制会计分录如下：

预算会计：

借：资金结存——货币资金　　10 000

　贷：其他预算收入——利息预算收入　　10 000

财务会计：

借：银行存款　　10 000

　贷：利息收入　　10 000

[例4-10] 某省属高校经同级财政部门批准，该学校部分临街房屋出租所取得的租

金收入纳入单位预算管理。当月，取得房屋租金收入 200 000 元，现已存入银行账户。（备注：该单位不单设“6605 租金预算收入”总账科目。）该单位编制会计分录如下：

预算会计：

借：资金结存——货币资金　　200 000

　贷：其他预算收入——租金预算收入　　200 000

财务会计：

借：银行存款　　200 000

　贷：租金收入　　200 000

[例 4-11] 某事业单位发现现金盘盈 500 元。认真核查后，确属无法查明原因。经批准，作为单位的其他预算收入。该单位编制会计分录如下：

预算会计：

借：资金结存——货币资金　　500

　贷：其他预算收入——现金盘盈收入　　500

财务会计：

借：库存现金　　500

　贷：其他收入　　500

[例 4-12] 年末，某事业单位进行年终结算。经核算，其他预算收入科目贷方余额 350 000 元，其中专项资金明细科目余额 250 000 元，非专项资金明细科目余额 100 000 元；同时，其他收入科目贷方余额 500 000 元。该单位编制年终结转的会计分录如下：

预算会计：

借：其他预算收入——专项收入　　250 000

　贷：非财政拨款结转——本年收支结转　　250 000

借：其他预算收入——非专项收入　　100 000

　贷：其他结余　　100 000

财务会计：

借：其他收入　　500 000

　贷：本期盈余　　500 000

授课视频：请访问中国大学 MOOC→政府会计实务/周克清等→第四章第二节行政事业单位共有的预算收入

第三节　事业单位专有的预算收入

事业预算收入、上级补助预算收入、附属单位上缴预算收入、经营预算收入、债务预算收入和投资预算收益属于事业单位专有的预算收入。本节将重点介绍这六类预算收入的科目设置、账务处理和核算案例。

一、事业预算收入

（一）科目设置

在总账科目上，事业单位应当设置“事业预算收入”科目，核算事业单位开展专业业务活动及其辅助活动取得的现金流入。事业单位因开展科研及其辅助活动从非同级政府财政部门取得的经费拨款，也通过本科目核算。

在明细科目上，本科目应当按照事业预算收入类别、项目、来源、《政府收支分类科目》中“支出功能分类科目”项级科目等进行明细核算。对于因开展科研及其辅助活动从非同级政府财政部门取得的经费拨款，应当在本科目下单设“非同级财政拨款”明细科目进行明细核算；事业预算收入中如有专项资金收入，还应按照具体项目进行明细核算。

（二）账务处理

采用财政专户返还方式管理的事业预算收入，收到从财政专户返还的事业预算收入时，按照实际收到的返还金额，借记“资金结存——货币资金”科目，贷记本科目。

在收到其他事业预算收入时，按照实际收到的款项金额，借记“资金结存——货币资金”科目，贷记本科目。

年末，将本科目本年发生额中的专项资金收入转入非财政拨款结转，借记本科目下各专项资金收入明细科目，贷记“非财政拨款结转——本年收支结转”科目；将本科目本年发生额中的非专项资金收入转入其他结余，借记本科目下各非专项资金收入明细科目，贷记“其他结余”科目，如表 4－7 所示。年末结转后，本科目应无余额。

表 4－7　事业预算收入的账务处理

<table>
<tr><th colspan="2">业务和事项内容</th><th>预算会计</th><th>财务会计</th></tr>
<tr><td colspan="2">采用财政专户返还方式管理的事业预算收入，收到从财政专户返还的事业预算收入</td><td>借：资金结存——货币资金
　贷：事业预算收入</td><td>借：银行存款
　贷：事业收入</td></tr>
<tr><td colspan="2">收到其他事业预算收入</td><td>借：资金结存——货币资金
　贷：事业预算收入</td><td>借：银行存款
　贷：事业收入/应收账款/预收账款等</td></tr>
<tr><td rowspan="2">期末结转</td><td>专项资金</td><td>借：事业预算收入
　贷：非财政拨款结转——本年收支结转</td><td rowspan="2">借：事业收入
　贷：本期盈余</td></tr>
<tr><td>非专项资金</td><td>借：事业预算收入
　贷：其他结余</td></tr>
</table>

［例 4－13］某事业单位收到从财政专户返还的事业预算收入 500 000 元，款项已存入单位的银行账户。该单位编制会计分录如下：

预算会计:

借:资金结存——货币资金　　500 000

贷:事业预算收入　　500 000

财务会计:

借:银行存款　　500 000

贷:事业收入　　500 000

[例 4-14] 某事业单位开展专业业务活动收到事业服务费 200 000 元。款项已存入银行账户。该单位编制会计分录如下:

预算会计:

借:资金结存——货币资金　　200 000

贷:事业预算收入　　200 000

财务会计:

借:银行存款　　200 000

贷:事业收入　　200 000

[例 4-15] 某事业单位按照合同约定,从付款方预收一笔事业服务费 500 000 元,款项已存入银行账户。该单位编制会计分录如下:

预算会计:

借:资金结存——货币资金　　500 000

贷:事业预算收入　　500 000

财务会计:

借:银行存款　　500 000

贷:预收账款　　500 000

[例 4-16] 某事业单位向甲公司提供科研咨询服务,双方约定服务费为 200 000 元,但对方未能如期支付相应款项。数月后,甲公司向该单位支付了这笔款项,现银行账户已到账。该单位编制会计分录如下:

预算会计:

借:资金结存——货币资金　　200 000

贷:事业预算收入　　200 000

财务会计:

借:银行存款　　200 000

贷:应收账款　　200 000

[例 4-17] 年末,某事业单位进行年终结算。经核算,事业预算收入科目贷方余额 15 000 000 元,其中专项收入明细科目余额 5 000 000 元,非专项收入明细科目余额 10 000 000 元;同时,事业收入科目贷方余额 20 000 000 元。该单位编制年终结转的会计分录如下:

预算会计:

借:事业预算收入——专项收入　　5 000 000

贷:非财政拨款结转——本年收支结转　　5 000 000

借：事业预算收入——非专项收入　　10 000 000

　贷：其他结余　　10 000 000

财务会计：

借：事业收入　　20 000 000

　贷：本期盈余　　20 000 000

二、上级补助预算收入

（一）科目设置

在总账科目上，事业单位应当设置“上级补助预算收入”科目，核算单位从主管部门和上级单位取得的非财政补助现金流入。

在明细科目上，本科目应当按照发放补助单位、补助项目、《政府收支分类科目》中“支出功能分类科目”的项级科目等进行明细核算。上级补助预算收入中如有专项资金收入，还应按照具体项目进行明细核算。

（二）账务处理

在收到上级补助预算收入时，按照实际收到的金额，借记“资金结存——货币资金”科目，贷记本科目。

年末，将本科目本年发生额中的专项资金收入转入非财政拨款结转，借记本科目下各专项资金收入明细科目，贷记“非财政拨款结转——本年收支结转”科目；将本科目本年发生额中的非专项资金收入转入其他结余，借记本科目下各非专项资金收入明细科目，贷记“其他结余”科目，如表4-8所示。年末结转后，本科目应无余额。

表4-8　上级补助预算收入的账务处理

<table>
<tr><th colspan="2">业务和事项内容</th><th>预算会计</th><th>财务会计</th></tr>
<tr><td colspan="2">收到上级补助收入</td><td>借：资金结存——货币资金
　贷：上级补助预算收入</td><td>借：银行存款等
　贷：上级补助收入</td></tr>
<tr><td rowspan="2">期末结转</td><td>专项资金</td><td>借：上级补助预算收入
　贷：非财政拨款结转——本年收支结转</td><td rowspan="2">借：上级补助收入
　贷：本期盈余</td></tr>
<tr><td>非专项资金</td><td>借：上级补助预算收入
　贷：其他结余</td></tr>
</table>

[例4-18] 某事业单位收到上级单位拨来的非财政补助100 000元，款项现已到账。该单位编制会计分录如下：

预算会计：

借：资金结存——货币资金　　100 000

　贷：上级补助预算收入　　100 000

财务会计：

借：银行存款　　100 000

贷：上级补助收入　　　　　　　　　　　　　　100 000

［例4-19］年末，某事业单位进行年终结算。经核算，上级补助预算收入科目贷方余额500 000元，其中专项收入300 000元，非专项收入200 000元；同时，上级补助收入科目贷方余额500 000元。该单位编制年终结转的会计分录如下：

预算会计：

借：上级补助预算收入——专项收入　　　　　　300 000

贷：非财政拨款结转——本年收支结转　　　　　　300 000

借：上级补助预算收入——非专项收入　　　　　200 000

贷：其他结余　　　　　　　　　　　　　　　　200 000

财务会计：

借：上级补助收入　　　　　　　　　　　　　500 000

贷：本期盈余　　　　　　　　　　　　　　　　500 000

三、附属单位上缴预算收入

（一）科目设置

在总账科目上，事业单位应当设置“附属单位上缴预算收入”科目，核算单位取得附属独立核算单位根据有关规定上缴的现金流入。

在明细科目上，本科目应当按照附属单位、缴款项目、《政府收支分类科目》中“支出功能分类科目”的项级科目等进行明细核算。附属单位上缴预算收入中如有专项资金收入，还应按照具体项目进行明细核算。

（二）账务处理

在收到附属单位缴来款项时，按照实际收到的金额，借记“资金结存——货币资金”科目，贷记本科目。

年末，将本科目本年发生额中的专项资金收入转入非财政拨款结转，借记本科目下各专项资金收入明细科目，贷记“非财政拨款结转——本年收支结转”科目；将本科目本年发生额中的非专项资金收入转入其他结余，借记本科目下各非专项资金收入明细科目，贷记“其他结余”科目，如表4-9所示。年末结转后，本科目应无余额。

表4-9　附属单位上缴预算收入的账务处理

业务和事项内容		预算会计	财务会计
收到附属单位上缴收入		借：资金结存——货币资金 贷：附属单位上缴预算收入	借：银行存款等 贷：附属单位上缴收入
期末结转	专项资金	借：附属单位上缴预算收入 贷：非财政拨款结转——本年收支结转	借：附属单位上缴收入 贷：本期盈余
	非专项资金	借：附属单位上缴预算收入 贷：其他结余	

［例 4－20］某事业单位收到下属单位（该单位属于独立核算的事业法人）上缴收入 500 000 元，款项现已到账。该单位编制会计分录如下：

预算会计：

借：资金结存——货币资金　　500 000

　贷：附属单位上缴预算收入　　500 000

财务会计：

借：银行存款　　500 000

　贷：附属单位上缴收入　　500 000

［例 4－21］年末，某事业单位进行年终结算。经核算，附属单位上缴预算收入科目贷方余额为 480 000 元，均为非专项收入；附属单位上缴收入科目贷方余额为 520 000 元。该单位编制年终结转的会计分录如下：

预算会计：

借：附属单位上缴预算收入　　480 000

　贷：其他结余　　480 000

财务会计：

借：附属单位上缴收入　　520 000

　贷：本期盈余　　520 000

四、经营预算收入

（一）科目设置

在总账科目上，事业单位应当设置“经营预算收入”科目来核算单位在专业业务活动及其辅助活动之外开展非独立核算经营活动取得的现金流入。

在明细科目上，本科目应当按照经营活动类别、项目、《政府收支分类科目》中“支出功能分类科目”的项级科目等进行明细核算。

（二）账务处理

在收到经营预算收入时，按照实际收到的金额，借记“资金结存——货币资金”科目，贷记本科目。

年末，将本科目本年发生额转入经营结余，借记本科目，贷记“经营结余”科目，如表 4－10 所示。年末结转后，本科目应无余额。

表 4－10　经营预算收入的账务处理

业务和事项内容	预算会计	财务会计
实际收到经营预算收入	借：资金结存——货币资金 　贷：经营预算收入	借：银行存款等 　贷：应收账款/经营收入等
期末结转	借：经营预算收入 　贷：经营结余	借：经营收入 　贷：本期盈余

［例 4-22］某事业单位开展一项非独立核算的经营活动，取得经营收入 10 000 元，款项已经存入银行。暂不考虑增值税业务。该单位编制会计分录如下：

预算会计：

借：资金结存——货币资金　　10 000

　贷：经营预算收入　　10 000

财务会计：

借：银行存款　　10 000

　贷：经营收入　　10 000

［例 4-23］上月，某事业单位开展一项非独立核算的经营活动，向甲公司提供某项服务，服务已经提供但对方尚未付款。本月，收到甲公司通过银行转账支付的款项 50 000 元，暂不考虑增值税业务。该单位编制会计分录如下：

预算会计：

借：资金结存——货币资金　　50 000

　贷：经营预算收入　　50 000

财务会计：

借：银行存款　　50 000

　贷：应收账款　　50 000

［例 4-24］年末，某事业单位进行年终结算。经核算，经营预算收入科目贷方余额 8 000 000 元，经营收入科目贷方余额 10 000 000 元。该单位编制年终结转的会计分录如下：

预算会计：

借：经营预算收入　　8 000 000

　贷：经营结余　　8 000 000

财务会计：

借：经营收入　　10 000 000

　贷：本期盈余　　10 000 000

五、债务预算收入

（一）科目设置

在总账科目上，事业单位应当设置“债务预算收入”科目来核算事业单位按照规定从银行和其他金融机构等借入的、纳入部门预算管理的、不以财政资金作为偿还来源的债务本金。

在明细科目上，本科目应当按照贷款单位、贷款种类、《政府收支分类科目》中“支出功能分类科目”的项级科目等进行明细核算。债务预算收入中如有专项资金收入，还应按照具体项目进行明细核算。

（二）账务处理

在借入各项短期或长期借款时，按照实际借入的金额，借记“资金结存——货币资金”科目，贷记本科目。

年末，将本科目本年发生额中的专项资金收入转入非财政拨款结转，借记本科目下各专项资金收入明细科目，贷记“非财政拨款结转——本年收支结转”科目；将本科目本年发生额中的非专项资金收入转入其他结余，借记本科目下各非专项资金收入明细科目，贷记“其他结余”科目，如表 4－11 所示。年末结转后，本科目应无余额。

表 4－11 债务预算收入的账务处理

业务和事项内容		预算会计	财务会计
收到短期或长期借款		借：资金结存——货币资金 　贷：债务预算收入	借：银行存款 　贷：短期借款/长期借款
期末结转	专项资金	借：债务预算收入 　贷：非财政拨款结转——本年收支结转	—
	非专项资金	借：债务预算收入 　贷：其他结余	

［**例 4－25**］某事业单位经批准向甲商业银行借入一笔三年期贷款 10 000 000 元。该单位编制会计分录如下：

预算会计：

借：资金结存——货币资金　　　　10 000 000

　贷：债务预算收入　　　　　　　　10 000 000

财务会计：

借：银行存款　　　　　　　　　　10 000 000

　贷：长期借款　　　　　　　　　　10 000 000

［**例 4－26**］年末，某事业单位进行年终结算。经核算，债务预算收入科目贷方余额 10 000 000 元，其中均为专项收入。该单位编制年终结转的会计分录如下：

预算会计：

借：债务预算收入　　　　　　　　10 000 000

　贷：非财政拨款结转——本年收支结转　　10 000 000

六、投资预算收益

（一）科目设置

在总账科目上，事业单位应当设置“投资预算收益”科目来核算事业单位取得的按照规定纳入部门预算管理的属于投资收益性质的现金流入，包括股权投资收益、出售或收回债券投资所取得的收益和债券投资利息收入。

在明细科目上，本科目应当按照《政府收支分类科目》中“支出功能分类科目”的项级科目等进行明细核算。

（二）账务处理

1. 持有债券或股权投资期间收到利息或股息等

持有的短期投资以及分期付息、一次还本的长期债券投资收到利息时，或者持有长期股权投资取得被投资单位分派的现金股利或利润时，按照实际收到的金额，借记“资金结存——货币资金”科目，贷记本科目，如表 4-12 所示。

表 4-12　投资预算收益的账务处理（一）

业务和事项内容	预算会计	财务会计
持有债券或股权投资期间收到利息或股息等	借：资金结存——货币资金 　贷：投资预算收益	借：银行存款 　贷：应收利息/应收股利/投资收益

［**例 4-27**］某事业单位拥有一家独立出资设立的出版公司，收到出版公司向该单位的利润分红 200 000 元，款项已到账。（备注：按照权益法，该笔利润分红在出版公司实现盈利时就已经确认应收股利。）该单位编制会计分录如下：

预算会计：

借：资金结存——货币资金　　200 000

　贷：投资预算收益　　200 000

财务会计：

借：银行存款　　200 000

　贷：应收股利　　200 000

2. 出售或到期收回投资收益

出售或到期收回本年度取得的短期、长期债券，按照实际取得的价款或实际收到的本息金额，借记“资金结存——货币资金”科目，按照取得债券时“投资支出”科目的发生额，贷记“投资支出”科目，按照其差额，贷记或借记本科目。

出售或到期收回以前年度取得的短期、长期债券，按照实际取得的价款或实际收到的本息金额，借记“资金结存——货币资金”科目，按照取得债券时“投资支出”科目的发生额，贷记“其他结余”科目，按照其差额，贷记或借记本科目，如表 4-13 所示。

出售、转让以货币资金取得的长期股权投资的，其账务处理参照出售或到期收回债券投资。

表 4-13　投资预算收益的账务处理（二）

<table>
<tr><th colspan="2">业务和事项内容</th><th>预算会计</th><th>财务会计</th></tr>
<tr><td rowspan="2">出售或到期收回投资收益</td><td>当期取得的短期、长期投资</td><td>借：资金结存——货币资金（实际收到的金额）
借或贷：投资预算收益（差额部分）
　贷：投资支出（账面余额）</td><td rowspan="2">借：银行存款
借或贷：投资收益
　贷：短期投资/长期股权投资/长期债券投资</td></tr>
<tr><td>以前年度取得的短期、长期投资</td><td>借：资金结存——货币资金（实际收到的金额）
借或贷：投资预算收益（差额部分）
　贷：其他结余（账面余额）</td></tr>
</table>

［例 4-28］某事业单位三年前曾利用闲置资金购买一笔三年期国债，票面金额为 500 000 元，年利率为 3%，每年支付一次利息。现已到期，收回本金及最后一年的利息。该单位编制会计分录如下：

预算会计：

借：资金结存——货币资金　　515 000

　贷：投资预算收益　　15 000

　　其他结余　　500 000

财务会计：

借：银行存款　　515 000

　贷：投资收益　　15 000

　　长期债券投资　　500 000

3. 出售、转让以非货币性资产取得的长期股权投资

在出售、转让以非货币性资产取得的长期股权投资时，按照实际取得的价款扣减支付的相关费用和应缴财政款后的余额（按照规定纳入单位预算管理的），借记“资金结存——货币资金”科目，贷记本科目，如表 4-14 所示。另外，根据《政府会计准则制度解释第 1 号》的规定，事业单位处置由科技成果转化形成的长期股权投资，按规定所取得的收入全部留归本单位的，应当按照实际取得的价款，借记“资金结存——货币资金”科目，按照处置时确认的投资收益金额，贷记“投资预算收益”科目，按照贷方差额，贷记“其他预算收入”科目。

表 4-14　投资预算收益的账务处理（三）

业务和事项内容	预算会计	财务会计
出售、转让以非货币性资产取得的长期股权投资，按照实际取得的价款扣减支付的相关费用和应缴财政款后的余额（按规定纳入单位预算管理的）	借：资金结存——货币资金 　贷：投资预算收益	借：资产处置费用 　贷：长期股权投资 借：银行存款 　贷：应收股利 　　银行存款等 　　投资收益 　　应缴财政款
处置由科技成果转化形成的长期股权投资，按规定所取得的收入全部留归本单位的	借：资金结存——货币资金 　贷：投资预算收益 　　其他预算收入	借：银行存款 　贷：长期股权投资 　　投资收益

［例 4-29］(1) 某事业单位在以前年度以转让某项科研成果的方式拥有甲公司 10% 的股权，当时评估价为 10 000 000 元。现在，该单位经批准转让这笔股权，取得转让收入 15 000 000 元，款项已到账。按规定，所取得的收入全部留归本单位。该单位编制会计分录如下：

预算会计：

借：资金结存——货币资金　　15 000 000

　贷：投资预算收益　　5 000 000

　　其他预算收入　　10 000 000

财务会计：

借：银行存款　　15 000 000

　贷：长期股权投资　　10 000 000

　　　投资收益　　5 000 000

（2）上述例题的其他条件不变，假设该长期股权投资是通过科技成果转化以外的其他非货币性资产取得的，所收回的长期股权投资的账面价值部分需全额上缴财政，扣除相关费用和应缴财政款的剩余部分纳入单位预算管理。该单位编制会计分录如下：

预算会计：

借：资金结存——货币资金　　5 000 000

　贷：投资预算收益　　5 000 000

财务会计：

借：资产处置费用　　10 000 000

　贷：长期股权投资　　10 000 000

借：银行存款　　15 000 000

　贷：应缴财政款　　10 000 000

　　　投资收益　　5 000 000

4. 年末结转

年末，将本科目本年发生额转入其他结余，借记或贷记本科目，贷记或借记“其他结余”科目，如表 4-15 所示。年末结转后，本科目应无余额。

表 4-15　投资预算收益的账务处理（四）

业务和事项内容	预算会计	财务会计
期末结转	借：投资预算收益 　贷：其他结余 当投资预算收益为负数时 借：其他结余 　贷：投资预算收益	借：投资收益 　贷：本期盈余 当投资收益为负数时 借：本期盈余 　贷：投资收益

［例 4-30］ 年末，某事业单位进行年终结算。经核算，投资预算收益科目贷方余额为 450 000 元，投资收益科目贷方余额为 600 000 元。该单位编制年终结转的会计分录如下：

预算会计：

借：投资预算收益　　450 000

　贷：其他结余　　450 000

财务会计：

借：投资收益　　600 000

　贷：本期盈余　　600 000

授课视频：请访问中国大学 MOOC→政府会计实务/周克清等→第四章第三节事业单位专有的预算收入

思考题

1. 什么是预算收入？预算收入与收入有何异同？

2. 事业单位的预算收入之所以不同于行政单位的原因何在？

3. 行政单位的预算收入都有哪些类别？不同预算收入的核算要点是什么？

4. 事业单位的预算收入都有哪些类别？不同预算收入的核算要点是什么？

实训题

1. 某行政单位2023年发生如下经济业务：

(1) 通过国库集中支付向定点采购单位支付会议费200 000元。

(2) 收到非同级财政部门拨入的专项经费360 000元。

(3) 收到其他地区的单位和个人捐赠的救灾款项500 000元，款项已到账。经批准，该款项纳入单位预算管理并定向用于救灾支出。

根据上述业务编制相应的会计分录。

2. 某事业单位2023年发生如下经济业务：

(1) 通过国库集中支付采购设备一台，设备采购价为350 000元。款项已支付，设备已验收。

(2) 收到财政专户返还的事业收入100 000元，款项已存入银行账户。

(3) 收到专业业务活动及其辅助活动取得的事业收入22 000元，款项已存入银行账户。

(4) 向甲公司提供科研服务。按合同约定，从甲公司预收300 000元课题费，款项已存入银行账户。

(5) 该事业单位在开展非独立核算的经营活动中取得经营收入10 000元，款项已存入银行账户。

(6) 收到上级单位拨入的上级补助收入234 000元，款项已存入银行账户。

(7) 收到附属单位上缴的附属单位上缴收入58 000元，款项已存入银行。

(8) 经批准，向银行借入一笔5年期长期借款10 000 000元，定向用于该单位科研大楼的建设。

(9) 单位持有的长期债券投资已到期，收回本金500 000元，收到利息15 000元，款项已存入银行账户。

根据上述业务编制相应的会计分录。

第五章

预算支出的核算

本章学习目标：

1. 理解行政事业单位预算支出的概念与分类
2. 掌握行政单位与事业单位在预算支出类别上的异同点
3. 掌握行政单位各项预算支出的核算要点
4. 掌握事业单位各项预算支出的核算要点

第一节　预算支出概述

一、 预算支出的概念

根据《政府会计准则——基本准则》的规定，预算支出是指政府会计主体在预算年度内依法发生并纳入预算管理的现金流出。在单位会计层面，预算支出是指行政事业单位在预算年度内依法发生并纳入单位预算管理的现金流出。对于预算支出的理解，至少需要重点把握两个方面：

（一）行政事业单位属于预算支出的资金要纳入本年度单位预算管理

行政事业单位预算反映预算年度内行政事业单位的资金收支规模、结构、资金来源和去向，是行政事业单位财务工作的基本依据。行政事业单位取得的各项预算收入和发生的各项预算支出，应全部纳入单位预算，实行收支统一管理。因此，纳入行政事业单位预算管理的资金使用，才能作为预算支出核算。

（二）行政事业单位的预算支出是货币资金的消耗或分配

根据预算支出的定义，预算支出属于现金从会计主体的流出。行政事业单位一般只有在发生货币资金的耗费、损失，或者因分配导致货币资金流出单位时，才可能产生预算支出。反之，如果行政事业单位只减少了非货币资金，而没有减少货币资金，就不作为预算支出核算。

在有些情况下，行政事业单位支付的资金尚不能确定是否真正耗用掉（如职工预借的差旅费等，没用完的部分需要退回)，那么在支付资金的当时暂不做预算支出处理，而是在实际报销时再作预算支出处理。

二、预算支出的分类

行政事业单位对预算支出一般按照预算资金使用或分配的用途进行划分，其目的是向会计信息使用者反映行政事业单位的各种预算资金使用的活动、分配的去向及其数量。

(一) 行政支出

行政支出是指行政单位履行其职责实际发生的各项现金流出。行政支出可根据不同的标准进行分类。

按照支出资金的不同性质，行政支出可以分为财政拨款支出、非财政专项资金支出和其他资金支出等种类。财政拨款支出是指使用财政拨款收入发生的支出，包括一般公共预算拨款支出和政府性基金预算拨款支出。非财政专项资金支出，是指使用非财政专项资金收入发生的支出。其他资金支出，是指除财政拨款收入、非财政专项资金收入之外的资金发生的支出。

(二) 事业支出

事业支出是指事业单位开展专业业务活动及其辅助活动实际发生的各项现金流出。为全面反映事业单位各项事业支出的内容，便于分析和考核各种事业支出的实际发生情况及其效果，事业单位有必要对事业支出按照一定的要求进行适当的分类。

(三) 经营支出

经营支出是指事业单位在专业业务活动及其辅助活动之外开展非独立核算经营活动实际发生的各项现金流出。事业单位的经营支出与经营预算收入相对应，经营预算收入减去经营支出后的差额为经营结余，属于预算会计中核算的内容；经营费用与经营收入相对应，属于财务会计中核算的内容。

(四) 上缴上级支出

上缴上级支出是指事业单位按照财政部门和主管部门的规定上缴上级单位款项发生的现金流出。上缴上级支出的资金来源都属于非财政资金，一般是事业活动或经营活动等形成的。

(五) 对附属单位补助支出

对附属单位补助支出是指事业单位用财政拨款预算收入之外的收入对附属单位补助发生的现金流出。对附属单位补助支出的资金来源包括事业单位自己可分配使用的非财政资金，或是从其他单位取得的非财政资金。

（六）投资支出

投资支出是指事业单位以货币资金对外投资发生的现金流出。事业单位可以利用非财政资金进行投资。事业单位投资使用的货币资金要纳入预算管理，所发生的现金流出即构成单位的投资支出。

（七）债务还本支出

债务还本支出是指事业单位偿还自身承担的纳入预算管理的从金融机构举借的债务本金的现金流出。事业单位自身承担还款责任的借款纳入单位预算管理，偿还上述债务本金的现金流出，就构成事业单位的债务还本支出。要注意的是，事业单位因债务引起的利息支出属于事业单位的其他支出。

（八）其他支出

其他支出是指行政事业单位除上述支出以外的各项现金流出，包括利息支出、对外捐赠现金支出、现金盘亏损失、接受捐赠（调入）和对外捐赠（调出）非现金资产发生的税费支出、资产置换过程中发生的相关税费支出、罚没支出等。

授课视频：请访问中国大学 MOOC→政府会计实务/周克清等→第五章第一节预算支出概述

第二节　行政单位专有的预算支出

根据预算支出的分类，行政支出是行政单位专有的预算支出。为此，本节将结合行政单位的业务特点，重点介绍这类预算支出的科目设置、账务处理和核算案例。

一、科目设置

在总账科目上，行政单位应当设置“行政支出”科目，核算单位履行其职责活动中实际发生的各项现金流出。平时，“行政支出”的借方余额，反映行政单位行政支出的本年累计数。年终结账时，不同资金类型或明细科目的本年发生额转入相应的结转结余科目。年终结转后，本科目应无余额。

在明细科目上，新制度规定了需要统一设置的明细科目。本科目应当分别按照“财政拨款支出”“非财政专项资金支出”“其他资金支出”，以及“基本支出”“项目支出”等进行明细核算，并按照《政府收支分类科目》中“支出功能分类科目”的项级科目进行明细核算；“基本支出”和“项目支出”明细科目下应当按照《政府收支分类科目》中“部门预算支出经济分类科目”的款级科目进行明细核算，同时在“项目支出”明细科目下按照具体项目进行明细核算。

有一般公共预算财政拨款、政府性基金预算财政拨款等两种或两种以上财政拨款的行政单位，还应当在“财政拨款支出”明细科目下按照财政拨款的种类进行明细核算。

对于预付款项，可通过在本科目下设置“待处理”明细科目进行核算，待确认具体支出项目后再转入本科目下相关明细科目。年末结账前，应将本科目“待处理”明细科目余额全部转入本科目下相关明细科目。

二、账务处理

行政单位在履行职能的过程中，发生如下业务的账务处理：

（一）支付单位职工薪酬

在向单位职工个人支付薪酬时，按照实际支付的金额，借记本科目，贷记“财政拨款预算收入”“资金结存”科目。

在按照规定代扣代缴个人所得税以及代扣代缴或为职工缴纳职工社会保险费、住房公积金等时，按照实际缴纳的金额，借记本科目，贷记“财政拨款预算收入”“资金结存”科目（见表5-1）。

表5-1　行政支出账务处理（一）

业务和事项内容	预算会计	财务会计
实际支付给职工并代扣个人所得税	借：行政支出 　贷：财政拨款预算收入/资金结存等	借：应付职工薪酬 　贷：财政拨款收入/银行存款等 　　其他应交税费——应交个人所得税
实际缴纳税款	借：行政支出 　贷：资金结存等	借：其他应交税费——应交个人所得税 　贷：银行存款等

［例5-1］某行政单位根据当月工资发放表，向在职人员支付基本工资500 000元，津贴补贴300 000元，应代扣代缴个人所得税15 000元。现通过国库集中支付方式向个人支付税后工资薪金和向税务机关缴纳代扣代缴的个人所得税。该单位编制会计分录如下：

预算会计：

借：行政支出　800 000

　贷：财政拨款预算收入　800 000

财务会计：

借：应付职工薪酬　785 000

　贷：财政拨款收入　785 000

借：应付职工薪酬　15 000

　贷：其他应交税费——应交个人所得税　15 000

借：其他应交税费——应交个人所得税　15 000

　贷：财政拨款收入　15 000

（二）支付外部人员劳务费

按照实际支付给外部人员个人的金额，借记本科目，贷记“财政拨款预算收入”“资金结存”科目。

在按照规定代扣代缴个人所得税时，按照实际缴纳的金额，借记本科目，贷记“财政拨款预算收入”“资金结存”科目（见表5－2）。

表5－2　行政支出账务处理（二）

业务和事项内容	预算会计	财务会计
实际支付给收款人并代扣个人所得税	借：行政支出 　贷：财政拨款预算收入/资金结存	借：业务活动费用/其他应付款等 　贷：财政拨款收入/银行存款等 　　　其他应交税费——应交个人所得税
实际缴纳税款	借：行政支出 　贷：财政拨款预算收入/资金结存	借：其他应交税费——应交个人所得税 　贷：银行存款等

［**例5－2**］某行政单位通过国库集中支付方式向外部聘任人员支付当月劳务费12 000元，应代扣外聘人员个人所得税1 920元。该单位编制会计分录如下：

（1）计提劳务费和应交个人所得税时

财务会计：

借：业务活动费用　　12 000

　贷：其他应付款　　10 080

　　　其他应交税费——应交个人所得税　　1 920

（2）支付税后劳务费时

预算会计：

借：行政支出　　10 080

　贷：财政拨款预算收入　　10 080

财务会计：

借：其他应付款　　10 080

　贷：财政拨款收入　　10 080

（3）实际缴纳税款时

预算会计：

借：行政支出　　1 920

　贷：财政拨款预算收入　　1 920

财务会计：

借：其他应交税费——应交个人所得税　　1 920

　贷：财政拨款收入　　1 920

（三）为购买存货、固定资产、无形资产等以及在建工程支付相关款项

在为购买存货、固定资产、无形资产等以及在建工程支付相关款项时，按照实际支

付的金额，借记本科目，贷记“财政拨款预算收入”“资金结存”科目（见表5-3）。

表5-3　行政支出账务处理（三）

业务和事项内容	预算会计	财务会计
为购买存货、固定资产、无形资产等以及在建工程支付相关款项	借：行政支出 　贷：财政拨款预算收入/资金结存	借：库存物品/固定资产/无形资产/在建工程等 　贷：财政拨款收入/银行存款/应付账款等

［例5-3］某行政单位通过国库集中支付方式采购了一批便携式电脑，采购价为50 000元。电脑已交付使用，款项也已支付。该单位编制会计分录如下：

预算会计：

借：行政支出　50 000

　贷：财政拨款预算收入　50 000

财务会计：

借：固定资产　50 000

　贷：财政拨款收入　50 000

（四）发生预付/暂付账款

在发生预付账款时，按照实际支付的金额，借记本科目，贷记“财政拨款预算收入”“资金结存”科目。

对于暂付款项，在支付款项时可不做预算会计处理，待结算或报销时，按照结算或报销的金额，借记本科目，贷记“资金结存”科目（见表5-4）。

表5-4　行政支出账务处理（四）

<table>
<tr><th colspan="3">业务和事项内容</th><th>预算会计</th><th>财务会计</th></tr>
<tr><td rowspan="4">为履职发生的预付款项</td><td rowspan="2">预付账款</td><td>支付款项时</td><td>借：行政支出
　贷：财政拨款预算收入/资金结存</td><td>借：预付账款
　贷：财政拨款收入/银行存款等</td></tr>
<tr><td>结算时</td><td>借：行政支出
　贷：财政拨款预算收入/资金结存</td><td>借：业务活动费用
　贷：预付账款
　　财政拨款收入/银行存款等</td></tr>
<tr><td rowspan="2">暂付款项</td><td>支付款项时</td><td>—</td><td>借：其他应收款
　贷：银行存款等</td></tr>
<tr><td>结算或报销时</td><td>借：行政支出
　贷：资金结存等</td><td>借：业务活动费用
　贷：其他应收款</td></tr>
</table>

［例5-4］某行政单位委托某公司开发一个管理系统软件，合同价为200 000元。根据合同，行政单位先预付40%的价款。等到软件开发并验收合格后再支付剩余的60%。该单位编制会计分录如下：

（1）通过国库集中支付方式支付合同价款的40%。

预算会计：

借：行政支出　　80 000

　贷：财政拨款预算收入　　80 000

财务会计：

借：预付账款　　80 000

　贷：财政拨款收入　　80 000

（2）软件开发完成并验收合格，通过国库集中支付方式支付剩余的60%。

预算会计：

借：行政支出　　120 000

　贷：财政拨款预算收入　　120 000

财务会计：

借：无形资产　　200 000

　贷：预付账款　　80 000

　　财政拨款收入　　120 000

[例 5-5] 某行政单位的职工李某因公出差。经批准，出差前向单位财务部门预借差旅费5 000元。出差回来后，共发生差旅费4 500元，差额部分以现金方式退回。该单位编制会计分录如下：

（1）在预借差旅费时，暂不做预算会计处理。

财务会计：

借：其他应收款　　5 000

　贷：库存现金　　5 000

（2）在实际报销时

预算会计：

借：行政支出　　4 500

　贷：资金结存——货币资金　　4 500

财务会计：

借：库存现金　　500

　　业务活动费用　　4 500

　贷：其他应收款　　5 000

（五）发生其他各项支出

在发生其他各项支出时，按照实际支付的金额，借记本科目，贷记"财政拨款预算收入""资金结存"科目（见表5-5）。

表5-5　行政支出账务处理（五）

业务和事项内容	预算会计	财务会计
为履职发生其他各项费用	借：行政支出 　贷：财政拨款预算收入/资金结存	借：业务活动费用 　贷：财政拨款收入/银行存款/应付账款/其他应付款等

[例 5－6] 某行政单位通过国库集中支付方式向物业公司支付物业费 500 000 元。该单位编制会计分录如下：

预算会计：

借：行政支出　　500 000

　贷：财政拨款预算收入　　500 000

财务会计：

借：业务活动费用　　500 000

　贷：财政拨款收入　　500 000

（六）因购货退回等发生款项退回，或者发生差错更正

因购货退回等发生款项退回，或者发生差错更正的，属于当年支出收回的，按照收回或更正金额，借记“财政拨款预算收入”“资金结存”科目，贷记本科目（见表 5－6）。

表 5－6　行政支出账务处理（六）

业务和事项内容	预算会计	财务会计
因购货退回等发生款项退回，或者发生差错更正的，属于当年支出收回的	借：财政拨款预算收入/资金结存 贷：行政支出	借：财政拨款收入/银行存款/应收账款等 贷：库存物品/业务活动费用

[例 5－7] 某单位年初通过国库集中支付方式采购办公用品一批，采购价为 10 000 元，货物验收入库。6 月 5 日，经办人员在领用该批办公用品的过程中发现有质量问题。该单位要求供应商退货处理，并按原支付方式退回相应款项。该单位编制会计分录如下：

预算会计：

借：财政拨款预算收入　　10 000

　贷：行政支出　　10 000

财务会计：

借：财政拨款收入　　10 000

　贷：库存物品　　10 000

（七）期末结转

年末，将本科目本年发生额中的财政拨款支出转入财政拨款结转，借记“财政拨款结转——本年收支结转”科目，贷记本科目下各财政拨款支出明细科目；将本科目本年发生额中的非财政专项资金支出转入非财政拨款结转，借记“非财政拨款结转——本年收支结转”科目，贷记本科目下各非财政专项资金支出明细科目；将本科目本年发生额中的其他资金支出（非财政非专项资金支出）转入其他结余，借记“其他结余”科目，贷记本科目下其他资金支出明细科目（见表 5－7）。年末结转后，本科目应无余额。

表 5-7　行政支出账务处理（七）

业务和事项内容	预算会计	财务会计
期末/年末结转	借：财政拨款结转——本年收支结转 非财政拨款结转——本年收支结转 其他结余 贷：行政支出	借：本期盈余 贷：业务活动费用

［例 5-8］年末，某行政单位进行年终结算。经核算，行政支出科目借方余额为 58 000 000 元，其中财政拨款支出明细科目余额为 38 000 000 元，非财政专项资金支出明细科目余额为 12 000 000 元，非财政非专项资金支出明细科目余额为 8 000 000 元。同时，业务活动费用支出科目借方余额为 62 500 000 元。该单位编制年终结转的会计分录如下：

预算会计：

借：财政拨款结转——本年收支结转　38 000 000
　　非财政拨款结转——本年收支结转　12 000 000
　　其他结余　8 000 000
　贷：行政支出　58 000 000

财务会计：

借：本期盈余　62 500 000
　贷：业务活动费用　62 500 000

授课视频：请访问中国大学 MOOC→政府会计实务/周克清等→第五章第二节行政支出

第三节　事业单位专有的预算支出

根据上述预算支出的分类，事业支出、经营支出、上缴上级支出、对附属单位补助支出、投资支出和债务还本支出是事业单位专有的预算支出。为此，本节将结合事业单位的业务特点，重点介绍这六类预算支出的科目设置、账务处理和核算案例。

一、事业支出

（一）科目设置

在总账科目上，事业单位应当设置“事业支出”总账科目，核算单位开展专业业务活动及其辅助活动实际发生的各项现金流出。平时，“事业支出”科目的借方余额，反映事业单位事业支出的本年累计数。年终结账时，将本科目的发生额根据不同的资金类型和明细科目分别转入相应的结转结余科目。年终结转后，本科目应无余额。

单位发生教育、科研、医疗、行政管理、后勤保障等活动的，可在本科目下设置相应的明细科目进行核算，或单设“7201 教育支出”“7202 科研支出”“7203 医疗支出”“7204 行政管理支出”“7205 后勤保障支出”等一级会计科目进行核算。

在明细科目上，本科目应当分别按照“财政拨款支出”“非财政专项资金支出”“其他资金支出”，以及“基本支出”“项目支出”等进行明细核算，并按照《政府收支分类科目》中“支出功能分类科目”的项级科目进行明细核算；“基本支出”和“项目支出”明细科目下应当按照《政府收支分类科目》中“部门预算支出经济分类科目”的款级科目进行明细核算，同时在“项目支出”明细科目下按照具体项目进行明细核算。

有一般公共预算财政拨款、政府性基金预算财政拨款等两种或两种以上财政拨款的事业单位，还应当在“财政拨款支出”明细科目下按照财政拨款的种类进行明细核算。

对于预付款项，可通过在本科目下设置“待处理”明细科目进行明细核算，待确认具体支出项目后再转入本科目下相关明细科目。年末结账前，应将本科目“待处理”明细科目余额全部转入本科目下相关明细科目。

(二) 账务处理

1. 支付单位职工（经营部门职工除外）薪酬

在向单位职工个人支付薪酬时，按照实际支付的数额，借记本科目，贷记“财政拨款预算收入”“资金结存”科目。

在按照规定代扣代缴个人所得税以及代扣代缴或为职工缴纳社会保险费、住房公积金等时，按照实际缴纳的金额，借记本科目，贷记“财政拨款预算收入”“资金结存”科目（见表 5－8）。

表 5－8　事业支出账务处理（一）

业务和事项内容	预算会计	财务会计
实际支付给职工并代扣个人所得税	借：事业支出（按照支付给个人部分） 　贷：财政拨款预算收入/资金结存	借：应付职工薪酬 　贷：财政拨款收入/银行存款等 　　其他应交税费——应交个人所得税
实际缴纳税款	借：事业支出（按照实际缴纳额） 　贷：资金结存等	借：其他应交税费——应交个人所得税 　贷：银行存款等

［例 5－9］某事业单位根据当月工资发放表，向在职人员支付基本工资 650 000 元，津贴补贴 200 000 元，应代扣代缴个人所得税 13 000 元。现通过国库集中支付方式向个人支付税后工资薪金和向税务机关缴纳代扣代缴的个人所得税。该单位编制会计分录如下：

预算会计：

借：事业支出　　　　850 000

贷：财政拨款预算收入 850 000

财务会计：

借：应付职工薪酬 837 000

贷：财政拨款收入 837 000

借：应付职工薪酬 13 000

贷：其他应交税费——应交个人所得税 13 000

借：其他应交税费——应交个人所得税 13 000

贷：财政拨款收入 13 000

2. 为专业业务活动及其辅助活动支付外部人员劳务费

按照实际支付给外部人员个人的金额，借记本科目，贷记“财政拨款预算收入”“资金结存”科目。

在按照规定代扣代缴个人所得税时，按照实际缴纳的金额，借记本科目，贷记“财政拨款预算收入”“资金结存”科目（见表5-9）。

表5-9 事业支出账务处理（二）

业务和事项内容	预算会计	财务会计
实际支付给收款人并代扣个人所得税	借：事业支出 贷：财政拨款预算收入/资金结存	借：其他应付款 贷：财政拨款收入/银行存款等 其他应交税费——应交个人所得税
实际缴纳税款	借：事业支出 贷：资金结存等	借：其他应交税费——应交个人所得税 贷：银行存款等

[**例5-10**] 某科学事业单位因课题研究需要（属于该单位的专业业务活动）向外聘人员支付劳务费30 000元，应代扣代缴个人所得税4 800元。通过国库集中支付方式向个人支付税后劳务费，并代扣个人所得税。该单位编制会计分录如下：

预算会计：

借：事业支出 25 200

贷：财政拨款预算收入 25 200

财务会计：

借：业务活动费用 30 000

贷：财政拨款收入 25 200

其他应交税费——应交个人所得税 4 800

[**例5-11**] 接上例，该事业单位通过国库集中支付方式将代扣代缴的个人所得税4 800元缴入指定账户。该单位编制会计分录如下：

预算会计：

借：事业支出 4 800

贷：财政拨款预算收入 4 800

财务会计：

借：其他应交税费——应交个人所得税　　4 800

　贷：财政拨款收入　　4 800

3. 为购买存货、固定资产、无形资产等以及在建工程支付相关款项

在开展专业业务活动及其辅助活动过程中为购买存货、固定资产、无形资产等以及在建工程支付相关款项时，按照实际支付的金额，借记本科目，贷记“财政拨款预算收入”“资金结存”科目（见表5-10）。

表5-10　事业支出账务处理（三）

业务和事项内容	预算会计	财务会计
为购买存货、固定资产、无形资产等以及在建工程支付相关款项	借：事业支出 　贷：财政拨款预算收入/资金结存	借：库存物品/固定资产/无形资产/在建工程等 　贷：财政拨款收入/银行存款/应付账款等

［例5-12］ 某高校因实践教学需要，采购一套虚拟仿真实训教学系统。按照政府采购流程完成所有采购程序，采购价为150 000元。供应商现已完成软件安装并通过验收，单位通过国库集中支付方式支付相应款项。该单位编制会计分录如下：

预算会计：

借：事业支出　　150 000

　贷：财政拨款预算收入　　150 000

财务会计：

借：无形资产　　150 000

　贷：财政拨款收入　　150 000

［例5-13］ 某事业单位因实验室升级改造的需要，采购一台大型仪器设备。合同约定的价款为800 000元，采用分期付款的方式，首次支付总价款的40%，剩余的60%分三年支付。款项均通过国库集中支付方式完成支付。该单位编制会计分录如下：

（1）首次支付时

预算会计：

借：事业支出　　320 000

　贷：财政拨款预算收入　　320 000

财务会计：

借：固定资产　　800 000

　贷：财政拨款收入　　320 000

　　　长期应付款　　480 000

（2）后续，逐年支付分摊到当年的20%时

预算会计：

借：事业支出　　160 000

　贷：财政拨款预算收入　　160 000

财务会计：

借：长期应付款　　160 000

　贷：财政拨款收入　　160 000

4. 发生预付/暂付账款

在开展专业业务活动及其辅助活动过程中发生预付账款时，按照实际支付的金额，借记本科目，贷记“财政拨款预算收入”“资金结存”科目。

对于暂付款项，在支付款项时可不做预算会计处理，待结算或报销时，按照结算或报销的金额，借记本科目，贷记“资金结存”科目（见表5-11）。

表5-11　事业支出账务处理（四）

<table>
<tr><th colspan="3">业务和事项内容</th><th>预算会计</th><th>财务会计</th></tr>
<tr><td rowspan="4">为开展业务活动发生的预付款项</td><td rowspan="2">预付账款</td><td>支付款项时</td><td>借：事业支出
　贷：财政拨款预算收入/资金结存</td><td>借：预付账款
　贷：财政拨款收入/银行存款等</td></tr>
<tr><td>结算时</td><td>借：事业支出
　贷：财政拨款预算收入/资金结存</td><td>借：业务活动费用
　贷：预付账款
　　财政拨款收入/银行存款等</td></tr>
<tr><td rowspan="2">暂付款项</td><td>支付款项时</td><td>—</td><td>借：其他应收款
　贷：银行存款等</td></tr>
<tr><td>结算或报销时</td><td>借：事业支出
　贷：资金结存等</td><td>借：业务活动费用
　贷：其他应收款</td></tr>
</table>

[例5-14] 某事业单位已上线预算管理一体化系统，现因采购物资的需要，通过国库集中支付方式向供货商预付货款80 000元。该单位编制会计分录如下：

预算会计：

借：事业支出　　80 000

　贷：财政拨款预算收入　　80 000

财务会计：

借：预付账款　　80 000

　贷：财政拨款收入　　80 000

[例5-15] 某日，某事业单位因开展专业业务活动发生一笔暂付款项1 000元，款项通过银行存款支付。数日后，经结算，实际发生支出750元，剩余款项以现金形式退回。该单位编制会计分录如下：

(1) 暂付时

财务会计：

借：其他应收款　　1 000

　贷：银行存款　　1 000

(2) 结算时

预算会计：

借：事业支出　　750

　贷：资金结存——货币资金　　750

财务会计：

借：业务活动费用　　750

　　库存现金　　250

　贷：其他应收款　　1 000

5. 发生的其他各项支出

开展专业业务活动及其辅助活动过程中缴纳的相关税费以及发生的其他各项支出，按照实际支付的金额，借记本科目，贷记“财政拨款预算收入”“资金结存”科目（见表 5-12）。

表 5-12　事业支出账务处理（五）

业务和事项内容	预算会计	财务会计
为开展业务活动发生其他各项费用	借：事业支出 贷：财政拨款预算收入/资金结存	借：业务活动费用 贷：财政拨款收入/银行存款/应付账款/其他应付款等

［例 5-16］ 某事业单位因开展为专业业务活动服务的行政管理活动的需要，通过国库集中支付方式支付咨询费 50 000 元。该单位编制会计分录如下：

预算会计：

借：事业支出　　50 000

　贷：财政拨款预算收入　　50 000

财务会计：

借：单位管理费用　　50 000

　贷：财政拨款收入　　50 000

6. 因购货退回等发生款项退回，或者发生差错更正

开展专业业务活动及其辅助活动过程中因购货退回等发生款项退回，或者发生差错更正的，属于当年支出收回的，按照收回或更正金额，借记“财政拨款预算收入”“资金结存”科目，贷记本科目（见表 5-13）。

表 5-13　事业支出账务处理（六）

业务和事项内容	预算会计	财务会计
因购货退回等发生款项退回，或者发生差错更正的，属于当年支出收回的	借：财政拨款预算收入/资金结存 贷：事业支出	借：财政拨款收入/银行存款/应收账款等 贷：库存物品/业务活动费用

［例 5-17］ 某事业单位在内部审计时发现，单位财务人员在当年 10 月份为了完成某个专项资金的预算执行率，在不存在实际业务的情况下将 10 000 元以预付账款的形式支付给其他单位，款项以银行转账的方式完成支付。现要求退回相应款项和进行错误更正，并严肃处理相关责任人。该单位编制会计分录如下：

预算会计：

借：资金结存——货币资金　　10 000

　贷：事业支出　　10 000

财务会计：

借：银行存款　　10 000

　贷：预付账款　　10 000

7. 期末结转

年末，将本科目本年发生额中的财政拨款支出转入财政拨款结转，借记“财政拨款结转——本年收支结转”科目，贷记本科目下各财政拨款支出明细科目；将本科目本年发生额中的非财政专项资金支出转入非财政拨款结转，借记“非财政拨款结转——本年收支结转”科目，贷记本科目下各非财政专项资金支出明细科目；将本科目本年发生额中的其他资金支出（非财政非专项资金支出）转入其他结余，借记“其他结余”科目，贷记本科目下其他资金支出明细科目。年末结转后，本科目应无余额（见表 5－14）。

表 5－14　事业支出账务处理（七）

业务和事项内容	预算会计	财务会计
期末/年末结转	借：财政拨款结转——本年收支结转 　　非财政拨款结转——本年收支结转 　　其他结余 　贷：事业支出	借：本期盈余 　贷：业务活动费用/单位管理费用

［**例 5－18**］年末，事业单位进行年终结算。经核算，事业支出科目借方余额 88 000 000 元，其中财政拨款支出明细科目余额 56 000 000 元，非财政专项资金支出明细科目余额 20 000 000 元，非财政非专项资金支出明细科目余额 12 000 000 元。同时，业务活动费用科目借方余额 78 000 000 元，单位管理费用科目借方余额 15 000 000 元。该单位编制年终结转的会计分录如下：

预算会计：

借：财政拨款结转——本年收支结转　　56 000 000

　　非财政拨款结转——本年收支结转　　20 000 000

　　其他结余　　12 000 000

　贷：事业支出　　88 000 000

财务会计：

借：本期盈余　　93 000 000

　贷：业务活动费用　　78 000 000

　　　单位管理费用　　15 000 000

二、经营支出

（一）账户设置

在总账科目上，事业单位应当设置“经营支出”科目，核算事业单位在专业业务活动及其辅助活动之外开展非独立核算经营活动实际发生的各项现金流出。

在明细科目上，本科目应当按照经营活动类别、项目、《政府收支分类科目》中“支出功能分类科目”的项级科目和“部门预算支出经济分类科目”的款级科目等进行明细核算。

对于预付款项，可通过在本科目下设置“待处理”明细科目进行明细核算，待确认具体支出项目后再转入本科目下相关明细科目。年末结账前，应将本科目“待处理”明细科目余额全部转入本科目下相关明细科目。

（二）账务处理

1. 支付经营部门职工薪酬

在向职工个人支付薪酬时，按照实际的金额，借记本科目，贷记“资金结存”科目。按照规定代扣代缴个人所得税以及代扣代缴或为职工缴纳职工社会保险费、住房公积金时，按照实际缴纳的金额，借记本科目，贷记“资金结存”科目（见表 5－15）。

表 5－15　经营支出账务处理（一）

业务和事项内容	预算会计	财务会计
实际支付给职工并代扣个人所得税	借：经营支出（按照支付给个人部分） 　贷：资金结存	借：应付职工薪酬 　贷：银行存款等 　　其他应交税费——应交个人所得税
实际缴纳税款	借：经营支出（按照实际缴纳额） 　贷：资金结存等	借：其他应交税费——应交个人所得税 　贷：银行存款等

［例 5－19］某事业单位因开展非独立核算经营活动的需要，向从事经营活动的在职职工支付基本工资 100 000 元，津贴补贴 50 000 元，应代扣代缴个人所得税 8 000 元。现通过单位银行存款向个人支付税后的工资薪金。该单位编制会计分录如下：

预算会计：

借：经营支出　　142 000

　贷：资金结存——货币资金　　142 000

财务会计：

借：应付职工薪酬　　150 000

　贷：银行存款　　142 000

　　其他应交税费——应交个人所得税　　8 000

［例 5－20］接上例，该事业单位通过银行转账的方式向税务机关缴纳代扣代缴的个人所得税。该单位编制会计分录如下：

预算会计：

借：经营支出　　8 000

　贷：资金结存——货币资金　　8 000

财务会计：

借：其他应交税费——应交个人所得税　　8 000

　贷：银行存款　　8 000

2. 为经营活动支付外部人员劳务费

按照实际支付给外部人员个人的金额，借记本科目，贷记“资金结存”科目。按照规定代扣代缴个人所得税时，按照实际缴纳的金额，借记本科目，贷记“资金结存”科目（见表5-16）。

表5-16　经营支出账务处理（二）

业务和事项内容	预算会计	财务会计
实际支付给收款人并代扣个人所得税	借：经营支出 　贷：资金结存	借：其他应付款 　贷：银行存款等 　　其他应交税费——应交个人所得税
实际缴纳税款	借：经营支出 　贷：资金结存	借：其他应交税费——应交个人所得税 　贷：银行存款等

［例5-21］ 某事业单位开展非独立核算的经营活动，向外聘人员支付劳务费280 000元，同时代扣代缴个人所得税44 800元。劳务费与代扣代缴的税款通过银行账户支付和缴纳。该单位编制会计分录如下：

（1）计算应付劳务费

财务会计：

借：经营费用　　280 000

　贷：其他应付款　　235 200

　　其他应交税费——应交个人所得税　　44 800

（2）支付税后劳务费

预算会计：

借：经营支出　　235 200

　贷：资金结存——货币资金　　235 200

财务会计：

借：其他应付款　　235 200

　贷：银行存款　　235 200

（3）缴纳税款

预算会计：

借：经营支出　　44 800

　贷：资金结存——货币资金　　44 800

财务会计：

借：其他应交税费——应交个人所得税　　44 800

　贷：银行存款　　44 800

3. 为购买存货、固定资产、无形资产等以及在建工程支付相关款项

在开展经营活动过程中为购买存货、固定资产、无形资产等以及在建工程支付相关款项时，按照实际支付的金额，借记本科目，贷记“资金结存”科目（见表 5－17）。

表 5－17　经营支出账务处理（三）

业务和事项内容	预算会计	财务会计
为购买存货、固定资产、无形资产等以及在建工程支付相关款项	借：经营支出 　贷：资金结存	借：库存物品/固定资产/无形资产/在建工程等 　贷：银行存款/应付账款等

［例 5－22］某事业单位因开展非独立核算的经营活动的需要，采购一批物资，价值 30 000 元。物资已验收入库，单位通过银行转账支付相应的款项。该单位编制会计分录如下：

预算会计：

借：经营支出　　30 000

　贷：资金结存——货币资金　　30 000

财务会计：

借：库存物品　　30 000

　贷：银行存款　　30 000

4. 发生预付/暂付账款

在开展经营活动过程中发生预付账款时，按照实际支付的金额，借记本科目，贷记“资金结存”科目。

对于暂付款项，在支付款项时可不做预算会计处理，待结算或报销时，按照结算或报销的金额，借记本科目，贷记“资金结存”科目（见表 5－18）。

表 5－18　经营支出账务处理（四）

<table>
<tr><th colspan="3">业务和事项内容</th><th>预算会计</th><th>财务会计</th></tr>
<tr><td rowspan="4">因经营活动发生的预付款项</td><td rowspan="2">预付账款</td><td>支付款项时</td><td>借：经营支出
　贷：资金结存</td><td>借：预付账款
　贷：银行存款等</td></tr>
<tr><td>结算时</td><td>借：经营支出
　贷：资金结存</td><td>借：经营费用
　贷：预付账款
　　　银行存款等</td></tr>
<tr><td rowspan="2">暂付款项</td><td>支付款项时</td><td>—</td><td>借：其他应收款
　贷：银行存款等</td></tr>
<tr><td>结算或报销时</td><td>借：经营支出
　贷：资金结存等</td><td>借：经营费用
　贷：其他应收款</td></tr>
</table>

［例 5－23］某事业单位因开展非独立核算的经营活动的需要，采购某台大型设备，采购价为 250 000 元。根据采购合同，单位前期支付 40%的款项，等验收合格后再支付

剩余的60%。单位通过银行转账的方式完成支付。该单位编制会计分录如下：

（1）在前期支付40%的款项时

预算会计：

借：经营支出　　100 000

　贷：资金结存——货币资金　　100 000

财务会计：

借：预付账款　　100 000

　贷：银行存款　　100 000

（2）验收合格后，支付剩余的60%时

预算会计：

借：经营支出　　150 000

　贷：资金结存——货币资金　　150 000

财务会计：

借：固定资产　　250 000

　贷：预付账款　　100 000

　　银行存款　　150 000

5. 发生其他各项支出

因开展经营活动缴纳的相关税费以及发生的其他各项支出，按照实际支付的金额，借记本科目，贷记“资金结存”科目（见表5－19）。

表5－19　经营支出账务处理（五）

业务和事项内容	预算会计	财务会计
因开展经营活动缴纳的相关税费以及发生的其他各项支出	借：经营支出 　贷：资金结存	借：经营费用 　贷：银行存款/应付账款/其他应付款等

［**例5－24**］某事业单位开展非独立核算的经营活动发生水电费等支出500 000元，款项以银行存款支付。该单位编制会计分录如下：

预算会计：

借：经营支出　　500 000

　贷：资金结存——货币资金　　500 000

财务会计：

借：经营费用　　500 000

　贷：银行存款　　500 000

6. 因购货退回等发生款项退回，或者发生差错更正

开展经营活动中因购货退回等发生款项退回，或者发生差错更正的，属于当年支出收回的，按照收回或更正金额，借记“资金结存”科目，贷记本科目（见表5－20）。

表 5-20　经营支出账务处理（六）

业务和事项内容	预算会计	财务会计
开展经营活动中因购货退回等发生款项退回，或者发生差错更正的，属于当年支出收回的	借：资金结存 　贷：经营支出	借：银行存款/应收账款等 　贷：库存物品/经营费用

[例 5-25] 数日前，某事业单位因开展非独立核算的经营活动的需要，购入原材料一批，价款合计 50 000 元，验收入库后发现有质量问题，予以退货。款项已退回至单位的银行账户。该单位编制会计分录如下：

预算会计：

借：资金结存——货币资金　　50 000

　贷：经营支出　　50 000

财务会计：

借：银行存款　　50 000

　贷：库存物品　　50 000

7. 期末/年末结转

年末，将本科目本年发生额转入经营结余，借记“经营结余”科目，贷记本科目（见表 5-21）。年末结转后，本科目应无余额。

表 5-21　经营支出账务处理（七）

业务和事项内容	预算会计	财务会计
期末/年末结转	借：经营结余 　贷：经营支出	借：本期盈余 　贷：经营费用

[例 5-26] 年末，某事业单位进行年终结算。经核算，经营支出科目借方余额为 380 000 元，经营费用科目借方余额为 500 000 元。该单位编制年终结转的会计分录如下：

预算会计：

借：经营结余　　380 000

　贷：经营支出　　380 000

财务会计：

借：本期盈余　　500 000

　贷：经营费用　　500 000

三、上缴上级支出

（一）科目设置

在总账科目上，事业单位应当设置“上缴上级支出”科目，核算事业单位按照财政部门和主管部门的规定上缴上级单位款项发生的现金流出。

在明细科目上，本科目应当按照收缴款项单位、缴款项目、《政府收支分类科目》中“支出功能分类科目”的项级科目和“部门预算支出经济分类科目”的款级科目等进行明细核算。

（二）账务处理

按照规定将款项上缴上级单位的，按照实际上缴的金额，借记本科目，贷记“资金结存”科目。

年末，将本科目本年发生额转入其他结余，借记“其他结余”科目，贷记本科目（见表 5－22）。年末结转后，本科目应无余额。

表 5－22 上缴上级支出账务处理

业务和事项内容	预算会计	财务会计
按规定将款项上缴上级单位	借：上缴上级支出 贷：资金结存	借：上缴上级费用 贷：银行存款等
期末/年末结转	借：其他结余 贷：上缴上级支出	借：本期盈余 贷：上缴上级费用

［例 5－27］根据相关规定，某事业单位需向上级单位上缴款项 300 000 元，现已通过银行转账方式完成上缴。该单位编制会计分录如下：

预算会计：

借：上缴上级支出　　300 000

　贷：资金结存——货币资金　　300 000

财务会计：

借：上缴上级费用　　300 000

　贷：银行存款　　300 000

［例 5－28］年末，某事业单位进行年终结算。经核算，上缴上级支出科目借方余额为 435 000 元，上缴上级费用科目借方余额为 500 000 元。该单位编制年终结转的会计分录如下：

预算会计：

借：其他结余　　435 000

　贷：上缴上级支出　　435 000

财务会计：

借：本期盈余　　500 000

　贷：上缴上级费用　　500 000

四、对附属单位补助支出

（一）科目设置

在总账科目上，事业单位应当设置“对附属单位补助支出”，核算事业单位用财政拨款预算收入之外的收入对附属单位补助发生的现金流出。

在明细科目上，本科目应当按照接受补助单位、补助项目、《政府收支分类科目》中"支出功能分类科目"的项级科目和"部门预算支出经济分类科目"的款级科目等进行明细核算。

（二）账务处理

发生对附属单位补助支出的，按照实际补助的金额，借记本科目，贷记"资金结存"科目。

年末，将本科目本年发生额转入其他结余，借记"其他结余"科目，贷记本科目（见表5-23）。年末结转后，本科目应无余额。

表5-23 对附属单位补助支出账务处理

业务和事项内容	预算会计	财务会计
对附属单位进行补助	借：对附属单位补助支出 　贷：资金结存	借：对附属单位补助费用 　贷：银行存款等
期末/年末结转	借：其他结余 　贷：对附属单位补助支出	借：本期盈余 　贷：对附属单位补助费用

［**例5-29**］某事业单位经研究决定，向其附属某单位（独立事业法人）补助800 000元，款项已通过银行转账。该单位编制会计分录如下：

预算会计：

借：对附属单位补助支出　　800 000

　贷：资金结存——货币资金　　800 000

财务会计：

借：对附属单位补助费用　　800 000

　贷：银行存款　　800 000

［**例5-30**］年末，某事业单位进行年终结算。经核算，对附属单位补助支出科目借方余额为368 000元，对附属单位补助费用科目借方余额为400 000元。该单位编制年终结转的会计分录如下：

预算会计：

借：其他结余　　368 000

　贷：对附属单位补助支出　　368 000

财务会计：

借：本期盈余　　400 000

　贷：对附属单位补助费用　　400 000

五、投资支出

（一）科目设置

在总账科目上，事业单位应设置"投资支出"科目，核算事业单位以货币资金对外投资发生的现金流出。

在明细科目上，本科目应当按照投资类型、投资对象、《政府收支分类科目》中“支出功能分类科目”的项级科目和“部门预算支出经济分类科目”的款级科目等进行明细核算。

（二）账务处理

1. 以货币资金对外投资

在以货币资金对外投资时，按照投资金额和所支付的相关税费金额的合计数，借记本科目，贷记“资金结存”科目（见表 5-24）。

表 5-24　投资支出账务处理（一）

业务和事项内容	预算会计	财务会计
以货币资金对外投资	借：投资支出 　贷：资金结存——货币资金	借：短期投资/长期股权投资/长期债券投资 　贷：银行存款

［**例 5-31**］某事业单位经批准利用闲置的非财政拨款结余资金进行债券投资，购买票面金额为 100 000 元的三年期国债，假设年利率为 3%。款项通过银行存款支付，在购买过程中没有发生其他税费开支。该单位编制会计分录如下：

预算会计：

借：投资支出　　100 000

　贷：资金结存——货币资金　　100 000

财务会计：

借：长期债券投资　　100 000

　贷：银行存款　　100 000

2. 出售、对外转让或到期收回以货币资金取得的对外投资

出售、对外转让或到期收回本年度以货币资金取得的对外投资的，如果按规定将投资收益纳入单位预算，按照实际收到的金额，借记“资金结存”科目，按照取得投资时“投资支出”科目的发生额，贷记本科目，按照其差额，贷记或借记“投资预算收益”科目；按规定将投资收益上缴财政的，按照取得投资时“投资支出”科目的发生额，借记“资金结存”科目，贷记本科目。

出售、对外转让或到期收回以前年度以货币资金取得的对外投资的，如果按规定将投资收益纳入单位预算，按照实际收到的金额，借记“资金结存”科目，按照取得投资时“投资支出”科目的发生额，贷记“其他结余”科目，按照其差额，贷记或借记“投资预算收益”科目；按规定将投资收益上缴财政的，按照取得投资时“投资支出”科目的发生额，借记“资金结存”科目，贷记“其他结余”科目（见表 5-25）。

表 5-25 投资支出账务处理（二）

业务和事项内容			预算会计	财务会计
出售、对外转让或到期收回本年度以货币资金取得的对外投资	将投资收益纳入单位预算	实际取得价款大于投资成本	借：资金结存——货币资金 贷：投资支出 投资预算收益	借：银行存款 贷：短期投资/长期债券投资/长期股权投资 应收利息 投资收益
		实际取得价款小于投资成本	借：资金结存——货币资金 投资预算收益 贷：投资支出	借：银行存款 投资收益 贷：短期投资/长期债券投资/长期股权投资 应收利息
	将投资收益上缴财政		借：资金结存——货币资金 贷：投资支出	借：银行存款 贷：应缴财政款 短期投资/长期债券投资/长期股权投资
出售、对外转让或到期收回以前年度以货币资金取得的对外投资	将投资收益纳入单位预算	实际取得价款大于投资成本	借：资金结存——货币资金 贷：其他结余 投资预算收益	借：银行存款 贷：短期投资/长期债券投资/长期股权投资 应收利息 投资收益
		实际取得价款小于投资成本	借：资金结存——货币资金 投资预算收益 贷：其他结余	借：银行存款 投资收益 贷：短期投资/长期债券投资/长期股权投资 应收利息
	将投资收益上缴财政		借：资金结存——货币资金 贷：其他结余	借：银行存款 贷：应缴财政款 短期投资/长期债券投资/长期股权投资

[例 5-32] 接上例，三年后，该笔国债到期，事业单位的银行账户收到最后一年的利息及本金。按规定将投资收益纳入单位预算。该单位编制会计分录如下：

预算会计：

借：资金结存——货币资金　　103 000

　贷：投资预算收益　　3 000

　　其他结余　　100 000

财务会计：

借：银行存款　　103 000

　贷：投资收益　　3 000

　　长期债券投资　　100 000

3. 期末/年末结转

年末，将本科目本年发生额转入其他结余，借记“其他结余”科目，贷记本科目（见表 5-26）。年末结转后，本科目应无余额。

表 5-26 投资支出账务处理（三）

业务和事项内容	预算会计	财务会计
期末/年末结转	借：其他结余 　贷：投资支出	—

［例 5-33］年末，某事业单位进行年终结算。经核算，投资支出科目借方余额为 200 000 元。该单位编制年终结转的会计分录如下：

预算会计：

借：其他结余　　200 000

　贷：投资支出　　200 000

六、债务还本支出

（一）科目设置

在总账科目上，事业单位应设置“债务还本支出”科目，核算事业单位偿还自身承担的纳入预算管理的从金融机构举借的债务本金的现金流出。

在明细科目上，本科目应当按照贷款单位、贷款种类、《政府收支分类科目》中“支出功能分类科目”的项级科目和“部门预算支出经济分类科目”的款级科目等进行明细核算。

（二）账务处理

在偿还各项短期或长期借款时，按照偿还的借款本金，借记本科目，贷记“资金结存”科目。

年末，将本科目本年发生额转入其他结余，借记“其他结余”科目，贷记本科目（见表 5-27）。年末结转后，本科目应无余额。

表 5-27 债务还本支出账务处理

业务和事项内容	预算会计	财务会计
偿还借款的本金	借：债务还本支出 　贷：资金结存	借：短期借款/长期借款 　贷：银行存款等
期末/年末结转	借：其他结余 　贷：债务还本支出	—

［例 5-34］三年前，某事业单位经批准向某商业银行借入一笔为期三年的借款 500 000 元，年利率为 5%。现在贷款已到期，事业单位向商业银行偿还贷款本金并支付最后一年利息。该单位编制会计分录如下：

（1）计算最后一年的应付利息

财务会计：

借：其他费用　　25 000

贷：应付利息　　25 000

(2) 偿还本金及支付最后一年利息

预算会计：

借：债务还本支出　　500 000

其他支出　　25 000

贷：资金结存——货币资金　　525 000

财务会计：

借：长期借款　　500 000

应付利息　　25 000

贷：银行存款　　525 000

[例 5-35] 年末，某事业单位进行年终结算。经结算，债务还本支出科目借方余额 5 000 000 元。该单位编制年终结转的会计分录如下：

预算会计：

借：其他结余　　5 000 000

贷：债务还本支出　　5 000 000

授课视频：请访问中国大学 MOOC→政府会计实务/周克清等→第五章第三节事业单位专有的预算支出

第四节　行政事业单位共有的预算支出

在预算支出科目中，有一个会计科目是行政单位与事业单位共有的，即“其他支出”科目。

一、科目设置

在总账科目上，行政事业单位应设置“其他支出”科目来核算单位除行政支出、事业支出、经营支出、上缴上级支出、对附属单位补助支出、投资支出、债务还本支出以外的各项现金流出，包括利息支出、对外捐赠现金支出、现金盘亏损失、接受捐赠（无偿调入）和对外捐赠（无偿调出）非现金资产发生的税费支出、资产置换过程中发生的相关税费支出、罚没支出等。

在明细科目上，本科目应当按照其他支出的类别，“财政拨款支出”“非财政专项资金支出”“其他资金支出”，《政府收支分类科目》中“支出功能分类科目”的项级科目和“部门预算支出经济分类科目”的款级科目等进行明细核算。其他支出中如有专项资金支出，还应按照具体项目进行明细核算。

有一般公共预算财政拨款、政府性基金预算财政拨款等两种或两种以上财政拨款的事业单位，还应当在“财政拨款支出”明细科目下按照财政拨款的种类进行明细核算。

单位发生利息支出、捐赠支出等其他支出金额较大或业务较多的，可单独设置“7902 利息支出”“7903 捐赠支出”等科目。

二、账务处理

其他支出账务处理见表5－28。

表5－28　其他支出账务处理

业务和事项内容		预算会计	财务会计
利息支出		借：其他支出 　贷：资金结存——货币资金	借：应付利息 　贷：银行存款等
现金资产捐赠		借：其他支出 　贷：资金结存——货币资金	借：其他费用 　贷：银行存款/库存现金/其他应付款
现金盘亏损失	发现现金短缺	借：其他支出 　贷：资金结存——货币资金	借：待处理财产损溢 　贷：库存现金
	责任人赔偿	借：资金结存——货币资金 　贷：其他支出	借：库存现金 　贷：其他应收款
接受捐赠（或无偿调入）以名义金额计量的存货、固定资产、无形资产，以及成本无法可靠取得的公共基础设施、文物文化资产等和资产置换过程中发生的相关税费、运输费等		借：其他支出 　贷：资金结存——货币资金	借：其他费用 　贷：银行存款/库存现金/其他应付款/零余额账户用款额度
其他支出		借：其他支出 　贷：资金结存——货币资金	借：其他费用 　贷：银行存款/库存现金/其他应付款
期末/年末结转	财政拨款资金	借：财政拨款结转——本年收支结转 　贷：其他支出——财政拨款支出	借：本期盈余 　贷：其他费用
	非财政资金	专项收入	借：非财政拨款结转——本年收支结转 　贷：其他支出
		非专项收入	借：其他结余 　贷：其他支出

（一）利息支出

在支付银行借款利息时，按照实际支付金额，借记本科目，贷记“资金结存”科目。

［**例5－36**］某事业单位经批准，向商业银行借入一笔三年期长期贷款。按规定支付当期借款利息5 000元。该单位编制会计分录如下：

（1）计算应付利息

财务会计：

借：其他费用　　　　5 000

贷：应付利息　　5 000

（2）实际支付利息

预算会计：

借：其他支出　　5 000

贷：资金结存——货币资金　　5 000

财务会计：

借：应付利息　　5 000

贷：银行存款　　5 000

（二）对外捐赠现金资产

在对外捐赠现金资产时，按照捐赠金额，借记本科目，贷记“资金结存——货币资金”科目。

[**例 5-37**] 某事业单位为支持贫困地区教育事业发展，向某山区希望小学捐款 100 000 元，款项已通过银行转账形式捐出。该单位编制会计分录如下：

预算会计：

借：其他支出　　100 000

贷：资金结存——货币资金　　100 000

财务会计：

借：其他费用　　100 000

贷：银行存款　　100 000

（三）现金盘亏损失

每日现金账款核对中如发现现金短缺，按照短缺的现金金额，借记本科目，贷记“资金结存——货币资金”科目。经核实，属于应当由有关人员赔偿的，按照收到的赔偿金额，借记“资金结存——货币资金”科目，贷记本科目。

[**例 5-38**] 某事业单位当日发现现金短缺 100 元，无法查明原因。经批准，予以核销。该单位编制会计分录如下：

（1）发现现金短缺后

预算会计：

借：其他支出　　100

贷：资金结存——货币资金　　100

财务会计：

借：待处理财产损溢　　100

贷：库存现金　　100

（2）经批准核销后

财务会计：

借：资产处置费用　　100

贷：待处理财产损溢　　100

［例 5-39］接上例，经核查，该笔现金短缺是由财务人员贾某个人失误所致，现要求贾某予以赔偿。该单位编制会计分录如下：

（1）要求贾某赔偿，但款项尚未支付时

财务会计：

借：其他应收款　100

　贷：待处理财产损溢　100

（2）贾某按要求赔付该款项时

预算会计：

借：资金结存——货币资金　100

　贷：其他支出　100

财务会计：

借：库存现金　100

　贷：其他应收款　100

（四）接受捐赠（无偿调入）和对外捐赠（无偿调出）非现金资产发生的税费支出

接受捐赠（无偿调入）非现金资产发生的归属于捐入方（调入方）的相关税费、运输费等，以及对外捐赠（无偿调出）非现金资产发生的归属于捐出方（调出方）的相关税费、运输费等，按照实际支付金额，借记本科目，贷记"资金结存"科目。

［例 5-40］某行政单位向灾区捐赠库存物资一批，价值 50 000 元。在捐赠过程中，发生运输费等相关费用 1 000 元，以现金形式支付。该单位编制会计分录如下：

预算会计：

借：其他支出　1 000

　贷：资金结存——货币资金　1 000

财务会计：

借：资产处置费用　51 000

　贷：库存现金　1 000

　　库存物品　50 000

（五）资产置换过程中发生的相关税费支出

资产置换过程中发生的相关税费，按照实际支付金额，借记本科目，贷记"资金结存"科目。

［例 5-41］某行政单位将其闲置不用的一批库存物品与其他单位置换一台设备，该批库存物品的账面价值为 10 000 元。在置换过程中，发生税费等支出 500 元，款项以银行存款支付。该单位编制会计分录如下：

预算会计：

借：其他支出　500

　贷：资金结存——货币资金　500

财务会计：

借：固定资产　10 500

贷：银行存款 500

库存物品 10 000

（六）其他支出

发生罚没等其他支出时，按照实际支出金额，借记本科目，贷记“资金结存”科目。

［**例5-42**］某事业单位收到某行政执法部门开具的行政处罚决定书，告知该事业单位需缴纳罚款1 000元。数日后，该单位通过银行存款缴纳这笔罚款。该单位编制会计分录如下：

预算会计：

借：其他支出 1 000

贷：资金结存——货币资金 1 000

财务会计：

借：其他费用 1 000

贷：银行存款 1 000

（七）期末/年末结转

年末，将本科目本年发生额中的财政拨款支出转入财政拨款结转，借记“财政拨款结转——本年收支结转”科目，贷记本科目下各财政拨款支出明细科目；将本科目本年发生额中的非财政专项资金支出转入非财政拨款结转，借记“非财政拨款结转——本年收支结转”科目，贷记本科目下各非财政专项资金支出明细科目；将本科目本年发生额中的其他资金支出（非财政非专项资金支出）转入其他结余，借记“其他结余”科目，贷记本科目下各其他资金支出明细科目。年末结转后，本科目应无余额。

［**例5-43**］年末，某行政单位进行年终结算。经核算，其他支出科目借方余额50 000元。其中财政拨款支出明细科目余额5 000元，非财政专项资金支出明细科目余额25 000元，非财政非专项资金支出明细科目余额20 000元。其他费用科目借方余额65 000元。该单位编制年终结转的会计分录如下：

预算会计：

借：财政拨款结转——本年收支结转 5 000

非财政拨款结转——本年收支结转 25 000

其他结余 20 000

贷：其他支出 50 000

财务会计：

借：本期盈余 65 000

贷：其他费用 65 000

授课视频：请访问中国大学MOOC→政府会计实务/周克清等→第五章第四节其他支出

思考题

1. 什么是预算支出？预算支出与费用有何异同？
2. 行政单位的预算支出都有哪些类别？
3. 事业单位的预算支出都有哪些类别？

实训题

1. 某行政单位2023年度发生如下经济业务：

（1）通过国库集中支付方式采购设备一台，价值20 000元，款项已支付，设备已交付使用。

（2）为履职发生会议费5 000元，款项以国库集中支付方式支付。

（3）为履职人员计提职工薪酬580 000元。通过国库集中支付方式向单位职工支付应付薪酬360 000元。

（4）采购办公用物品一批，实际支付价款6 800元，款项以国库集中支付方式支付，物品已验收入库。

（5）现金账款核对中发现库存现金短缺50元。经核实，上述现金短缺确属无法查明原因，报经批准后予以核销。

（6）经批准，无偿调出固定资产一台，调出过程中发生相关费用500元，款项以现金形式支付。

（7）向甲地区捐款10 000元，定向用于甲地区的灾后重建，款项通过银行存款支付。

根据上述业务，为该行政单位编制有关的会计分录。

2. 某事业单位2023年发生如下经济业务：

（1）为单位开展专业业务活动人员计提职工薪酬150 000元，为单位行政及后勤管理人员计提职工薪酬50 000元。通过国库集中支付方式向职工个人支付应付职工薪酬168 000元。

（2）在开展专业业务及其辅助活动过程中购买一台机器设备，实际支付价款为8 000元，款项以国库集中支付方式支付。

（3）在开展单位行政管理及后勤管理活动过程中采购一批物品，发生预付账款5 000元，款项以国库集中支付方式支付，物品尚未交付。

（4）收到上述物品，以国库集中支付方式支付剩余货款14 500元。

（5）在开展非独立核算的经营活动过程中发生水电费等支出6 000元，款项以银行存款支付。

（6）按照财政部门和上级主管部门的规定，上缴上级单位款项500 000元，款项已通过银行存款支付。

（7）按照规定，对附属单位补助250 000元，款项以银行存款支付。

(8) 经批准，以银行存款购入一批3年期政府债券，实际支付价款为300 000元。债券的票面年利率为5%，每年付息一次，到期一次偿还本金。债券投资所取得的利息收入纳入单位预算管理。

(9) 按照贷款合同的约定，偿还银行贷款本金1 000 000元，并支付最后一期利息60 000元。在支付最后一期利息之前，工程项目已完工，这部分利息费用不计入在建工程。

(10) 经批准，接受其他单位无偿调入的固定资产一台，相关凭证表明其价值为35 000元。在调入过程中，发生归属于该单位的相关费用共计2 000元，款项以国库集中支付方式支付。

第六章

预算结余的核算

本章学习目标:

1. 了解预算结余的概念与分类
2. 掌握资金结存的核算要点
3. 掌握财政拨款结转结余的核算要点
4. 掌握非财政拨款结转的核算要点
5. 掌握专用结余、经营结余和其他结余的核算要点
6. 掌握非财政拨款结余和非财政拨款结余分配的核算要点

第一节　预算结余概述

预算结余是指政府会计主体预算年度内预算收入扣除预算支出后的资金余额，以及历年滚存的资金余额。就资金余额的构成而言，预算结余包括结转资金和结余资金。结转资金是指预算安排项目的支出年终尚未执行完毕或者因故未执行，且下年需要按原用途继续使用的资金。结余资金是指年度预算执行终了，预算收入实际完成数扣除预算支出和结转资金后剩余的资金。

一、资金结存

为了反映因预算收支差额所形成的资金结存数及其变动情况，使得预算会计的不同账户之间进行借贷平衡记账得以实现，预算结余类科目里设置了“资金结存”科目：当取得预算收入时，资金流入，借记本科目，贷记各类预算收入科目；当发生预算支出时，资金流出，借记各类预算支出科目，贷记本科目。所以，资金结存与各项结转结余之间的平衡关系可以概括为公式（6－1）：

资金结存的借方余额＝各项结转结余的贷方余额　　（6－1）

如果进一步考虑不同预算年度之间的跨期累计，公式（6－1）还可以进一步拆分为：

资金结存的期初余额＋资金流入－资金流出＝资金结存的期末余额　　（6－2）

各项结转结余的期初余额＋预算收入－预算支出＝各项结转结余的期末余额　　（6－3）

又，公式（6－2）的借方余额等于公式（6－3）的贷方余额，由此得到公式（6－4）：

资金结存的期末余额（借方）＝各项结转结余的期末余额（贷方）　　（6－4）

二、结转结余

根据资金来源和预算管理要求的不同，行政事业单位的结转结余可以分为三类：

（一）同级财政拨款资金形成的结转结余

由同级财政拨款资金形成的结转结余包括财政拨款结转与财政拨款结余。

财政拨款结转是指行政事业单位当年预算已执行但尚未完成，或因故未能执行，下一年度需要按照原用途继续使用的预算资金，包括基本支出结转和项目支出结转。

财政拨款结余是指行政事业单位当年预算工作目标已完成，或者因故终止，当年剩余的预算资金。

（二）非财政专项资金形成的结转

由非财政专项资金形成的结转只涉及非财政拨款结转。它是指行政事业单位同级财政拨款以外的预算资金来源、具有专项项目限定用途，而项目尚未完成、需要继续用于原指定项目用途的剩余资金。

（三）非财政非专项资金形成的结余

由非财政非专项资金形成的结余包括其他结余、经营结余（事业单位专有）、专用结余（事业单位专有）和非财政拨款结余等。

年末，行政单位的其他结余需要转入非财政拨款结余。事业单位的其他结余和正数的经营结余需要按规定进行非财政拨款结余分配，最后分别转入专用结余和非财政拨款结余。

授课视频：请访问中国大学 MOOC→政府会计实务/周克清等→第六章第一节预算结余核算的预备事项

第二节　资金结存

一、账户设置

在总账科目上，行政事业单位应当设置“资金结存”科目来核算单位纳入部门预算管理的资金的流入、流出、调整和滚存等情况。在明细核算上，本科目需要设置下列明细科目：

（一）货币资金

本明细科目核算单位以库存现金、银行存款、其他货币资金形态存在的资金。本明细科目年末借方余额，反映单位尚未使用的货币资金。

（二）财政应返还额度

本明细科目核算实行国库集中支付的单位可以使用的以前年度财政直接支付资金额度和财政应返还的财政授权支付资金额度。如果预算单位尚未实行预算管理一体化系统，本明细科目下可设置“财政直接支付”“财政授权支付”两个明细科目进行明细核算；反之，实行预算管理一体化系统的预算单位，本明细科目下不再继续设置明细科目。本明细科目年末借方余额，反映单位应收财政返还的资金额度。

（三）零余额账户用款额度

本明细科目核算实行国库集中支付的单位根据财政部门批复的用款计划收到和支用的零余额账户用款额度。年末结账后，本明细科目应无余额。需要说明的是，只有尚未实行预算管理一体化的预算单位方可设置“零余额账户用款额度”科目，并在“资金结存”科目下设置本明细科目；而实行预算管理一体化的预算单位不再使用“零余额账户用款额度”科目，“资金结存”科目下也不再设置本明细科目。

二、账务处理

“资金结存”科目核算的流入、流出、调整、滚存的资金，仅限于货币资金（包括库存现金、银行存款、其他货币资金和零余额账户用款额度）和财政应返还额度。因此，资金结存的明细科目反映资金的具体形式。与“资金结存”科目相关的业务活动包括资金流入会计主体与资金流出会计主体，以及不同形式的资金之间的转换。

（一）资金流入的会计核算

1. 取得预算收入

（1）在以实拨资金方式取得预算收入时，按照实际收到的金额，借记本科目（货币资金），贷记“财政拨款预算收入”“事业预算收入”“经营预算收入”等科目。

（2）预算单位在某些特定情况下按规定从本单位零余额账户向本单位实有资金账户划转资金用于后续相关支出的，应当根据收到的国库集中支付凭证及实有资金账户入账凭证，按照凭证入账金额，在预算会计下借记“资金结存——货币资金”科目，贷记“财政拨款预算收入”科目（使用本年度预算指标）或“资金结存——财政应返还额度”科目（使用以前年度预算指标）；在财务会计下借记“银行存款”科目，贷记“财政拨款收入”科目（使用本年度预算指标）或“财政应返还额度”科目（使用以前年度预算指标）。

（3）尚未实行预算管理一体化系统的预算单位，根据代理银行转来的财政授权支付额度到账通知书，按照通知书中的授权支付额度，借记本科目（零余额账户用款额度），贷记“财政拨款预算收入”科目（见表6-1）。

表 6-1　资金结存的账务处理（一）

业务和会计事项	预算会计	财务会计
以实拨资金方式取得预算收入	借：资金结存——货币资金 贷：财政拨款预算收入/事业预算收入/经营预算收入等	借：银行存款/库存现金等 贷：财政拨款收入/事业收入/经营收入等
按规定向本单位实有资金账户划转财政资金	借：资金结存——货币资金 贷：财政拨款预算收入/资金结存——财政应返还额度	借：银行存款 贷：财政拨款收入/财政应返还额度
尚未实行预算管理一体化系统的预算单位，通过财政授权支付方式取得预算收入	借：资金结存——零余额账户用款额度 贷：财政拨款预算收入	借：零余额账户用款额度 贷：财政拨款收入

[例 6-1] 某事业单位以实拨资金方式取得预算收入，某日收到的银行存款进账单表明，同级政府财政部门拨入某专项经费 50 000 元。该单位编制会计分录如下：

预算会计：

借：资金结存——货币资金　　50 000

　贷：财政拨款预算收入　　50 000

财务会计：

借：银行存款　　50 000

　贷：财政拨款收入　　50 000

[例 6-2] 某行政单位按规定向本单位实有资金账户划转财政资金，某日收到的国库集中支付凭证及实有资金账户入账凭证表明，同级财政部门使用本年度预算指标拨入资金 10 000 元。该单位编制会计分录如下：

预算会计：

借：资金结存——货币资金　　10 000

　贷：财政拨款预算收入　　10 000

财务会计：

借：银行存款　　10 000

　贷：财政拨款收入　　10 000

2. 收到调入的财政拨款结转资金

收到从其他单位调入的财政拨款结转资金的，按照实际调入资金数额，借记本科目（货币资金/财政应返还额度），贷记“财政拨款结转——归集调入”科目（见表 6-2）。

表 6-2　资金结存的账务处理（二）

业务和会计事项	预算会计	财务会计
收到从其他单位调入的财政拨款结转资金	借：资金结存——货币资金/资金结存——财政应返还额度 贷：财政拨款结转——归集调入	借：银行存款/财政应返还额度等 贷：累计盈余

[例 6-3] 某事业单位的银行账户收到从其他单位调入财政拨款结转资金 500 000

元，款项已到账。该单位编制会计分录如下：

预算会计：

借：资金结存——货币资金　　500 000

　贷：财政拨款结转——归集调入　　500 000

财务会计：

借：银行存款　　500 000

　贷：累计盈余　　500 000

3. 购货退回、差错更正等

因购货退回、发生差错更正等退回国库集中支付款项，或者收回货币资金的，属于本年度支付的，借记“财政拨款预算收入”科目（支付时使用本年度预算指标），或本科目的“财政应返还额度”明细科目（支付时使用以前年度预算指标），或本科目的“货币资金”明细科目（支付时使用银行存款），贷记相关支出科目；对于项目未结束的跨年资金退回或属于以前年度支付的款项，借记本科目（财政应返还额度/货币资金），贷记“财政拨款结转”“财政拨款结余”“非财政拨款结转”“非财政拨款结余”等科目（见表 6－3）。

表 6－3　资金结存的账务处理（三）

业务和会计事项		预算会计	财务会计
因购货退回、发生差错更正等退回国库集中支付款项，或者收回货币资金	属于本年度支付的款项	借：财政拨款预算收入/资金结存——财政应返还额度/资金结存——货币资金 贷：行政支出/事业支出等	借：财政拨款收入/财政应返还额度/银行存款 贷：库存物品/业务活动费用等
	对于项目未结束的跨年资金退回或属于以前年度支付的款项	借：资金结存——财政应返还额度/资金结存——货币资金 贷：财政拨款结转——年初余额调整	借：财政应返还额度 贷：以前年度盈余调整/库存物品等

［例 6－4］某行政单位当年通过国库集中支付方式采购的一批办公用品在入库后发现有质量问题，办公用品已退回。收到财政资金退回通知书及相关原始凭证，退回相关货款 30 000 元。该单位编制会计分录如下：

预算会计：

借：财政拨款预算收入　　30 000

　贷：行政支出　　30 000

财务会计：

借：财政拨款收入　　30 000

　贷：库存物品　　30 000

［例 6－5］接上例，假设该批办公用品是去年采购的，所用资金来自财政拨款预算收入中的基本支出拨款，其他条件不变。该单位编制会计分录如下：

预算会计：

借：资金结存——财政应返还额度　　30 000

　贷：财政拨款结转——年初余额调整　　30 000

财务会计：

借：财政应返还额度　　30 000

　贷：库存物品　　30 000

4. 年末，确认未下达的财政用款额度

预算单位实行预算管理一体化系统的，年末，根据财政部门批准的本年度预算指标数大于当年实际支付数的差额中允许结转使用的金额，借记“资金结存——财政应返还额度”科目，贷记“财政拨款预算收入”科目。

预算单位尚未实行预算管理一体化系统的，年末，根据本年度财政直接支付预算指标数与当年财政直接支付实际支出数的差额，借记本科目（财政应返还额度），贷记“财政拨款预算收入”科目。本年度财政授权支付预算指标数大于零余额账户用款额度下达数的，根据未下达的用款额度，借记本科目（财政应返还额度），贷记“财政拨款预算收入”科目（见表 6-4）。

表 6-4　资金结存的账务处理（四）

<table>
<tr><th colspan="2">业务和会计事项</th><th>预算会计</th><th>财务会计</th></tr>
<tr><td colspan="2">实行预算管理一体化系统的预算单位，根据财政部门批准的本年度预算指标数大于当年实际支付数的差额中允许结转使用的金额</td><td>借：资金结存——财政应返还额度
　贷：财政拨款预算收入</td><td>借：财政应返还额度
　贷：财政拨款收入</td></tr>
<tr><td rowspan="2">尚未实行预算管理一体化系统的预算单位，年末确认未下达的财政用款额度</td><td>财政直接支付</td><td rowspan="2">借：资金结存——财政应返还额度
　贷：财政拨款预算收入</td><td>借：财政应返还额度——财政直接支付
　贷：财政拨款收入</td></tr>
<tr><td>财政授权支付</td><td>借：财政应返还额度——财政授权支付
　贷：财政拨款收入</td></tr>
</table>

[例 6-6] 某行政单位现已实行预算管理一体化系统。年末，进行年终结算。经核算，全年国库集中支付指标数为 18 000 000 元，实际已使用 17 000 000 元，其差额部分允许单位结转使用。该单位编制会计分录如下：

预算会计：

借：资金结存——财政应返还额度　　1 000 000

　贷：财政拨款预算收入　　1 000 000

财务会计：

借：财政应返还额度　　1 000 000

　贷：财政拨款收入　　1 000 000

（二）资金流出的会计核算

1. 发生预算支出

（1）在国库集中支付以外的其他支付方式下，当发生相关支出时，按照实际支付的金额，借记“事业支出”“经营支出”等科目，贷记本科目（货币资金）。

（2）在按照规定使用专用基金时，按照实际支付金额，借记“事业支出”等科目，贷记本科目（货币资金）。

（3）实行预算管理一体化系统的预算单位使用以前年度预算指标时，或者尚未实行预算管理一体化系统的预算单位使用以前年度财政直接支付额度发生支出时，按照实际支付金额，借记“行政支出”“事业支出”等科目，贷记本科目（财政应返还额度）。

（4）尚未实行预算管理一体化系统的单位，通过财政授权支付方式发生相关支出时，按照实际支付的金额，借记“行政支出”“事业支出”等科目，贷记本科目（零余额账户用款额度）（见表6-5）。

表6-5　资金结存的账务处理（五）

业务和会计事项	预算会计	财务会计
以国库集中支付以外的其他支付方式发生支出	借：行政支出/事业支出等 　贷：资金结存——货币资金	借：业务活动费用/库存物品等 　贷：库存现金/银行存款等
按规定使用专用基金	借：事业支出 　贷：资金结存——货币资金	借：专用基金/业务活动费用 　贷：银行存款等 或 借：固定资产/无形资产 　贷：银行存款 借：专用基金 　贷：累计盈余
实行预算管理一体化系统的预算单位使用以前年度预算指标，或者尚未实行预算管理一体化系统的预算单位使用以前年度财政直接支付额度发生支出	借：行政支出/事业支出 　贷：资金结存——财政应返还额度	借：业务活动费用/单位管理费用/库存物品等 　贷：财政应返还额度
尚未实行预算管理一体化系统的预算单位，通过财政授权支付发生相关支出	借：行政支出/事业支出等 　贷：资金结存——零余额账户用款额度	借：业务活动费用/库存物品等 　贷：零余额账户用款额度

[例6-7] 某事业单位现因开展专业业务活动的需要，向外聘人员支付劳务费5 000元，以银行存款形式支付。该单位编制会计分录如下：

预算会计：

借：事业支出　　5 000

　贷：资金结存——货币资金　　5 000

财务会计：

借：业务活动费用　　5 000

　贷：银行存款　　5 000

[**例 6-8**] 某事业单位动用专用基金采购设备一台，价值 30 000 元，款项以银行存款支付，设备已安装。该项专用基金是从非财政拨款结余和经营结余中提取的。该单位编制会计分录如下：

预算会计：

借：事业支出　　30 000

　贷：资金结存——货币资金　　30 000

财务会计：

借：固定资产　　30 000

　贷：银行存款　　30 000

借：专用基金　　30 000

　贷：累计盈余　　30 000

[**例 6-9**] 接上例，假设该项专用基金是从收入中提取并计入费用的，其他条件不变。该单位编制会计分录如下：

预算会计：

借：事业支出　　30 000

　贷：资金结存——货币资金　　30 000

财务会计：

借：固定资产　　30 000

　贷：银行存款　　30 000

借：专用基金　　30 000

　贷：累计盈余　　30 000

[**例 6-10**] 某行政单位尚未实行预算管理一体化系统，使用以前年度的财政直接支付额度发生业务活动费支出 20 000 元。该单位编制会计分录如下：

预算会计：

借：行政支出　　20 000

　贷：资金结存——财政应返还额度　　20 000

财务会计：

借：业务活动费用　　20 000

　贷：财政应返还额度　　20 000

[**例 6-11**] 某事业单位尚未实行预算管理一体化系统，通过单位零余额账户向外聘人员支付劳务费 5 000 元。该单位编制会计分录如下：

预算会计：

借：事业支出　　5 000

　贷：资金结存——零余额账户用款额度　　5 000

财务会计：

借：业务活动费用　　5 000

　贷：零余额账户用款额度　　5 000

2. 上缴或缴回财政资金

按照规定上缴财政拨款结转结余资金或注销财政拨款结转结余资金额度的，按照实际上缴资金数额或注销的资金额度数额，借记“财政拨款结转——归集上缴”或“财政拨款结余——归集上缴”科目，贷记本科目（财政应返还额度/货币资金）。

按规定向原资金拨入单位缴回非财政拨款结转资金的，按照实际缴回资金数额，借记“非财政拨款结转——缴回资金”科目，贷记本科目（货币资金）（见表6-6）。

表6-6 资金结存的账务处理（六）

业务和会计事项	预算会计	财务会计
按照规定上缴财政拨款结转结余资金或注销财政拨款结转结余资金额度	借：财政拨款结转/财政拨款结余——归集上缴 贷：资金结存——财政应返还额度/资金结存——货币资金	借：累计盈余 贷：财政应返还额度/银行存款等
按规定向原资金拨入单位缴回非财政拨款结转资金	借：非财政拨款结转——缴回资金 贷：资金结存——货币资金等	借：累计盈余 贷：银行存款等

［**例6-12**］某事业单位承担某个专项任务并已完工。现按规定，以银行存款的形式上缴财政拨款结余资金10 000元，同时向原资金拨入单位缴回非财政拨款结转20 000元。该单位编制会计分录如下：

预算会计：

借：财政拨款结余——归集上缴　　10 000

　　非财政拨款结转——缴回资金　　20 000

　贷：资金结存——货币资金　　30 000

财务会计：

借：累计盈余　　30 000

　贷：银行存款　　30 000

3. 缴纳所得税

有企业所得税缴纳义务的事业单位在缴纳所得税时，按照实际缴纳金额，借记“非财政拨款结余——累计结余”科目，贷记本科目（货币资金）（见表6-7）。

表6-7 资金结存的账务处理（七）

业务和会计事项	预算会计	财务会计
缴纳所得税	借：非财政拨款结余——累计结余 贷：资金结存——货币资金	借：其他应交税费——单位应交所得税 贷：银行存款等

［**例6-13**］某事业单位缴纳所得税45 000元，税款已通过银行存款缴纳。该单位编制会计分录如下：

预算会计：

借：非财政拨款结余——累计结余　　45 000

　　贷：资金结存——货币资金　　45 000

财务会计：

　借：其他应交税费——单位应交所得税　　45 000

　　贷：银行存款　　45 000

授课视频：请访问中国大学MOOC→政府会计实务/周克清等→第六章第二节资金结存

第三节　结转结余

一、财政拨款结转

（一）科目设置

在总账科目上，行政事业单位应当设置“财政拨款结转”，核算单位取得的同级财政拨款结转资金的调整、结转和滚存情况。在明细科目上，本科目应当设置下列明细科目：

1. 与会计差错更正、以前年度支出收回相关的明细科目

“年初余额调整”：本明细科目核算因发生会计差错更正、以前年度支出收回等原因，需要调整财政拨款结转的金额。年末结账后，本明细科目应无余额。

2. 与财政拨款调拨业务相关的明细科目

（1）“归集调入”：本明细科目核算按照规定从其他单位调入财政拨款结转资金时，实际调增的额度数额或调入的资金数额。年末结账后，本明细科目应无余额。

（2）“归集调出”：本明细科目核算按照规定向其他单位调出财政拨款结转资金时，实际调减的额度数额或调出的资金数额。年末结账后，本明细科目应无余额。

（3）“归集上缴”：本明细科目核算按照规定上缴财政拨款结转资金时，实际核销的额度数额或上缴的资金数额。年末结账后，本明细科目应无余额。

（4）“单位内部调剂”：本明细科目核算经财政部门批准对财政拨款结余资金改变用途，用于本单位其他未完成项目等的调整金额。年末结账后，本明细科目应无余额。

3. 与年末财政拨款结转业务相关的明细科目

（1）“本年收支结转”：本明细科目核算单位本年度财政拨款收支相抵后的余额。年末结账后，本明细科目应无余额。

（2）“累计结转”：本明细科目核算单位滚存的财政拨款结转资金。本明细科目年末贷方余额，反映单位财政拨款滚存的结转资金数额。本科目还应当设置“基本支出结转”“项目支出结转”两个明细科目，并在“基本支出结转”明细科目下按照“人员经费”“日常公用经费”进行明细核算，在“项目支出结转”明细科目下按照具体项目进行明细核算；同时，本科目还应按照《政府收支分类科目》中“支出功能分类科目”的相关科目进行明细核算。

有一般公共预算财政拨款、政府性基金预算财政拨款等两种或两种以上财政拨款的，还应当在本科目下按照财政拨款的种类进行明细核算。

（二）账务处理

1. 与会计差错更正、以前年度支出收回相关的账务处理

（1）因发生会计差错更正退回以前年度国库集中支付款项或财政性货币资金，或者因发生会计差错更正增加以前年度国库集中支付支出或财政性货币资金支出，属于以前年度财政拨款结转资金的，借记或贷记“资金结存——财政应返还额度”“资金结存——货币资金”科目，贷记或借记本科目（年初余额调整）。

（2）因购货退回、预付款项收回等发生以前年度支出又收回国库直接支付、授权支付款项或收回财政性货币资金，属于以前年度财政拨款结转资金的，借记“资金结存——财政应返还额度”“资金结存——货币资金”科目，贷记本科目（年初余额调整）（见表6－8）。

表6－8 财政拨款结转账务处理（一）

业务和会计事项		预算会计	财务会计
因会计差错更正、购货退回、预付款项收回等发生以前年度调整事项	调整增加相关资产	借：资金结存——货币资金等 　贷：财政拨款结转——年初余额调整	借：银行存款等 　贷：以前年度盈余调整/库存物品/预付账款
	因会计差错更正调整减少相关资产	借：财政拨款结转——年初余额调整 　贷：资金结存——货币资金等	借：以前年度盈余调整 　贷：银行存款等

［**例6－14**］某事业单位上一会计年度因订购货物发生预付账款200 000元，所需资金来自财政拨款中的基本支出拨款。由于订购的货品未按时收到，该事业单位于本会计年度收回了上一会计年度的全部预付账款，款项已存入银行账户。该单位编制会计分录如下：

预算会计：

借：资金结存——货币资金　　200 000

　贷：财政拨款结转——年初余额调整　　200 000

财务会计：

借：银行存款　　200 000

　贷：预付账款　　200 000

2. 与财政拨款结转结余资金调整业务相关的账务处理

（1）按照规定从其他单位调入财政拨款结转资金的，按照实际调增的额度数额或调入的资金数额，借记“资金结存——财政应返还额度”“资金结存——货币资金”科目，贷记本科目（归集调入）。

（2）按照规定向其他单位调出财政拨款结转资金的，按照实际调减的额度数额或调出的资金数额，借记本科目（归集调出），贷记“资金结存——财政应返还额度”“资金结存——货币资金”科目。

（3）按照规定上缴财政拨款结转资金或注销财政拨款结转资金额度的，按照实际上缴资金数额或注销的资金额度数额，借记本科目（归集上缴），贷记“资金结存——财政应返还额度”“资金结存——货币资金”科目。

（4）经财政部门批准对财政拨款结余资金改变用途，调整用于本单位基本支出或其他未完成项目支出的，按照批准调剂的金额，借记“财政拨款结余——单位内部调剂”科目，贷记本科目（单位内部调剂）（见表6-9）。

表6-9　财政拨款结转账务处理（二）

业务和会计事项		预算会计	财务会计
从其他单位调入财政拨款结转资金	按照实际调增的额度数额或调入的资金数额	借：资金结存——财政应返还额度/资金结存——货币资金 贷：财政拨款结转——归集调入	借：财政应返款额度/银行存款 贷：累计盈余
向其他单位调出财政拨款结转资金	按照实际调减的额度数额或调减的资金数额	借：财政拨款结转——归集调出 贷：资金结存——财政应返还额度/资金结存——货币资金	借：累计盈余 贷：财政应返还额度/银行存款
按照规定上缴财政拨款结转资金或注销财政拨款结转额度	按照实际上缴资金数额或注销的资金额度	借：财政拨款结转——归集上缴 贷：资金结存——财政应返还额度/资金结存——货币资金	借：累计盈余 贷：财政应返还额度/银行存款
单位内部调剂财政拨款结余资金	按照调整的金额	借：财政拨款结余——单位内部调剂 贷：财政拨款结转——单位内部调剂	—

［例6-15］经财政部门批准，某行政单位收到从其他单位调入财政拨款结转资金100 000元，单位银行账户现已到账。该单位编制会计分录如下：

预算会计：

借：资金结存——货币资金　　100 000

　贷：财政拨款结转——归集调入　　100 000

财务会计：

借：银行存款　　100 000

　贷：累计盈余　　100 000

［例6-16］接上例，假设从该事业单位调出财政拨款结转资金到其他单位，并注销相应的财政应返还额度，其他条件不变。该单位编制会计分录如下：

预算会计：

借：财政拨款结转——归集调出　　100 000

　贷：资金结存——财政应返还额度　　100 000

财务会计：

借：累计盈余　　100 000

　贷：财政应返还额度　　100 000

［例6-17］根据财政部门的通知，某事业单位按规定上缴财政拨款结转资金250 000

元，并注销相应的财政应返还额度。该单位编制会计分录如下：

预算会计：

借：财政拨款结转——归集上缴　　250 000

　贷：资金结存——财政应返还额度　　250 000

财务会计：

借：累计盈余　　250 000

　贷：财政应返还额度　　250 000

［例 6-18］经财政部门批准，某事业单位将某项任务已完工的财政拨款结余资金 20 000 元调剂用于基本经费支出。该单位编制会计分录如下：

预算会计：

借：财政拨款结余——单位内部调剂　　20 000

　贷：财政拨款结转——单位内部调剂　　20 000

3. 与年末财政拨款结转和结余业务相关的账务处理

（1）年末，将财政拨款预算收入本年发生额转入本科目，借记“财政拨款预算收入”科目，贷记本科目（本年收支结转）；将各项支出中财政拨款支出本年发生额转入本科目，借记本科目（本年收支结转），贷记各项支出（财政拨款支出）科目。

（2）年末冲销有关明细科目余额。将本科目（本年收支结转/年初余额调整/归集调入/归集调出/归集上缴/单位内部调剂）余额转入本科目（累计结转）。结转后，本科目除“累计结转”明细科目外，其他明细科目应无余额。

（3）年末完成上述结转后，应当对财政拨款结转各明细项目执行情况进行分析，按照有关规定将符合财政拨款结余性质的项目余额转入财政拨款结余，借记本科目（累计结转），贷记“财政拨款结余——结转转入”科目（见表 6-10）。

表 6-10　财政拨款结转账务处理（三）

业务和会计事项		预算会计	财务会计
年末结转	结转财政拨款预算收入	借：财政拨款预算收入 　贷：财政拨款结转——本年收支结转	—
	结转财政拨款预算支出	借：财政拨款结转——本年收支结转 　贷：行政支出/事业支出等	—
年末冲销本科目有关明细科目余额		借：财政拨款结转——年初余额调整/归集调入/单位内部调剂/本年收支结转 　贷：财政拨款结转——累计结转 或 借：财政拨款结转——累计结转 　贷：财政拨款结转——归集上缴/年初余额调整/归集调出/本年收支结转	—
转入财政拨款结余	按照有关规定将符合财政拨款结余性质的项目余额转入财政拨款结余	借：财政拨款结转——累计结转 　贷：财政拨款结余——结转转入	—

［例 6-19］截至 12 月 31 日，某事业单位有关财政拨款预算收支的科目余额如下表所示。其中，项目支出中的 C 项目已经完工，符合财政拨款结余性质，该项目余额为 10 000 元。该单位编制年终转账的会计分录如下：

会计科目	借方余额（元）	贷方余额（元）
财政拨款预算收入——基本支出拨款		10 000 000
财政拨款预算收入——项目支出拨款		5 000 000
事业支出——财政拨款支出——基本支出	9 000 000	
事业支出——财政拨款支出——项目支出	3 500 000	
其他支出——财政拨款支出——基本支出	450 000	
其他支出——财政拨款支出——项目支出	400 000	

（1）本年收支结转

预算会计：

借：财政拨款预算收入 15 000 000

　贷：财政拨款结转——本年收支结转 15 000 000

借：财政拨款结转——本年收支结转 13 350 000

　贷：事业支出——财政拨款支出 12 500 000

　　其他支出——财政拨款支出 850 000

借：财政拨款结转——本年收支结转 1 650 000

　贷：财政拨款结转——累计结转 1 650 000

（2）将符合财政拨款结余性质的项目余额转入财政拨款结余

预算会计：

借：财政拨款结转——累计结转 10 000

　贷：财政拨款结余——结转转入 10 000

二、财政拨款结余

（一）账户设置

在总账科目上，行政事业单位应当设置“财政拨款结余”科目，核算单位取得的同级财政拨款项目支出结余资金的调整、结转和滚存情况。在明细科目上，本科目应当设置下列明细科目：

1. 与会计差错更正、以前年度支出收回相关的明细科目

“年初余额调整”：本明细科目核算因发生会计差错更正、以前年度支出收回等原因，需要调整财政拨款结余的金额。年末结账后，本明细科目应无余额。

2. 与财政拨款结余资金调整业务相关的明细科目

（1）“归集上缴”：本明细科目核算按照规定上缴财政拨款结余资金时，实际核销的额度数额或上缴的资金数额。年末结账后，本明细科目应无余额。

（2）“单位内部调剂”：本明细科目核算经财政部门批准对财政拨款结余资金改变用途，调整用于本单位其他未完成项目等的调整金额。年末结账后，本明细科目应无余额。

3. 与年末财政拨款结余业务相关的明细科目

（1）“结转转入”：本明细科目核算单位按照规定转入财政拨款结余的财政拨款结转资金。年末结账后，本明细科目应无余额。

（2）“累计结余”：本明细科目核算单位滚存的财政拨款结余资金。本明细科目年末贷方余额，反映单位财政拨款滚存的结余资金数额。

本科目还应当按照具体项目、《政府收支分类科目》中“支出功能分类科目”的相关科目等进行明细核算。

有一般公共预算财政拨款、政府性基金预算财政拨款等两种或两种以上财政拨款的，还应当在本科目下按照财政拨款的种类进行明细核算。

（二）账务处理

财政拨款结余的主要账务处理如下：

1. 与会计差错更正、以前年度支出收回相关的账务处理

（1）因购货退回、预付款项收回等发生以前年度支出又收回国库集中支付、授权支付款项或收回财政性货币资金，属于以前年度财政拨款结余资金的，借记“资金结存——财政应返还额度”“资金结存——货币资金”科目，贷记本科目（年初余额调整）。

（2）因发生会计差错更正退回以前年度国库集中支付款项或财政性货币资金，或者因发生会计差错更正增加以前年度国库集中支付支出或财政性货币资金支出，属于以前年度财政拨款结余资金的，借记或贷记“资金结存——财政应返还额度”“资金结存——货币资金”科目，贷记或借记本科目（年初余额调整）（见表 6-11）。

表 6-11　财政拨款结余账务处理（一）

业务和会计事项		预算会计	财务会计
因购货退回、会计差错更正等发生以前年度调整事项	调整增加相关资产	借：资金结存——货币资金等 　贷：财政拨款结余——年初余额调整	借：银行存款等 　贷：以前年度盈余调整
	因会计差错更正调整减少相关资产	借：财政拨款结余——年初余额调整 　贷：资金结存——货币资金等	借：以前年度盈余调整 　贷：银行存款等

［例 6-20］ 某事业单位发生一笔项目支出 10 000 元退款，款项已存入银行。该款项属于以前年度财政拨款结余资金。该单位编制会计分录如下：

预算会计：

借：资金结存——货币资金　　10 000

　贷：财政拨款结余——年初余额调整　　10 000

财务会计：

借：银行存款　　10 000

贷：以前年度盈余调整 10 000

2. 与财政拨款结余资金调整业务相关的账务处理

（1）按照规定上缴财政拨款结余资金或注销财政拨款结余资金额度的，按照实际上缴资金数额或注销的资金额度数额，借记本科目（归集上缴），贷记“资金结存——财政应返还额度”“资金结存——货币资金”科目。

（2）经财政部门批准对财政拨款结余资金改变用途，调整用于本单位基本支出或其他未完成项目支出的，按照批准调剂的金额，借记本科目（单位内部调剂），贷记“财政拨款结转——单位内部调剂”科目（见表 6-12）。

表 6-12 财政拨款结余账务处理（二）

业务和会计事项		预算会计	财务会计
按照规定上缴财政拨款结余资金或注销财政拨款结余额度	按照实际上缴资金数额或注销的资金额度	借：财政拨款结余——归集上缴 贷：资金结存——财政应返还额度/资金结存——货币资金	借：累计盈余 贷：财政应返还额度/银行存款
单位内部调剂财政拨款结余资金	按照调整的金额	借：财政拨款结余——单位内部调剂 贷：财政拨款结转——单位内部调剂	—

［例 6-21］某行政单位收到财政部门的通知，注销该单位财政拨款结余资金 200 000 元，同时注销相应的财政应返还额度。该单位编制会计分录如下：

预算会计：

借：财政拨款结余——归集上缴 200 000

贷：资金结存——财政应返还额度 200 000

财务会计：

借：累计盈余 200 000

贷：财政应返还额度 200 000

［例 6-22］某事业单位收到财政部门的通知，同意该单位将一项已完工项目的财政拨款结余资金 15 000 元调剂用于其他用途。该单位编制会计分录如下：

预算会计：

借：财政拨款结余——单位内部调剂 15 000

贷：财政拨款结转——单位内部调剂 15 000

3. 与年末财政拨款结转和结余业务相关的账务处理

（1）年末，对财政拨款结转各明细项目执行情况进行分析，按照有关规定将符合财政拨款结余性质的项目余额转入财政拨款结余，借记“财政拨款结转——累计结转”科目，贷记本科目（结转转入）。

（2）年末冲销有关明细科目余额。将本科目（年初余额调整/归集上缴/单位内部调剂/结转转入）余额转入本科目（累计结余）。结转后，本科目除“累计结余”明细科目外，其他明细科目应无余额（见表 6－13）。

表 6－13 财政拨款结余账务处理（三）

业务和会计事项		预算会计	财务会计
年末，转入财政拨款结余	按照有关规定将符合财政拨款结余性质的项目余额转入财政拨款结余	借：财政拨款结转——累计结转 　贷：财政拨款结余——结转转入	—
年末冲销本科目有关明细科目余额		借或贷：财政拨款结余——年初余额调整 　贷或借：财政拨款结余——累计结余 借：财政拨款结余——累计结余 　贷：财政拨款结余——归集上缴 　　　　　　　　　——单位内部调剂 借：财政拨款结余——结转转入 　贷：财政拨款结余——累计结余	—

［例 6－23］年终，某事业单位对各个项目执行情况进行分析。其中有一个项目已完工，其项目余额 250 000 元符合财政拨款结余资金性质。该单位编制会计分录如下：

预算会计：

借：财政拨款结转——累计结转　　250 000

　贷：财政拨款结余——结转转入　　250 000

［例 6－24］年终，某事业单位“财政拨款结余”的各个明细科目如下表所示：

会计科目	借方余额（元）	贷方余额（元）
财政拨款结余——年初余额调整		10 000
财政拨款结余——归集上缴	200 000	
财政拨款结余——单位内部调剂	15 000	
财政拨款结余——结转转入		250 000

该单位冲销本科目有关明细科目余额，并编制会计分录如下：

预算会计：

借：财政拨款结余——年初余额调整　　10 000

　　　　　　　　——结转转入　　250 000

　贷：财政拨款结余——累计结余　　260 000

借：财政拨款结余——累计结余　　215 000

　贷：财政拨款结余——归集上缴　　200 000

　　　　　　　　　——单位内部调剂　　15 000

借贷相抵，该事业单位“财政拨款结余——累计结余”科目的贷方余额为 45 000 元。

三、非财政拨款结转

（一）账户设置

在总账科目上，行政事业单位应当设置“非财政拨款结转”科目，核算单位除财政拨款收支、经营收支以外各非同级财政拨款专项资金的调整、结转和滚存情况。在明细科目上，本科目应当设置下列明细科目：

（1）“年初余额调整”：本明细科目核算因发生会计差错更正、以前年度支出收回等原因，需要调整非财政拨款结转的资金。年末结账后，本明细科目应无余额。

（2）“缴回资金”：本明细科目核算按照规定缴回非财政拨款结转资金时，实际缴回的资金数额。年末结账后，本明细科目应无余额。

（3）“项目间接费用或管理费”：本明细科目核算单位取得的科研项目预算收入中，按照规定计提项目间接费用或管理费的数额。年末结账后，本明细科目应无余额。

（4）“本年收支结转”：本明细科目核算单位本年度非同级财政拨款专项收支相抵后的余额。年末结账后，本明细科目应无余额。

（5）“累计结转”：本明细科目核算单位滚存的非同级财政拨款专项结转资金。本明细科目年末贷方余额，反映单位非同级财政拨款滚存的专项结转资金数额。

本科目还应当按照具体项目、《政府收支分类科目》中“支出功能分类科目”的相关科目等进行明细核算。

（二）账务处理

非财政拨款结转的主要账务处理如下（见表 6-14）：

（1）按照规定从科研项目预算收入中提取项目间接费用或管理费时，按照提取金额，借记本科目（项目间接费用或管理费），贷记“非财政拨款结余——项目间接费用或管理费”科目。

（2）因会计差错更正收到或支出非同级财政拨款货币资金，属于非财政拨款结转资金的，按照收到或支出的金额，借记或贷记“资金结存——货币资金”科目，贷记或借记本科目（年初余额调整）。

因收回以前年度支出等收到非同级财政拨款货币资金，属于非财政拨款结转资金的，按照收到的金额，借记“资金结存——货币资金”科目，贷记本科目（年初余额调整）。

（3）按照规定缴回非财政拨款结转资金的，按照实际缴回资金数额，借记本科目（缴回资金），贷记“资金结存——货币资金”科目。

（4）年末，将事业预算收入、上级补助预算收入、附属单位上缴预算收入、非同级财政拨款预算收入、债务预算收入、其他预算收入本年发生额中的专项资金收入转入本科目，借记“事业预算收入”“上级补助预算收入”“附属单位上缴预算收入”“非同级财政拨款预算收入”“债务预算收入”“其他预算收入”科目下各专项资金收入明细科目，贷记本科目（本年收支结转）；将行政支出、事业支出、其他支出本年发生额中的非财政拨款专项资金支出转入本科目，借记本科目（本年收支结转），贷记“行政支出”“事业支出”“其他支出”科目下各非财政拨款专项资金支出明细科目。

（5）年末冲销有关明细科目余额。将本科目（年初余额调整/项目间接费用或管理费/缴回资金/本年收支结转）余额转入本科目（累计结转）。结转后，本科目除“累计结转”明细科目外，其他明细科目应无余额。

（6）年末完成上述结转后，应当对非财政拨款专项结转资金各项目情况进行分析，将留归本单位使用的非财政拨款专项（项目已完成）剩余资金转入非财政拨款结余，借记本科目（累计结转），贷记“非财政拨款结余——结转转入”科目。

表 6-14　非财政拨款结转账务处理

<table>
<tr><th colspan="2">业务和会计事项</th><th>预算会计</th><th>财务会计</th></tr>
<tr><td colspan="2">按照规定从科研项目预算收入中提取项目间接费用或管理费</td><td>借：非财政拨款结转——项目间接费用或管理费
贷：非财政拨款结余——项目间接费用或管理费</td><td>借：单位管理费用
贷：预提费用——项目间接费用或管理费</td></tr>
<tr><td rowspan="2">因购货退回、会计差错更正等发生以前年度调整事项</td><td>调整增加相关资产</td><td>借：资金结存——货币资金
贷：非财政拨款结转——年初余额调整</td><td>借：银行存款等
贷：以前年度盈余调整</td></tr>
<tr><td>调整减少相关资产</td><td>借：非财政拨款结转——年初余额调整
贷：资金结存——货币资金</td><td>借：以前年度盈余调整
贷：银行存款等</td></tr>
<tr><td>按照规定缴回非财政拨款结转资金</td><td>按照实际缴回资金</td><td>借：非财政拨款结转——缴回资金
贷：资金结存——货币资金</td><td>借：累计盈余
贷：银行存款等</td></tr>
<tr><td rowspan="2">年末结转</td><td>结转非财政拨款专项收入</td><td>借：事业预算收入/上级补助预算收入/附属单位上缴预算收入/非同级财政拨款预算收入/债务预算收入/其他预算收入
贷：非财政拨款结转——本年收支结转</td><td>—</td></tr>
<tr><td>结转非财政拨款专项支出</td><td>借：非财政拨款结转——本年收支结转
贷：行政支出/事业支出/其他支出</td><td>—</td></tr>
<tr><td colspan="2">年末冲销本科目相关明细科目金额</td><td>借：非财政拨款结转——年初余额调整
——本年收支结转
贷：非财政拨款结转——累计结转
借：非财政拨款结转——累计结转
贷：非财政拨款结转——年初余额调整
——缴回资金
——项目间接费用或管理费
——本年收支结转</td><td>—</td></tr>
<tr><td colspan="2">将留归本单位使用的非财政拨款专项剩余资金转入非财政拨款结余</td><td>借：非财政拨款结转——累计结转
贷：非财政拨款结余——结转转入</td><td>—</td></tr>
</table>

［例 6-25］某事业单位从科研项目预算收入中提取项目管理费 50 000 元。该单位编制会计分录如下：

预算会计：

借：非财政拨款结转——项目管理费 50 000

贷：非财政拨款结余——项目管理费 50 000

财务会计：

借：单位管理费用 50 000

贷：预提费用——项目管理费 50 000

需要注意的是，《政府会计准则制度解释第 2 号》中对从财政科研项目中计提项目间接费用或管理费的账务处理另有规定。其中，从财政科研项目中计提项目间接费用或管理费时，按照计提的金额，借记“业务活动费用”“单位管理费用”等科目，贷记“预提费用——项目间接费用或管理费”科目；预算会计不做处理。

[例 6-26] 接上例，假定其他条件不变，该事业单位是从财政科研项目中计提项目管理费 50 000 元。该单位编制会计分录如下：

财务会计：

借：单位管理费用 50 000

贷：预提费用——项目管理费 50 000

同时，预算会计不做处理。

[例 6-27] 某事业单位的银行账户收到一笔 100 000 元的退款，该款项属于以前年度的非财政拨款结转，该单位编制会计分录如下：

预算会计：

借：资金结存——货币资金 100 000

贷：非财政拨款结转——年初余额调整 100 000

财务会计：

借：银行存款 100 000

贷：以前年度盈余调整 100 000

[例 6-28] 按照规定，某事业单位通过银行转账向原资金拨出单位缴回非财政拨款结转资金 23 000 元，该单位编制会计分录如下：

预算会计：

借：非财政拨款结转——缴回资金 23 000

贷：资金结存——货币资金 23 000

财务会计：

借：累计盈余 23 000

贷：银行存款 23 000

[例 6-29] 年末，某事业单位非财政拨款专项资金的预算收入、预算支出的科目余额如下表所示。

会计科目	借方余额（元）	贷方余额（元）
事业预算收入——专项资金收入		500 000
上级补助预算收入——专项资金收入		50 000

续表

会计科目	借方余额（元）	贷方余额（元）
非同级财政拨款预算收入——专项资金收入		60 000
事业支出——非财政专项资金支出	400 000	
其他支出——非财政专项资金支出	30 000	

该单位进行年终收支结转，并编制会计分录如下：

预算会计：

借：事业预算收入——专项资金收入　　500 000
　　上级补助预算收入——专项资金收入　　50 000
　　非同级财政拨款预算收入——专项资金收入　　60 000
　贷：非财政拨款结转——本年收支结转　　610 000

借：非财政拨款结转——本年收支结转　　430 000
　贷：事业支出——非财政专项资金支出　　400 000
　　　其他支出——非财政专项资金支出　　30 000

借贷相抵，该事业单位“非财政拨款结转——本年收支结转”科目贷方余额为 180 000 元。

[例 6-30] 年末，某事业单位“非财政拨款结转”明细科目情况如下：年初余额调整贷方余额 100 000 元，项目管理费借方余额 50 000 元，缴回资金借方余额 23 000 元，本年收支结转贷方余额 180 000 元。该单位冲销上述明细科目，并编制会计分录如下：

预算会计：

借：非财政拨款结转——年初余额调整　　100 000
　　　　　　　　　——本年收支结转　　180 000
　贷：非财政拨款结转——累计结转　　280 000

借：非财政拨款结转——累计结转　　73 000
　贷：非财政拨款结转——项目管理费　　50 000
　　　　　　　　　　——缴回资金　　23 000

借贷相抵，该事业单位“非财政拨款结转——累计结转”科目贷方余额为 207 000 元。

[例 6-31] 按规定，某事业单位将某项已完工的非财政拨款专项剩余资金 100 000 元留归本单位使用。该单位编制会计分录如下：

预算会计：

借：非财政拨款结转——累计结转　　100 000
　贷：非财政拨款结余——结转转入　　100 000

四、非财政拨款结余

（一）账户设置

在总账科目上，行政事业单位应当设置“非财政拨款结余”科目，核算单位历年滚存的非限定用途的非同级财政拨款结余资金，主要为非财政拨款结余扣除结余分配后滚存的金额。在明细科目上，本科目应当设置下列明细科目：

（1）“年初余额调整”：本明细科目核算因发生会计差错更正、以前年度支出收回等原因，需要调整非财政拨款结余的资金。年末结账后，本明细科目应无余额。

（2）“项目间接费用或管理费”：本明细科目核算单位取得的科研项目预算收入中，按照规定计提的项目间接费用或管理费数额。年末结账后，本明细科目应无余额。

（3）“结转转入”：本明细科目核算按照规定留归单位使用，由单位统筹调配，纳入单位非财政拨款结余的非同级财政拨款专项剩余资金。年末结账后，本明细科目应无余额。

（4）“累计结余”：本明细科目核算单位历年滚存的非同级财政拨款、非专项结余资金。本明细科目年末贷方余额，反映单位非同级财政拨款滚存的非专项结余资金数额。

本科目还应当按照《政府收支分类科目》中“支出功能分类科目”的相关科目进行明细核算。

(二) 账务处理

非财政拨款结余的主要账务处理如下（见表 6-15）：

（1）按照规定从科研项目预算收入中提取项目间接费用或管理费时，借记“非财政拨款结转——项目间接费用或管理费”科目，贷记本科目（项目间接费用或管理费）。

（2）有企业所得税缴纳义务的事业单位实际缴纳企业所得税时，按照缴纳金额，借记本科目（累计结余），贷记“资金结存——货币资金”科目。

（3）因会计差错更正收到或支出非同级财政拨款货币资金，属于非财政拨款结余资金的，按照收到或支出的金额，借记或贷记“资金结存——货币资金”科目，贷记或借记本科目（年初余额调整）。

因收回以前年度支出等收到非同级财政拨款货币资金，属于非财政拨款结余资金的，按照收到的金额，借记“资金结存——货币资金”科目，贷记本科目（年初余额调整）。

（4）年末，将留归本单位使用的非财政拨款专项（项目已完成）剩余资金转入本科目，借记“非财政拨款结转——累计结转”科目，贷记本科目（结转转入）。

（5）年末冲销有关明细科目余额。将本科目（年初余额调整/项目间接费用或管理费/结转转入）余额结转入本科目（累计结余）。结转后，本科目除“累计结余”明细科目外，其他明细科目应无余额。

（6）年末，事业单位将“非财政拨款结余分配”科目余额转入非财政拨款结余。“非财政拨款结余分配”科目为借方余额的，借记本科目（累计结余），贷记“非财政拨款结余分配”科目；“非财政拨款结余分配”科目为贷方余额的，借记“非财政拨款结余分配”科目，贷记本科目（累计结余）。

年末，行政单位将“其他结余”科目余额转入非财政拨款结余。“其他结余”科目为借方余额的，借记本科目（累计结余），贷记“其他结余”科目；“其他结余”科目为贷方余额的，借记“其他结余”科目，贷记本科目（累计结余）。

表 6-15　非财政拨款结余账务处理

<table>
<tr><th colspan="2">业务和会计事项</th><th>预算会计</th><th>财务会计</th></tr>
<tr><td colspan="2">按照规定从科研项目预算收入中提取项目间接费用或管理费</td><td>借：非财政拨款结转——项目间接费用或管理费
贷：非财政拨款结余——项目间接费用或管理费</td><td>借：单位管理费用
贷：预提费用——项目间接费用或管理费</td></tr>
<tr><td colspan="2">实际缴纳企业所得税</td><td>借：非财政拨款结余——累计结余
贷：资金结存——货币资金</td><td>借：其他应交税费——单位应交所得税
贷：银行存款等</td></tr>
<tr><td rowspan="2">因购货退回、会计差错更正等发生以前年度调整事项</td><td>调整增加相关资产</td><td>借：资金结存——货币资金
贷：非财政拨款结余——年初余额调整</td><td>借：银行存款等
贷：以前年度盈余调整</td></tr>
<tr><td>调整减少相关资产</td><td>借：非财政拨款结余——年初余额调整
贷：资金结存——货币资金</td><td>借：以前年度盈余调整
贷：银行存款等</td></tr>
<tr><td colspan="2">将留归本单位使用的非财政拨款专项剩余资金转入非财政拨款结余</td><td>借：非财政拨款结转——累计结转
贷：非财政拨款结余——结转转入</td><td>—</td></tr>
<tr><td colspan="2">年末冲销本科目相关明细科目余额</td><td>借：非财政拨款结余——年初余额调整
——项目间接费用或管理费
——结转转入
贷：非财政拨款结余——累计结余
借：非财政拨款结余——累计结余
贷：非财政拨款结余——年初余额调整
——缴回资金</td><td>—</td></tr>
<tr><td rowspan="2">年末结转</td><td>非财政拨款结余分配为贷方余额</td><td>借：非财政拨款结余分配
贷：非财政拨款结余——累计结余</td><td>—</td></tr>
<tr><td>非财政拨款结余分配为借方余额</td><td>借：非财政拨款结余——累计结余
贷：非财政拨款结余分配</td><td>—</td></tr>
</table>

[例 6-32] 年末，某事业单位“非财政拨款结余”的明细科目情况如下：年初余额调整借方余额 20 000 元，项目管理费贷方余额 10 000 元，结转转入贷方余额 35 000 元。该单位冲销本科目有关明细科目余额，并编制会计分录如下：

预算会计：

借：非财政拨款结余——累计结余　　20 000

　贷：非财政拨款结余——年初余额调整　　20 000

借：非财政拨款结余——项目管理费　　10 000

　　　　　　　　　——结转转入　　35 000

　贷：非财政拨款结余——累计结余　　45 000

五、专用结余

（一）账户设置

在总账科目上，事业单位应当设置“专用结余”科目，核算事业单位按照规定从非财政拨款结余中提取的具有专门用途的资金的变动和滚存情况。在明细科目上，本科目应当按照专用结余的类别进行明细核算。

（二）账务处理

专用结余的主要账务处理如下（见表6-16）：

（1）根据有关规定从本年度非财政拨款结余或经营结余中提取基金的，按照提取金额，借记“非财政拨款结余分配”科目，贷记本科目。

（2）根据规定使用从非财政拨款结余或经营结余中提取的专用基金时，按照使用金额，借记本科目，贷记“资金结存——货币资金”科目。

表6-16　专用结余账务处理

<table>
<tr><th colspan="2">业务和会计事项</th><th>预算会计</th><th>财务会计</th></tr>
<tr><td rowspan="3">计提专用基金</td><td>从预算收入中按照一定比例提取基金并计入费用</td><td>—</td><td>借：业务活动费用等
　贷：专用基金</td></tr>
<tr><td>从本年度非财政拨款结余或经营结余中提取基金</td><td>借：非财政拨款结余分配
　贷：专用结余</td><td>借：本年盈余分配
　贷：专用基金</td></tr>
<tr><td>根据有关规定设置的其他专用基金</td><td>—</td><td>借：银行存款等
　贷：专用基金</td></tr>
<tr><td colspan="2">按照规定使用提取的专用基金</td><td>使用从非财政拨款结余或经营结余中提取的基金
借：专用结余
　贷：资金结存——货币资金
使用从预算收入中提取并计入费用的基金
借：事业支出等
　贷：资金结存——货币资金</td><td>借：专用基金
　贷：银行存款等
使用专用基金购置固定资产、无形资产的
借：固定资产/无形资产
　贷：银行存款等
借：专用基金
　贷：累计盈余</td></tr>
</table>

［例6-33］按规定，某事业单位从本年非财政拨款结余中提取专用基金600 000元，该单位编制会计分录如下：

预算会计：

借：非财政拨款结余分配　　600 000

　贷：专用结余　　600 000

财务会计：

借：本年盈余分配　　600 000

贷：专用基金　　600 000

［例 6-34］某事业单位动用从非财政拨款结余中提取的专用基金采购设备一台，价值 45 000 元，款项已通过银行存款支付，设备已交付使用。该单位编制会计分录如下：

预算会计：

借：专用结余　　45 000

　贷：资金结存——货币资金　　45 000

财务会计：

借：固定资产　　45 000

　贷：银行存款　　45 000

借：专用基金　　45 000

　贷：累计盈余　　45 000

六、经营结余

（一）科目设置

在总账科目上，事业单位应当设置“经营结余”科目，核算事业单位本年度经营活动收支相抵后余额弥补以前年度经营亏损后的余额。在明细科目上，本科目可以按照经营活动类别进行明细核算。

（二）账务处理

经营结余的主要账务处理如下（见表 6-17）：

（1）年末，将经营预算收入本年发生额转入本科目，借记“经营预算收入”科目，贷记本科目；将经营支出本年发生额转入本科目，借记本科目，贷记“经营支出”科目。

（2）年末，完成上述结转后，如本科目为贷方余额，将本科目贷方余额转入“非财政拨款结余分配”科目，借记本科目，贷记“非财政拨款结余分配”科目；如本科目为借方余额，为经营亏损，不予结转。

（3）年末结账后，本科目一般无余额；如为借方余额，反映事业单位累计发生的经营亏损。

表 6-17　经营结余账务处理

业务和会计事项	预算会计	财务会计
年末经营收支结转	借：经营预算收入 　贷：经营结余 借：经营结余 　贷：经营支出	—
年末转入结余分配	借：经营结余 　贷：非财政拨款结余分配 若年末结余在借方，则不予结转	—

[例 6-35] 某事业单位本年度发生经营预算收入 350 000 元，发生经营预算支出 330 000 元（这里暂不考虑经营收入和经营费用的年终结转）。该单位编制年终经营收支结转的会计分录如下：

预算会计：

借：经营预算收入　350 000

　贷：经营结余　350 000

借：经营结余　330 000

　贷：经营支出　330 000

[例 6-36] 接上例，该事业单位完成经营预算收支结转后，将经营结余的贷方余额转入非财政拨款结余分配。该单位编制会计分录如下：

预算会计：

借：经营结余　20 000

　贷：非财政拨款结余分配　20 000

七、其他结余

(一) 科目设置

在总账科目上，行政事业单位应当设置“其他结余”科目，核算单位本年度除财政拨款收支、非同级财政专项资金收支和经营收支以外各项收支相抵后的余额。

(二) 账务处理

其他结余的主要账务处理如下（见表 6-18）：

(1) 年末，将事业预算收入、上级补助预算收入、附属单位上缴预算收入、非同级财政拨款预算收入、债务预算收入、其他预算收入本年发生额中的非专项资金收入以及投资预算收益本年发生额转入本科目，借记“事业预算收入”“上级补助预算收入”“附属单位上缴预算收入”“非同级财政拨款预算收入”“债务预算收入”“其他预算收入”科目下各非专项资金收入明细科目和“投资预算收益”科目，贷记本科目（当“投资预算收益”科目本年发生额为借方净额时，借记本科目，贷记“投资预算收益”科目）；将行政支出、事业支出、其他支出本年发生额中的非同级财政、非专项资金支出，以及上缴上级支出、对附属单位补助支出、投资支出、债务还本支出本年发生额转入本科目，借记本科目，贷记“行政支出”“事业支出”“其他支出”科目下各非同级财政、非专项资金支出明细科目和“上缴上级支出”“对附属单位补助支出”“投资支出”“债务还本支出”科目。

(2) 年末，完成上述结转后，行政单位将本科目余额转入“非财政拨款结余——累计结余”科目；事业单位将本科目余额转入“非财政拨款结余分配”科目。当本科目为贷方余额时，借记本科目，贷记“非财政拨款结余——累计结余”或“非财政拨款结余分配”科目；当本科目为借方余额时，借记“非财政拨款结余——累计结余”或“非财政拨款结余分配”科目，贷记本科目。

（3）年末结账后，本科目应无余额。

表6-18 其他结余账务处理

业务和会计事项		预算会计	财务会计
年末	结转预算收入（除财政拨款收入、非同级财政专项收入、经营收入以外）	借：事业预算收入/上级补助预算收入/附属单位上缴预算收入/非同级财政拨款预算收入/债务预算收入/其他预算收入 贷：其他结余 借或贷：投资预算收益 贷或借：其他结余	—
	结转预算支出（除同级财政拨款支出、非同级财政专项支出、经营支出以外）	借：其他结余 贷：行政支出/事业支出/其他支出/上缴上级支出/对附属单位补助支出/投资支出/债务还本支出	—
行政单位转入非财政拨款结余	其他结余为贷方余额	借：其他结余 贷：非财政拨款结余——累计结余	—
	其他结余为借方余额	借：非财政拨款结余——累计结余 贷：其他结余	—
事业单位年末转入结余分配	其他结余为贷方余额	借：其他结余 贷：非财政拨款结余分配	—
	其他结余为借方余额	借：非财政拨款结余分配 贷：其他结余	—

［例6-37］年终，某事业单位进行年终结算。其中，各个非财政非专项资金预算收支科目（不含经营预算收支）的余额情况如下表所示。

某事业单位非财政非专项资金预算收支科目余额情况表 单位：元

会计科目	借方余额	贷方余额
事业预算收入——非专项资金收入		80 000 000
上级补助预算收入——非专项资金收入		750 000
附属单位上缴预算收入——非专项资金收入		350 000
债务预算收入——非专项资金收入		900 000
其他预算收入——非专项资金收入		45 000
投资预算收益		50 000
事业支出——其他资金支出	79 000 000	
上缴上级支出	500 000	
对附属单位补助支出	250 000	
投资支出	300 000	
债务还本支出	700 000	
其他支出——其他资金支出	65 000	

根据上述余额表，该单位编制年终结转的会计分录如下（这里暂不考虑财务会计的年终结转分录）：

预算会计：

借：事业预算收入——非专项资金收入　80 000 000
　　上级补助预算收入——非专项资金收入　750 000
　　附属单位上缴预算收入——非专项资金收入　350 000
　　债务预算收入——非专项资金收入　900 000
　　其他预算收入——非专项资金收入　45 000
　　投资预算收益　50 000
　贷：其他结余　82 095 000

借：其他结余　80 815 000
　贷：事业支出——其他资金支出　79 000 000
　　　上缴上级支出　500 000
　　　对附属单位补助支出　250 000
　　　投资支出　300 000
　　　债务还本支出　700 000
　　　其他支出——其他资金支出　65 000

借贷相抵，“其他结余”科目贷方余额为 1 280 000 元。

八、非财政拨款结余分配

（一）科目设置

事业单位应当设置“非财政拨款结余分配”科目，核算事业单位本年度非财政拨款结余分配的情况和结果。

（二）账务处理

非财政拨款结余分配的主要账务处理如下（见表 6-19）：

（1）年末，将“其他结余”科目余额转入本科目，当“其他结余”科目为贷方余额时，借记“其他结余”科目，贷记本科目；当“其他结余”科目为借方余额时，借记本科目，贷记“其他结余”科目。

年末，将“经营结余”科目贷方余额转入本科目，借记“经营结余”科目，贷记本科目。

（2）根据有关规定提取专用基金的，按照提取的金额，借记本科目，贷记“专用结余”科目。

（3）年末，按照规定完成上述处理后，将本科目余额转入非财政拨款结余。当本科目为借方余额时，借记“非财政拨款结余——累计结余”科目，贷记本科目；当本科目为贷方余额时，借记本科目，贷记“非财政拨款结余——累计结余”科目。

（4）年末结账后，本科目应无余额。

表 6-19　非财政拨款结余分配账务处理

业务和会计事项		预算会计	财务会计
事业单位年末结余转入	其他结余为借方余额	借：非财政拨款结余分配 　贷：其他结余	—
	其他结余为贷方余额	借：其他结余 　贷：非财政拨款结余分配	—
	经营结余为贷方余额	借：经营结余 　贷：非财政拨款结余分配	—
计提专用基金	从非财政拨款结余中提取	借：非财政拨款结余分配 　贷：专用结余	借：本年盈余分配 　贷：专用基金
事业单位转入非财政拨款结余	非财政拨款结余分配为贷方余额	借：非财政拨款结余分配 　贷：非财政拨款结余——累计结余	—
	非财政拨款结余分配为借方余额	借：非财政拨款结余——累计结余 　贷：非财政拨款结余分配	—

［**例 6-38**］接例 6-37，该事业单位将其他结余科目贷方余额转入非财政拨款结余分配。该单位编制会计分录如下：

预算会计：

借：其他结余　　1 280 000

　贷：非财政拨款结余分配　　1 280 000

［**例 6-39**］某事业单位将经营结余的贷方余额 20 000 元转入非财政拨款结余分配。该单位编制会计分录如下：

预算会计：

借：经营结余　　20 000

　贷：非财政拨款结余分配　　20 000

［**例 6-40**］按规定，某事业单位从本年非财政拨款结余中提取专用基金 600 000 元。该单位编制会计分录如下：

预算会计：

借：非财政拨款结余分配　　600 000

　贷：专用结余　　600 000

财务会计：

借：本年盈余分配　　600 000

　贷：专用基金　　600 000

［**例 6-41**］某事业单位按规定计提专用结余后，将非财政拨款结余分配的贷方科目余额 700 000 元转入非财政拨款结余。该单位编制会计分录如下：

预算会计：

借：非财政拨款结余分配　　700 000

　贷：非财政拨款结余——累计结余　　700 000

授课视频：请访问中国大学MOOC→政府会计实务/周克清等→第六章第三节同级财政拨款结转结余、第六章第四节其他资金来源结转结余、第六章第五节预算会计期末账项结转

思考题

1. 资金结存与各项结转结余之间的平衡关系是什么？

2. 从资金的来源和性质来说，结转结余可以分为哪几类？

3. 财政拨款结转与财政拨款结余的区别是什么？在会计核算过程中如何加以界定？

4. 非财政拨款结转与非财政拨款结余的区别是什么？在会计核算过程中如何加以界定？

5. 经营结余在什么情况下可以转入非财政拨款结余分配？

6. 其他结余、专用结余与非财政拨款结余之间的逻辑关系是什么？

实训题

1. 2023年，某事业单位发生与资金结存业务相关的经济业务如下：

（1）在开展专业业务活动及其辅助活动的过程中取得事业收入100 000元，款项已存入银行。

（2）收到从其他单位调入的财政拨款结转资金50 000元，款项已存入银行。

（3）上一年用银行存款采购一批办公用品，后发现有质量问题，予以退货。现接到代理银行转来的退款通知书，收到对方公司的全额退款80 000元。

（4）在开展专业业务及其辅助活动过程中发生培训费等支出60 000元，款项已通过银行存款支付。

（5）动用专用基金购买设备一台，价值45 000元，款项以银行存款支付，设备已交付使用。而且，该项专用基金是从非财政拨款结余中提取的。

（6）某个非财政拨款的专项任务已完成，项目剩余资金50 000元。现通过银行存款将剩余资金退回给原资金拨出单位。

（7）该单位有企业所得税缴纳义务。通过银行存款缴纳所得税250 000元。

要求：根据上述经济业务编制相应的会计分录。

2. 年末，某行政单位全年预算收支及其明细科目的余额情况如下：

会计科目	借方余额（元）	贷方余额（元）
财政拨款预算收入		20 000 000
非同级财政拨款预算收入——非专项拨款		800 000
非同级财政拨款预算收入——专项拨款		350 000
其他预算收入——非专项收入		440 000

续表

会计科目	借方余额（元）	贷方余额（元）
其他预算收入——专项收入		260 000
行政支出——财政拨款支出	19 000 000	
行政支出——非财政专项资金支出	500 000	
行政支出——其他资金支出	700 000	
其他支出——非财政专项资金支出	80 000	
其他支出——其他资金支出	300 000	

要求：(1) 核算财政拨款结转，并编制相应的会计分录；

(2) 对财政拨款项目的执行情况进行分析，有一个项目已完工，其剩余资金符合财政拨款结余性质，金额为 20 000 元，转入财政拨款结余，并编制相应的会计分录；

(3) 核算非财政拨款结转，并编制相应的会计分录；

(4) 核算其他结余和非财政拨款结余，并编制相应的会计分录。

3. 年末，某事业单位全年预算收支及其明细科目的余额情况如下：

会计科目	借方余额（元）	贷方余额（元）
财政拨款预算收入		90 000 000
事业预算收入——非专项收入		70 000 000
事业预算收入——专项收入		50 000 000
上级补助预算收入——专项收入		400 000
附属单位上缴预算收入——非专项收入		600 000
经营预算收入		800 000
非同级财政拨款预算收入——非专项拨款		900 000
非同级财政拨款预算收入——专项拨款		300 000
投资预算收益		20 000
其他预算收入——非专项收入		550 000
其他预算收入——专项收入		250 000
事业支出——财政拨款支出	88 350 000	
事业支出——非财政专项资金支出	49 880 000	
事业支出——其他资金支出	68 500 000	
经营支出	768 000	
上缴上级支出	450 000	
对附属单位补助支出	550 000	

续表

会计科目	借方余额（元）	贷方余额（元）
投资支出	880 000	
债务还本支出	3 000 000	
其他支出——其他资金支出	770 000	

要求：(1) 核算财政拨款结转，并编制相应的会计分录；

(2) 对财政拨款项目的执行情况进行分析，有一个项目已完工，其剩余资金符合财政拨款结余性质，金额为 300 000 元，转入财政拨款结余，并编制相应的会计分录；

(3) 核算非财政拨款结转，并编制相应的会计分录；

(4) 核算其他结余，并编制相应的会计分录；

(5) 核算非财政拨款结余，并编制相应的会计分录。

第七章

资产的核算

本章学习目标：

1. 理解资产的概念、分类和计量属性
2. 掌握行政事业单位流动资产的构成与核算要点
3. 掌握行政事业单位非流动资产的构成与核算要点

第一节　资产概述

一、资产的概念与确认

（一）资产的概念

资产是指政府会计主体过去的经济业务或者事项形成的，由政府会计主体控制的，预期能够产生服务潜力或者带来经济利益流入的经济资源。其中，服务潜力是指政府会计主体利用资产提供公共产品和服务以履行政府职能的潜在能力；经济利益流入表现为现金及现金等价物的流入，或者现金及现金等价物流出的减少。

（二）资产的确认

符合上述定义的经济资源，在同时满足以下条件时，被确认为资产：第一，与该经济资源相关的服务潜力很可能实现或者经济利益很可能流入政府会计主体。第二，该经济资源的成本或者价值能够可靠地计量。

二、资产的分类

行政事业单位的资产按照流动性，分为流动资产和非流动资产。流动资产是指预计在1年内（含1年）耗用或者可以变现的资产，包括货币资金、短期投资、应收及预付款项、存货等。非流动资产是指流动资产以外的资产，包括长期投资、固定资产、在建工程、无形资产、公共基础设施、政府储备物资、文物文化资产和保障性住房等。

三、资产的计量属性

资产的计量属性主要包括历史成本、重置成本、现值、公允价值和名义金额。其中，在历史成本计量下，资产按照取得时支付的现金金额或者支付对价的公允价值计量；在重置成本计量下，资产按照现在购买相同或者相似资产所需支付的现金金额计量；在现值计量下，资产按照预计从其持续使用和最终处置中所产生的未来净现金流入量的折现金额计量；在公允价值计量下，资产按照市场参与者在计量日发生的有序交易中，出售资产所能收到的价格计量；无法采用上述计量属性的，采用名义金额（即人民币 1 元）计量。

政府会计主体在对资产进行计量时，一般应当采用历史成本。采用重置成本、现值、公允价值计量的，应当保证所确定的资产金额能够持续、可靠计量。

授课视频：请访问中国大学 MOOC→政府会计实务/周克清等→第七章第一节资产概述

第二节　货币资金

行政事业单位的货币资金按照存放地点和用途分为库存现金、银行存款、零余额账户用款额度和其他货币资金。

一、库存现金

（一）科目设置

库存现金是指行政事业单位存于单位内部用于日常零星开支的货币资金。库存现金是一种流动性最强的流动资产，它具有普遍的可接受性。在日常业务活动中，现金收付频繁，容易出现差错，甚至存在被挪用或侵吞的可能性，因此，单位必须严格遵守《现金管理暂行条例》《现金管理暂行条例实施细则》及关于现金管理的其他各项规定，加强和健全现金管理制度，正确进行现金核算，监督现金使用的合法性和合理性，确保现金的安全与完整。

为核算库存现金业务，行政事业单位应设置"库存现金"总账科目，本科目期末借方余额，反映单位实际持有的库存现金。在明细核算上，本科目应当设置"受托代理资产"明细科目，核算单位受托代理、代管的现金。

（二）账务处理

库存现金的主要账务处理如下：

1. 提现与存现

单位从银行等金融机构提取现金，按照实际提取的金额，借记本科目，贷记“银行存款”科目；将现金存入银行等金融机构，按照实际存入金额，借记“银行存款”科目，贷记本科目。

根据规定从单位零余额账户提取现金，需要区分两种情况：情形一，该单位已实行预算管理一体化系统，按照实际提取的金额，借记本科目，贷记“财政拨款收入”科目（使用本年度预算指标）或“财政应返还额度”科目（使用以前年度预算指标）。将现金退回单位零余额账户，按照实际退回的金额，借记“财政拨款收入”科目或“财政应返还额度”科目，贷记本科目。

情形二，该单位尚未实行预算管理一体化系统，按照实际提取的金额，借记本科目，贷记“零余额账户用款额度”科目。将现金退回单位零余额账户，按照实际退回的金额，借记“零余额账户用款额度”科目，贷记本科目（见表7-1）。

表7-1 库存现金账务处理（一）

<table>
<tr><th colspan="2">业务和事项内容</th><th>财务会计</th><th>预算会计</th></tr>
<tr><td colspan="2">从银行存款等账户提取现金</td><td>借：库存现金
贷：银行存款</td><td>—</td></tr>
<tr><td colspan="2">将库存现金存入银行账户</td><td>借：银行存款
贷：库存现金</td><td>—</td></tr>
<tr><td rowspan="2">从零余额账户提取现金</td><td>实行预算管理一体化系统</td><td>借：库存现金
贷：财政拨款收入/财政应返还额度</td><td>借：资金结存——货币资金
贷：财政拨款预算收入/资金结存——财政应返还额度</td></tr>
<tr><td>尚未实行预算管理一体化系统</td><td>借：库存现金
贷：零余额账户用款额度</td><td>借：资金结存——货币资金
贷：资金结存——零余额账户用款额度</td></tr>
<tr><td rowspan="2">将现金退回零余额账户</td><td>实行预算管理一体化系统</td><td>借：财政拨款收入/财政应返还额度
贷：库存现金</td><td>借：财政拨款预算收入/资金结存——财政应返还额度
贷：资金结存——货币资金</td></tr>
<tr><td>尚未实行预算管理一体化系统</td><td>借：零余额账户用款额度
贷：库存现金</td><td>借：资金结存——零余额账户用款额度
贷：资金结存——货币资金</td></tr>
</table>

[**例7-1**]（1）某行政单位已实行预算管理一体化系统，现从零余额账户中提取现金5 000元，以备日常零星小额使用。该单位编制会计分录如下：

财务会计：

借：库存现金　　5 000

　贷：财政拨款收入　　5 000

预算会计：

借：资金结存——货币资金　　5 000

　贷：财政拨款预算收入　　5 000

(2) 假设上述行政单位尚未实行预算管理一体化系统，其他条件不变。该单位编制会计分录如下：

财务会计：

借：库存现金 5 000

贷：零余额账户用款额度 5 000

预算会计：

借：资金结存——货币资金 5 000

贷：资金结存——零余额账户用款额度 5 000

[例 7-2] 某事业单位在清点库存现金时发现，当日单位实有库存现金数超过规定标准，现将超额部分的现金 3 000 元存入银行账户。该单位编制会计分录如下：

财务会计：

借：银行存款 3 000

贷：库存现金 3 000

2. 预借现金及后续报销

因内部职工出差等原因借出的现金，按照实际借出的现金金额，借记“其他应收款”科目，贷记本科目。出差人员报销差旅费时，按照实际报销的金额，借记“业务活动费用”“单位管理费用”等科目，按照实际借出的现金金额，贷记“其他应收款”科目，按照其差额，借记或贷记本科目（见表 7-2）。

表 7-2 库存现金账务处理（二）

业务和事项内容	财务会计	预算会计
预借现金	借：其他应收款 贷：库存现金	—
后续报销	借：业务活动费用/单位管理费用等 借或贷：库存现金 贷：其他应收款	借：行政支出/事业支出 贷：资金结存——货币资金

[例 7-3] 某事业单位职工张某因出差需要，在履行相关报批手续后，预借差旅费 5 000 元。该单位编制会计分录如下：

财务会计：

借：其他应收款 5 000

贷：库存现金 5 000

[例 7-4] 接上例，职工张某出差回来后，经审核，共发生差旅费支出 4 500 元，并退回现金 500 元。该单位编制会计分录如下：

财务会计：

借：库存现金 500

业务活动费用 4 500

贷：其他应收款 5 000

预算会计：

借：事业支出 4 500

贷：资金结存——货币资金　　　　　　　　　　　　4 500

3. 其他涉及现金的业务

因提供服务、物品或者其他事项收到现金，按照实际收到的金额，借记本科目，贷记“事业收入”“应收账款”等相关科目。涉及增值税业务的，相关账务处理参见“应交增值税”科目。

因购买服务、物品或者其他事项支付现金，按照实际支付的金额，借记“业务活动费用”“单位管理费用”“库存物品”等相关科目，贷记本科目。涉及增值税业务的，相关账务处理参见“应交增值税”科目。

以库存现金对外捐赠，按照实际捐出的金额，借记“其他费用”科目，贷记本科目（见表7-3）。

表7-3　库存现金账务处理（三）

业务和事项内容	财务会计	预算会计
因提供服务、物品或者其他事项收到现金	借：库存现金 　贷：事业收入/应收账款等	借：资金结存——货币资金 　贷：事业预算收入等
因购买服务、物品或者其他事项支付现金	借：业务活动费用/单位管理费用/库存物品等 　贷：库存现金	借：行政支出/事业支出/其他支出等 　贷：资金结存——货币资金
以库存现金对外捐赠	借：其他费用 　贷：库存现金	借：其他支出 　贷：资金结存——货币资金

［例7-5］某事业单位因开展为专业业务活动服务的辅助活动，收到服务对象交来的现金200元，款项已收讫。该单位编制会计分录如下：

财务会计：

借：库存现金　　　　　　　　　　　　200

　贷：事业收入　　　　　　　　　　　　200

预算会计：

借：资金结存——货币资金　　　　　　200

　贷：事业预算收入　　　　　　　　　　200

［例7-6］某行政单位因搬运办公家具的需要，以现金形式向外聘人员支付劳务费500元。该单位编制会计分录如下：

财务会计：

借：业务活动费用　　　　　　　　　　500

　贷：库存现金　　　　　　　　　　　　500

预算会计：

借：行政支出　　　　　　　　　　　　500

　贷：资金结存——货币资金　　　　　　500

［例7-7］某事业单位以现金形式对外捐赠1 000元。该单位编制会计分录如下：

财务会计：

借：其他费用　　1 000

　贷：库存现金　　1 000

预算会计：

借：其他支出　　1 000

　贷：资金结存——货币资金　　1 000

4. 受托代理、代管现金的收付

收到受托代理、代管的现金，按照实际收到的金额，借记本科目（受托代理资产），贷记“受托代理负债”科目；支付受托代理、代管的现金，按照实际支付的金额，借记“受托代理负债”科目，贷记本科目（受托代理资产）（见表7-4）。

表7-4　库存现金账务处理（四）

业务和事项内容	财务会计	预算会计
收到受托代理、代管现金	借：库存现金——受托代理资产 　贷：受托代理负债	—
支付受托代理、代管现金	借：受托代理负债 　贷：库存现金——受托代理资产	—

［**例7-8**］某行政单位收到一笔具有转赠要求的社会捐款50 000元，要求通过该单位转赠到某希望小学。捐款以现金形式收讫。该单位编制会计分录如下：

财务会计：

借：库存现金——受托代理资产　　50 000

　贷：受托代理负债　　50 000

［**例7-9**］接上例，为确保资金安全，该单位及时将这笔捐款存入银行，并通过银行转账的形式转赠到希望小学的银行账户上。该单位编制会计分录如下：

（1）存入银行账户时

财务会计：

借：银行存款——受托代理资产　　50 000

　贷：库存现金——受托代理资产　　50 000

（2）转赠希望小学时

财务会计：

借：受托代理负债　　50 000

　贷：银行存款——受托代理资产　　50 000

5. 现金溢余与短缺

每日账款核对中发现有待查明原因的现金短缺或溢余的，应当通过“待处理财产损溢”科目核算。属于现金溢余，应当按照实际溢余的金额，借记本科目，贷记“待处理财产损溢”科目；属于现金短缺，应当按照实际短缺的金额，借记“待处理财产损溢”科目，贷记本科目（见表7-5）。待查明原因后及时进行账务处理，具体内容参见“待处理财产损溢”科目。

表 7-5 库存现金账务处理（五）

业务和事项内容		财务会计	预算会计
现金溢余	按照溢余金额转入待处理财产损溢	借：库存现金 贷：待处理财产损溢	借：资金结存——货币资金 贷：其他预算收入
	属于应支付给有关人员或单位的部分	借：待处理财产损溢 贷：其他应付款 借：其他应付款 贷：库存现金	借：其他预算收入 贷：资金结存——货币资金
	属于无法查明原因的部分，报经批准后	借：待处理财产损溢 贷：其他收入	—
现金短缺	按照短缺金额转入待处理财产损溢	借：待处理财产损溢 贷：库存现金	借：其他支出 贷：资金结存——货币资金
	属于应由责任人赔偿的部分	借：其他应收款 贷：待处理财产损溢 借：库存现金 贷：其他应收款	借：资金结存——货币资金 贷：其他支出
	属于无法查明原因的部分，报经批准后	借：资产处置费用 贷：待处理财产损溢	—

［例 7-10］某事业单位某日在核对账款的过程中，发现短缺现金 500 元。后经查验，其中 300 元属于贾某操作失误所致，由他个人负责赔偿；另有 200 元无法查明原因，报经批准后予以核销。该单位编制会计分录如下：

（1）发现现金短缺时

财务会计：

借：待处理财产损溢　　500

贷：库存现金　　500

预算会计：

借：其他支出　　500

贷：资金结存——货币资金　　500

（2）由责任人贾某赔偿的部分

财务会计：

借：其他应收款　　300

贷：待处理财产损溢　　300

借：库存现金　　300

贷：其他应收款　　300

预算会计：

借：资金结存——货币资金　　300

贷：其他支出　　300

(3) 报经批准予以核销的部分

财务会计：

借：资产处置费用　　200

　贷：待处理财产损溢　　200

二、银行存款

(一) 科目设置

银行存款是指单位存入银行和其他金融机构的各种存款。单位应当严格按照国家有关支付结算办法的规定办理银行存款收支业务，并按照本制度规定核算银行存款的各项收支业务。

为了反映银行存款增减变动情况，行政事业单位应当设置"银行存款"科目核算银行存款收支和结存情况，本科目期末余额反映单位存在银行或其他金融机构的款项。同时，本科目应当设置"受托代理资产"明细科目，核算单位受托代理、代管的银行存款。

(二) 账务处理

银行存款的主要账务处理如下：

1. 存入款项和收到利息收入

将款项存入银行或者其他金融机构，按照实际存入的金额，借记本科目，贷记"库存现金""应收账款""事业收入""经营收入""其他收入"等相关科目。涉及增值税业务的，相关账务处理参见"应交增值税"科目。

收到银行存款利息，按照实际收到的金额，借记本科目，贷记"利息收入"科目(见表7-6)。

表7-6　银行存款账务处理（一）

业务和事项内容	财务会计	预算会计
将款项存入银行或其他金融机构	借：银行存款 　贷：库存现金/应收账款/事业收入/经营收入/其他收入等	借：资金结存——货币资金 　贷：事业预算收入/其他预算收入等
收到银行存款利息	借：银行存款 　贷：利息收入	借：资金结存——货币资金 　贷：其他预算收入

[**例7-11**] 某事业单位因开展专业业务活动，向甲公司提供技术咨询服务。甲公司通过银行转账向该单位支付服务费20 000元，现已到账。暂不考虑增值税业务。该单位编制会计分录如下：

财务会计：

借：银行存款　　20 000

　贷：事业收入　　20 000

预算会计：

借：资金结存——货币资金 20 000

贷：事业预算收入 20 000

［例 7－12］某事业单位某日收到银行存款利息 3 500 元。该单位编制会计分录如下：

财务会计：

借：银行存款 3 500

贷：利息收入 3 500

预算会计：

借：资金结存——货币资金 3 500

贷：其他预算收入 3 500

2. 提取现金、支付款项和对外捐赠等

从银行等金融机构提取现金，按照实际提取的金额，借记“库存现金”科目，贷记本科目。

以银行存款支付相关费用，按照实际支付的金额，借记“业务活动费用”“单位管理费用”“其他费用”等相关科目，贷记本科目。涉及增值税业务的，相关账务处理参见“应交增值税”科目。

以银行存款对外捐赠，按照实际捐出的金额，借记“其他费用”科目，贷记本科目（见表 7－7）。

表 7－7 银行存款账务处理（二）

业务和事项内容	财务会计	预算会计
提取现金	借：库存现金 贷：银行存款	—
支付款项	借：业务活动费用/单位管理费用/其他费用等 贷：银行存款	借：行政支出/事业支出/其他支出等 贷：资金结存——货币资金
对外捐赠	借：其他费用 贷：银行存款	借：其他支出 贷：资金结存——货币资金

［例 7－13］年初，某事业单位向物业服务公司支付全年物业费 12 000 元，款项通过银行转账支付。该单位编制会计分录如下：

财务会计：

借：待摊费用 12 000

贷：银行存款 12 000

预算会计：

借：事业支出 12 000

贷：资金结存——货币资金 12 000

［例 7－14］对上例的内容稍做调整。假设事业单位支付的是当月的物业费，其他条件不变。该单位编制会计分录如下：

财务会计：

借：业务活动费用/单位管理费用 12 000

贷：银行存款 12 000

预算会计：

借：事业支出 12 000

贷：资金结存——货币资金 12 000

[例 7-15] 某行政单位以银行转账的形式向对口支援地区捐赠资金 20 000 元，款项已转出。该单位编制会计分录如下：

财务会计：

借：其他费用 20 000

贷：银行存款 20 000

预算会计：

借：其他支出 20 000

贷：资金结存——货币资金 20 000

3. 收到受托代理、代管的银行存款

收到受托代理、代管的银行存款，按照实际收到的金额，借记本科目（受托代理资产），贷记“受托代理负债”科目；支付受托代理、代管的银行存款，按照实际支付的金额，借记“受托代理负债”科目，贷记本科目（受托代理资产）（见表 7-8）。

表 7-8 银行存款账务处理（三）

业务和事项内容	财务会计	预算会计
收到受托代理、代管的银行存款	借：银行存款——受托代理资产 贷：受托代理负债	—
支付受托代理、代管的银行存款	借：受托代理负债 贷：银行存款——受托代理资产	—

[例 7-16] 某行政单位收到甲公司的捐款 30 000 元，要求该单位将这笔捐款转赠某希望小学。该单位编制会计分录如下：

（1）收到款项时

财务会计：

借：银行存款——受托代理资产 30 000

贷：受托代理负债 30 000

（2）转赠捐款时

财务会计：

借：受托代理负债 30 000

贷：银行存款——受托代理资产 30 000

以上两项业务均不做预算会计处理。

4. 外币业务的账务处理

单位发生外币业务的，应当按照业务发生当日的即期汇率，将外币金额折算为人民币金额记账，并登记外币金额和汇率。期末，各种外币账户的期末余额，应当按照期末的即期汇率折算为人民币，作为外币账户期末人民币余额。调整后的各种外币账户人民币余额与原账面余额的差额，作为汇兑损益计入当期费用。

（1）以外币购买物资、设备等，按照购入当日的即期汇率将支付的外币或应支付的外币折算为人民币金额，借记“库存物品”等科目，贷记本科目、“应付账款”等科目的外币账户。涉及增值税业务的，相关账务处理参见“应交增值税”科目。

（2）销售物品、提供服务以外币收取相关款项等，按照收入确认当日的即期汇率将收取的外币或应收取的外币折算为人民币金额，借记本科目、“应收账款”等科目的外币账户，贷记“事业收入”等相关科目。

（3）期末，根据各外币银行存款账户按照期末汇率调整后的人民币余额与原账面人民币余额的差额，作为汇兑损益，借记或贷记本科目，贷记或借记“业务活动费用”“单位管理费用”等科目（见表7-9）。

表7-9　银行存款账务处理（四）

业务和事项内容	财务会计	预算会计
以外币购买物资、劳务等	借：在途物品/库存物品等 　贷：银行存款［外币账户］/应付账款等［外币账户］	借：事业支出等 　贷：资金结存——货币资金
以外币收取相关款项等	借：银行存款［外币账户］/应收账款等［外币账户］ 　贷：事业收入等	借：资金结存——货币资金 　贷：事业预算收入等
期末，根据各外币账户按照期末的即期汇率调整后的人民币余额与原账面人民币余额的差额，作为汇兑损益	借：银行存款/应收账款/应付账款等 　贷：业务活动费用/单位管理费用等［汇兑收益］ 借：业务活动费用/单位管理费用等［汇兑损失］ 　贷：银行存款/应收账款/应付账款等	借：资金结存——货币资金 　贷：行政支出/事业支出等［汇兑收益］ 借：行政支出/事业支出等［汇兑损失］ 　贷：资金结存——货币资金

［例7-17］2021年8月1日，某事业单位的美元存款账户余额100 000元，折合人民币683 000元。8月10日，该单位以60 000美元的价格采购仪器设备一台，当日汇率为1美元＝6.82元人民币。8月31日的汇率为1美元＝6.81元人民币。为简化起见，假设该设备在支付价款后就于当天完成验收交付工作。该单位编制会计分录如下：

（1）8月10日

财务会计：

借：固定资产　　409 200（＝60 000×6.82）

　贷：银行存款　　409 200

预算会计：

借：事业支出　　409 200

　贷：资金结存——货币资金　　409 200

（2）8月31日，核算汇兑损益时

在计算汇兑损益前，“银行存款——美元户”的人民币余额为273 800（=683 000−409 200）元。

同时，月末美元账户余额为40 000美元，折合人民币272 400（=40 000×6.81）元。

由此可得，8月份汇兑损失为1 400（=273 800−272 400）元。

财务会计：

借：业务活动费用　　1 400

　贷：银行存款　　1 400

预算会计：

借：事业支出　　1 400

　贷：资金结存——货币资金　　1 400

三、零余额账户用款额度

零余额账户用款额度是指实行国库集中支付的单位，根据财政部门批复的用款计划收到的零余额账户用款额度。根据《政府会计准则制度解释第5号》，实行预算管理一体化的预算单位在会计核算时不再使用“零余额账户用款额度”科目。因此，本小节内容仅适用于尚未实行预算管理一体化系统的预算单位。

（一）科目设置

为了反映零余额账户用款额度增减变动情况，单位应当设置“零余额账户用款额度”科目。该科目借方登记收到的授权支付到账额度；贷方登记支用的零余额账户用款额度；期末借方余额反映单位尚未支用的零余额账户用款额度。年末注销单位零余额账户用款额度后，本科目应无余额。

（二）账务处理

1. 收到额度

单位收到财政授权支付到账通知书时，根据通知书所列金额，借记本科目，贷记“财政拨款收入”科目。

2. 支用额度

（1）支付日常活动费用时，按照支付的金额，借记“业务活动费用”“单位管理费用”等科目，贷记本科目。

（2）购买库存物品或购建固定资产，按照实际发生的成本，借记“库存物品”“固定资产”“在建工程”等科目，按照实际支付或应付的金额，贷记本科目、“应付账款”等科目。涉及增值税业务的，相关账务处理参见“应交增值税”科目。

（3）从零余额账户提取现金时，按照实际提取的金额，借记“库存现金”科目，贷记本科目（见表7-10）。

表 7-10 零余额账户用款额度账务处理（一）

业务和事项内容	财务会计	预算会计
收到财政授权支付到账通知书	借：零余额账户用款额度 贷：财政拨款收入	借：资金结存——零余额账户用款额度 贷：财政拨款预算收入
支付日常活动费用	借：业务活动费用/单位管理费用等 贷：零余额账户用款额度	借：行政支出/事业支出等 贷：资金结存——零余额账户用款额度
购买库存物品或购建固定资产等	借：库存物品/固定资产/在建工程等 贷：零余额账户用款额度/应付账款	
从零余额账户提取现金	借：库存现金 贷：零余额账户用款额度	借：资金结存——货币资金 贷：资金结存——零余额账户用款额度

[**例 7-18**] 某行政单位收到财政授权支付额度到账通知书，收到财政拨款 300 000 元。该单位编制会计分录如下：

财务会计：

借：零余额账户用款额度　　300 000

　贷：财政拨款收入　　300 000

预算会计：

借：资金结存——零余额账户用款额度　　300 000

　贷：财政拨款预算收入　　300 000

[**例 7-19**] 某行政单位以零余额账户用款额度支付会议费 12 000 元。该单位编制会计分录如下：

财务会计：

借：业务活动费用　　12 000

　贷：零余额账户用款额度　　12 000

预算会计：

借：行政支出　　12 000

　贷：资金结存——零余额账户用款额度　　12 000

[**例 7-20**] 某事业单位购进专业业务活动所需的物资材料一批，全部价款为 50 000 元，以零余额账户支付。物资材料也已入库保管。该单位编制会计分录如下：

财务会计：

借：库存物品　　50 000

　贷：零余额账户用款额度　　50 000

预算会计：

借：事业支出　　50 000

　贷：资金结存——零余额账户用款额度　　50 000

3. 授权支付额度退回

因购货退回等发生财政授权支付额度退回的，按照退回的金额，借记本科目，贷记

“库存物品”等科目。

［例 7-21］接上例，事业单位在领用库存物品时，发现该批物资存在质量问题，全部予以退回。数日后，接到银行通知，退回的材料款已经全部转入单位的零余额账户。该单位编制会计分录如下：

财务会计：

借：零余额账户用款额度　　50 000

　贷：库存物品　　50 000

预算会计：

借：资金结存——零余额账户用款额度　　50 000

　贷：事业支出　　50 000

［例 7-22］2023 年 1 月 10 日，某行政单位的工作人员在领用办公用品的时候，发现于 2022 年 11 月采购的办公用品存在质量问题，要求全部退货。在采购时，全部价款为 30 000 元，以零余额账户用款额度支付，所对应的资金性质是同级财政拨款中的基本支出拨款。该单位编制会计分录如下：

财务会计：

借：零余额账户用款额度　　30 000

　贷：库存物品　　30 000

预算会计：

借：资金结存——零余额账户用款额度　　30 000

　贷：财政拨款结转——年初余额调整　　30 000

4. 年末注销

年末，根据代理银行提供的对账单作注销额度的相关账务处理，借记“财政应返还额度——财政授权支付”科目，贷记本科目。

年末，单位本年度财政授权支付预算指标数大于零余额账户用款额度下达数的，根据未下达的用款额度，借记“财政应返还额度——财政授权支付”科目，贷记“财政拨款收入”科目。下年初，单位根据代理银行提供的上年度注销额度恢复到账通知书作恢复额度的相关账务处理，借记本科目，贷记“财政应返还额度——财政授权支付”科目。单位收到财政部门批复的上年末下达零余额账户用款额度，借记本科目，贷记“财政应返还额度——财政授权支付”科目（见表 7-11）。

表 7-11　零余额账户用款额度账务处理（二）

业务和事项内容		财务会计	预算会计
授权支付额度退回	本年度授权支付的款项	借：零余额账户用款额度 　贷：库存物品等	借：资金结存——零余额账户用款额度 　贷：行政支出/事业支出等
	以前年度授权支付的款项	借：零余额账户用款额度 　贷：库存物品/以前年度盈余调整等	借：资金结存——零余额账户用款额度 　贷：财政拨款结转——年初余额调整/财政拨款结余——年初余额调整

续表

业务和事项内容	财务会计	预算会计
根据代理银行提供的对账单注销财政授权支付额度	借：财政应返还额度——财政授权支付 贷：零余额账户用款额度	借：资金结存——财政应返还额度 贷：资金结存——零余额账户用款额度
本年度财政授权支付预算指标数大于零余额账户额度下达数的，根据未下达的用款额度	借：财政应返还额度——财政授权支付 贷：财政拨款收入	借：资金结存——财政应返还额度 贷：财政拨款预算收入

[例 7-23] 年末，某事业单位全年授权支付额度为 800 000 000 元。其中，已下达的指标数为 790 000 000 元，实际使用数为 770 000 000 元。现根据相关资料，做注销额度处理。该单位编制会计分录如下：

财务会计：

借：财政应返还额度——财政授权支付 30 000 000

贷：财政拨款收入 10 000 000

零余额账户用款额度 20 000 000

预算会计：

借：资金结存——财政应返还额度 30 000 000

贷：财政拨款预算收入 10 000 000

资金结存——零余额账户用款额度 20 000 000

四、其他货币资金

其他货币资金是指单位除库存现金、银行存款、零余额账户用款额度以外的货币资金，主要包括外埠存款、银行本票存款、银行汇票存款、信用卡存款等各种其他货币资金。

（一）科目设置

为了反映和监督其他货币资金的收支和结存情况，单位应当设置“其他货币资金”科目，借方登记其他货币资金的增加，贷方登记其他货币资金的减少，期末余额在借方，反映单位实际持有的其他货币资金。本科目应当设置“外埠存款”“银行本票存款”“银行汇票存款”“信用卡存款”等明细科目，进行明细核算。

（二）账务处理

其他货币资金的主要账务处理如下：

（1）单位按照有关规定需要在异地开立银行账户，将款项委托本地银行汇往异地开立账户时，借记本科目，贷记“银行存款”科目。收到采购员交来供应单位发票账单等报销凭证时，借记“库存物品”等科目，贷记本科目。将多余的外埠存款转回本地银行时，根据银行的收账通知，借记“银行存款”科目，贷记本科目（见表7-12）。

表7-12 其他货币资金账务处理

业务和事项内容		财务会计	预算会计
形成其他货币资金	取得银行本票、银行汇票、信用卡时	借：其他货币资金——银行本票存款 ——银行汇票存款 ——信用卡存款 贷：银行存款	—
发生支付	用银行本票、银行汇票、信用卡支付时	借：在途物品/库存物品等 贷：其他货币资金——银行本票存款 ——银行汇票存款 ——信用卡存款	借：事业支出等 贷：资金结存——货币资金
余款退回	银行本票、银行汇票、信用卡的余款退回时	借：银行存款 贷：其他货币资金——银行本票存款 ——银行汇票存款 ——信用卡存款	—

（2）将款项交存银行取得银行本票、银行汇票，按照取得的银行本票、银行汇票金额，借记本科目，贷记“银行存款”科目。使用银行本票、银行汇票购买库存物品等资产时，按照实际支付金额，借记“库存物品”等科目，贷记本科目。如有余款或因本票、汇票超过付款期等原因而退回款项，按照退款金额，借记“银行存款”科目，贷记本科目。

（3）将款项交存银行取得信用卡，按照交存金额，借记本科目，贷记“银行存款”科目。用信用卡购物或支付有关费用，按照实际支付金额，借记“单位管理费用”“库存物品”等科目，贷记本科目。单位信用卡在使用过程中，需向其账户续存资金的，按照续存金额，借记本科目，贷记“银行存款”科目。

[例7-24] 某事业单位将款项50 000元交存银行取得相应数额的银行本票。数日后，该单位以该银行本票采购专业业务活动所需的物资材料一批，全部价款为45 000元。完成采购后，剩余的本票金额退回单位的银行账户。该单位编制会计分录如下：

（1）取得银行本票时

财务会计：

借：其他货币资金——银行本票存款	50 000	
贷：银行存款		50 000

此时不需要登记预算会计。

（2）支付价款时

财务会计：

借：库存物品	45 000	
贷：其他货币资金——银行本票存款		45 000

预算会计：

借：事业支出	45 000	
贷：资金结存——货币资金		45 000

（3）退回剩余资金时

财务会计：

借：银行存款　　5 000

　贷：其他货币资金——银行本票存款　　5 000

此时不需要登记预算会计。

授课视频：请访问中国大学 MOOC→政府会计实务/周克清等→第七章第二节货币资金

第三节　短期投资

按照投资目的分类，事业单位的对外投资分为短期投资与长期投资两类。其中，短期投资是指事业单位依法取得的，持有时间不超过 1 年（含 1 年）的投资；长期投资是指事业单位取得的除短期投资以外的债权和股权性质的投资，分为长期债券投资和长期股权投资。

一、科目设置

为了核算短期投资的增减变动情况，事业单位应当设置“短期投资”科目，核算单位依法取得的，持有时间不超过 1 年（含 1 年）的投资。该科目的借方登记短期投资的取得成本；贷方登记短期投资处置时结转的实际成本；期末借方余额反映单位持有的短期投资成本。其明细账应当按照投资的种类等进行明细核算。

二、账务处理

（一）取得短期投资

取得短期投资时，按照确定的投资成本，借记本科目，贷记“银行存款”等科目。

收到取得投资时实际支付价款中包含的已到付息期但尚未领取的利息，按照实际收到的金额，借记“银行存款”科目，贷记本科目。

（二）收到持有期间的利息

收到短期投资持有期间的利息，按照实际收到的金额，借记“银行存款”科目，贷记“投资收益”科目。

（三）出售或到期回收

出售短期投资或到期收回短期投资本息，按照实际收到的金额，借记“银行存款”科目，按照出售或收回短期投资的账面余额，贷记本科目，按照其差额，借记或贷记

"投资收益"科目。涉及增值税业务的，相关账务处理参见"应交增值税"科目（见表7－13）。

表7－13 短期投资账务处理

业务和事项内容		财务会计	预算会计
取得短期投资	取得短期投资时	借：短期投资 贷：银行存款等	借：投资支出 贷：资金结存——货币资金
	收到购买时已到付息期但尚未领取的利息时	借：银行存款 贷：短期投资	借：资金结存——货币资金 贷：投资支出
短期投资持有期间收到利息		借：银行存款 贷：投资收益	借：资金结存——货币资金 贷：投资预算收益
出售短期投资或到期收回短期投资（国债）本息		借：银行存款［实际收到的金额］ 投资收益［借差］ 贷：短期投资［账面余额］ 投资收益［贷差］	借：资金结存——货币资金［实收款］ 投资预算收益［实收款小于投资成本的差额］ 贷：投资支出［出售或收回当年投资的］/其他结余［出售或收回以前年度投资的］ 投资预算收益［实收款大于投资成本的差额］

［例7－25］经批准，2023年6月6日，某事业单位利用闲置资金购买一年期国债作为短期投资，实际投资成本为200 000元，年利率为3%。该单位编制会计分录如下：

财务会计：

借：短期投资　200 000

　贷：银行存款　200 000

预算会计：

借：投资支出　200 000

　贷：资金结存——货币资金　200 000

［例7－26］接上例，一年后，该笔国债到期，本金和利息已存入单位的银行账户。该单位编制会计分录如下：

财务会计：

借：银行存款　206 000

　贷：短期投资　200 000

　　投资收益　6 000

预算会计：

借：资金结存——货币资金　206 000

　贷：其他结余　200 000

　　投资预算收益　6 000

授课视频：请访问中国大学 MOOC→政府会计实务/周克清等→第七章第三节短期投资

第四节 应收及预付款项

应收及预付款项是指行政事业单位在履行职能或开展业务活动过程中形成的短期债权，如财政应返还额度、应收票据、应收账款、预付账款、应收股利、应收利息和其他应收款等。

一、财政应返还额度

财政应返还额度是指实行国库集中支付的单位应收财政返还的额度。

（一）科目设置

为了反映财政应返还额度的增减变动情况，单位应当设置“财政应返还额度”科目，核算实行国库集中支付的单位应收财政返还的资金额度。该科目借方余额登记财政应返还额度的增加数；贷方登记财政应返还额度的减少数；期末借方余额，反映单位应收财政下年度返还的资金额度。

（二）账务处理

财政应返还额度的主要账务处理如下：

1. 年末确认应返还额度

在国库集中支付方式下，年末，根据本年度财政部门批准的本年度预算指标数大于当年实际支付数的差额中允许结转使用的金额，借记本科目，贷记“财政拨款收入”科目。在预算会计下，借记“资金结存——财政应返还额度”科目，贷记“财政拨款预算收入”（见表 7－14）。

表 7－14　财政应返还额度账务处理（一）

业务和事项内容	财务会计	预算会计
年末，根据本年度财政部门批准的本年度预算指标数大于当年实际支付数的差额中允许结转使用的金额	借：财政应返还额度 　贷：财政拨款收入	借：资金结存——财政应返还额度 　贷：财政拨款预算收入

2. 已支付的财政资金退回

发生当年资金退回时，单位应当根据收到的财政资金退回通知书及相关原始凭证，按照通知书上的退回金额，借记本科目（支付时使用以前年度预算指标）或“财政拨款收入”科目（支付时使用本年度预算指标），贷记“以前年度盈余调整”“业务活动费用”“库存物品”等科目。

发生项目未结束的跨年资金退回时，单位应当根据收到的财政资金退回通知书及相关原始凭证，按照通知书上的退回金额，借记本科目，贷记“以前年度盈余调整”“库存物品”等科目（见表 7-15）。

表 7-15　已支付财政资金退回的账务处理

业务和事项内容		财务会计	预算会计
发生当年资金退回	支付时使用以前年度预算指标	借：财政应返还额度 贷：以前年度盈余调整/库存物品等	借：资金结存——财政应返还额度 贷：行政支出/事业支出等
发生当年资金退回	支付时使用本年度预算指标	借：财政拨款收入 贷：库存物品/业务活动费用等	借：财政拨款预算收入 贷：行政支出/事业支出等
项目未结束的跨年资金退回		借：财政应返还额度 贷：以前年度盈余调整/库存物品等	借：资金结存——财政应返还额度 贷：财政拨款结转——年初余额调整

3. 使用财政应返还额度

下年度单位使用财政应返还额度购买相关货物或支付相关费用，借记相关科目，贷记本科目（见表 7-16）。

表 7-16　财政应返还额度账务处理（二）

业务和事项内容	财务会计	预算会计
下年度使用以前年度财政直接支付额度支付款项时	借：业务活动费用/单位管理费用/库存物品等 贷：财政应返还额度——财政直接支付	借：行政支出/事业支出等 贷：资金结存——财政应返还额度

［**例 7-27**］年度终了，某行政单位经核算，该单位财政部门批准的本年度预算指标数大于当年实际支付数，其差额中允许结转使用的金额为 50 000 元。该单位编制会计分录如下：

财务会计：

借：财政应返还额度　　50 000

　贷：财政拨款收入　　50 000

预算会计：

借：资金结存——财政应返还额度　　50 000

　贷：财政拨款预算收入　　50 000

［**例 7-28**］2023 年 3 月，某行政单位通过国库集中支付方式利用以前年度预算指标购买了一批办公用品；5 月，发现其中部分办公用品质量存在问题，经沟通后，由供货商退回货款 30 000 元，办公用品已退还。该单位编制会计分录如下：

财务会计：

借：财政应返还额度　　30 000

　　贷：库存物品　　30 000

预算会计：

借：资金结存——财政应返还额度　　30 000

　　贷：行政支出　　30 000

［例 7-29］年初，某行政单位使用以前年度财政应返还额度支付会议费 80 000 元。该单位编制会计分录如下：

财务会计：

借：业务活动费用　　80 000

　　贷：财政应返还额度　　80 000

预算会计：

借：行政支出　　80 000

　　贷：资金结存——财政应返还额度　　80 000

二、应收票据

应收票据是指事业单位因开展经营活动销售产品、提供有偿服务等而收到的商业汇票，包括银行承兑汇票和商业承兑汇票。

（一）科目设置

为了反映应收票据增减变动情况，事业单位应设置“应收票据”科目。该科目的借方登记取得的商业汇票的票面金额；贷方登记到期收回的商业汇票的票面余额；期末借方余额，反映单位持有的商业汇票票面金额。其明细账应当按照开出、承兑商业汇票的单位等进行明细核算。

（二）账务处理

应收票据的主要账务处理如下：

1. 因销售产品、提供服务等收到商业汇票

因销售产品、提供服务等收到商业汇票，按照商业汇票的票面金额，借记本科目，按照确认的收入金额，贷记“经营收入”等科目。涉及增值税业务的，相关账务处理参见“应交增值税”科目。

2. 持未到期的商业汇票向银行贴现

持未到期的商业汇票向银行贴现，按照实际收到的金额（即扣除贴现息后的净额），借记“银行存款”科目，按照贴现息金额，借记“经营费用”等科目，按照商业汇票的票面金额，贷记本科目（无追索权）或“短期借款”科目（有追索权）。附追索权的商业汇票到期未发生追索事项的，按照商业汇票的票面金额，借记“短期借款”科目，贷记本科目（见表 7－17）。

表 7－17 应收票据账务处理（一）

<table>
<tr><th colspan="2">业务和事项内容</th><th>财务会计</th><th>预算会计</th></tr>
<tr><td colspan="2">因销售产品、提供服务等收到商业汇票</td><td>借：应收票据
　贷：经营收入等</td><td>—</td></tr>
<tr><td rowspan="2">商业汇票向银行贴现</td><td>持未到期的商业汇票向银行贴现</td><td>借：银行存款
　　经营费用等
　贷：应收票据/短期借款</td><td>借：资金结存——货币资金
　贷：经营预算收入等</td></tr>
<tr><td>附追索权的商业汇票到期未发生追索事项</td><td>借：短期借款
　贷：应收票据</td><td>—</td></tr>
</table>

［例 7－30］ 某事业单位开展非独立核算的经营活动，向甲公司转让专利技术一项，价款合计 150 000 元。现收到甲公司开具的一张期限三个月的银行承兑汇票。（备注：为简便起见，这里暂不考虑增值税业务。）该单位编制会计分录如下：

财务会计：

借：应收票据　　150 000

　贷：经营收入　　150 000

［例 7－31］ 接上例，两个月后，该事业单位提前向银行申请贴现，收到贴现净额 149 250 元。该单位编制会计分录如下：

财务会计：

借：银行存款　　149 250

　　经营费用　　750

　贷：应收票据　　150 000

预算会计：

借：资金结存——货币资金　　149 250

　贷：经营预算收入　　149 250

3. 商业汇票背书转让

将持有的商业汇票背书转让以取得所需物资时，按照取得物资的成本，借记“库存物品”等科目，按照商业汇票的票面金额，贷记本科目，如有差额，借记或贷记“银行存款”等科目。涉及增值税业务的，相关账务处理参见“应交增值税”科目。

4. 商业汇票到期

商业汇票到期时，应当分别以下情况处理（见表 7－18）：

（1）收回票款时，按照实际收到的商业汇票票面金额，借记“银行存款”科目，贷记本科目。

（2）因付款人无力支付票款，收到银行退回的商业承兑汇票、委托收款凭证、未付票款通知书或拒付款证明等，按照商业汇票的票面金额，借记“应收账款”科目，贷记本科目。

表 7-18　应收票据账务处理（二）

业务和事项内容		财务会计	预算会计
商业汇票背书转让	将持有的商业汇票背书转让以取得所需物资	借：库存物品等 　贷：应收票据 　　　银行存款	借：经营支出等 　贷：资金结存——货币资金
商业汇票到期	商业汇票到期，收回应收票据	借：银行存款 　贷：应收票据	借：资金结存——货币资金 　贷：经营预算收入等
	商业汇票到期，付款人无力支付票款	借：应收账款 　贷：应收票据	—

[例 7-32] 某事业单位采购非独立核算的经营活动需要的物资材料一批，价款合计200 000元。该单位将持有的面额为180 000元的银行承兑汇票背书给供货商，同时通过银行转账支付20 000元差额。（备注：为简便起见，这里暂不考虑增值税业务。）该单位编制会计分录如下：

财务会计：

借：库存物品　200 000

　贷：应收票据　180 000

　　　银行存款　20 000

预算会计：

借：经营支出　20 000

　贷：资金结存——货币资金　20 000

[例 7-33] 2023年8月1日，某事业单位持有的两张商业汇票到期：一张是金额为100 000元的银行承兑汇票A；另一张是金额为200 000元的商业承兑汇票B。其中，银行承兑汇票如期兑付，款项已到账；同时，商业承兑汇票因付款人无力支付票款，票据被银行退回。该单位编制会计分录如下：

财务会计：

借：银行存款　100 000

　　应收账款　200 000

　贷：应收票据——银行承兑汇票A　100 000

　　　　　　——商业承兑汇票B　200 000

预算会计：

借：资金结存——货币资金　100 000

　贷：经营预算收入　100 000

三、应收账款

应收账款是指事业单位提供服务、销售产品等应收取的款项，以及单位因出租资产、出售物资等应收取的款项。

（一）科目设置

为了反映应收账款增减变动情况，单位应当设置"应收账款"科目核算单位因开展业务活动等应收取的款项，该科目借方登记应收账款的增加额；贷方登记应收账款的减少额；期末借方余额反映单位尚未收回的应收账款。其明细账应当按照债务单位（或个人）进行明细核算。

（二）账务处理

应收账款的主要账务处理如下（见表7－19）：

1. 应收账款收回后不需上缴财政

单位发生应收账款时，按照应收未收金额，借记本科目，贷记"事业收入""经营收入""租金收入""其他收入"等科目。涉及增值税业务的，相关账务处理参见"应交增值税"科目。收回应收账款时，按照实际收到的金额，借记"银行存款"等科目，贷记本科目。

2. 应收账款收回后需上缴财政

（1）单位出租资产发生应收未收租金款项时，按照应收未收金额，借记本科目，贷记"应缴财政款"科目。收回应收账款时，按照实际收到的金额，借记"银行存款"等科目，贷记本科目。

（2）单位出售物资发生应收未收款项时，按照应收未收金额，借记本科目，贷记"应缴财政款"科目。收回应收账款时，按照实际收到的金额，借记"银行存款"等科目，贷记本科目。涉及增值税业务的，相关账务处理参见"应交增值税"科目。

表7－19 应收账款账务处理

业务和事项内容		财务会计	预算会计
发生应收账款	应收账款收回后不需上缴财政	借：应收账款 贷：事业收入/经营收入/租金收入/其他收入等	—
	应收账款收回后需上缴财政	借：应收账款 贷：应缴财政款	—
收回应收账款	应收账款收回后不需上缴财政	借：银行存款等 贷：应收账款	借：资金结存——货币资金等 贷：事业预算收入/经营预算收入/其他预算收入等
	应收账款收回后需上缴财政	借：银行存款等 贷：应收账款	—

［例7－34］ 某事业单位属于增值税一般纳税人。2020年8月5日向某公司提供一项技术服务，合同价款为200 000元。该服务属于非独立核算的经营活动，适用的增值税税率为6%。现服务已提供，增值税专用发票也已开具，但款项尚未收到。该单位编制会计分录如下：

财务会计：

借：应收账款　　212 000

贷：经营收入　　200 000

应交增值税——应交税金（销项税额）　　12 000

同时，因为尚未收到款项，所以不计预算会计。

［例 7－35］接上例，9 月 15 日，该事业单位收到某公司通过银行转账支付的全部款项，该款项不需要上缴财政。该单位编制会计分录如下：

财务会计：

借：银行存款　　212 000

贷：应收账款　　212 000

预算会计：

借：资金结存——货币资金　　212 000

贷：经营预算收入　　212 000

［例 7－36］经批准，2023 年 5 月某行政单位与甲公司签订租赁合同，将该单位部分闲置的办公用品出租给甲公司，月租金为 10 000 元，按月支付。合同自 6 月 1 日起正式生效，但截至 6 月 30 日，甲公司并未如期支付当月租金。该单位编制会计分录如下：

财务会计：

借：应收账款　　10 000

贷：应缴财政款　　10 000

［例 7－37］接上例，该行政单位于 7 月 15 日收到甲公司通过银行转账支付的 6 月份租金，并及时将款项上缴财政。该单位编制会计分录如下：

财务会计：

借：银行存款　　10 000

贷：应收账款　　10 000

借：应缴财政款　　10 000

贷：银行存款　　10 000

四、预付账款

预付账款是指单位按照购货、服务合同或协议规定预付给供应单位（或个人）的款项，以及按照合同规定向承包工程的施工企业预付的备料款和工程款。

（一）科目设置

为了反映预付账款增减变动情况，单位应设置“预付账款”科目。该科目借方登记预付账款的增加额；贷方登记预付账款的减少额；期末借方余额反映单位实际预付但尚未结算的款项。

其明细账应当按照供应单位（或个人）及具体项目进行明细核算；对于基本建设项目发生的预付账款，还应当在本科目所属基建项目明细科目下设置“预付备料款”“预付工程款”“其他预付款”等明细科目，进行明细核算。

（二）账务处理

预付账款的主要账务处理如下（见表 7－20）：

表 7－20　预付账款账务处理

<table>
<tr><th colspan="2">业务和事项内容</th><th>财务会计</th><th>预算会计</th></tr>
<tr><td colspan="2">发生预付账款</td><td>借：预付账款
　贷：财政拨款收入/银行存款等</td><td>借：行政支出/事业支出等
　贷：财政拨款预算收入/资金结存</td></tr>
<tr><td colspan="2">收到所购资产或服务，以及根据工程进度结算工程价款等</td><td>借：业务活动费用/库存物品/固定资产/无形资产/在建工程等
　贷：预付账款
　　　财政拨款收入/银行存款等</td><td>借：行政支出/事业支出等
　贷：财政拨款预算收入/资金结存</td></tr>
<tr><td rowspan="2">预付账款退回</td><td>当年预付账款退回</td><td>借：财政拨款收入/银行存款等
　贷：预付账款</td><td>借：财政拨款预算收入/资金结存
　贷：行政支出/事业支出等</td></tr>
<tr><td>以前年度预付账款退回</td><td>借：财政应返还额度/银行存款等
　贷：预付账款</td><td>借：资金结存
　贷：财政拨款结余/结转——年初余额调整等</td></tr>
<tr><td colspan="2">逾期无法收回的预付账款转为其他应收款</td><td>借：其他应收款
　贷：预付账款</td><td>—</td></tr>
</table>

1. 发生预付账款

根据购货、服务合同或协议规定预付款项时，按照预付金额，借记本科目，贷记“财政拨款收入”“银行存款”等科目。

2. 收到所购资产或服务

收到所购资产或服务时，按照购入资产或服务的成本，借记“库存物品”“固定资产”“无形资产”“业务活动费用”等相关科目，按照相关预付账款的账面余额，贷记本科目，按照实际补付的金额，贷记“财政拨款收入”“银行存款”等科目。涉及增值税业务的，相关账务处理参见“应交增值税”科目。

3. 根据工程进度结算工程价款

根据工程进度结算工程价款及备料款时，按照结算金额，借记“在建工程”科目，按照相关预付账款的账面余额，贷记本科目，按照实际补付的金额，贷记“财政拨款收入”“银行存款”等科目。

4. 预付账款退回

发生预付账款退回的，按照实际退回金额，借记“财政拨款收入［本年直接支付］”“财政应返还额度［以前年度直接支付］”“银行存款”等科目，贷记本科目。

5. 逾期无法收回的预付账款

单位应当于每年年末，对预付账款进行全面检查。如果有确凿证据表明预付账款不再符合预付款项性质，或者因供应单位破产、撤销等原因可能无法收到所购货物、服务的，应当先将其转入其他应收款，再按照规定进行处理。将预付账款账面余额转入其他应收款时，借记“其他应收款”科目，贷记本科目。

[例 7-38] 某行政单位与乙公司签订系统开发合同，要求乙公司根据该单位的实际需要开发一套管理软件，合同价款为 200 000 元，开发期为 6 个月。

（1）在签订合同后，该单位通过国库集中支付方式支付了 30%的价款。该单位编制会计分录如下：

财务会计：

借：预付账款　　60 000

　贷：财政拨款收入　　60 000

预算会计：

借：行政支出　　60 000

　贷：财政拨款预算收入　　60 000

（2）6 个月后，乙公司顺利完成系统开发。经验收合格后，该行政单位继续通过国库集中支付方式支付了剩余的价款。该单位编制会计分录如下：

财务会计：

借：无形资产　　200 000

　贷：财政拨款收入　　140 000

　　　预付账款　　60 000

预算会计：

借：行政支出　　140 000

　贷：财政拨款预算收入　　140 000

[例 7-39] 某事业单位因开展专业业务活动的需要，向丙公司订购一批物资。根据合同约定，该事业单位通过银行转账的方式预付货款 300 000 元，交货后多退少补。次月，该事业单位收到所订购的物资并验收入库。经结算，实际发生价款共计 288 000 元，供应商退回剩余款项。该单位编制会计分录如下：

（1）在预付货款时

财务会计：

借：预付账款　　300 000

　贷：银行存款　　300 000

预算会计：

借：事业支出　　300 000

　贷：资金结存——货币资金　　300 000

（2）实际结算并收到款项时

财务会计：

借：银行存款　　12 000

库存物品　　288 000

　贷：预付账款　　300 000

预算会计：

借：资金结存——货币资金　　12 000

　贷：事业支出　　12 000

［例 7-40］某行政单位曾于上一年度用银行存款向供货商预付了设备采购款 50 000 元，所需的资金来自同级财政拨款中的基本支出拨款。当年 3 月 6 日，由于供货商的原因，无法如期交付设备，现将预付款项退回，授权支付额度已恢复。该单位编制会计分录如下：

财务会计：

借：银行存款　　50 000

　贷：预付账款　　50 000

预算会计：

借：资金结存——货币资金　　50 000

　贷：财政拨款结转——年初余额调整　　50 000

［例 7-41］某事业单位曾向某软件公司预付了 30 000 元用于管理系统的开发，但该公司一直没有交付。现该公司因经营不善，进行破产清算，无法继续开发管理系统。根据规定，将这笔预付款项转入其他应收款。该单位编制会计分录如下：

财务会计：

借：其他应收款　　30 000

　贷：预付账款　　30 000

五、应收股利

应收股利是指事业单位持有长期股权投资应当收取的现金股利或应当分得的利润。

（一）科目设置

为了反映应收股利增减变动情况，事业单位应设置“应收股利”科目，核算事业单位持有长期股权投资应当收取的现金股利或应当分得的利润。该科目借方反映应收股利的增加；贷方登记应收股利的减少；期末借方余额反映事业单位应当收取但尚未收到的现金股利或利润。

其明细账应当按照被投资单位等进行明细核算。

（二）账务处理

应收股利的主要账务处理如下（见表 7-21）：

1. 取得长期股权投资时

取得长期股权投资，按照支付的价款中所包含的已宣告但尚未发放的现金股利，借记本科目，按照确定的长期股权投资成本，借记“长期股权投资”科目，按照实际支付的金额，贷记“银行存款”等科目。

收到取得投资时实际支付价款中所包含的已宣告但尚未发放的现金股利时，按照收到的金额，借记“银行存款”科目，贷记本科目。

2. 持有长期股权投资期间

长期股权投资持有期间，被投资单位宣告发放现金股利或利润的，按照应享有的份额，借记本科目，贷记“投资收益”（成本法下）或“长期股权投资”（权益法下）科目。

实际收到现金股利或利润时，按照收到的金额，借记“银行存款”等科目，贷记本科目。

表 7－21　应收股利账务处理

<table>
<tr><th colspan="2">业务和事项内容</th><th>财务会计</th><th>预算会计</th></tr>
<tr><td rowspan="2">取得长期股权投资</td><td>取得长期股权投资</td><td>借：长期股权投资
　　应收股利
　贷：银行存款</td><td>借：投资支出
　贷：资金结存——货币资金</td></tr>
<tr><td>收到取得投资所支付价款中包含的已宣告但尚未发放的股利或利润</td><td>借：银行存款
　贷：应收股利</td><td>借：资金结存——货币资金
　贷：投资支出等</td></tr>
<tr><td rowspan="2">持有投资期间</td><td>被投资单位宣告发放现金股利或利润</td><td>借：应收股利
　贷：投资收益/长期股权投资</td><td>—</td></tr>
<tr><td>收到现金股利或利润</td><td>借：银行存款
　贷：应收股利</td><td>借：资金结存——货币资金
　贷：投资预算收益</td></tr>
</table>

［**例 7－42**］经批准，某事业单位于 2023 年 1 月 15 日以银行存款 5 050 000 元投资甲企业，持有甲企业 10%的股权。其中，所支付的款项里包含了已宣告发放但尚未发放的现金股利 50 000 元。1 月 25 日，收到现金股利 50 000 元，款项已存入银行。该单位编制会计分录如下：

（1）1 月 15 日，取得长期股权投资时

财务会计：

借：长期股权投资　　5 000 000

　　应收股利　　50 000

　贷：银行存款　　5 050 000

预算会计：

借：投资支出　　5 050 000

　贷：资金结存——货币资金　　5 050 000

（2）1 月 25 日，收到现金股利

财务会计：

借：银行存款　　50 000

　贷：应收股利　　50 000

预算会计：

借：资金结存——货币资金 50 000

贷：投资预算收益 50 000

［例 7-43］某事业单位持有乙公司 55%的股权，采用权益法核算长期股权投资。2022 年，乙公司实现利润 10 000 000 元。2023 年 3 月 5 日，乙公司宣告发放现金股利 20 000 元。3 月 25 日，该事业单位收到现金股利，并存入银行。该单位编制会计分录如下：

（1）2022 年实现利润时，按照权益法

财务会计：

借：长期股权投资——损益调整 5 500 000

贷：投资收益 5 500 000

（2）2023 年 3 月 5 日宣告发放现金股利时，按照股权比例

财务会计：

借：应收股利 11 000

贷：长期股权投资——损益调整 11 000

（3）2023 年 3 月 25 日收到现金股利时

财务会计：

借：银行存款 11 000

贷：应收股利 11 000

预算会计：

借：资金结存——货币资金 11 000

贷：投资预算收益 11 000

［例 7-44］某事业单位持有丙公司 10%的股权，该事业单位没有决定或参与被投资单位的财务和经营政策的权力，股权投资对事业单位的财务影响仅限于取得所分配的股利或利润，采用成本法核算。2022 年，丙公司实现利润 500 000 元。2023 年 3 月 5 日，丙公司宣告发放现金股利 100 000 元。3 月 25 日，该事业单位收到现金股利，款项已存入银行。该单位编制会计分录如下：

（1）2023 年 3 月 5 日宣告发放现金股利时

财务会计：

借：应收股利 10 000

贷：投资收益 10 000

（2）2023 年 3 月 25 日收到现金股利时

财务会计：

借：银行存款 10 000

贷：应收股利 10 000

预算会计：

借：资金结存——货币资金 10 000

贷：投资预算收益 10 000

六、应收利息

应收利息是指事业单位长期债券投资等应收取的利息。

（一）科目设置

为了反映应收利息增减变动情况，事业单位应设置“应收利息”科目，核算事业单位长期债券投资应当收取的利息。该科目借方登记应收利息的增加；贷方登记应收利息的减少；期末借方余额反映事业单位应收未收的长期债券投资利息。

其明细账应当按照被投资单位等进行明细核算。

需要说明的是，事业单位购入的到期一次还本付息的长期债券投资持有期间的利息，应当通过“长期债券投资——应计利息”科目核算，不通过本科目核算。

（二）账务处理

应收利息的主要账务处理如下（见表7-22）：

1. 取得长期债券投资时

取得长期债券投资，按照确定的投资成本，借记“长期债券投资”科目，按照支付的价款中包含的已到付息期但尚未领取的利息，借记本科目，按照实际支付的金额，贷记“银行存款”等科目。收到取得投资时实际支付价款中所包含的已到付息期但尚未领取的利息时，按照收到的金额，借记“银行存款”等科目，贷记本科目。

2. 持有长期债券投资期间

在按期计算确认长期债券投资利息收入时，对于分期付息、一次还本的长期债券投资，按照以票面金额和票面利率计算确定的应收未收利息金额，借记本科目，贷记“投资收益”科目。

在实际收到应收利息时，按照收到的金额，借记“银行存款”等科目，贷记本科目。

表7-22　应收利息账务处理

<table>
<tr><th colspan="2">业务和事项内容</th><th>财务会计</th><th>预算会计</th></tr>
<tr><td rowspan="2">取得长期债券投资</td><td>取得长期债券投资</td><td>借：长期债券投资
　　应收利息
　贷：银行存款</td><td>借：投资支出
　贷：资金结存——货币资金</td></tr>
<tr><td>收到取得投资所支付价款中包含的已到付息期但尚未领取的利息时</td><td>借：银行存款
　贷：应收利息</td><td>借：资金结存——货币资金
　贷：投资支出等</td></tr>
<tr><td rowspan="2">持有长期债券投资期间</td><td>按期计提利息</td><td>借：应收利息
　贷：投资收益</td><td>—</td></tr>
<tr><td>实际收到利息</td><td>借：银行存款
　贷：应收利息</td><td>借：资金结存——货币资金
　贷：投资预算收益</td></tr>
</table>

[例 7-45] 某事业单位持有一项长期债券投资。某月末，该事业单位按照债券的票面金额和票面利率确认应收利息 5 000 元。次月初，收到相应的债券利息收入 5 000 元。该单位编制会计分录如下：

(1) 某月末，确认应收利息时

财务会计：

借：应收利息	5 000	
贷：投资收益		5 000

(2) 次月初，收到债券利息时

财务会计：

借：银行存款	5 000	
贷：应收利息		5 000

预算会计：

借：资金结存——货币资金	5 000	
贷：投资预算收益		5 000

七、其他应收款

其他应收款是指单位除财政应返还额度、应收票据、应收账款、预付账款、应收股利、应收利息以外的其他各项应收及暂付款项，如职工预借的差旅费、已经偿还银行尚未报销的本单位公务卡欠款、拨付给内部有关部门的备用金、应向职工收取的各种垫付款项、支付的可以收回的订金或押金、应收的上级补助和附属单位上缴款项等。

(一) 科目设置

为了反映其他应收款的增减变动情况，单位应设置“其他应收款”科目。该科目借方登记其他应收款项发生额；贷方登记收回的其他应收款；期末借方余额反映单位尚未收回的其他应收款。

其明细账应当按照其他应收款的类别以及债务单位（或个人）进行明细核算。

(二) 账务处理

其他应收款的主要账务处理如下（见表 7-23）：

1. 发生和收回其他各种应收及暂付款项

发生其他各种应收及暂付款项时，按照实际发生金额，借记本科目，贷记“银行存款”“库存现金”“上级补助收入”“附属单位上缴收入”等科目。涉及增值税业务的，相关账务处理参见“应交增值税”科目。

收回其他各种应收及暂付款项时，按照收回的金额，借记“银行存款”“库存现金”等科目，贷记本科目。

2. 偿还未报销的公务卡款项

偿还尚未报销的本单位公务卡欠款时，按照偿还的款项，借记本科目，贷记“银行存款”等科目；持卡人报销时，按照报销金额，借记“业务活动费用”“单位管理费用”等科目，贷记本科目。

表 7-23 其他应收款账务处理（一）

业务和事项内容		财务会计	预算会计
发生暂付款项（包括偿还未报销的公务卡款项）	暂付款项时	借：其他应收款 贷：银行存款/库存现金等	—
	报销时	借：业务活动费用/单位管理费用等 贷：其他应收款	借：行政支出/事业支出等 贷：资金结存
	收回暂付款项时	借：库存现金/银行存款等 贷：其他应收款	—
发生其他各种应收款项	确认其他应收款时	借：其他应收款 贷：上级补助收入/附属单位上缴收入/其他收入等	—
	收到其他应收款项时	借：银行存款/库存现金等 贷：其他应收款	借：资金结存——货币资金 贷：上级补助预算收入/附属单位上缴预算收入/其他预算收入等

［**例 7-46**］2023 年 3 月 5 日，某事业单位职工张某因参加学术会议的需要，预借差旅费 5 000 元。3 月 8 日，张某报销差旅费和会议费等共计 4 800 元，并退回多余的 200 元。该单位编制会计分录如下：

（1）3 月 5 日预借差旅费时

财务会计：

借：其他应收款　　5 000

　贷：库存现金　　5 000

（2）3 月 8 日回来报销时

财务会计：

借：库存现金　　200

　　业务活动费用　　4 800

　贷：其他应收款　　5 000

预算会计：

借：事业支出　　4 800

　贷：资金结存——货币资金　　4 800

3. 拨付给内部有关部门的备用金

单位内部实行备用金制度的，有关部门使用备用金以后应当及时到财务部门报销并补足备用金。财务部门核定并发放备用金时，按照实际发放金额，借记本科目，贷记“库存现金”等科目。

根据报销金额用现金补足备用金定额时，借记“业务活动费用”“单位管理费用”等科目，贷记“库存现金”等科目，报销数和拨补数都不再通过本科目核算（见表7-24)。

表7-24　其他应收款账务处理（二）

业务和事项内容	财务会计	预算会计
财务部门核定并发放备用金	借：其他应收款 　贷：库存现金	—
根据报销数用现金补足备用金定额	借：业务活动费用/单位管理费用等 　贷：库存现金	借：行政支出/事业支出等 　贷：资金结存——货币资金

[例7-47] 某事业单位内部实行备用金制度。5月8日，事业单位内设的甲部门申请备用金5 000元，现以现金形式拨付。5月15日，甲部门报销用备用金支付的邮递费500元，财务部门以现金补足备用金定额。12月31日，核销并收回甲部门的备用金5 000元。

(1) 5月8日，设立备用金时

财务会计：

借：其他应收款　5 000

　贷：库存现金　5 000

(2) 5月15日，报销邮递费时

财务会计：

借：业务活动费用　500

　贷：库存现金　500

预算会计：

借：事业支出　500

　贷：资金结存——货币资金　500

(3) 12月31日，核销并收回备用金时

财务会计：

借：库存现金　5 000

　贷：其他应收款　5 000

4. 其他应收款的清查

(1) 事业单位应当于每年年末，对其他应收款进行全面检查，如发生不能收回的迹象，应当计提坏账准备。

对于账龄超过规定年限、确认无法收回的其他应收款，按照规定报经批准后予以核销。按照核销金额，借记“坏账准备”科目，贷记本科目。核销的其他应收款应当在备查簿中保留登记。已核销的其他应收款在以后期间又收回的，按照实际收回金额，借记本科目，贷记“坏账准备”科目；同时，借记“银行存款”等科目，贷记本科目。

(2) 行政单位应当于每年年末，对其他应收款进行全面检查。对于超过规定年限、确认无法收回的其他应收款，应当按照有关规定报经批准后予以核销。核销的其他应收款应在备查簿中保留登记。

经批准核销其他应收款时，按照核销金额，借记“资产处置费用”科目，贷记本科

目。已核销的其他应收款在以后期间又收回的，按照收回金额，借记“银行存款”等科目，贷记“其他收入”科目（见表 7-25）。

表 7-25 其他应收款账务处理（三）

<table>
<tr><th>业务和事项内容</th><th>财务会计</th><th>预算会计</th></tr>
<tr><td>经批准核销时</td><td>借：坏账准备［事业单位］/资产处置费用［行政单位］
贷：其他应收款</td><td>—</td></tr>
<tr><td rowspan="2">已核销的其他应收款在以后期间收回</td><td>事业单位：
借：其他应收款
贷：坏账准备
借：银行存款等
贷：其他应收款</td><td rowspan="2">借：资金结存——货币资金
贷：其他预算收入</td></tr>
<tr><td>行政单位：
借：银行存款等
贷：其他收入</td></tr>
</table>

［例 7-48］年末，某行政单位对其他应收款进行全面核查，发现有一笔金额为 500 元的其他应收款的账龄已经超过规定年限且有证据表明确实无法收回。经批准后予以核销。该单位编制会计分录如下：

财务会计：

借：资产处置费用　　500

　贷：其他应收款　　500

八、坏账准备

坏账是指无法收回的应收款项。根据现行制度规定，事业单位对收回后不需要上缴财政的应收账款和其他应收款应当提取坏账准备，对其他应收款项不提坏账准备。行政单位不提坏账准备。

事业单位应当于每年年末，对收回后不需上缴财政的应收账款和其他应收款进行全面检查，分析其可收回性，对预计可能产生的坏账损失计提坏账准备、确认坏账损失。事业单位可以采用应收款项余额百分比法、账龄分析法、个别认定法等方法计提坏账准备。坏账准备计提方法一经确定，不得随意变更。如需变更，应当按照规定报经批准，并在财务报表附注中予以说明。

应收款项余额百分比法是指按应收款项余额的一定比例计算提取坏账准备的一种方法。这种方法建立在坏账损失与应收款项余额直接相关的基础上。

账龄分析法是指根据债务人欠款时间长短来估计坏账的一种方法。采用这种方法是假设账龄越长，账款收回的可能性越小。

个别认定法是指根据每笔应收款项的具体情况确定坏账金额的一种方法。

根据上述方法计算出坏账损失金额，当期应补提或冲减的坏账准备金额的计算公式如下：

$$\text{当期应补提或冲减的坏账准备} = \text{按照期末应收账款和其他应收款计算应计提的坏账准备金额} - \text{本科目期末贷方余额}\left(\text{或} + \text{本科目期末借方余额}\right)$$

(一) 科目设置

为了反映坏账准备计提、核销等情况，事业单位应设置“坏账准备”科目，核算事业单位对收回后不需上缴财政的应收账款和其他应收款提取的坏账准备。该科目贷方登记当期计提的坏账准备；借方登记实际发生的坏账损失金额和冲减的坏账准备金额；期末贷方余额反映事业单位提取的坏账准备金额。

其明细账应当分别就应收账款和其他应收款进行明细核算。

(二) 账务处理

坏账准备的主要账务处理如下（见表 7-26）：

1. 计提坏账准备

提取坏账准备时，借记“其他费用”科目，贷记本科目；冲减坏账准备时，借记本科目，贷记“其他费用”科目。

2. 核销坏账损失及后续收回

对于账龄超过规定年限并确认无法收回的应收账款、其他应收款，应当按照有关规定报经批准后，按照无法收回的金额，借记本科目，贷记“应收账款”“其他应收款”科目。

已核销的应收账款、其他应收款在以后期间又收回的，按照实际收回金额，借记“应收账款”“其他应收款”科目，贷记本科目；同时，借记“银行存款”等科目，贷记“应收账款”“其他应收款”科目。

表 7-26 坏账准备账务处理

业务和事项内容		财务会计	预算会计
年末全面分析不需上缴财政的应收账款和其他应收款	计提坏账准备，确认坏账损失	借：其他费用 贷：坏账准备	—
	冲减坏账准备	借：坏账准备 贷：其他费用	—
逾期无法收回的应收账款和其他应收款	报批后予以核销	借：坏账准备 贷：应收账款/其他应收款	—
	已核销不需上缴财政的应收款项在以后期间收回	借：应收账款/其他应收款 贷：坏账准备 借：银行存款 贷：应收账款/其他应收款	借：资金结存——货币资金等 贷：其他预算收入/事业预算收入/经营预算收入

[例 7-49] 2022 年年末，某事业单位对收回后不需上缴财政的应收账款和其他应

收款进行全面核查，发现这部分应收款项的余额为 10 000 000 元。该单位按照 2‰的标准计提坏账准备，计提前“坏账准备”科目的余额为 0。该单位编制会计分录如下：

财务会计：

借：其他费用　　20 000

　贷：坏账准备　　20 000

[例 7-50] 接上例，2023 年 5 月，该单位有一笔账龄超过规定年限、有明确证据表明确实无法收回的应收账款，金额为 10 000 元。报经批准后，予以核销坏账损失。该单位编制会计分录如下：

财务会计：

借：坏账准备　　10 000

　贷：应收账款　　10 000

[例 7-51] 接例 7-49，2023 年 7 月，该单位有一笔账龄超过规定年限、有明确证据表明无法收回的其他应收款，金额为 5 000 元。报经批准后，予以核销坏账损失。该单位编制会计分录如下：

财务会计：

借：坏账准备　　5 000

　贷：其他应收款　　5 000

[例 7-52] 接上例，2023 年年末，该单位对收回后不需上缴财政的应收账款和其他应收款进行全面核查，发现这部分应收款项的余额为 20 000 000 元。继续按照 2‰的比例计提坏账准备。该单位编制会计分录如下：

财务会计：

借：其他费用　　35 000

　贷：坏账准备　　35 000

[例 7-53] 接上例，2024 年 8 月，该事业单位之前核销的应收账款 10 000 元和其他应收款 5 000 元都已收回，款项存入银行。该单位编制会计分录如下：

财务会计：

借：应收账款　　10 000

　　其他应收款　　5 000

　贷：坏账准备　　15 000

借：银行存款　　15 000

　贷：应收账款　　10 000

　　　其他应收款　　5 000

预算会计：

借：资金结存——货币资金　　15 000

　贷：其他预算收入　　15 000

授课视频：请访问中国大学 MOOC→政府会计实务/周克清等→第七章第四节应收及预付款项

第五节　存货

一、存货的概念与分类

存货是指行政事业单位在开展业务活动及其他活动中为耗用或出售而储存的资产，如材料、产品、包装物和低值易耗品等，以及未达到固定资产标准的用具、装具、动植物等。根据其保管状态或具体内容的差异，行政事业单位的存货分为在途物品、库存物品和加工物品。

在途物品是指行政事业单位采购材料等物资时货款已支付或已开出商业汇票但尚未验收入库的物品。

库存物品是指行政事业单位在开展业务活动以及其他活动中为耗用或出售而储存的各种物品。

加工物品是指行政事业单位自制或委托外单位加工的各种物品。

二、存货的确认和计量

(一) 存货的确认

存货同时满足下列条件的，应当予以确认：一是与该存货相关的服务潜力很可能实现或者经济利益很可能流入行政事业单位；二是该存货的成本或者价值能够可靠地计量。

(二) 存货的初始计量

存货在取得时按照成本进行初始计量。单位取得存货的方式有很多，所对应的成本核算依据也各有差异。

1. 购入

单位购入的存货，其成本包括购买价款、相关税费、运输费、装卸费、保险费以及使得存货达到目前场所和状态所发生的归属于存货成本的其他支出。

2. 自行加工

单位自行加工的存货，其成本包括耗用的直接材料费用、发生的直接人工费用和按照一定方法分配的与存货加工有关的间接费用。

3. 委托加工

单位委托加工的存货，其成本包括委托加工前存货成本、委托加工的成本（如委托加工费以及按规定应计入委托加工存货成本的相关税费等）以及使存货达到目前场所和状态所发生的归属于存货成本的其他支出。

4. **置换**

单位通过置换取得的存货，其成本按照换出资产的评估价值，加上支付的补价或减去收到的补价，加上为换入存货发生的其他相关支出确定。

5. **接受捐赠**

单位接受捐赠的存货，其成本按照有关凭据注明的金额加上相关税费、运输费等确定；没有相关凭据可供取得，但按规定经过资产评估的，其成本按照评估价值加上相关税费、运输费等确定；没有相关凭据可供取得、也未经资产评估的，其成本比照同类或类似资产的市场价格加上相关税费、运输费等确定；没有相关凭据且未经资产评估、同类或类似资产的市场价格也无法可靠取得的，按照名义金额入账，相关税费、运输费等计入当期费用。

6. **无偿调入**

单位无偿调入的存货，其成本按照调出方账面价值加上相关税费、运输费等确定。

7. **盘盈**

单位盘盈的存货，按规定经过资产评估的，其成本按照评估价值确定；未经资产评估的，其成本按照重置成本确定。

（三）存货的后续计量

1. **发出存货的计价**

在发出存货时，单位应当根据实际情况采用先进先出法、加权平均法或者个别计价法确定发出存货的实际成本。计价方法一经确定，不得随意变更。

对于性质和用途相似的存货，应当采用相同的成本计价方法确定发出存货的成本。对于不能替代使用的存货、为特定项目专门购入或加工的存货，通常采用个别计价法确定发出存货的成本。

2. **发出存货的费用归集**

对于已发出的存货，应当将其成本结转为当期费用或者计入相关资产成本。

按规定报经批准对外捐赠、无偿调出的存货，应当将其账面余额予以转销，对外捐赠、无偿调出中发生的归属于捐出方、调出方的相关费用应当计入当期费用。

对于发生的存货毁损，应当将存货账面余额转销计入当期费用，并将毁损存货处置收入扣除相关处置税费后的差额按规定作应缴款项处理（差额为净收益时）或计入当期费用（差额为净损失时）。

存货盘亏造成的损失，按规定报经批准后应当计入当期费用。

三、在途物品

在途物品是指单位采购材料等物资时货款已付或已开出商业汇票但尚未验收入库的物品。

(一) 科目设置

为了反映在途物品的增减变动情况，单位应设置“在途物品”科目，核算单位采购材料等物资时货款已付或已开出商业汇票但尚未验收入库的在途物品的采购成本。该科目借方登记购入材料等物资的采购成本的金额；贷方登记所购材料等物资到达验收入库的金额；期末借方余额反映单位在途物品的采购成本。

其明细账可按照供应单位和物品种类进行明细核算。

(二) 账务处理

在途物品的主要账务处理如下（见表 7 - 27）：

1. 购入材料等物资

单位购入材料等物品，按照确定的物品采购成本的金额，借记本科目，按照实际支付的金额，贷记“财政拨款收入”“银行存款”“应付票据”等科目。涉及增值税业务的，相关账务处理参见“应交增值税”科目。

2. 验收入库

所购材料等物品到达验收入库，按照确定的库存物品成本金额，借记“库存物品”科目，按照物品采购成本金额，贷记本科目，按照使得入库物品达到目前场所和状态所发生的其他支出，贷记“银行存款”等科目。

表 7 - 27 在途物品账务处理

业务和事项内容	财务会计	预算会计
购入材料等物资，结算凭证收到货未到，款已付或已开出商业汇票	借：在途物品 　贷：财政拨款收入/银行存款/应付票据等	借：行政支出/事业支出/经营支出等 　贷：财政拨款预算收入/资金结存
所购材料等物资到达验收入库	借：库存物品 　贷：在途物品	—

［例 7 - 54］某行政单位采购一批办公用品，采购成本为 50 000 元，款项已通过国库集中支付方式完成支付，发票及账单已收到，但办公用品尚未到达。该单位编制会计分录如下：

财务会计：

借：在途物品　　50 000

　贷：财政拨款收入　　50 000

预算会计：

借：行政支出　　50 000

　贷：财政拨款预算收入　　50 000

［例 7 - 55］接上例，数日后，办公用品运抵该单位并已验收入库。该单位编制会计分录如下：

财务会计：

借：库存物品　　50 000

　贷：在途物品　　50 000

四、库存物品

库存物品是指单位在开展业务活动及其他活动中为耗用或出售而储存的各种材料、产品、包装物、低值易耗品，达不到固定资产标准的用具、装具、动植物等，以及已完成的测绘、地质勘查、设计成果等物品。

（一）科目设置

为核算库存物品业务，单位应设置“库存物品”科目。该科目借方登记库存物品的增加；贷方登记库存物品的减少；期末借方余额反映单位库存物品的实际成本。

其明细账应当按照库存物品的种类、规格、保管地点等进行明细核算。单位储存的低值易耗品、包装物较多的，可以在本科目（低值易耗品、包装物）下按照“在库”“在用”“摊销”等进行明细核算。

（二）账务处理

库存物品的主要账务处理如下：

1. 取得库存物品

取得的库存物品，应当按照其取得时的成本入账（见表 7－28）。

（1）外购的库存物品验收入库，按照确定的成本，借记本科目，贷记“财政拨款收入”“银行存款”“应付账款”“在途物品”等科目。涉及增值税业务的，相关账务处理参见“应交增值税”科目。

（2）自制的库存物品加工完成并验收入库，按照确定的成本，借记本科目，贷记“加工物品——自制物品”科目。

（3）委托外单位加工收回的库存物品验收入库，按照确定的成本，借记本科目，贷记“加工物品——委托加工物品”等科目。

（4）接受捐赠的库存物品验收入库，按照确定的成本，借记本科目，按照发生的相关税费、运输费等，贷记“银行存款”等科目，按照其差额，贷记“捐赠收入”科目。接受捐赠的库存物品按照名义金额入账的，按照名义金额，借记本科目，贷记“捐赠收入”科目；同时，按照发生的相关税费、运输费等，借记“其他费用”科目，贷记“银行存款”等科目。

（5）无偿调入的库存物品验收入库，按照确定的成本，借记本科目；按照发生的相关税费、运输费等，贷记“银行存款”等科目，按照其差额，贷记“无偿调拨净资产”科目。

（6）置换换入的库存物品验收入库，按照确定的成本，借记本科目，按照换出资产的账面余额，贷记相关资产科目（换出资产为固定资产、无形资产的，还应当借记“固定资产累计折旧”“无形资产累计摊销”科目），按照置换过程中发生的其他相关支出，贷记“银行存款”等科目，按照借贷方差额，借记“资产处置费用”科目或贷记“其他收入”科目。涉及补价的，区分以下情况处理：

支付补价的，按照确定的成本，借记本科目，按照换出资产的账面余额，贷记相关资产科目（换出资产为固定资产、无形资产的，还应当借记“固定资产累计折旧”“无形资产累计摊销”科目），按照支付的补价和置换过程中发生的其他相关支出，贷记“银行存款”等科目，按照借贷方差额，借记“资产处置费用”科目或贷记“其他收入”科目。

收到补价的，按照确定的成本，借记本科目，按照收到的补价，借记“银行存款”等科目，按照换出资产的账面余额，贷记相关资产科目（换出资产为固定资产、无形资产的，还应当借记“固定资产累计折旧”“无形资产累计摊销”科目），按照置换过程中发生的其他相关支出，贷记“银行存款”等科目，按照补价扣减其他相关支出后的净收入，贷记“应缴财政款”科目，按照借贷方差额，借记“资产处置费用”科目或贷记“其他收入”科目。

表 7－28　库存物品账务处理（一）

<table>
<tr><th colspan="2">业务和事项内容</th><th>财务会计</th><th>预算会计</th></tr>
<tr><td colspan="2">外购的库存物品验收入库</td><td>借：库存物品
　贷：财政拨款收入/财政应返还额度/银行存款/应付账款等</td><td>借：行政支出/事业支出/经营支出等
　贷：财政拨款预算收入/资金结存</td></tr>
<tr><td colspan="2">自制的库存物品加工完成、验收入库</td><td>借：库存物品——相关明细科目
　贷：加工物品——自制物品</td><td>—</td></tr>
<tr><td colspan="2">委托外单位加工收回的库存物品验收入库</td><td>借：库存物品——相关明细科目
　贷：加工物品——委托加工物品</td><td>—</td></tr>
<tr><td colspan="2">接受捐赠的库存物品验收入库</td><td>借：库存物品
　贷：银行存款等
　　捐赠收入</td><td>借：其他支出
　贷：资金结存</td></tr>
<tr><td colspan="2">无偿调入的库存物品验收入库</td><td>借：库存物品
　贷：银行存款等
　　无偿调拨净资产</td><td>借：其他支出
　贷：资金结存</td></tr>
<tr><td colspan="2">按照名义金额入账的接受捐赠、无偿调入的库存物品及发生的相关税费、运输费等</td><td>借：库存物品
　贷：捐赠收入/无偿调拨净资产
借：其他费用
　贷：银行存款等</td><td>借：其他支出
　贷：资金结存</td></tr>
<tr><td>置换换入的库存物品验收入库</td><td>不涉及补价</td><td>借：库存物品
　固定资产累计折旧/无形资产累计摊销
　资产处置费用
　贷：库存物品/固定资产/无形资产等
　　银行存款等
　　其他收入</td><td>借：其他支出
　贷：资金结存</td></tr>
</table>

续表

<table>
<tr><th colspan="2">业务和事项内容</th><th>财务会计</th><th>预算会计</th></tr>
<tr><td rowspan="2">置换换入的库存物品验收入库</td><td>支付补价</td><td>借：库存物品
固定资产累计折旧/无形资产累计摊销
资产处置费用
贷：库存物品/固定资产/无形资产等
银行存款等
其他收入</td><td>借：其他支出
贷：资金结存</td></tr>
<tr><td>收到补价</td><td>借：库存物品
银行存款等
固定资产累计折旧/无形资产累计摊销
资产处置费用
贷：库存物品/固定资产/无形资产等
银行存款等
应缴财政款
其他收入</td><td>借：其他支出
贷：资金结存</td></tr>
</table>

[**例 7-56**] 某行政单位采购一批物资，采购成本为 80 000 元，款项已通过国库集中支付方式支付，物资已验收入库。该单位编制会计分录如下：

财务会计：

借：库存物品　　80 000

　贷：财政拨款收入　　80 000

预算会计：

借：行政支出　　80 000

　贷：财政拨款预算收入　　80 000

[**例 7-57**] 某事业单位接受捐赠一批物资，有关凭证注明金额为 450 000 元，并以银行存款支付运输费用 5 000 元。物资已验收入库。该单位编制会计分录如下：

财务会计：

借：库存物品　　455 000

　贷：银行存款　　5 000

　　捐赠收入　　450 000

预算会计：

借：其他支出　　5 000

　贷：资金结存——货币资金　　5 000

[**例 7-58**] 某行政单位接受上级部门无偿调入的物资一批，有关凭据注明金额为 300 000 元，并通过国库集中支付方式支付运输费 3 000 元。物资已验收入库。该单位编制会计分录如下：

财务会计：

借：库存物品　　303 000

　贷：财政拨款收入　　3 000

　　无偿调拨净资产　　300 000

预算会计：

借：其他支出 3 000

贷：财政拨款预算收入 3 000

[例 7-59] 某事业单位将闲置的一台设备与其他单位进行置换，换入物资一批，双方没有发生补价。该台设备的固定资产余额为 50 000 元，已提折旧为 20 000 元，评估价值为 35 000 元，并由该单位承担运输费 500 元，款项以现金支付。该单位编制会计分录如下：

财务会计：

借：库存物品 35 500

固定资产累计折旧 20 000

贷：库存现金 500

固定资产 50 000

其他收入 5 000

预算会计：

借：其他支出 500

贷：资金结存——货币资金 500

2. 发出库存物品

(1) 单位开展业务活动等领用、按照规定自主出售发出或加工发出库存物品，按照领用、出售等发出物品的实际成本，借记“业务活动费用”“单位管理费用”“经营费用”“加工物品”等科目，贷记本科目。

采用一次转销法摊销低值易耗品、包装物的，在首次领用时将其账面余额一次性摊销计入有关成本费用，借记有关科目，贷记本科目。

采用五五摊销法摊销低值易耗品、包装物的，首次领用时，将其账面余额的 50%摊销计入有关成本费用，借记有关科目，贷记本科目；使用完时，将剩余的账面余额转销计入有关成本费用，借记有关科目，贷记本科目。

(2) 经批准对外出售的库存物品（不含可自主出售的库存物品）发出时，按照库存物品的账面余额，借记“资产处置费用”科目，贷记本科目；同时，按照收到的价款，借记“银行存款”等科目，按照处置过程中发生的相关费用，贷记“银行存款”等科目，按照其差额，贷记“应缴财政款”科目。

(3) 经批准对外捐赠的库存物品发出时，按照库存物品的账面余额和对外捐赠过程中发生的归属于捐出方的相关费用合计数，借记“资产处置费用”科目，按照库存物品账面余额，贷记本科目，按照对外捐赠过程中发生的归属于捐出方的相关费用，贷记“银行存款”等科目。

(4) 经批准无偿调出的库存物品发出时，按照库存物品的账面余额，借记“无偿调拨净资产”科目，贷记本科目；同时，按照无偿调出过程中发生的归属于调出方的相关费用，借记“资产处置费用”科目，贷记“银行存款”等科目。

(5) 经批准置换换出的库存物品，参照本科目有关置换换入库存物品的规定进行账务处理（见表 7-29）。

表 7－29　库存物品账务处理（二）

业务和事项内容	财务会计	预算会计
开展业务活动、按照规定自主出售或加工物品等领用、发出库存物品	借：业务活动费用/单位管理费用/经营费用/加工物品等 　贷：库存物品	—
经批准对外出售（自主出售除外）的库存物品发出	借：资产处置费用 　贷：库存物品 借：银行存款等 　贷：银行存款等 　　　应缴财政款	—
经批准对外捐赠的库存物品发出	借：资产处置费用 　贷：库存物品 　　　银行存款	借：其他支出 　贷：资金结存
经批准无偿调出的库存物品发出	借：无偿调拨净资产 　贷：库存物品 借：资产处置费用 　贷：银行存款等	借：其他支出 　贷：资金结存
经批准置换换出库存物品	参照置换换入“库存物品”的处理	

［例 7－60］某事业单位因开展专业业务活动的需要，领用库存物品一批。根据先进先出法，这批物品的价值 5 000 元。该单位编制会计分录如下：

财务会计：

借：业务活动费用　　5 000

　贷：库存物品　　5 000

［例 7－61］某行政单位向对口支援地区的一所希望小学捐赠库存物品一批，价值为 68 000 元，并承担了 2 000 元运输费等费用，款项通过国库集中支付方式支付。该单位编制会计分录如下：

财务会计：

借：资产处置费用　　70 000

　贷：库存物品　　68 000

　　　财政拨款收入　　2 000

预算会计：

借：其他支出　　2 000

　贷：财政拨款预算收入　　2 000

［例 7－62］某事业单位以其库存物品与甲单位的办公设备进行置换，该库存物品的账面余额为 70 000 元，评估价值为 65 000 元，收到甲单位通过银行转账支付的补价 10 000 元，同时以银行存款支付相关费用 500 元。按照有关规定收到的补价减去相关支出后的净收入需上缴财政。该单位编制会计分录如下：

换入的固定资产价值＝65 000－10 000＋500＝55 500（元）

(1) 换入资产时

财务会计：

借：固定资产　　55 500

　　银行存款　　10 000

　　资产处置费用　　14 500

　贷：库存物品　　70 000

　　　银行存款　　500

　　　应缴财政款　　9 500

(2) 上缴应缴财政款时

财务会计：

借：应缴财政款　　9 500

　贷：银行存款　　9 500

3. 库存物品的定期盘点及毁损、报废

单位应当定期对库存物品进行清查盘点，每年至少盘点一次。对于发生的库存物品盘盈、盘亏或者报废、毁损，应当先计入“待处理财产损溢”科目，按照规定报经批准后及时进行后续账务处理。

盘盈的库存物品，其成本按照有关凭据注明的金额确定；没有相关凭据、但按照规定经过资产评估的，其成本按照评估价值确定；没有相关凭据、也未经过评估的，其成本按照重置成本确定。无法采用上述方法确定盘盈的库存物品成本的，按照名义金额入账。盘盈的库存物品，按照确定的入账成本，借记本科目，贷记“待处理财产损溢”科目。

盘亏或者毁损、报废的库存物品，按照待处理库存物品的账面余额，借记“待处理财产损溢”科目，贷记本科目。

属于增值税一般纳税人的单位，若因非正常原因导致的库存物品盘亏或毁损，还应当将与该库存物品相关的增值税进项税额转出，按照其增值税进项税额，借记“待处理财产损溢”科目，贷记“应交增值税——应交税金（进项税额转出）”科目（见表7-30）。

表7-30　库存物品账务处理（三）

业务和事项内容	财务会计	预算会计
盘盈的库存物品	借：库存物品 　贷：待处理财产损溢	—
盘亏或者毁损、报废的库存物品转入待处理财产	借：待处理财产损溢 　贷：库存物品	—
增值税一般纳税人购进的非自用材料发生盘亏或者毁损、报废的	借：待处理财产损溢 　贷：应交增值税——应交税金（进项税额转出）	—

［例7-63］ 某事业单位在对库存物品进行清查盘点时，盘盈甲材料10件，盘亏乙材料20件。根据有关凭证上注明的金额，甲材料的单价为20元，乙材料的单价为15元。该单位编制会计分录如下：

（1）发现盘盈和盘亏时

财务会计：

借：库存物品——甲材料 200

贷：待处理财产损溢 200

借：待处理财产损溢 300

贷：库存物品——乙材料 300

（2）报经批准后，盘盈的甲材料的价值冲减当期单位管理费用，盘亏的乙材料的价值计入资产处置费用

财务会计：

借：待处理财产损溢 200

贷：单位管理费用 200

借：资产处置费用 300

贷：待处理财产损溢 300

授课视频：请访问中国大学 MOOC→政府会计实务/周克清等→第七章第五节存货

第六节 长期投资

事业单位的长期投资分为长期股权投资和长期债券投资。

一、长期股权投资

长期股权投资是指事业单位通过投资拥有被投资单位的股权并成为被投资单位的股东，按照持股比例享有权益并承担责任。

（一）科目设置

为了核算长期股权投资的增减变动情况，事业单位应当设置“长期股权投资”科目，核算单位按照规定取得的，持有时间超过 1 年（不含 1 年）的股权性质的投资。该科目的借方登记长期股权投资的增加；贷方登记长期股权投资的减少；期末借方余额反映事业单位持有的长期股权投资的价值。

其明细账应当按照被投资单位和长期股权投资取得方式等进行明细核算。长期股权投资采用权益法核算的，还应当按照“成本”“损益调整”“其他权益变动”设置明细科目，进行明细核算。

（二）账务处理

长期股权投资的主要账务处理如下：

1. 取得长期股权投资

长期股权投资在取得时，应当以其实际成本作为初始投资成本。长期股权投资的取

得方式不同，其实际成本内容也不一样。

（1）以现金取得的长期股权投资，按照确定的投资成本，借记本科目或本科目（成本），按照支付的价款中包含的已宣告但尚未发放的现金股利，借记“应收股利”科目，按照实际支付的全部价款，贷记“银行存款”等科目。

实际收到取得投资时所支付价款中包含的已宣告但尚未发放的现金股利时，借记“银行存款”科目，贷记“应收股利”科目。

（2）以现金以外的其他资产置换取得的长期股权投资，参照“库存物品”科目中置换取得库存物品的相关规定进行账务处理。

（3）以未入账的无形资产取得的长期股权投资，按照评估价值加相关税费作为投资成本，借记本科目，按照发生的相关税费，贷记“银行存款”“其他应交税费”等科目，按其差额，贷记“其他收入”科目。

（4）接受捐赠的长期股权投资，按照确定的投资成本，借记本科目或本科目（成本），按照发生的相关税费，贷记“银行存款”等科目，按照其差额，贷记“捐赠收入”科目。

（5）无偿调入的长期股权投资，按照确定的投资成本，借记本科目或本科目（成本），按照发生的相关税费，贷记“银行存款”等科目，按照其差额，贷记“无偿调拨净资产”科目（见表 7-31）。

表 7-31 长期股权投资账务处理（一）

业务和事项内容	财务会计	预算会计
以现金取得的长期股权投资	借：长期股权投资——成本/长期股权投资 应收股利 贷：银行存款等	借：投资支出 贷：资金结存——货币资金
收到取得投资时实际支付价款中所包含的已宣告但尚未发放的股利或利润	借：银行存款 贷：应收股利	借：资金结存——货币资金 贷：投资支出等
以现金以外的其他资产置换取得长期股权投资	参照“库存物品”科目中置换取得库存物品的账务处理	
以未入账的无形资产取得的长期股权投资	借：长期股权投资 贷：银行存款/其他应交税费 其他收入	借：其他支出 贷：资金结存
接受捐赠的长期股权投资	借：长期股权投资——成本/长期股权投资 贷：银行存款等 捐赠收入	借：其他支出 贷：资金结存
无偿调入的长期股权投资	借：长期股权投资——成本/长期股权投资 贷：无偿调拨净资产 银行存款等	借：其他支出 贷：资金结存

［**例 7-64**］经批准，某事业单位动用非财政拨款资金 3 000 000 元对甲公司进行股权投资，持有甲公司 51%的股权。长期股权投资采用权益法核算。该单位编制会计分录如下：

财务会计：

借：长期股权投资——成本　　3 000 000

　贷：银行存款　　3 000 000

预算会计：

借：投资支出　　3 000 000

　贷：资金结存——货币资金　　3 000 000

［例 7-65］经批准，某事业单位以专利技术出资的方式，对乙公司进行股权投资，该项专利技术的账面余额为 600 000 元，尚未计提摊销。该项专利技术的评估价值为 500 000 元，以银行存款支付评估费、税费等相关费用 50 000 元，持有乙公司 15%的股权，采用权益法核算。该单位编制会计分录如下：

财务会计：

借：长期股权投资——成本　　550 000

　　资产处置费用　　100 000

　贷：银行存款　　50 000

　　　无形资产　　600 000

预算会计：

借：其他支出　　50 000

　贷：资金结存——货币资金　　50 000

［例 7-66］经批准，某事业单位以未入账的专利技术对丙公司进行股权投资，评估价值为 450 000 元，以银行存款支付评估费、税费等相关费用 15 000 元，持有丙公司 5%的股权，采用成本法核算。该单位编制会计分录如下：

财务会计：

借：长期股权投资　　465 000

　贷：银行存款　　15 000

　　　其他收入　　450 000

预算会计：

借：其他支出　　15 000

　贷：资金结存——货币资金　　15 000

2. 持有长期股权投资期间

长期股权投资持有期间，应当按照规定采用成本法或权益法进行核算。

为了加强政府资产管理，真实全面反映政府长期股权投资及其变动情况，《政府会计准则第 2 号——投资》（以下简称《投资准则》）规定，长期股权投资持有期间通常采用权益法进行核算，即投资最初以投资成本计量，以后根据政府会计主体在被投资单位所享有的所有者权益份额的变动对投资的账面余额进行调整。

同时，《投资准则》也保留了成本法。这主要是考虑到，如果政府会计主体没有决定或参与被投资单位的财务和经营政策的权力，股权投资对政府会计主体的财务影响仅限于取得所分配的股利或利润，这种情况下采用成本法核算，不对被投资企业净资产的变动调整长期股权投资账面余额和确认投资损益，将使会计核算结果更符合相关性原则。

（1）成本法。

被投资单位宣告发放现金股利或利润时，按照应收的金额，借记“应收股利”科目，贷记“投资收益”科目。收到现金股利或利润时，按照实际收到的金额，借记“银行存款”等科目，贷记“应收股利”科目（见表7-32）。

表7-32 长期股权投资账务处理（二）

业务和事项内容	财务会计	预算会计
被投资单位宣告发放现金股利或利润	借：应收股利 　贷：投资收益	—
收到被投资单位发放的现金股利	借：银行存款 　贷：应收股利	借：资金结存——货币资金 　贷：投资预算收益

［**例7-67**］某事业单位持有一家公司10%的股权，该单位没有决定或参与被投资单位的财务和经营政策的权力，股权投资对其财务影响仅限于取得所分配的股利或利润，采用成本法核算。2022年末，这家公司实现利润300 000元。2023年4月5日，这家公司宣告发放现金股利100 000元。4月15日，该单位收到相应份额的现金股利。该单位编制会计分录如下：

①2023年4月5日，宣告发放现金股利时

财务会计：

借：应收股利　　10 000

　贷：投资收益　　10 000

②4月15日，收到现金股利时

财务会计：

借：银行存款　　10 000

　贷：应收股利　　10 000

预算会计：

借：资金结存——货币资金　　10 000

　贷：投资预算收益　　10 000

（2）权益法。

被投资单位实现净利润的，按照应享有的份额，借记本科目（损益调整），贷记“投资收益”科目。被投资单位发生净亏损的，按照应分担的份额，借记“投资收益”科目，贷记本科目（损益调整），但以本科目的账面余额减记至零为限。发生亏损的被投资单位以后年度又实现净利润的，按照收益分享额弥补未确认的亏损分担额等后的金额，借记本科目（损益调整），贷记“投资收益”科目。

被投资单位宣告分派现金股利或利润的，按照应享有的份额，借记“应收股利”科目，贷记本科目（损益调整）。被投资单位发生除净损益和利润分配以外的所有者权益变动的，按照应享有或应分担的份额，借记或贷记“权益法调整”科目，贷记或借记本科目（其他权益变动）（见表7-33）。

表 7-33 长期股权投资账务处理（三）

业务和事项内容	财务会计	预算会计
被投资单位实现净利润的，按照其份额	借：长期股权投资——损益调整 贷：投资收益	—
被投资单位发生净亏损的，按照其份额	借：投资收益 贷：长期股权投资——损益调整	—
被投资单位发生净亏损，但以后年度又实现净利润的，按规定恢复确认投资收益的	借：长期股权投资——损益调整 贷：投资收益	—
被投资单位宣告发放现金股利或利润的，按照其份额	借：应收股利 贷：长期股权投资——损益调整	—
被投资单位除净损益和利润分配以外的所有者权益变动时，按照其份额	借：长期股权投资——其他权益变动 贷：权益法调整 或 借：权益法调整 贷：长期股权投资——其他权益变动	—

[例 7-68] 某事业单位持有甲公司 51%的股权，拥有决定投资单位的财务和经营政策的权力，采用权益法核算。2022 年末，甲公司实现利润 1 000 000 元。2023 年 4 月 5 日，甲公司宣布发放现金股利 100 000 元。4 月 15 日，事业单位收到现金股利。

①2022 年末，甲公司实现利润时

财务会计：

借：长期股权投资——损益调整 510 000

贷：投资收益 510 000

②2023 年 4 月 5 日，宣告发放现金股利

财务会计：

借：应收股利 51 000

贷：长期股权投资——损益调整 51 000

③2023 年 4 月 15 日，收到现金股利时

财务会计：

借：银行存款 51 000

贷：应收股利 51 000

预算会计：

借：资金结存——货币资金 51 000

贷：投资预算收益 51 000

(3) 成本法与权益法的转换。

单位因处置部分长期股权投资等原因而对处置后的剩余股权投资由按权益法改按成本法核算的，应当按照权益法下本科目账面余额作为成本法下本科目账面余额（成本）。其后，被投资单位宣告分派现金股利或利润时，属于单位已计入投资账面余额的部分，按照应分得的现金股利或利润份额，借记“应收股利”科目，贷记本科目。

单位因追加投资等原因对长期股权投资的核算从成本法改为权益法的，应当按照成本法下本科目账面余额与追加投资成本的合计金额，借记本科目（成本），按照成本法下本科目账面余额，贷记本科目，按照追加投资的成本，贷记“银行存款”等科目（见表7-34）。

表7-34　长期股权投资账务处理（四）

业务和事项内容	财务会计	预算会计
权益法改为成本法	借：长期股权投资 　贷：长期股权投资——成本 　　　长期股权投资——损益调整 　　　长期股权投资——其他权益变动	—
追加投资成本法改为权益法	借：长期股权投资——成本 　贷：长期股权投资 　　　银行存款等	借：投资支出 　贷：资金结存——货币资金

［**例7-69**］某事业单位持有丙公司5%的股权，长期股权投资的账面余额为500 000元。经批准，该单位动用非财政资金5 000 000元对丙公司追加投资，持股比例提升至15%，长期股权投资的核算办法从成本法改为权益法。该单位编制会计分录如下：

财务会计：

借：长期股权投资——成本	5 500 000	
贷：长期股权投资		500 000
银行存款		5 000 000

预算会计：

借：投资支出	5 000 000	
贷：资金结存——货币资金		5 000 000

3. 处置长期股权投资

按照规定报经批准出售（转让）长期股权投资时，应当区分长期股权投资取得方式分别进行处理（见表7-35）。

（1）处置以现金取得的长期股权投资，按照实际取得的价款，借记“银行存款”等科目，按照被处置长期股权投资的账面余额，贷记本科目，按照尚未领取的现金股利或利润，贷记“应收股利”科目，按照发生的相关税费等支出，贷记“银行存款”等科目，按照借贷方差额，借记或贷记“投资收益”科目。

（2）处置以现金以外的其他资产取得的长期股权投资，按照被处置长期股权投资的账面余额，借记“资产处置费用”科目，贷记本科目；同时，按照实际取得的价款，借记“银行存款”等科目，按照尚未领取的现金股利或利润，贷记“应收股利”科目，按照发生的相关税费等支出，贷记“银行存款”等科目，按照贷方差额，贷记“应缴财政款”科目。按照规定将处置时取得的投资收益纳入本单位预算管理的，应当按照所取得价款大于被处置长期股权投资账面余额、应收股利账面余额和相关税费支出合计的差额，贷记“投资收益”科目。

（3）因被投资单位破产清算等原因，有确凿证据表明长期股权投资发生损失，按照规定报经批准后予以核销时，按照予以核销的长期股权投资的账面余额，借记“资产处置费用”科目，贷记本科目。

（4）报经批准置换转出长期股权投资时，参照“库存物品”科目中置换取得库存物品的规定进行账务处理。

（5）采用权益法核算的长期股权投资的处置，除进行上述账务处理外，还应结转原直接计入净资产的相关金额，借记或贷记“权益法调整”科目，贷记或借记“投资收益”科目。

表 7-35　长期股权投资账务处理（五）

<table>
<tr><th colspan="2">业务和事项内容</th><th>财务会计</th><th>预算会计</th></tr>
<tr><td colspan="2">处置以现金取得的长期股权投资</td><td>借：银行存款
　　投资收益
　贷：长期股权投资
　　　应收股利
　　　银行存款等
　　　投资收益</td><td>借：资金结存——货币资金
　贷：投资支出/其他结余
　　　投资预算收益</td></tr>
<tr><td rowspan="2">处置以现金以外的其他资产取得的长期股权投资</td><td>处置净收入上缴财政的</td><td>借：资产处置费用
　贷：长期股权投资
借：银行存款
　贷：应收股利
　　　银行存款等
　　　应缴财政款</td><td>借：资金结存——货币资金
　贷：投资预算收益</td></tr>
<tr><td>按照规定将投资收益纳入单位预算管理的</td><td>借：资产处置费用
　贷：长期股权投资
借：银行存款
　贷：应收股利
　　　银行存款等
　　　投资收益
　　　应缴财政款</td><td>借：资金结存——货币资金
　贷：投资预算收益</td></tr>
<tr><td colspan="2">按照规定核销</td><td>借：资产处置费用
　贷：长期股权投资</td><td>—</td></tr>
<tr><td colspan="2">置换转出</td><td colspan="2">参照“库存物品”科目中置换取得库存物品的规定进行账务处理</td></tr>
<tr><td colspan="2">权益法下，处置时结转原直接计入净资产的相关金额</td><td>借：权益法调整
　贷：投资收益
或
借：投资收益
　贷：权益法调整</td><td>—</td></tr>
</table>

［例 7-70］ 2022 年，某事业单位曾动用非财政资金 5 000 000 元对戊公司进行股权投资，持有该公司 35%的股权，采用权益法核算。截至 2023 年 5 月 1 日，“长期股权投资——成本”科目的借方余额为 5 000 000 元；“长期股权投资——损益调整”科目的借方余额为 350 000 元；“长期股权投资——其他权益变动”科目的借方余额为 150 000 元。经批准，该事业单位于 2023 年 5 月 2 日出售所持有的 35%股权，获得收入 7 000 000 元。按规定，投资收益纳入单位预算管理。该单位编制会计分录如下：

财务会计：

借：银行存款　　　　　　　　　　　7 000 000

　　贷：长期股权投资——成本　　5 000 000
　　　　长期股权投资——损益调整　　350 000
　　　　长期股权投资——其他权益变动　　150 000
　　　　投资收益　　1 500 000

预算会计：

　借：资金结存——货币资金　　7 000 000
　　贷：其他结余　　5 000 000
　　　　投资预算收益　　2 000 000

二、长期债券投资

长期债券投资是指事业单位按照规定取得的，持有时间超过1年（不含1年）的债券投资。

（一）科目设置

为了反映长期债券投资的增减变动情况，事业单位应当设置“长期债券投资”科目，核算事业单位按照规定取得的，持有时间超过1年（不含1年）的债券投资。该科目的借方登记长期债券投资的增加数；贷方登记长期债券投资的收回、冲减数；期末借方余额反映事业单位持有的长期债券投资的价值。

其明细账应当设置“成本”和“应计利息”明细科目，并按照债券投资的种类进行明细核算。

（二）账务处理

长期债券投资的主要账务处理如下：

1. 取得长期债券投资

长期债券投资在取得时，应当按照其实际成本作为投资成本。取得的长期债券投资，按照确定的投资成本，借记本科目（成本），按照支付的价款中包含的已到付息期但尚未领取的利息，借记“应收利息”科目，按照实际支付的金额，贷记“银行存款”等科目。实际收到取得债券时所支付价款中包含的已到付息期但尚未领取的利息时，借记“银行存款”科目，贷记“应收利息”科目（见表7-36）。

表7-36　长期债券投资账务处理（一）

业务和事项内容	财务会计	预算会计
取得长期债券投资	借：长期债券投资——成本 　　应收利息 　贷：银行存款等	借：投资支出 　贷：资金结存——货币资金
收到取得投资所支付价款中包含的已到付息期但尚未领取的利息	借：银行存款 　贷：应收利息	借：资金结存——货币资金 　贷：投资支出等

［例 7－71］经批准，2023 年 5 月 1 日某事业单位动用非财政资金购入 3 年、年利率为 3%、面值为 1 000 000 元的国债，每年付息一次，到期还本。该单位编制会计分录如下：

财务会计：

借：长期债券投资——成本　　1 000 000

　贷：银行存款　　1 000 000

预算会计：

借：投资支出　　1 000 000

　贷：资金结存——货币资金　　1 000 000

2. 持有长期债券投资期间

持有长期债券投资期间，按期以债券票面金额与票面利率计算确认利息收入时，如为到期一次还本付息的债券投资，借记本科目（应计利息），贷记“投资收益”科目；如为分期付息、到期一次还本的债券投资，借记“应收利息”科目，贷记“投资收益”科目。收到分期支付的利息时，按照实收的金额，借记“银行存款”等科目，贷记“应收利息”科目（见表 7－37）。

表 7－37　长期债券投资账务处理（二）

业务和事项内容	财务会计	预算会计
按期以票面金额与票面利率计算确认利息收入	借：应收利息/长期债券投资——应计利息 　贷：投资收益	—
实际收到分期支付的利息	借：银行存款 　贷：应收利息	借：资金结存——货币资金 　贷：投资预算收益

［例 7－72］某事业单位持有一笔 5 年期国债，每年支付一次利息，到期还本。该单位于某月月末确认应收利息 8 500 元。次月月初，收到这笔利息。该单位编制会计分录如下：

（1）月末确认应收利息

财务会计：

借：应收利息　　8 500

　贷：投资收益　　8 500

（2）次月月初收到利息

财务会计：

借：银行存款　　8 500

　贷：应收利息　　8 500

预算会计：

借：资金结存——货币资金　　8 500

　贷：投资预算收益　　8 500

3. 到期收回长期债券投资本息

到期收回长期债券投资，按照实际收到的金额，借记“银行存款”科目，按照长期债券投资的账面余额，贷记本科目，按照相关应收利息金额，贷记“应收利息”科目，按照其差额，贷记“投资收益”科目（见表7-38）。

4. 对外出售长期债券投资

对外出售长期债券投资，按照实际收到的金额，借记“银行存款”科目，按照长期债券投资的账面余额，贷记本科目，按照已记入“应收利息”科目但尚未收取的金额，贷记“应收利息”科目，按照其差额，贷记或借记“投资收益”科目。涉及增值税业务的，相关账务处理参见“应交增值税”科目（见表7-38）。

表7-38　长期债券投资账务处理（三）

业务和事项内容	财务会计	预算会计
到期收回长期债券投资本息	借：银行存款等 贷：长期债券投资 应收利息 投资收益	借：资金结存——货币资金 贷：投资支出/其他结余 投资预算收益
对外出售长期债券投资	借：银行存款等 投资收益 贷：长期债券投资 应收利息 投资收益	借：资金结存——货币资金 贷：投资支出/其他结余 投资预算收益

[例7-73] 某事业单位持有一笔5年期国债，现已到期，收到本金500 000元和最后一期的应收利息15 000元。该单位编制会计分录如下：

财务会计：

借：银行存款　515 000

　贷：应收利息　15 000

　　长期债券投资　500 000

预算会计：

借：资金结存——货币资金　515 000

　贷：投资预算收益　15 000

　　其他结余　500 000

授课视频：请访问中国大学MOOC→政府会计实务/周克清等→第七章第六节长期投资

第七节　固定资产

一、概念与计量

（一）固定资产的概念

固定资产是指行政事业单位为满足自身开展业务活动或其他活动需要而控制的，使用年限超过 1 年（不含 1 年）、单位价值在规定标准以上，并在使用过程中基本保持原有物质形态的资产，一般包括房屋及构筑物、专用设备、通用设备等。单位价值虽未达到规定标准，但是使用年限超过 1 年（不含 1 年）的大批同类物资，如图书、家具、用具、装具等，应当确认为固定资产。

固定资产一般分为六类：房屋及构筑物；专用设备；通用设备；文物和陈列品；图书、档案；家具、用具、装具及动植物。

（二）固定资产的确认

固定资产同时满足下列条件的，应当予以确认：一是与该固定资产相关的服务潜力很可能实现或者经济利益很可能流入行政事业单位；二是该固定资产的成本或者价值能够可靠地计量。

通常情况下，购入、换入、接受捐赠、无偿调入不需安装的固定资产，在固定资产验收合格时确认；购入、换入、接受捐赠、无偿调入需要安装的固定资产，在固定资产安装完成交付使用时确认；自行建造、改建、扩建的固定资产，在建造完成交付使用时确认。

（三）固定资产的初始计量

固定资产在取得时应当按照成本进行初始计量。固定资产的取得方式不同，所对应的成本确定标准也有所差异。

1. 外购

行政事业单位外购的固定资产，其成本包括购买价款、相关税费以及固定资产交付使用前所发生的可归属于该项资产的运输费、装卸费、安装费和专业人员服务费等。

以一笔款项购入多项没有单独标价的固定资产，应当按照各项固定资产同类或类似资产市场价格的比例对总成本进行分配，分别确定各项固定资产的成本。

2. 自行建造

行政事业单位自行建造的固定资产，其成本包括该项资产至交付使用前所发生的全部必要支出。

在原有固定资产基础上进行改建、扩建、修缮后的固定资产，其成本按照原固定资产账面价值加上改建、扩建、修缮发生的支出，再扣除固定资产被替换部分的账面价值后的金额确定。为建造固定资产借入的专门借款的利息，属于建设期间发生的，计入在建工程成本；不属于建设期间发生的，计入当期费用。

已交付使用但尚未办理竣工决算手续的固定资产，应当按照估计价值入账，待办理竣工决算后再按实际成本调整原来的暂估价值。

3. 置换

行政事业单位通过置换取得的固定资产，其成本按照换出资产的评估价值加上支付的补价或减去收到的补价，加上换入固定资产发生的其他相关支出确定。

4. 捐赠

行政事业单位接受捐赠的固定资产，其成本按照有关凭据注明的金额加上相关税费、运输费等确定；没有相关凭据可供取得，但按规定经过资产评估的，其成本按照评估价值加上相关税费、运输费等确定；没有相关凭据可供取得、也未经资产评估的，其成本比照同类或类似资产的市场价格加上相关税费、运输费等确定；没有相关凭据且未经资产评估、同类或类似资产的市场价格也无法可靠取得的，按照名义金额入账，相关税费、运输费等计入当期费用。

如受赠的系旧的固定资产，在确定其初始入账成本时应当考虑该项资产的新旧程度。

5. 无偿调入

行政事业单位无偿调入的固定资产，其成本按照调出方账面价值加上相关税费、运输费等确定。

6. 盘盈

行政事业单位盘盈的固定资产，按规定经过资产评估的，其成本按照评估价值确定；未经资产评估的，其成本按照重置成本确定。

（四）固定资产的后续计量

1. 固定资产的折旧

行政事业单位应当对固定资产计提折旧，但下列各项固定资产除外：（1）文物和陈列品；（2）动植物；（3）图书、档案；（4）单独计价入账的土地；（5）以名义金额计量的固定资产。

折旧，是指在固定资产的预计使用年限内，按照确定的方法对应计的折旧额进行系统分摊。固定资产应计的折旧额为其成本，计提固定资产折旧时不考虑预计净残值。

行政事业单位应当根据相关规定以及固定资产的性质和使用情况，合理确定固定资产的使用年限。固定资产的使用年限一经确定，不得随意变更。行政事业单位确定固定资产使用年限，应当考虑下列因素：（1）预计实现服务潜力或提供经济利益的期限；（2）预计有形损耗和无形损耗；（3）法律或者类似规定对资产使用的限制。

行政事业单位一般应当采用年限平均法或者工作量法计提固定资产折旧。在确定固定资产的折旧方法时，应当考虑与固定资产相关的服务潜力或经济利益的预期实现方式。固定资产折旧方法一经确定，不得随意变更。

固定资产应当按月计提折旧，并根据用途计入当期费用或者相关资产成本。固定资产提足折旧后，无论能否继续使用，均不再计提折旧；提前报废的固定资产，也不再补提折旧。已提足折旧的固定资产，可以继续使用的，应当继续使用，规范实物管理。固定资产因改建、扩建或修缮等原因而延长其使用年限的，应当按照重新确定的固定资产的成本以及重新确定的折旧年限计算折旧额。

2. 固定资产的处置

行政事业单位按规定报经批准出售、转让固定资产或固定资产报废、毁损的，应当将固定资产账面价值转销计入当期费用，并将处置收入扣除相关处置税费后的差额按规定作应缴款项处理（差额为净收益时）或计入当期费用（差额为净损失时）。

行政事业单位按规定报经批准对外捐赠、无偿调出固定资产的，应当将固定资产的账面价值予以转销，对外捐赠、无偿调出中发生的归属于捐出方、调出方的相关费用应当计入当期费用。

行政事业单位按规定报经批准以固定资产对外投资的，应当将该固定资产的账面价值予以转销，并将固定资产在对外投资时的评估价值与其账面价值的差额计入当期收入或费用。

固定资产盘亏造成的损失，按规定报经批准后应当计入当期费用。

二、科目设置

为了反映固定资产的增减变动情况，行政事业单位应当设置“固定资产”科目核算单位固定资产的原值。该科目的借方登记增加的固定资产原值；贷方登记减少的固定资产原值；期末借方余额反映单位固定资产的原值。“固定资产”科目的明细账应当按照固定资产类别和项目进行明细核算。

固定资产的核算还应当设置“固定资产累计折旧”科目，核算单位计提的固定资产累计折旧。按月计提固定资产折旧时，按照应计提折旧金额，借记“业务活动费用”“单位管理费用”“经营费用”等科目，贷记本科目；经批准处置或处理固定资产时，按照所处置或处理固定资产的账面价值，借记“资产处置费用”“无偿调拨净资产”“待处理财产损溢”等科目，按照已计提折旧，借记本科目，按照固定资产的账面余额，贷记“固定资产”科目。

三、账务处理

固定资产的主要账务处理如下：

1. 固定资产的取得

如前所述，固定资产在取得时，应当按照成本进行初始计量。

（1）外购固定资产。

购入不需安装的固定资产验收合格时，按照确定的固定资产成本，借记本科目，贷记“财政拨款收入”“应付账款”“银行存款”等科目。

购入需要安装的固定资产，在安装完毕交付使用前通过“在建工程”科目核算，安装完毕交付使用时再转入本科目。

购入固定资产扣留质量保证金的，应当在取得固定资产时，按照确定的固定资产成本，借记本科目或“在建工程”科目，按照实际支付或应付的金额，贷记“财政拨款收入”“应付账款”“银行存款”等科目，按照扣留的质量保证金数额，贷记“其他应付款”或“长期应付款”科目。

质保期满支付质量保证金时，借记“其他应付款”“长期应付款”科目，贷记“财政拨款收入”“银行存款”等科目（见表 7-39)。

表 7-39 固定资产账务处理（一）

<table>
<tr><th colspan="2">业务和事项内容</th><th>财务会计</th><th>预算会计</th></tr>
<tr><td colspan="2">购入不需安装的固定资产</td><td>借：固定资产
贷：财政拨款收入/应付账款/银行存款等</td><td>借：行政支出/事业支出/经营支出等
贷：财政拨款预算收入/资金结存</td></tr>
<tr><td rowspan="2">购入需要安装的固定资产</td><td>先通过“在建工程”科目核算</td><td>借：在建工程
贷：财政拨款收入/应付账款/银行存款等</td><td>借：行政支出/事业支出/经营支出等
贷：财政拨款预算收入/资金结存</td></tr>
<tr><td>安装完工交付使用时</td><td>借：固定资产
贷：在建工程</td><td>—</td></tr>
<tr><td colspan="2">购入固定资产扣留质量保证金的</td><td>借：固定资产/在建工程
贷：财政拨款收入/应付账款/银行存款等
其他应付款/长期应付款</td><td>借：行政支出/事业支出/经营支出等
贷：财政拨款预算收入/资金结存</td></tr>
<tr><td colspan="2">质保期满支付质量保证金</td><td>借：其他应付款/长期应付款
贷：财政拨款收入/银行存款等</td><td>借：行政支出/事业支出/经营支出等
贷：财政拨款预算收入/资金结存</td></tr>
</table>

[例 7-74] 某行政单位按照政府采购程序采购了 10 台办公用的台式电脑，每台 3 500 元，款项以国库集中支付方式支付，发票及相关凭证已收到，电脑也已完成调试并交付使用。该单位编制会计分录如下：

财务会计：

借：固定资产　　35 000

　贷：财政拨款收入　　35 000

预算会计：

借：行政支出　　35 000

　贷：财政拨款预算收入　　35 000

[例 7-75] 某事业单位采购一台需要安装的设备，采购价为 150 000 元。设备和发票等已收到，设备也已进入安装程序，但款项尚未支付。该单位编制会计分录如下：

财务会计：

借：在建工程　　150 000

　贷：应付账款　　150 000

[例 7-76] 接上例，数月后，该设备安装完成并验收合格，该事业单位通过国库集中支付方式支付全部价款。该单位编制会计分录如下：

财务会计：

借：应付账款　　150 000

　贷：财政拨款收入　　150 000

借：固定资产　　150 000
　贷：在建工程　　150 000

预算会计：

借：事业支出　　150 000
　贷：财政拨款预算收入　　150 000

[例 7-77] 某行政单位通过政府采购的方式采购了办公用的大型设备一台，采购价为 500 000 元。根据合同协议，该行政单位根据采购价的 10%来扣留质量保证金，剩余款项通过国库集中支付方式支付。假设该项设备顺利运行 2 年后，该单位再支付扣留的质量保证金，并假设通过国库集中支付方式支付。该单位编制会计分录如下：

①单位完成采购并支付合同约定的价款时

财务会计：

借：固定资产　　500 000
　贷：财政拨款收入　　450 000
　　　长期应付款　　50 000

预算会计：

借：行政支出　　450 000
　贷：财政拨款预算收入　　450 000

②2 年后，支付之前扣留的质量保证金

财务会计：

借：长期应付款　　50 000
　贷：财政拨款收入　　50 000

预算会计：

借：行政支出　　50 000
　贷：财政拨款预算收入　　50 000

(2) 自行建造固定资产。

自行建造的固定资产交付使用时，按照在建工程成本，借记本科目，贷记“在建工程”科目。

已交付使用但尚未办理竣工决算手续的固定资产，按照估计价值入账，待办理竣工决算后再按照实际成本调整原来的暂估价值（见表 7-40）。

表 7-40　固定资产账务处理（二）

业务和事项内容	财务会计	预算会计
自行建造的固定资产，工程完工交付使用时	借：固定资产 　贷：在建工程	—

[例 7-78] 经批准，某事业单位自行建造房屋建筑物一栋，主要用于为专业业务活动服务的辅助活动。根据竣工决算的相关资料，“在建工程”科目的借方余额为 50 000 000

元。现正式办理交付手续。该单位编制会计分录如下：

财务会计：

借：固定资产　　50 000 000

　贷：在建工程　　50 000 000

（3）融资租入的固定资产。

融资租赁取得的固定资产，其成本按照租赁协议或者合同确定的租赁价款、相关税费以及固定资产交付使用前所发生的可归属于该项资产的运输费、途中保险费、安装调试费等确定。

融资租入的固定资产，按照确定的成本，借记本科目或“在建工程”科目，按照租赁协议或者合同确定的租赁付款额，贷记“长期应付款”科目，按照支付的运输费、途中保险费、安装调试费等金额，贷记“财政拨款收入”“银行存款”等科目。

定期支付租金时，按照实际支付金额，借记“长期应付款”科目，贷记“财政拨款收入”“银行存款”等科目（见表 7 - 41）。

表 7 - 41　固定资产账务处理（三）

业务和事项内容	财务会计	预算会计
融资租入（或跨年度分期付款购入）固定资产	借：固定资产/在建工程 贷：长期应付款 财政拨款收入/银行存款等	借：行政支出/事业支出/经营支出等 贷：财政拨款预算收入/资金结存
定期支付租金（或分期付款）	借：长期应付款 贷：财政拨款收入/银行存款等	借：行政支出/事业支出/经营支出等 贷：财政拨款预算收入/资金结存

［例 7 - 79］ 经批准，某事业单位因开展专业业务活动的需要，通过融资租赁方式租入大型仪器设备一台，合同价款为 50 000 000 元。根据合同协议，该事业单位在设备交付后支付 20%的价款，剩余的价款分摊到未来 5 年支付，各年所支付款项均通过国库集中支付方式完成。该单位编制会计分录如下：

①设备交付使用并支付 20%的价款时

财务会计：

借：固定资产　　50 000 000

　贷：财政拨款收入　　10 000 000

　　长期应付款　　40 000 000

预算会计：

借：事业支出　　10 000 000

　贷：财政拨款预算收入　　10 000 000

②以后每年支付租金时

财务会计：

借：长期应付款　　8 000 000

　贷：财政拨款收入　　8 000 000

预算会计：

借：事业支出　　8 000 000

　贷：财政拨款预算收入　　8 000 000

（4）跨年度分期付款购入固定资产。

按照规定跨年度分期付款购入固定资产的账务处理，参照融资租入的固定资产。

（5）接受捐赠的固定资产。

接受捐赠的固定资产，按照确定的固定资产成本，借记本科目或“在建工程”科目，按照发生的相关税费、运输费等，贷记“银行存款”等科目，按照其差额，贷记“捐赠收入”科目。

接受捐赠的固定资产按照名义金额（人民币 1 元）入账的，按照名义金额，借记本科目，贷记“捐赠收入”科目；按照发生的相关税费、运输费等，借记“其他费用”科目，贷记“银行存款”等科目。

（6）无偿调入的固定资产。

无偿调入的固定资产，按照确定的固定资产成本，借记本科目或“在建工程”科目，按照发生的相关税费、运输费等，贷记“银行存款”等科目，按照其差额，贷记“无偿调拨净资产”科目（见表 7-42）。

表 7-42　固定资产账务处理（四）

业务和事项内容	财务会计	预算会计
接受捐赠的固定资产	借：固定资产/在建工程 　贷：银行存款等 　　捐赠收入	借：其他支出 　贷：资金结存
接受捐赠的固定资产按照名义金额入账的	借：固定资产 　贷：捐赠收入 借：其他费用 　贷：银行存款等	借：其他支出 　贷：资金结存
无偿调入的固定资产	借：固定资产/在建工程 　贷：银行存款等 　　无偿调拨净资产	借：其他支出 　贷：资金结存

［例 7-80］某教育事业单位收到校友企业捐赠的教学设备一批，设备的价值共计 500 000 元。同时，在接受捐赠的过程中发生运输费 5 000 元，以银行转账的形式支付。设备现已交付使用。该单位编制会计分录如下：

财务会计：

借：固定资产　　505 000

　贷：银行存款　　5 000

　　捐赠收入　　500 000

预算会计：

借：其他支出　　5 000

　贷：资金结存——货币资金　　5 000

［例 7-81］某行政单位收到上级主管部门无偿调入的设备一台。根据评估，该设备

的价值为 50 000 元。同时，该单位在接受调入的过程中发生运输费等相关费用 300 元，款项以现金方式支付。该单位编制会计分录如下：

财务会计：

借：固定资产　　50 300

　贷：库存现金　　300

　　　无偿调拨净资产　　50 000

预算会计：

借：其他支出　　300

　贷：资金结存——货币资金　　300

[例 7-82] 某事业单位收到其他单位捐赠的特殊设备一台，既无相关资料表明其价值，也不存在评估价值或市场同类价格。经研究决定，采用名义金额计量。在接受捐赠的过程中发生运输费等相关费用 200 元，以现金形式支付。该单位编制会计分录如下：

财务会计：

借：固定资产　　1

　贷：捐赠收入　　1

借：其他费用　　200

　贷：库存现金　　200

预算会计：

借：其他支出　　200

　贷：资金结存——货币资金　　200

2. 与固定资产有关的后续支出

与固定资产有关的后续支出有两种情况：一是符合固定资产确认条件的后续支出，计入固定资产价值；二是不符合固定资产确认条件的后续支出，确认为当期费用。

(1) 符合固定资产确认条件的后续支出。

通常情况下，将固定资产转入改建、扩建时，按照固定资产的账面价值，借记“在建工程”科目，按照固定资产已计提折旧，借记“固定资产累计折旧”科目，按照固定资产的账面余额，贷记本科目。

为增加固定资产使用效能或延长其使用年限而发生的改建、扩建等后续支出，借记“在建工程”科目，贷记“财政拨款收入”“应付账款”“银行存款”等科目。

固定资产改建、扩建等完成交付使用时，按照在建工程成本，借记本科目，贷记“在建工程”科目。

(2) 不符合固定资产确认条件的后续支出。

为保证固定资产正常使用发生的日常维修等支出，借记“业务活动费用”“单位管理费用”“经营费用”等科目，贷记“财政拨款收入”“银行存款”等科目（见表 7-43）。

表 7-43　固定资产账务处理（五）

业务和事项内容	财务会计	预算会计
符合固定资产确认条件的（为增加固定资产使用效能或延长其使用年限而发生的改建、扩建等后续支出）	借：在建工程 固定资产累计折旧 贷：固定资产	—
	借：在建工程 贷：财政拨款收入/应付账款/银行存款等	借：行政支出/事业支出/经营支出等 贷：财政拨款预算收入/资金结存
不符合固定资产确认条件的	借：业务活动费用/单位管理费用/经营费用等 贷：财政拨款收入/银行存款等	借：行政支出/事业支出/经营支出等 贷：财政拨款预算收入/资金结存

[例 7-83] 某行政单位经研究决定，对已使用多年的办公大楼进行改建。该办公大楼的账面余额为 8 000 000 元，已提折旧 3 500 000 元。半年后，改建工程完工，以国库集中支付方式支付工程建设费用 2 000 000 元。在完成验收和竣工决算等手续后，办公大楼重新交付使用。该单位编制会计分录如下：

(1) 将原办公大楼转入改建状态时

财务会计：

借：在建工程　4 500 000
　固定资产累计折旧　3 500 000
　贷：固定资产　8 000 000

(2) 支付工程价款时

财务会计：

借：在建工程　2 000 000
　贷：财政拨款收入　2 000 000

预算会计：

借：行政支出　2 000 000
　贷：财政拨款预算收入　2 000 000

(3) 完成验收并交付使用后

财务会计：

借：固定资产　6 500 000
　贷：在建工程　6 500 000

[例 7-84] 某事业单位因修理办公设备故障（该办公设备主要用于专业业务活动），以国库集中支付方式支付维修费 3 000 元。该单位编制会计分录如下：

财务会计：

借：业务活动费用　3 000
　贷：财政拨款收入　3 000

预算会计：

借：事业支出　3 000
　贷：财政拨款预算收入　3 000

3. 固定资产的处置

按照规定报经批准处置固定资产，应当区分以下情况进行处理（见表 7－44）：

（1）出售、转让固定资产。

报经批准出售、转让固定资产，按照被出售、转让固定资产的账面价值，借记“资产处置费用”科目，按照固定资产已计提的折旧，借记“固定资产累计折旧”科目，按照固定资产账面余额，贷记本科目；同时，按照收到的价款，借记“银行存款”等科目，按照处置过程中发生的相关费用，贷记“银行存款”等科目，按照其差额，贷记“应缴财政款”科目。

（2）对外捐赠固定资产。

报经批准对外捐赠固定资产，按照固定资产已计提的折旧，借记“固定资产累计折旧”科目，按照被处置固定资产账面余额，贷记本科目，按照捐赠过程中发生的归属于捐出方的相关费用，贷记“银行存款”等科目，按照其差额，借记“资产处置费用”科目。

（3）无偿调出固定资产。

报经批准无偿调出固定资产，按照固定资产已计提的折旧，借记“固定资产累计折旧”科目，按照被处置固定资产账面余额，贷记本科目，按照其差额，借记“无偿调拨净资产”科目；同时，按照无偿调出过程中发生的归属于调出方的相关费用，借记“资产处置费用”科目，贷记“银行存款”等科目。

（4）置换换出固定资产。

报经批准置换换出固定资产，参照“库存物品”科目中置换取得库存物品的规定进行账务处理。

固定资产处置时涉及增值税业务的，相关账务处理参见“应交增值税”科目。

表 7－44　固定资产账务处理（六）

<table>
<tr><th>业务和事项内容</th><th>财务会计</th><th>预算会计</th></tr>
<tr><td rowspan="2">出售、转让固定资产</td><td>借：资产处置费用
　　固定资产累计折旧
　贷：固定资产</td><td>—</td></tr>
<tr><td>借：银行存款
　贷：应缴财政款
　　　银行存款等</td><td>—</td></tr>
<tr><td>对外捐赠固定资产</td><td>借：资产处置费用
　　固定资产累计折旧
　贷：固定资产
　　　银行存款等</td><td>按照对外捐赠过程中发生的归属于捐出方的相关费用
借：其他支出
　贷：资金结存</td></tr>
<tr><td rowspan="2">无偿调出固定资产</td><td>借：无偿调拨净资产
　　固定资产累计折旧
　贷：固定资产</td><td>—</td></tr>
<tr><td>借：资产处置费用
　贷：银行存款等</td><td>借：其他支出
　贷：资金结存</td></tr>
<tr><td>置换换出固定资产</td><td colspan="2">参照“库存物品”科目中置换取得库存物品的规定进行账务处理</td></tr>
</table>

［**例 7－85**］经批准，某事业单位出售闲置不用的办公设备一批，其固定资产余额为 500 000 元，已提折旧为 300 000 元。实际出售价格为 150 000 元，其间发生税费等支出 5 000 元，差额部分全部上缴财政。该单位编制会计分录如下：

财务会计：

借：资产处置费用	200 000	
固定资产累计折旧	300 000	
贷：固定资产		500 000
借：银行存款	150 000	
贷：应缴财政款		145 000
银行存款		5 000
借：应缴财政款	145 000	
贷：银行存款		145 000

［**例 7－86**］某事业单位向对口援助地区的希望小学捐赠电脑一批。电脑的固定资产余额为 25 000 元，已提折旧为 10 000 元。其间发生运输费 1 000 元，以银行转账的形式支付。该单位编制会计分录如下：

财务会计：

借：资产处置费用	16 000	
固定资产累计折旧	10 000	
贷：固定资产		25 000
银行存款		1 000

预算会计：

借：其他支出	1 000	
贷：资金结存——货币资金		1 000

［**例 7－87**］某行政单位收到上级主管部门的通知，从该单位无偿调出闲置的设备一台到甲单位。该台设备的固定资产余额为 30 000 元，已提折旧为 18 000 元。在调拨过程中，由该单位承担运费等费用 500 元，以现金形式支付。该单位编制会计分录如下：

财务会计：

借：无偿调拨净资产	12 000	
固定资产累计折旧	18 000	
贷：固定资产		30 000
借：资产处置费用	500	
贷：库存现金		500

预算会计：

借：其他支出	500	
贷：资金结存——货币资金		500

4. 固定资产定期清查盘点

单位应当定期对固定资产进行清查盘点，每年至少盘点一次。对于发生的固定资产盘盈、盘亏或毁损、报废，应当先记入“待处理财产损溢”科目，按照规定报经批准后及时进行后续账务处理。

盘盈的固定资产，其成本按照有关凭据注明的金额确定；没有相关凭据、但按照规定经过资产评估的，其成本按照评估价值确定；没有相关凭据、也未经过评估的，其成本按照重置成本确定。无法采用上述方法确定盘盈固定资产成本的，按照名义金额（人民币1元）入账。盘盈的固定资产，按照确定的入账成本，借记本科目，贷记“待处理财产损溢”科目。

盘亏、毁损或报废的固定资产，按照待处理固定资产的账面价值，借记“待处理财产损溢”科目，按照已计提折旧，借记“固定资产累计折旧”科目，按照固定资产的账面余额，贷记本科目（见表7-45）。

表7-45 固定资产账务处理（七）

业务和事项内容	财务会计	预算会计
盘盈的固定资产	借：固定资产 　贷：待处理财产损溢	—
盘亏、毁损或报废的固定资产	借：待处理财产损溢 　　固定资产累计折旧 　贷：固定资产	—

[例7-88] 某事业单位在固定资产清查盘点过程中，发现一台办公设备已损毁，无法继续使用，该设备的固定资产余额为8 000元，已提折旧为2 000元。同时，盘盈专用设备一台，通过参照登记在册的同类设备的账面价值，确定该设备价值4 000元。该单位编制会计分录如下：

财务会计：

借：固定资产 4 000
　贷：待处理财产损溢 4 000
借：待处理财产损溢 6 000
　　固定资产累计折旧 2 000
　贷：固定资产 8 000

授课视频：请访问中国大学MOOC→政府会计实务/周克清等→第七章第七节固定资产

第八节 在建工程

《政府会计制度》在其总说明中提出了如下要求：“单位对基本建设投资应当按照本制度规定统一进行会计核算，不再单独建账，但是应当按项目单独核算，并保证项目资料完整。”因此，对于行政事业单位来说，不论是基本建设项目，还是非基本建设项目，只要涉及单位的新建、改建、扩建以及技术改造、设备更新等资本性支出，都纳入在建工程核算。

一、工程物资

工程物资是指单位为在建工程准备的各种物资，包括工程用材料、设备等。

（一）科目设置

为了反映工程物资的增减变动情况，单位应当设置“工程物资”科目，核算单位为在建工程准备的各种物资的成本，包括工程用材料、设备等。该科目的借方登记工程物资的增加额；贷方登记工程物资的减少额；期末借方余额反映单位为在建工程准备的各种物资的成本。

其明细账可按照“库存材料”“库存设备”等工程物资类别进行明细核算。

（二）账务处理

工程物资的主要账务处理如下（见表 7－46）：

1. 取得工程物资

购入为工程准备的物资，按照确定的物资成本，借记本科目，贷记“财政拨款收入”“银行存款”“应付账款”“其他应付款”等科目。

2. 领用工程物资

领用工程物资，按照物资成本，借记“在建工程”科目，贷记本科目。工程完工后将领出的剩余物资退库时做相反的会计分录。

3. 剩余工程物资转为单位存货

工程完工后将剩余的工程物资转作本单位存货等的，按照物资成本，借记“库存物品”等科目，贷记本科目。

涉及增值税业务的，相关账务处理参见“应交增值税”科目。

表 7－46　工程物资账务处理

业务和事项内容	财务会计	预算会计
取得工程物资	借：工程物资 　贷：财政拨款收入/银行存款/应付账款/其他应付款等	借：行政支出/事业支出/经营支出等 　贷：财政拨款预算收入/资金结存
领用工程物资	借：在建工程 　贷：工程物资	—
剩余工程物资转为单位存货	借：库存物品 　贷：工程物资	—

［例 7－89］某行政单位 2020 年 3 月 1 日到 5 月 10 日，发生工程物资业务如下，编制相关会计分录。

（1）3 月 1 日，购进工程专用设备一台，发票注明的价款为 300 000 元。设备已验收入库，款项通过国库集中支付方式完成支付。

财务会计：

借：工程物资——库存设备 300 000

贷：财政拨款收入 300 000

预算会计：

借：行政支出 300 000

贷：财政拨款预算收入 300 000

(2) 3月10日，购进工程物资一批，发票注明的价款为500 000元。物资已验收入库，款项通过国库集中支付方式完成支付。

财务会计：

借：工程物资——库存材料 500 000

贷：财政拨款收入 500 000

预算会计：

借：行政支出 500 000

贷：财政拨款预算收入 500 000

(3) 3月31日，根据工程物资出库单，本月合计领用库存设备成本300 000元，库存材料成本100 000元。

财务会计：

借：在建工程 400 000

贷：工程物资——库存设备 300 000

——库存材料 100 000

(4) 4月30日，根据工程物资出库单，本月合计领用库存材料成本280 000元。

财务会计：

借：在建工程 280 000

贷：工程物资——库存材料 280 000

(5) 5月10日，工程完工，剩余工程物资120 000元转为单位存货。

财务会计：

借：库存物品 120 000

贷：工程物资——库存材料 120 000

二、在建工程

在建工程是指已经发生必要支出，但尚未达到交付使用状态的建设项目工程。

(一) 科目设置

为了反映在建工程的增减变动情况，单位应当设置“在建工程”科目，核算单位在建的建设项目工程的实际成本。单位在建的信息系统项目工程、公共基础设施项目工程、保障性住房项目工程的实际成本，也通过本科目核算。该科目的借方登记各项在建工程实际支出；贷方登记工程完工转出成本；期末借方余额反映单位尚未完工的建设项目工程发生的实际成本。

本科目应当设置“建筑安装工程投资”“设备投资”“待摊投资”“其他投资”“待核销基建支出”“基建转出投资”等明细科目，并按照具体项目进行明细核算。各个明细科目的核算内容详见二维码。

在建工程明细科目核算内容

(二) 账务处理

在建工程的主要账务处理如下：

1. 建筑安装工程投资

（1）将固定资产等资产转入改建、扩建等时，按照固定资产等资产的账面价值，借记本科目（建筑安装工程投资），按照已计提的折旧或摊销，借记“固定资产累计折旧”等科目，按照固定资产等资产的原值，贷记“固定资产”等科目。

固定资产等资产改建、扩建过程中涉及替换（或拆除）原资产的某些组成部分的，按照被替换（或拆除）部分的账面价值，借记“待处理财产损溢”科目，贷记本科目（建筑安装工程投资）。

（2）单位对于发包建筑安装工程，根据建筑安装工程价款结算账单与施工企业结算工程价款时，按照应承付的工程价款，借记本科目（建筑安装工程投资），按照预付工程款余额，贷记“预付账款”科目，按照其差额，贷记“财政拨款收入”“银行存款”“应付账款”等科目。

（3）单位自行施工的小型建筑安装工程，按照发生的各项支出金额，借记本科目（建筑安装工程投资），贷记“工程物资”“银行存款”“应付职工薪酬”等科目。

（4）工程竣工，办妥竣工验收交接手续交付使用时，按照建筑安装工程成本（含应分摊的待摊投资），借记“固定资产”等科目，贷记本科目（建筑安装工程投资）（见表7－47）。

表7－47　在建工程账务处理（一）

业务和事项内容	财务会计	预算会计
将固定资产等转入改建、扩建等	借：在建工程——建筑安装工程投资 　　固定资产累计折旧等 　贷：固定资产等	—
改扩建过程中替换（拆除）原资产某些组成部分	借：待处理财产损溢 　贷：在建工程——建筑安装工程投资	—
发包工程预付工程款	借：预付账款——预付工程款 　贷：财政拨款收入/银行存款等	借：行政支出/事业支出等 　贷：财政拨款预算收入/资金结存
按照进度结算工程款	借：在建工程——建筑安装工程投资 　贷：预付账款——预付工程款 　　　财政拨款收入/银行存款/应付账款等	借：行政支出/事业支出等 　贷：财政拨款预算收入/资金结存

续表

业务和事项内容	财务会计	预算会计
工程竣工验收交付使用	借：固定资产等 　贷：在建工程——建筑安装工程投资	—

［例 7-90］经批准，某事业单位对一幢使用多年的办公大楼进行修缮，发生建筑安装工程投资业务如下，编制相关会计分录。

（1）修缮前，这幢办公楼的固定资产账面余额为 50 000 000 元，已提折旧为 35 000 000 元，现转入在建工程。

财务会计：

借：在建工程——建筑安装工程投资　　15 000 000

　　固定资产累计折旧　　35 000 000

　贷：固定资产　　50 000 000

（2）将工程承包给某建筑公司，并通过国库集中支付方式预付了 4 000 000 元的工程款。

财务会计：

借：预付账款——预付工程款　　4 000 000

　贷：财政拨款收入　　4 000 000

预算会计：

借：事业支出　　4 000 000

　贷：财政拨款预算收入　　4 000 000

（3）工程完工后，据结算，通过国库集中支付方式向建筑公司支付剩余工程款 6 000 000 元。

财务会计：

借：在建工程——建筑安装工程投资　　10 000 000

　贷：财政拨款收入　　6 000 000

　　　预付账款——预付工程款　　4 000 000

预算会计：

借：事业支出　　6 000 000

　贷：财政拨款预算收入　　6 000 000

（4）工程通过竣工验收并交付使用。

财务会计：

借：固定资产　　25 000 000

　贷：在建工程——建筑安装工程投资　　25 000 000

2. 设备投资

（1）购入设备时，按照购入成本，借记本科目（设备投资），贷记“财政拨款收入”“应付账款”“银行存款”等科目；采用预付款方式购入设备的，有关预付款的账务处理参照本科目有关“建筑安装工程投资”明细科目的规定。

（2）设备安装完毕，办妥竣工验收交接手续交付使用时，按照设备投资成本（含设备安装工程成本和分摊的待摊投资），借记“固定资产”等科目，贷记本科目（设备投资/建筑安装工程投资——安装工程）。

（3）将不需要安装的设备和达不到固定资产标准的工具、器具交付使用时，按照相关设备、工具、器具的实际成本，借记“固定资产”“库存物品”科目，贷记本科目（设备投资）（见表7－48）。

表7－48 在建工程账务处理（二）

业务和事项内容	财务会计	预算会计
购入设备	借：在建工程——设备投资 贷：财政拨款收入/应付账款/银行存款等	借：行政支出/事业支出等 贷：财政拨款预算收入/资金结存
安装完毕，交付使用	借：固定资产等 贷：在建工程——设备投资 ——建筑安装工程投资 ——安装工程	—
将不需要安装的设备和达不到固定资产标准的工具、器具交付使用	借：固定资产/库存物品 贷：在建工程——设备投资	—

［例7－91］某事业单位购入一台需要安装的设备，该设备用于专业业务活动，采购价为500 000元，款项通过国库集中支付方式支付。在安装期间，发生安装费4 000元，款项通过银行存款支付。该单位编制会计分录如下：

（1）购入设备时

财务会计：

借：在建工程——设备投资　　500 000

贷：财政拨款收入　　500 000

预算会计：

借：事业支出　　500 000

贷：财政拨款预算收入　　500 000

（2）支付安装费时

财务会计：

借：在建工程——设备投资　　4 000

贷：银行存款　　4 000

预算会计：

借：事业支出　　4 000

贷：资金结存——货币资金　　4 000

（3）交付使用时

财务会计：

借：固定资产　　504 000

贷：在建工程——设备投资　　　　　　　　　　504 000

3. 待摊投资

建设工程发生的构成建设项目实际支出的、按照规定应当分摊计入有关工程成本和设备成本的各项间接费用和税费支出，先在本明细科目中归集；建设工程办妥竣工验收手续交付使用时，按照合理的分配方法，摊入相关工程成本、在安装设备成本等（见表7-49）。

（1）单位发生的构成待摊投资的各类费用，按照实际发生金额，借记本科目（待摊投资），贷记“财政拨款收入”“银行存款”“应付利息”“长期借款”“其他应交税费”“固定资产累计折旧”“无形资产累计摊销”等科目。

（2）对于建设过程中试生产、设备调试等产生的收入，按照取得的收入金额，借记“银行存款”等科目，按照依据有关规定应当冲减建设工程成本的部分，贷记本科目（待摊投资），按照其差额贷记“应缴财政款”或“其他收入”科目。

（3）由于自然灾害、管理不善等原因造成的单项工程或单位工程报废或毁损，扣除残料价值和过失人或保险公司等赔款后的净损失，报经批准后计入继续施工的工程成本的，按照工程成本扣除残料价值和过失人或保险公司等赔款后的净损失，借记本科目（待摊投资），按照残料变价收入、过失人或保险公司赔款等，借记“银行存款”“其他应收款”等科目，按照报废或毁损的工程成本，贷记本科目（建筑安装工程投资）。

（4）工程交付使用时，按照合理的分配方法分配待摊投资，借记本科目（建筑安装工程投资、设备投资），贷记本科目（待摊投资）。

待摊投资的分配方法，可按照下列公式计算：

按照实际分配率分配。适用于建设工期较短、整个项目的所有单项工程一次竣工的建设项目。

$$\text{实际分配率}=\text{待摊投资明细科目余额}\div\left(\text{建筑工程明细科目余额}+\text{安装工程明细科目余额}+\text{设备投资明细科目余额}\right)\times 100\%$$

按照概算分配率分配。适用于建设工期长、单项工程分期分批建成投入使用的建设项目。

$$\text{概算分配率}=\left(\text{概算中各待摊投资项目的合计数}-\text{其中可直接分配部分}\right)\div\text{概算中建筑工程、安装工程和设备投资合计}\times 100\%$$

$$\text{某项固定资产应分配的待摊投资}=\text{该项固定资产的建筑工程成本或该项固定资产（设备）的采购成本和安装成本合计}\times\text{分配率}$$

表7-49 在建工程账务处理（三）

业务和事项内容	财务会计	预算会计
发生构成待摊投资的各类费用	借：在建工程——待摊投资 　贷：财政拨款收入/银行存款/应付利息/长期借款/其他应交税费等	借：行政支出/事业支出等 　贷：财政拨款预算收入/资金结存

续表

业务和事项内容	财务会计	预算会计
对于建设过程中试生产、设备调试等产生的收入	借：银行存款等 贷：在建工程——待摊投资 应缴财政款/其他收入	借：资金结存 贷：其他预算收入
经批准将单项工程或单位工程报废净损失计入继续施工的工程成本的	借：在建工程——待摊投资 银行存款/其他应收款等 贷：在建工程——建筑安装工程投资	—
工程交付使用时，按照一定的分配方法进行待摊投资分配	借：在建工程——建筑安装工程投资 ——设备投资 贷：在建工程——待摊投资	—

[例 7-92] 经批准，某事业单位启动一个项目建设工程，整个工程包括一项建筑工程和一项设备投资。在整个工程建设期间，发生待摊投资业务如下，编制相关会计分录。

(1) 以银行存款支付勘察费和设计费等各项费用 200 000 元。

财务会计：

借：在建工程——待摊投资　　200 000

　贷：银行存款　　200 000

预算会计：

借：事业支出　　200 000

　贷：资金结存——货币资金　　200 000

(2) 以银行存款支付工程检测和竣工验收费等 300 000 元。

财务会计：

借：在建工程——待摊投资　　300 000

　贷：银行存款　　300 000

预算会计：

借：事业支出　　300 000

　贷：资金结存——货币资金　　300 000

(3) 整个项目完工。在结转完工成本前，“在建工程——建筑安装工程投资”科目余额为 8 000 000 元，“在建工程——设备投资”科目余额为 2 000 000 元，按比例分配待摊投资。

实际分配率＝500 000÷(8 000 000＋2 000 000)×100%＝5%

建筑安装工程投资应分摊的待摊投资＝8 000 000×5%＝400 000（元）

设备投资应分摊的待摊投资＝2 000 000×5%＝100 000（元）

财务会计：

借：在建工程——建筑安装工程投资　　400 000

　　　　　——设备投资　　100 000

　贷：在建工程——待摊投资　　500 000

4. 其他投资

（1）单位为建设工程发生的房屋购置支出，基本畜禽、林木等的购置、饲养、培育支出，办公生活用家具、器具购置支出，软件研发和不能计入设备投资的软件购置等支出，按照实际发生金额，借记本科目（其他投资），贷记“财政拨款收入”“银行存款”等科目。

（2）工程完成将形成的房屋、基本畜禽、林木等各种财产以及无形资产交付使用时，按照其实际成本，借记“固定资产”“无形资产”等科目，贷记本科目（其他投资）（见表 7-50）。

表 7-50 在建工程账务处理（四）

业务和事项内容	财务会计	预算会计
发生其他投资支出	借：在建工程——其他投资 贷：财政拨款收入/银行存款等	借：行政支出/事业支出等 贷：财政拨款预算收入/资金结存
资产交付使用	借：固定资产/无形资产等 贷：在建工程——其他投资	—

[例 7-93] 某行政单位在建设办公大楼的过程中发生林木购置支出 300 000 元，款项通过国库集中支付方式支付，该单位编制会计分录如下：

财务会计：

借：在建工程——其他投资　　300 000

　贷：财政拨款收入　　300 000

预算会计：

借：行政支出　　300 000

　贷：财政拨款预算收入　　300 000

5. 待核销基建支出

（1）建设项目发生的江河清障、航道清淤、飞播造林、补助群众造林、水土保持、城市绿化等不能形成资产的各类待核销基建支出，按照实际发生金额，借记本科目（待核销基建支出），贷记“财政拨款收入”“银行存款”等科目。

（2）取消的建设项目发生的可行性研究费，按照实际发生金额，借记本科目（待核销基建支出），贷记本科目（待摊投资）。

（3）由于自然灾害等原因发生的建设项目整体报废所形成的净损失，报经批准后转入待核销基建支出，按照项目整体报废所形成的净损失，借记本科目（待核销基建支出），按照报废工程回收的残料变价收入、保险公司赔款等，借记“银行存款”“其他应收款”等科目，按照报废的工程成本，贷记本科目（建筑安装工程投资等）。

（4）建设项目竣工验收交付使用时，对发生的待核销基建支出进行冲销，借记“资产处置费用”科目，贷记本科目（待核销基建支出）（见表 7-51）。

表 7-51　在建工程账务处理（五）

业务和事项内容	财务会计	预算会计
发生各类待核销基建支出	借：在建工程——待核销基建支出 贷：财政拨款收入/银行存款等	借：行政支出/事业支出 贷：财政拨款预算收入/资金结存
取消的项目发生的可行性研究费	借：在建工程——待核销基建支出 贷：在建工程——待摊投资	—
由于自然灾害等原因发生的项目整体报废所形成的净损失	借：在建工程——待核销基建支出 银行存款/其他应收款等 贷：在建工程——建筑安装工程投资等	—
经批准冲销待核销基建支出	借：资产处置费用 贷：在建工程——待核销基建支出	—

［例 7-94］某事业单位在工程建设过程中发生待核销基建支出业务如下，编制相关会计分录。

（1）以银行存款支付航道清淤费等待核销基建支出 350 000 元。

财务会计：

借：在建工程——待核销基建支出　　350 000

　贷：银行存款　　350 000

预算会计：

借：事业支出　　350 000

　贷：资金结存——货币资金　　350 000

（2）项目竣工后，对待核销基建支出进行冲销。

借：资产处置费用　　350 000

　贷：在建工程——待核销基建支出　　350 000

6. 基建转出投资

为建设项目配套而建成的、产权不归属本单位的专用设施，在项目竣工验收交付使用时，按照转出的专用设施的成本，借记本科目（基建转出投资），贷记本科目（建筑安装工程投资）；同时，借记“无偿调拨净资产”科目，贷记本科目（基建转出投资）（见表 7-52）。

表 7-52　在建工程账务处理（六）

业务和事项内容	财务会计	预算会计
建造的产权不归属本单位的专用设施转出	借：在建工程——基建转出投资 贷：在建工程——建筑安装工程投资	—
冲销转出的在建工程	借：无偿调拨净资产 贷：在建工程——基建转出投资	—

［例 7-95］某行政单位在项目竣工验收交付使用时，将为建设项目配套而建成的、产权不归属本单位的专用设施移交给其他单位。经核算，该专用设施的建设成本为 250 000 元。该单位编制会计分录如下：

财务会计：

借：在建工程——基建转出投资　　250 000

　贷：在建工程——建筑安装工程投资　　250 000

借：无偿调拨净资产　　250 000

　贷：在建工程——基建转出投资　　250 000

授课视频：请访问中国大学 MOOC→政府会计实务/周克清等→第七章第八节工程物资与在建工程

第九节　无形资产

一、概念

无形资产是指单位控制的没有实物形态的可辨认非货币性资产，如专利权、商标权、著作权、土地使用权、非专利技术等。

无形资产一般具有以下特征：(1) 不具有独立的物质实体；(2) 属于非货币性长期资产；(3) 持有资产的目的是供运营活动使用，所产生的服务潜力或经济利益在运营中得以体现；(4) 带来的服务潜力或经济利益具有不确定性。

一项资产如果在会计上被确认为无形资产，除满足无形资产定义外，还必须同时满足下列条件：第一，与该无形资产相关的服务潜力很可能实现或者经济利益很可能流入单位；第二，该无形资产的成本或价值能够可靠地计量。

二、科目设置

为了核算单位在无形资产的取得、持有与处置过程中发生的业务和经济事项内容，《政府会计制度》设置了“无形资产”“无形资产累计摊销”“研发支出”等总账科目。

(一)“无形资产”科目

为了反映无形资产的增减变动情况，单位应当设置“无形资产”科目，核算单位无形资产的原值。该科目的借方登记取得无形资产的成本；贷方登记处置的无形资产成本；期末借方余额反映单位无形资产的成本。其明细账应当按照无形资产的类别、项目等进行明细核算。

需要注意，非大批量购入、单价小于 1 000 元的无形资产，可以于购买的当期将其成本直接计入当期费用。

(二)“无形资产累计摊销”科目

为了核算无形资产累计摊销的增减变动情况，单位应当设置“无形资产累计摊销”科目，核算单位对使用年限有限的无形资产计提的累计摊销。该科目贷方登记计提的无形资产摊销额；借方登记因无形资产减少而转销的摊销额；期末贷方余额反映单位计提的无形资产摊销累计数。其明细账应当按照所对应无形资产的明细分类进行明细核算。

1. 无形资产的摊销期

关于无形资产的摊销期，《政府会计准则第4号——无形资产》规定如下：（1）法律规定了有效年限的，以法律规定的有效年限作为摊销年限；（2）法律没有规定有效年限的，以相关合同或单位申请书中的受益年限作为摊销年限；（3）法律没有规定有效年限、相关合同或单位申请书也没有规定受益年限的，应当根据无形资产为政府会计主体带来服务潜力或经济利益的实际情况，预计其使用年限；（4）非大批量购入、单价小于1 000元的无形资产，可以于购买的当期将其成本一次性全部转销。

2. 无形资产的摊销方法

政府会计主体应当采用年限平均法或者工作量法对无形资产进行摊销，应摊销金额为其成本，不考虑预计残值。

（三）“研发支出”科目

为了强化自行研发无形资产入账成本的核算，《政府会计准则第4号——无形资产》引入了企业会计中关于自行研发无形资产的会计处理规定并对相关内容进行了适度简化：政府会计主体自行研究开发项目支出，应当区分研究阶段支出与开发阶段支出。在研究阶段的支出，应当于发生时计入当期费用。在开发阶段的支出，先按合理方法进行归集，最终形成无形资产的，应当确认为无形资产；最终未形成无形资产的，应当计入当期费用。

其中，研究是指为获取并理解新的科学或技术知识而进行的独创性的有计划调查；开发是指在进行生产或使用前，将研究成果或其他知识应用于某项计划或设计，以生产出新的或具有实质性改进的材料、装置、产品等。

为了核算研发支出的增减变动情况，单位应当设置“研发支出”科目。该科目借方登记研发支出的增加额；贷方登记期末转入当期费用或无形资产成本的研发支出；期末借方余额反映单位正在进行的自行研究开发项目开发阶段的费用。其明细账可按自行研究开发项目，并区分“研究支出”“开发支出”设置明细科目进行核算。

三、账务处理

（一）无形资产的取得

无形资产在取得时，应当按照成本进行初始计量。

1. 外购无形资产

外购的无形资产，按照确定的成本，借记本科目，贷记“财政拨款收入”“应付账款”“银行存款”等科目（见表7-53）。

表 7-53 无形资产账务处理（一）

业务和事项内容	财务会计	预算会计
外购的无形资产入账	借：无形资产 贷：财政拨款收入/应付账款/银行存款等	借：行政支出/事业支出/经营支出等 贷：财政拨款预算收入/资金结存

［例 7-96］某行政单位通过公开招标程序，向甲公司采购预算管理软件一套，发票注明的金额为 220 000 元。现软件已安装完成并通过验收，款项也以国库集中支付的方式完成支付。该单位编制会计分录如下：

财务会计：

借：无形资产　　220 000

贷：财政拨款收入　　220 000

预算会计：

借：行政支出　　220 000

贷：财政拨款预算收入　　220 000

［例 7-97］某事业单位为开展非独立核算的经营活动的需要，单独采购办公软件一套，发票注明的金额为 50 000 元。现办公软件已安装完成并通过验收，款项通过银行转账的方式支付。该单位编制会计分录如下：

财务会计：

借：无形资产　　50 000

贷：银行存款　　50 000

预算会计：

借：经营支出　　50 000

贷：资金结存——货币资金　　50 000

2. 委托软件公司开发软件

委托软件公司开发软件，视同外购无形资产进行处理。合同中约定预付开发费用的，按照预付金额，借记“预付账款”科目，贷记“财政拨款收入”“银行存款”等科目。

软件开发完成交付使用并支付剩余或全部软件开发费用时，按照软件开发费用总额，借记本科目，按照相关预付账款金额，贷记“预付账款”科目，按照支付的剩余金额，贷记“财政拨款收入”“银行存款”等科目（见表 7-54）。

表 7-54 无形资产账务处理（二）

业务和事项内容	财务会计	预算会计
委托软件公司开发的软件，按照合同约定预付开发费	借：预付账款 贷：财政拨款收入/银行存款等	借：行政支出/事业支出/经营支出等 贷：财政拨款预算收入/资金结存

续表

业务和事项内容	财务会计	预算会计
委托开发的软件交付使用，并支付剩余或全部软件开发费用	借：无形资产 　贷：预付账款 　　　财政拨款收入/银行存款等	按照支付的剩余款项金额 借：行政支出/事业支出/经营支出等 　贷：财政拨款预算收入/资金结存

［例 7-98］2023 年，某普通高校因开展实验教学的需要，委托乙公司开发教学软件一套，合同约定价款为 300 000 元。4 月 10 日，以国库集中支付方式向乙公司支付前期开发费用 100 000 元。8 月 20 日，软件完成开发并交付使用。单位以国库集中支付方式支付剩余款项。该高校编制会计分录如下：

（1）4 月 10 日支付前期开发费用时

财务会计：

借：预付账款　　100 000

　贷：财政拨款收入　　100 000

预算会计：

借：事业支出　　100 000

　贷：财政拨款预算收入　　100 000

（2）8 月 20 日支付剩余款项时

财务会计：

借：无形资产　　300 000

　贷：预付账款　　100 000

　　　财政拨款收入　　200 000

预算会计：

借：事业支出　　200 000

　贷：财政拨款预算收入　　200 000

3. 自行研究开发形成的无形资产

自行研究开发项目研究阶段发生的支出，借记“研发支出——研究支出”科目，贷记“应付职工薪酬”“库存物品”“财政拨款收入”等科目。期末，将相关费用支出转入当期费用，借记“业务活动费用”“单位管理费用”等科目，贷记“研发支出——研究支出”科目。

自行研究开发项目开发阶段发生的支出，借记“研发支出——开发支出”科目，贷记“应付职工薪酬”“库存物品”“财政拨款收入”“银行存款”等科目。

自行研究开发形成的无形资产，按照研究开发项目进入开发阶段后至达到预定用途前所发生的支出总额，借记本科目，贷记“研发支出——开发支出”科目。

自行研究开发项目尚未进入开发阶段，或者确实无法区分研究阶段支出和开发阶段支出，但按照法律程序已申请取得无形资产的，按照依法取得时发生的注册费、聘请律师费等费用，借记本科目，贷记“财政拨款收入”“银行存款”等科目；按照依法取得前所发生的研究开发支出，借记“业务活动费用”等科目，贷记“研发支出”科目（见表 7-55）。

表 7-55 无形资产账务处理（三）

业务和事项内容	财务会计	预算会计
自行研究开发项目研究阶段的支出	借：研发支出——研究支出 贷：应付职工薪酬/库存物品/财政拨款收入等 借：业务活动费用/单位管理费用等 贷：研发支出——研究支出	借：事业支出/经营支出等 贷：财政拨款预算收入/资金结存
自行研究开发项目开发阶段的支出	借：研发支出——开发支出 贷：应付职工薪酬 库存物品 财政拨款收入/银行存款等	借：事业支出/经营支出等 贷：财政拨款预算收入/资金结存
开发完成，达到预定用途形成无形资产的	借：无形资产 贷：研发支出——开发支出	—
自行研究开发无形资产尚未进入开发阶段，或者确实无法区分研究阶段支出和开发阶段支出，但按照法律程序已申请取得无形资产的	借：无形资产 贷：财政拨款收入/银行存款等	借：事业支出/经营支出等 贷：财政拨款预算收入/资金结存

[例 7-99] 某事业单位自行开发一项专利技术。2022 年，该项专利技术的研发处于研究阶段，发生研究支出 100 000 元，款项通过银行转账支付。期末，将研究阶段发生的支出 100 000 元转入业务活动费用。2023 年，经论证和批准，研发活动进入开发阶段，发生开发支出 350 000 元，款项通过银行转账支付。2023 年 9 月，开发项目完成后，形成一项无形资产。该单位编制会计分录如下：

(1) 2022 年，研究阶段发生支出时

财务会计：

借：研发支出——研究支出　　100 000

　贷：银行存款　　100 000

预算会计：

借：事业支出　　100 000

　贷：资金结存——货币资金　　100 000

(2) 期末，结转为当期费用

财务会计：

借：业务活动费用　　100 000

　贷：研发支出——研究支出　　100 000

(3) 2023 年，开发阶段发生支出时

财务会计：

借：研发支出——开发支出　　350 000

　贷：银行存款　　350 000

预算会计：

借：事业支出　　350 000

贷：资金结存——货币资金　　350 000

（4）开发成功后，形成一项无形资产

财务会计：

借：无形资产　　350 000

贷：研发支出——开发支出　　350 000

4. 接受捐赠的无形资产

接受捐赠的无形资产，按照确定的无形资产成本，借记本科目，按照发生的相关税费等，贷记“银行存款”等科目，按照其差额，贷记“捐赠收入”科目。

接受捐赠的无形资产按照名义金额入账的，按照名义金额，借记本科目，贷记“捐赠收入”科目；同时，按照发生的相关税费等，借记“其他费用”科目，贷记“银行存款”等科目（见表7-56）。

表7-56　无形资产账务处理（四）

业务和事项内容	财务会计	预算会计
接受捐赠的无形资产	借：无形资产 　贷：银行存款等 　　　捐赠收入	借：其他支出 　贷：资金结存
接受捐赠的无形资产按照名义金额入账的	借：无形资产 　贷：捐赠收入 借：其他费用 　贷：银行存款等	借：其他支出 　贷：资金结存

［例7-100］某事业单位收到其他单位捐赠的专利技术一项，相关凭证表明其价值为20 000元。在移交过程中，发生税费等费用1 500元，款项以银行存款方式支付。该单位编制会计分录如下：

财务会计：

借：无形资产　　21 500

贷：银行存款　　1 500

捐赠收入　　20 000

预算会计：

借：其他支出　　1 500

贷：资金结存——货币资金　　1 500

5. 无偿调入的无形资产

无偿调入的无形资产，按照确定的无形资产成本，借记本科目，按照发生的相关税费等，贷记“银行存款”等科目，按照其差额，贷记“无偿调拨净资产”科目（见表7-57）。

表7-57　无形资产账务处理（五）

业务和事项内容	财务会计	预算会计
无偿调入的无形资产	借：无形资产 　贷：银行存款等 　　　无偿调拨净资产	借：其他支出 　贷：资金结存

［例 7-101］某行政单位收到上级主管部门无偿调入的办公管理软件一套，相关凭证表明其价值为500 000元。在调入过程中，发生相关费用500元，以现金支付。该单位编制会计分录如下：

财务会计：

借：无形资产　　500 500

　贷：无偿调拨净资产　　500 000

　　　库存现金　　500

预算会计：

借：其他支出　　500

　贷：资金结存——货币资金　　500

（二）无形资产摊销

按月对无形资产进行摊销时，按照应摊销金额，借记“业务活动费用”“单位管理费用”“加工物品”“在建工程”等科目，贷记本科目（见表7-58）。

表 7-58　无形资产累计摊销账务处理

业务和事项内容	财务会计	预算会计
按月对无形资产进行摊销	借：业务活动费用/单位管理费用/加工物品/在建工程等 　贷：无形资产累计摊销	—

［例 7-102］某事业单位2023年6月的无形资产摊销额为200 000元。其中，有150 000元摊销额需要计入业务活动费用，有50 000元摊销额需要计入单位管理费用。该单位编制会计分录如下：

财务会计：

借：业务活动费用　　150 000

　　单位管理费用　　50 000

　贷：无形资产累计摊销　　200 000

（三）无形资产后续支出

无形资产的后续支出有两种情况：一是符合无形资产确认条件的后续支出，计入无形资产价值；二是不符合无形资产确认条件的后续支出，确认为当期费用（见表7-59）。

1. 符合无形资产确认条件的后续支出

为增加无形资产的使用效能对其进行升级改造或扩展其功能时，需暂停对无形资产进行摊销的，按照无形资产的账面价值，借记“在建工程”科目，按照无形资产已摊销金额，借记“无形资产累计摊销”科目，按照无形资产的账面余额，贷记本科目。

无形资产后续支出符合无形资产确认条件的，按照支出的金额，借记本科目或“在建工程”科目，贷记“财政拨款收入”“银行存款”等科目。

暂停摊销的无形资产升级改造或扩展功能等完成交付使用时，按照在建工程成本，借记本科目，贷记“在建工程”科目。

2. 不符合无形资产确认条件的后续支出

为保证无形资产正常使用发生的日常维护等支出，借记“业务活动费用”“单位管理费用”“经营费用”等科目，贷记“财政拨款收入”“银行存款”等科目。

表 7-59　无形资产账务处理（六）

业务和事项内容	财务会计	预算会计
符合无形资产确认条件的后续支出（如为增加无形资产的使用效能而发生的后续支出）	借：在建工程 　　无形资产累计摊销 　贷：无形资产 借：在建工程/无形资产 　贷：财政拨款收入/银行存款等	借：行政支出/事业支出/经营支出等 　贷：财政拨款预算收入/资金结存
不符合无形资产确认条件的后续支出（为维护无形资产的正常使用而发生的后续支出）	借：业务活动费用/单位管理费用/经营费用等 　贷：财政拨款收入/银行存款等	借：行政支出/事业支出/经营支出等 　贷：财政拨款预算收入/资金结存

［**例 7-103**］某事业单位对一项管理软件进行升级改造（无须暂停摊销），用银行存款支付软件公司劳务费 50 000 元。现升级改造已完成，验收后交付使用。该单位编制会计分录如下：

财务会计：

借：无形资产　　50 000

　贷：银行存款　　50 000

预算会计：

借：事业支出　　50 000

　贷：资金结存——货币资金　　50 000

［**例 7-104**］某行政单位对其办公管理软件进行技术维修，用国库集中支付方式支付软件公司维修费 2 000 元。该单位编制会计分录如下：

财务会计：

借：业务活动费用　　2 000

　贷：财政拨款收入　　2 000

预算会计：

借：行政支出　　2 000

　贷：财政拨款预算收入　　2 000

（四）无形资产处置

按照规定报经批准处置无形资产，应当区分以下情况处理（见表 7-60）：

1. 出售、转让无形资产

报经批准出售、转让无形资产，按照被出售、转让无形资产的账面价值，借记“资产处置费用”科目，按照无形资产已计提的摊销，借记“无形资产累计摊销”科目，按照无形资产账面余额，贷记本科目；同时，按照收到的价款，借记“银行存款”等科目，按照处置过程中发生的相关费用，贷记“银行存款”等科目，按照其差额，贷记“应缴财政款”“其他收入”科目。

2. 对外捐赠无形资产

报经批准对外捐赠无形资产，按照无形资产已计提的摊销，借记“无形资产累计摊销”科目，按照被处置无形资产账面余额，贷记本科目，按照捐赠过程中发生的归属于捐出方的相关费用，贷记“银行存款”等科目，按照其差额，借记“资产处置费用”科目。

3. 无偿调出无形资产

报经批准无偿调出无形资产，按照无形资产已计提的摊销，借记“无形资产累计摊销”科目，按照被处置无形资产账面余额，贷记本科目，按照其差额，借记“无偿调拨净资产”科目；同时，按照无偿调出过程中发生的归属于调出方的相关费用，借记“资产处置费用”科目，贷记“银行存款”等科目。

4. 置换换出无形资产

报经批准置换换出无形资产，参照“库存物品”科目中置换取得库存物品的规定进行账务处理。

5. 经批准核销无形资产

无形资产预期不能为单位带来服务潜力或经济利益，按照规定报经批准核销时，按照待核销无形资产的账面价值，借记“资产处置费用”科目，按照已计提摊销，借记“无形资产累计摊销”科目，按照无形资产的账面余额，贷记本科目。

无形资产处置时涉及增值税业务的，相关账务处理参见“应交增值税”科目。

表 7-60 无形资产账务处理（七）

业务和事项内容	财务会计	预算会计
出售、转让无形资产	借：资产处置费用 　　无形资产累计摊销 　贷：无形资产	—
	借：银行存款等 　贷：银行存款等 　　　应缴财政款/其他收入	如转让收入按照规定纳入本单位预算 借：资金结存 　贷：其他预算收入
对外捐赠无形资产	借：资产处置费用 　　无形资产累计摊销 　贷：无形资产 　　　银行存款等	借：其他支出 　贷：资金结存
无偿调出无形资产	借：无偿调拨净资产 　　无形资产累计摊销 　贷：无形资产 借：资产处置费用 　贷：银行存款等	借：其他支出 　贷：资金结存

续表

业务和事项内容	财务会计	预算会计
置换换出无形资产	参照“库存物品”科目中置换取得库存物品的规定进行账务处理	
经批准核销无形资产	借：资产处置费用 　　无形资产累计摊销 　贷：无形资产	—

[例 7-105] 经批准，某事业单位出售某项专利权，该专利权成本为 400 000 元，已提摊销为 300 000 元。实际出售价格为 80 000 元，其间发生税费等支出 6 000 元，差额部分全部上缴财政。该单位编制会计分录如下：

财务会计：

借：资产处置费用　100 000
　　无形资产累计摊销　300 000
　贷：无形资产　400 000

借：银行存款　80 000
　贷：应缴财政款　74 000
　　　银行存款　6 000

借：应缴财政款　74 000
　贷：银行存款　74 000

[例 7-106] 某事业单位向对口援助地区的希望小学捐赠教学软件一套。该软件成本为 25 000 元，已提摊销为 10 000 元。该单位编制会计分录如下：

财务会计：

借：资产处置费用　15 000
　　无形资产累计摊销　10 000
　贷：无形资产　25 000

[例 7-107] 某行政单位收到上级主管部门的通知，从该单位无偿调出某项专利权。该专利权的成本为 30 000 元，已提折旧为 18 000 元。在调拨过程中，由该单位承担相关费用 500 元，以现金形式支付。该单位编制会计分录如下：

财务会计：

借：无偿调拨净资产　12 000
　　无形资产累计摊销　18 000
　贷：无形资产　30 000

借：资产处置费用　500
　贷：库存现金　500

预算会计：

借：其他支出　500
　贷：资金结存——货币资金　500

[例 7-108] 某事业单位拥有的一套办公软件因无法继续使用，经批准予以核销。该

软件的账面余额为 50 000 元，已计提的摊销为 40 000 元。该单位编制会计分录如下：

财务会计：

借：资产处置费用　　10 000

　　无形资产累计摊销　　40 000

　贷：无形资产　　50 000

授课视频：请访问中国大学 MOOC→政府会计实务/周克清等→第七章第九节无形资产

第十节　其他资产

由于篇幅所限，本书将“公共基础设施”“政府储备物资”“文物文化资产”“保障性住房”“受托代理资产”“长期待摊费用”“待处理财产损溢”等资产类科目合并为一节，统称为其他资产。

财政部关于“政府会计准则第 5 号和第 6 号”答记者问

一、公共基础设施

公共基础设施是指政府会计主体为满足社会公共需求而控制的，同时具有以下特征的有形资产：（1）是一个有形资产系统或网络的组成部分；（2）具有特定用途；（3）一般不可移动。主要包括市政基础设施（如城市道路、桥梁、隧道、公交场站、路灯、广场、公园绿地、室外公共健身器材，以及环卫、排水、供水、供电、供气、供热、污水处理、垃圾处理系统等）、交通基础设施（如公路、航道、港口等）、水利基础设施（如大坝、堤防、水闸、泵站、渠道等）和其他公共基础设施。

（一）科目设置

1. “公共基础设施”科目

为了反映公共基础设施的增减变动情况，单位应当设置“公共基础设施”科目，核算单位控制的公共基础设施的原值。该科目的借方登记公共基础设施的增加额；贷方登记公共基础设施的减少额；期末借方余额反映公共基础设施的原值。

其明细账应当按照公共基础设施的类别、项目等进行明细核算。单位应当根据行业主管部门对公共基础设施的分类规定，制定适合本单位管理的公共基础设施目录、分类方法，作为进行公共基础设施核算的依据。

2. “公共基础设施累计折旧（摊销）”科目

为了反映公共基础设施累计折旧（摊销）的增减变动情况，单位应当设置“公共基础设施累计折旧（摊销）”科目，核算单位计提的公共基础设施累计折旧和累计摊销。该科目贷方登记公共基础设施累计折旧（摊销）额的增加额；借方登记公共基础设施累计折旧（摊销）额的减少或转出额；期末贷方余额，反映单位提取的公共基础设施折旧和摊销的累计数。

其明细账应当按照所对应公共基础设施的明细分类进行明细核算。

（二）账务处理

公共基础设施和公共基础设施累计折旧（摊销）的主要账务处理如下：

1. 取得公共基础设施

公共基础设施在取得时，应当按照其成本入账（见表 7－61）。

（1）自行建造的公共基础设施完工交付使用时，按照在建工程的成本，借记本科目，贷记“在建工程”科目。

已交付使用但尚未办理竣工决算手续的公共基础设施，按照估计价值入账，待办理竣工决算后再按照实际成本调整原来的暂估价值。

（2）接受其他单位无偿调入的公共基础设施，按照确定的成本，借记本科目，按照发生的归属于调入方的相关费用，贷记“财政拨款收入”“银行存款”等科目，按照其差额，贷记“无偿调拨净资产”科目。

无偿调入的公共基础设施成本无法可靠取得的，按照发生的相关税费、运输费等金额，借记“其他费用”科目，贷记“财政拨款收入”“银行存款”等科目。

（3）接受捐赠的公共基础设施，按照确定的成本，借记本科目，按照发生的相关费用，贷记“财政拨款收入”“银行存款”等科目，按照其差额，贷记“捐赠收入”科目。

接受捐赠的公共基础设施成本无法可靠取得的，按照发生的相关税费等金额，借记“其他费用”科目，贷记“财政拨款收入”“应付账款”“银行存款”等科目。

（4）外购的公共基础设施，按照确定的成本，借记本科目，贷记“财政拨款收入”“应付账款”“银行存款”等科目。

（5）对于成本无法可靠取得的公共基础设施，单位应当设置备查簿进行登记，待成本能够可靠确定后按照规定及时入账。

表 7－61　取得公共基础设施账务处理

业务和事项内容	财务会计	预算会计
自行建造公共基础设施完工交付使用	借：公共基础设施 　贷：在建工程	—
接受无偿调入的公共基础设施	借：公共基础设施 　贷：无偿调拨净资产 　　　财政拨款收入/银行存款等 如无偿调入的公共基础设施成本无法可靠取得的 借：其他费用 　贷：财政拨款收入/银行存款等	借：其他支出 　贷：财政拨款预算收入/资金结存

续表

业务和事项内容	财务会计	预算会计
接受捐赠的公共基础设施	借：公共基础设施 　贷：捐赠收入 　　财政拨款收入/银行存款等 如接受捐赠的公共基础设施成本无法可靠取得的 借：其他费用 　贷：财政拨款收入/银行存款等	借：其他支出 　贷：财政拨款预算收入/资金结存
外购的公共基础设施	借：公共基础设施 　贷：财政拨款收入/应付账款/银行存款等	借：行政支出/事业支出 　贷：财政拨款预算收入/资金结存

[**例 7－109**] 某行政单位发生公共基础设施业务如下，编制相关会计分录。

(1) 某项在建工程完成竣工并确认为公共基础设施。据竣工决算，该工程的建设成本为 100 000 000 元。

财务会计：

借：公共基础设施　　100 000 000

　贷：在建工程　　100 000 000

(2) 从外单位无偿调入公共基础设施一项，调出单位的账面价值为 50 000 000 元，调入单位用国库集中支付方式支付相关费用 800 000 元。

财务会计：

借：公共基础设施　　50 800 000

　贷：财政拨款收入　　800 000

　　无偿调拨净资产　　50 000 000

预算会计：

借：其他支出　　800 000

　贷：财政拨款预算收入　　800 000

(3) 外购某项公共基础设施并交付使用，采购价为 5 000 000 元，通过国库集中支付方式支付采购款项。

财务会计：

借：公共基础设施　　5 000 000

　贷：财政拨款收入　　5 000 000

预算会计：

借：行政支出　　5 000 000

　贷：财政拨款预算收入　　5 000 000

2. 公共基础设施累计折旧（摊销）

(1) 按月计提公共基础设施折旧时，按照应计提的折旧额，借记“业务活动费用”科目，贷记本科目。

(2) 按月对确认为公共基础设施的单独计价入账的土地使用权进行摊销时，按照应计提的摊销额，借记“业务活动费用”科目，贷记本科目（见表7-62）。

表7-62　公共基础设施累计折旧（摊销）账务处理

业务和事项内容	财务会计	预算会计
按月计提公共基础设施折旧或摊销	借：业务活动费用 　贷：公共基础设施累计折旧（摊销）	—

［例7-110］2023年6月30日，某行政单位计提公共基础设施折旧（摊销）550 000元。该单位编制会计分录如下：

财务会计：

借：业务活动费用　　550 000

　贷：公共基础设施累计折旧（摊销）　　550 000

3. 公共基础设施的后续支出

公共基础设施的后续支出有两种情况：一是符合公共基础设施确认条件的后续支出，计入公共基础设施价值；二是不符合公共基础设施确认条件的后续支出，确认为当期费用（见表7-63）。

（1）资本性后续支出。

将公共基础设施转入改建、扩建时，按照公共基础设施的账面价值，借记“在建工程”科目，按照公共基础设施已计提折旧，借记“公共基础设施累计折旧（摊销）”科目，按照公共基础设施的账面余额，贷记本科目。

为增加公共基础设施使用效能或延长其使用年限而发生的改建、扩建等后续支出，借记“在建工程”科目，贷记“财政拨款收入”“应付账款”“银行存款”等科目。

公共基础设施改建、扩建完成，竣工验收交付使用时，按照在建工程成本，借记本科目，贷记“在建工程”科目。

（2）日常维修支出。

为保证公共基础设施正常使用发生的日常维修等支出，借记“业务活动费用”“单位管理费用”等科目，贷记“财政拨款收入”“银行存款”等科目。

表7-63　公共基础设施后续支出账务处理

业务和事项内容	财务会计	预算会计
为增加公共基础设施使用效能或延长其使用年限而发生的改建、扩建等后续支出	借：在建工程 　　公共基础设施累计折旧（摊销） 　贷：公共基础设施 借：在建工程 　贷：财政拨款收入/应付账款/银行存款等	借：行政支出/事业支出 　贷：财政拨款预算收入/资金结存
为维护公共基础设施的正常使用而发生的日常维修、养护等后续支出	借：业务活动费用/单位管理费用等 　贷：财政拨款收入/银行存款等	借：行政支出/事业支出 　贷：财政拨款预算收入/资金结存

［例7-111］某行政单位在负责管理维护公共基础设施的过程中发生后续支出业务如

下，编制相关会计分录。

(1) 对某项公共基础设施进行升级改造，该公共基础设施的账面余额为 50 000 000 元，已计提折旧为 20 000 000 元，将其转入在建工程。

财务会计：

借：在建工程　　30 000 000

　　公共基础设施累计折旧（摊销）　　20 000 000

　贷：公共基础设施　　50 000 000

(2) 通过国库集中支付方式，向工程建设单位支付工程款 8 000 000 元。

财务会计：

借：在建工程　　8 000 000

　贷：财政拨款收入　　8 000 000

预算会计：

借：行政支出　　8 000 000

　贷：财政拨款预算收入　　8 000 000

(3) 改造工程完工，通过验收并交付使用。

财务会计：

借：公共基础设施　　38 000 000

　贷：在建工程　　38 000 000

(4) 该单位负责管理维护的另一项公共基础设施需要进行日常维修，发生维修费 80 000 元，款项用国库集中支付方式支付。

财务会计：

借：业务活动费用　　80 000

　贷：财政拨款收入　　80 000

预算会计：

借：行政支出　　80 000

　贷：财政拨款预算收入　　80 000

4. 公共基础设施的处置

按照规定报经批准处置公共基础设施，区分以下情况处理（见表 7-64）：

(1) 报经批准对外捐赠公共基础设施，按照公共基础设施已计提的折旧或摊销，借记“公共基础设施累计折旧（摊销）”科目，按照被处置公共基础设施账面余额，贷记本科目，按照捐赠过程中发生的归属于捐出方的相关费用，贷记“银行存款”等科目，按照其差额，借记“资产处置费用”科目。

(2) 报经批准无偿调出公共基础设施，按照公共基础设施已计提的折旧或摊销，借记“公共基础设施累计折旧（摊销）”科目，按照被处置公共基础设施账面余额，贷记本科目，按照其差额，借记“无偿调拨净资产”科目；同时，按照无偿调出过程中发生的归属于调出方的相关费用，借记“资产处置费用”科目，贷记“银行存款”等科目。

表 7-64 公共基础设施处置的账务处理

业务和事项内容	财务会计	预算会计
对外捐赠公共基础设施	借：资产处置费用 　　公共基础设施累计折旧（摊销） 　贷：公共基础设施 　　　银行存款等	借：其他支出 　贷：资金结存等
无偿调出公共基础设施	借：无偿调拨净资产 　　公共基础设施累计折旧（摊销） 　贷：公共基础设施 借：资产处置费用 　贷：银行存款等	借：其他支出 　贷：资金结存等

［**例 7-112**］某行政单位按规定报经批准后，发生公共基础设施的处置业务如下，编制相关会计分录。

（1）无偿向外单位调出某一市政设施，该设施的账面余额为 8 000 000 元，已计提折旧为 3 000 000 元。在无偿调拨过程中，发生相关费用 5 000 元，用国库集中支付方式支付。

财务会计：

借：无偿调拨净资产　　5 000 000
　　公共基础设施累计折旧（摊销）　　3 000 000
　贷：公共基础设施　　8 000 000
借：资产处置费用　　5 000
　贷：财政拨款收入　　5 000

预算会计：

借：其他支出　　5 000
　贷：财政拨款预算收入　　5 000

（2）向其他地区捐赠一批城市景观照明设施，该设施的账面余额为 900 000 元，已计提折旧为 300 000 元。捐赠过程中发生相关费用 10 000 元，用国库集中支付方式支付。

财务会计：

借：资产处置费用　　610 000
　　公共基础设施累计折旧（摊销）　　300 000
　贷：财政拨款收入　　10 000
　　　公共基础设施　　900 000

预算会计：

借：其他支出　　10 000
　贷：财政拨款预算收入　　10 000

二、政府储备物资

政府储备物资是指政府会计主体为满足实施国家安全与发展战略、进行抗灾救灾、应对公共突发事件等特定公共需求而控制的，同时具有下列特征的有形资产：（1）在应对可能发生的特定事件或情形时动用；（2）其购入、存储保管、更新（轮换）、动用等由政府及相关部门发布的专门管理制度规范。

（一）科目设置

为了反映政府储备物资的增减变动情况，单位应当设置“政府储备物资”科目，核算单位控制的政府储备物资的成本。该科目的借方登记政府储备物资的增加额；贷方登记政府储备物资的减少额；期末借方余额反映政府储备物资的成本。

其明细账应当按照政府储备物资的种类、品种、存放地点等进行明细核算。单位根据需要，可在本科目下设置“在库”“发出”等明细科目进行明细核算。

（二）账务处理

政府储备物资的主要账务处理如下：

1. 取得政府储备物资

政府储备物资取得时，应当按照其成本入账（见表 7－65）。

（1）购入的政府储备物资验收入库，按照确定的成本，借记本科目，贷记“财政拨款收入”“应付账款”“银行存款”等科目。

（2）涉及委托加工政府储备物资业务的，相关账务处理参照“加工物品”科目。

（3）接受捐赠的政府储备物资验收入库，按照确定的成本，借记本科目，按照单位承担的相关税费、运输费等，贷记“财政拨款收入”“银行存款”等科目，按照其差额，贷记“捐赠收入”科目。

（4）接受无偿调入的政府储备物资验收入库，按照确定的成本，借记本科目，按照单位承担的相关税费、运输费等，贷记“财政拨款收入”“银行存款”等科目，按照其差额，贷记“无偿调拨净资产”科目。

表 7－65　政府储备物资账务处理（一）

业务和事项内容	财务会计	预算会计
购入的政府储备物资验收入库	借：政府储备物资 　贷：财政拨款收入/应付账款/银行存款等	借：行政支出/事业支出 　贷：财政拨款预算收入/资金结存
接受捐赠的政府储备物资验收入库	借：政府储备物资 　贷：捐赠收入 　　财政拨款收入/银行存款等	借：其他支出 　贷：财政拨款预算收入/资金结存
接受无偿调入的政府储备物资验收入库	借：政府储备物资 　贷：无偿调拨净资产 　　财政拨款收入/银行存款等	借：其他支出 　贷：财政拨款预算收入/资金结存

［例 7－113］某行政单位根据发生的政府储备物资业务，编制相关会计分录。

（1）按规定采购一批政府储备物资并已验收入库，采购价为 8 000 000 元，通过国库集中支付的方式完成付款。同时，发生运输费等相关费用 60 000 元，款项用国库集中支付方式支付。

财务会计：

借：政府储备物资　　8 060 000

　贷：财政拨款收入　　8 060 000

预算会计：

借：行政支出　　8 060 000

　贷：财政拨款预算收入　　8 060 000

（2）收到上级主管部门无偿调入的政府采购物资一批，调出时该批物资的账面价值为350 000元。同时，发生运输费等相关费用5 000元，款项用国库集中支付方式支付。

财务会计：

借：政府储备物资　　355 000

　贷：财政拨款收入　　5 000

　　　无偿调拨净资产　　350 000

预算会计：

借：其他支出　　5 000

　贷：财政拨款预算收入　　5 000

（3）收到外单位捐赠的政府储备物资一批，其价值为230 000元。同时，无其他费用发生。

财务会计：

借：政府储备物资　　230 000

　贷：捐赠收入　　230 000

2. 发出政府储备物资

政府储备物资发出时，区分以下情况处理（见表7－66）：

（1）因动用而发出无需收回的政府储备物资的，按照发出物资的账面余额，借记“业务活动费用”科目，贷记本科目。

（2）因动用而发出需要收回或者预期可能收回的政府储备物资的，在发出物资时，按照发出物资的账面余额，借记本科目（发出），贷记本科目（在库）；按照规定的质量验收标准收回物资时，按照收回物资原账面余额，借记本科目（在库），按照未收回物资的原账面余额，借记“业务活动费用”科目，按照物资发出时登记在本科目所属“发出”明细科目中的余额，贷记本科目（发出）。

（3）因行政管理主体变动等原因而将政府储备物资调拨给其他主体的，按照无偿调出政府储备物资的账面余额，借记“无偿调拨净资产”科目，贷记本科目。

（4）对外销售政府储备物资并将销售收入纳入单位预算统一管理的，发出物资时，按照发出物资的账面余额，借记“业务活动费用”科目，贷记本科目；实现销售收入时，按照确认的收入金额，借记“银行存款”“应收账款”等科目，贷记“事业收入”等科目。

对外销售政府储备物资并按照规定将销售净收入上缴财政的，发出物资时，按照发出物资的账面余额，借记“资产处置费用”科目，贷记本科目；取得销售价款时，按照实际收到的款项金额，借记“银行存款”等科目，按照发生的相关税费，贷记“银行存款”等科目，按照销售价款大于所承担的相关税费后的差额，贷记“应缴财政款”科目。

表 7-66 政府储备物资账务处理（二）

<table>
<tr><th colspan="2">业务和事项内容</th><th>财务会计</th><th>预算会计</th></tr>
<tr><td colspan="2">动用发出无需收回的政府储备物资</td><td>借：业务活动费用
贷：政府储备物资</td><td>—</td></tr>
<tr><td colspan="2">动用发出需要收回或预期可能收回的政府储备物资</td><td>发出物资时
借：政府储备物资——发出
贷：政府储备物资——在库
按照规定的质量验收标准收回物资时
借：政府储备物资——在库
业务活动费用
贷：政府储备物资——发出</td><td>—</td></tr>
<tr><td colspan="2">因行政管理主体变动等原因而将政府储备物资调拨给其他主体</td><td>借：无偿调拨净资产
贷：政府储备物资</td><td>—</td></tr>
<tr><td rowspan="2">对外销售政府储备物资</td><td>按照规定将物资销售收入纳入本单位预算的</td><td>借：业务活动费用
贷：政府储备物资
借：银行存款/应收账款等
贷：事业收入等
借：业务活动费用
贷：银行存款等</td><td>借：资金结存
贷：事业预算收入等
借：行政支出/事业支出
贷：资金结存</td></tr>
<tr><td>按照规定将销售收入扣除相关税费后上缴财政的</td><td>借：资产处置费用
贷：政府储备物资
借：银行存款等
贷：银行存款
应缴财政款</td><td>—</td></tr>
</table>

［例 7-114］某行政单位根据发生的政府储备物资发出业务，编制相关会计分录。

（1）经批准，发出需要收回的政府储备物资一批，该批物资的账面余额为 600 000 元。

财务会计：

借：政府储备物资——发出	600 000	
贷：政府储备物资——在库		600 000

（2）数月后，收回上述政府储备物资。经验收，符合标准的物资账面余额为 200 000 元。

财务会计：

借：政府储备物资——在库	200 000	
业务活动费用	400 000	
贷：政府储备物资——发出		600 000

（3）经批准，销售政府储备物资一批。该批政府储备物资的账面余额为 750 000 元，取得销售收入 500 000 元，全额上缴财政。

财务会计：

借：资产处置费用	750 000	
贷：政府储备物资		750 000

借：银行存款　　　　500 000

　贷：应缴财政款　　　　500 000

（4）将应缴款项上缴财政。

财务会计：

借：应缴财政款　　　　500 000

　贷：银行存款　　　　500 000

三、文物文化资产

文物文化资产是指政府会计主体控制的、满足社会公共需要的文物和陈列品等。

（一）科目设置

为了反映文物文化资产的增减变动情况，单位应当设置“文物文化资产”科目，核算单位为满足社会公共需求而控制的文物文化资产的成本。该科目的借方登记文物文化资产的增加额；贷方登记文物文化资产的减少额；期末借方余额反映文物文化资产的成本。其明细账应当按照文物文化资产的类别、项目等进行明细核算。

（二）账务处理

除了不需要计提折旧或摊销外，“文物文化资产”科目的核算基本与“固定资产”科目、“公共基础设施”科目和“保障性住房”科目相同。

1. 取得文物文化资产

文物文化资产在取得时，应当按照其成本入账，具体如下（见表7-67）：

（1）外购的文物文化资产。外购的文物文化资产，其成本包括购买价款、相关税费以及可归属于该项资产达到预定用途前所发生的其他支出（如运输费、安装费、装卸费等）。

外购的文物文化资产，按照确定的成本，借记本科目，贷记“财政拨款收入”“应付账款”“银行存款”等科目。

（2）接受无偿调入的文物文化资产。接受其他单位无偿调入的文物文化资产，其成本按照该项资产在调出方的账面价值加上归属于调入方的相关费用确定。

调入的文物文化资产，按照确定的成本，借记本科目，按照发生的归属于调入方的相关费用，贷记“财政拨款收入”“银行存款”等科目，按照其差额，贷记“无偿调拨净资产”科目。

无偿调入的文物文化资产成本无法可靠取得的，按照发生的归属于调入方的相关费用，借记“其他费用”科目，贷记“财政拨款收入”“银行存款”等科目。

（3）接受捐赠的文物文化资产。接受捐赠的文物文化资产，其成本按照有关凭据注明的金额加上相关费用确定；没有相关凭据可供取得，但按照规定经过资产评估的，其成本按照评估价值加上相关费用确定；没有相关凭据可供取得、也未经评估的，其成本比照同类或类似资产的市场价格加上相关费用确定。

接受捐赠的文物文化资产，按照确定的成本，借记本科目，按照发生的相关税费、运输费等金额，贷记“财政拨款收入”“银行存款”等科目，按照其差额，贷记“捐赠收入”科目。

接受捐赠的文物文化资产成本无法可靠取得的，按照发生的相关税费、运输费等金额，借记“其他费用”科目，贷记“财政拨款收入”“银行存款”等科目。

（4）对于成本无法可靠取得的文物文化资产，单位应当设置备查簿进行登记，待成本能够可靠确定后按照规定及时入账。

表 7-67 文物文化资产账务处理（一）

业务和事项内容	财务会计	预算会计
外购的文物文化资产	借：文物文化资产 贷：财政拨款收入/应付账款/银行存款等	借：行政支出/事业支出 贷：财政拨款预算收入/资金结存
接受无偿调入的文物文化资产	借：文物文化资产 贷：无偿调拨净资产 财政拨款收入/银行存款等 如无偿调入的文物文化资产成本无法可靠取得的 借：其他费用 贷：财政拨款收入/银行存款等	借：其他支出 贷：财政拨款预算收入/资金结存
接受捐赠的文物文化资产	借：文物文化资产 贷：捐赠收入 财政拨款收入/银行存款 接受捐赠的文物文化资产成本无法可靠取得的 借：其他费用 贷：财政拨款收入/银行存款等	借：其他支出 贷：资金结存等

［例 7-115］ 经批准，某省属博物馆通过竞拍方式，以 50 000 000 元的价格拍得文物文化资产一项，同时向拍卖行支付 10%的佣金，支付运输费等费用 100 000 元。其中，文物文化资产的价款及佣金、运输费等费用通过国库集中支付方式支付。该单位编制会计分录如下：

财务会计：

借：文物文化资产 55 100 000

贷：财政拨款收入 55 100 000

预算会计：

借：事业支出 55 100 000

贷：财政拨款预算收入 55 100 000

［例 7-116］ 某文化事业单位接受上级主管部门调入的文物文化资产一项，相关凭证注明的价值为 50 000 000 元，并由该事业单位支付运输费等费用 10 000 元，款项通过国库集中支付方式支付。该单位编制会计分录如下：

财务会计：

借：文物文化资产　　50 010 000

　贷：无偿调拨净资产　　50 000 000

　　　财政拨款收入　　10 000

预算会计：

借：其他支出　　10 000

　贷：财政拨款预算收入　　10 000

［例 7-117］某文化事业单位接受个人捐赠的文物文化资产一项，经评估，该项资产的价值为 10 000 000 元，并由该事业单位支付资产评估费和运输费等费用 150 000 元，款项通过国库集中支付方式支付。该单位编制会计分录如下：

财务会计：

借：文物文化资产　　10 150 000

　贷：捐赠收入　　10 000 000

　　　财政拨款收入　　150 000

预算会计：

借：其他支出　　150 000

　贷：财政拨款预算收入　　150 000

2. 与文物文化资产有关的后续支出

与文物文化资产有关的后续支出，参照“公共基础设施”科目相关规定进行处理。

3. 文物文化资产的处置

按照规定报经批准处置文物文化资产，应当区分以下情况处理（见表 7-68）：

(1) 对外捐赠文物文化资产。报经批准对外捐赠文物文化资产，按照被处置文物文化资产账面余额和捐赠过程中发生的归属于捐出方的相关费用合计数，借记“资产处置费用”科目，按照被处置文物文化资产账面余额，贷记本科目，按照捐赠过程中发生的归属于捐出方的相关费用，贷记“银行存款”等科目。

(2) 无偿调出文物文化资产。报经批准无偿调出文物文化资产，按照被处置文物文化资产账面余额，借记“无偿调拨净资产”科目，贷记本科目；同时，按照无偿调出过程中发生的归属于调出方的相关费用，借记“资产处置费用”科目，贷记“银行存款”等科目。

表 7-68　文物文化资产账务处理（二）

业务和事项内容	财务会计	预算会计
对外捐赠文物文化资产	借：资产处置费用 　贷：文物文化资产 　　　银行存款等	借：其他支出 　贷：财政拨款预算收入/资金结存
无偿调出文物文化资产	借：无偿调拨净资产 　贷：文物文化资产 借：资产处置费用 　贷：银行存款等	借：其他支出 　贷：财政拨款预算收入/资金结存

[例7-118] 经批准，某文化事业单位向其他单位捐赠文物文化资产一项，账面价值为500 000元。其间，发生归属于该事业单位的相关费用20 000元，款项通过国库集中支付方式支付。该单位编制会计分录如下：

财务会计：

借：资产处置费用	520 000	
贷：财政拨款收入		20 000
文物文化资产		500 000

预算会计：

借：其他支出	20 000	
贷：财政拨款预算收入		20 000

[例7-119] 经批准，某行政单位向其他单位无偿调拨文物文化资产一项，账面价值为10 000 000元。其间，发生归属于该行政单位的相关费用500 000元，款项通过国库集中支付方式支付。该单位编制会计分录如下：

财务会计：

借：无偿调拨净资产	10 000 000	
贷：文物文化资产		10 000 000
借：资产处置费用	500 000	
贷：财政拨款收入		500 000

预算会计：

借：其他支出	500 000	
贷：财政拨款预算收入		500 000

四、保障性住房

保障性住房是指政府为中低收入住房困难家庭所提供的限定标准、限定价格或租金的住房，一般由廉租住房、经济适用住房、政策性租赁住房、定向安置房等构成。

（一）科目设置

1. “保障性住房”科目

为了反映保障性住房的增减变动情况，单位应当设置“保障性住房”科目，核算单位为满足社会公共需求而控制的保障性住房的原值。该科目的借方登记保障性住房原值的增加额；贷方登记保障性住房原值的减少额；期末借方余额反映保障性住房的原值。其明细账应当按照保障性住房的类别、项目等进行明细核算。

2. “保障性住房累计折旧”科目

为了核算保障性住房累计折旧的增减变动情况，单位应当设置“保障性住房累计折旧”科目，核算单位计提的保障性住房的累计折旧。期末贷方余额反映单位计提的保障性住房累计折旧数。其明细账应当按照所对应保障性住房的类别进行明细核算。

单位应当参照《政府会计准则第 3 号——固定资产》及其应用指南的相关规定，按月对其控制的保障性住房计提折旧。

（二）账务处理

“保障性住房”科目和“保障性住房累计折旧”科目的具体核算，基本上与“固定资产”科目和“固定资产累计折旧”科目一致。

1. 取得保障性住房

保障性住房在取得时，应当按其成本入账（见表 7-69）：

（1）外购保障性住房。外购的保障性住房，其成本包括购买价款、相关税费以及可归属于该项资产达到预定用途前所发生的其他支出。

外购的保障性住房，按照确定的成本，借记本科目，贷记“财政拨款收入”“银行存款”等科目。

（2）自行建造保障性住房。自行建造的保障性住房交付使用时，按照在建工程成本，借记本科目，贷记“在建工程”科目。

已交付使用但尚未办理竣工决算手续的保障性住房，按照估计价值入账，待办理竣工决算后再按照实际成本调整原来的暂估价值。

（3）无偿调入保障性住房。接受其他单位无偿调入的保障性住房，其成本按照该项资产在调出方的账面价值加上归属于调入方的相关费用确定。

无偿调入的保障性住房，按照确定的成本，借记本科目，按照发生的归属于调入方的相关费用，贷记“银行存款”等科目，按照其差额，贷记“无偿调拨净资产”科目。

（4）接受捐赠、融资租赁取得的保障性住房，参照“固定资产”科目相关规定进行处理。

表 7-69　保障性住房账务处理（一）

业务和事项内容	财务会计	预算会计
外购保障性住房	借：保障性住房 　贷：财政拨款收入/银行存款等	借：行政支出/事业支出 　贷：财政拨款预算收入/资金结存
自行建造保障性住房，工程完工交付使用	借：保障性住房 　贷：在建工程	—
无偿调入保障性住房	借：保障性住房 　贷：银行存款等 　　　无偿调拨净资产	借：其他支出 　贷：资金结存等

［**例 7-120**］经批准，某行政单位通过购买的方式取得保障性住房一批，合计采购成本为 150 000 000 元，款项通过国库集中支付方式支付，也已办妥各项手续。该单位编制会计分录如下：

财务会计：

借：保障性住房　　150 000 000

　贷：财政拨款收入　　150 000 000

预算会计：

借：行政支出　　150 000 000

贷：财政拨款预算收入　　150 000 000

［例 7-121］某行政单位自行建设保障性住房一批。经核算，该批住房的“在建工程”科目的借方累计余额为 800 000 000 元，现已竣工并交付使用。该单位编制会计分录如下：

财务会计：

借：保障性住房　　800 000 000

贷：在建工程　　800 000 000

［例 7-122］某行政单位接受上级主管部门调入的保障性住房一批，相关凭证表明该批保障性住房的价值为 100 000 000 元，现已办妥相关手续。其间，发生归属于该行政单位的相关费用 2 000 000 元，款项通过国库集中支付方式支付。该单位编制会计分录如下：

财务会计：

借：保障性住房　　102 000 000

贷：财政拨款收入　　2 000 000

无偿调拨净资产　　100 000 000

预算会计：

借：其他支出　　2 000 000

贷：财政拨款预算收入　　2 000 000

2. 保障性住房累计折旧

按月计提保障性住房折旧时，按照应计提的折旧额，借记“业务活动费用”科目，贷记本科目（见表 7-70）。

表 7-70　保障性住房累计折旧账务处理

业务和事项内容	财务会计	预算会计
按月计提保障性住房折旧	借：业务活动费用 贷：保障性住房累计折旧	—

［例 7-123］经核算，某行政单位 2023 年 5 月应计提保障性住房折旧 500 000 元。该单位编制会计分录如下：

财务会计：

借：业务活动费用　　500 000

贷：保障性住房累计折旧　　500 000

3. 与保障性住房有关的后续支出

与保障性住房有关的后续支出，参照“固定资产”科目相关规定进行处理。

4. 出租保障性住房

按照规定出租保障性住房并将出租收入上缴同级财政，按照收取的租金金额，借记“银行存款”“应收账款”等科目，贷记“应缴财政款”科目（见表 7-71）。

表 7－71 保障性住房账务处理（二）

业务和事项内容	财务会计	预算会计
按照收取或应收的租金金额	借：银行存款/应收账款 　贷：应缴财政款	—

［例 7－124］某行政单位 2023 年 6 月 10 日取得保障性住房的租金收入 100 000 元，款项已存入银行账户。次日，将款项上缴财政。该单位编制会计分录如下：

（1）收到租金时

财务会计：

借：银行存款　　100 000

　贷：应缴财政款　　100 000

（2）上缴财政时

财务会计：

借：应缴财政款　　100 000

　贷：银行存款　　100 000

5. 处置保障性住房

按照规定报经批准处置保障性住房，应当区分以下情况处理（见表 7－72）：

（1）无偿调出保障性住房。报经批准无偿调出保障性住房，按照保障性住房已计提的折旧，借记“保障性住房累计折旧”科目，按照被处置保障性住房账面余额，贷记本科目，按照其差额，借记“无偿调拨净资产”科目；同时，按照无偿调出过程中发生的归属于调出方的相关费用，借记“资产处置费用”科目，贷记“银行存款”等科目。

（2）出售保障性住房。报经批准出售保障性住房，按照被出售保障性住房的账面价值，借记“资产处置费用”科目，按照保障性住房已计提的折旧，借记“保障性住房累计折旧”科目，按照保障性住房账面余额，贷记本科目；同时，按照收到的价款，借记“银行存款”等科目，按照出售过程中发生的相关费用，贷记“银行存款”等科目，按照其差额，贷记“应缴财政款”科目。

表 7－72 保障性住房账务处理（三）

业务和事项内容	财务会计	预算会计
无偿调出保障性住房	借：无偿调拨净资产 　　保障性住房累计折旧 　贷：保障性住房	—
	借：资产处置费用 　贷：银行存款等	借：其他支出 　贷：资金结存等
出售保障性住房	借：资产处置费用 　　保障性住房累计折旧 　贷：保障性住房	—
	借：银行存款 　贷：应缴财政款 　　　银行存款等	—

［例 7－125］某行政单位按规定报经批准后，发生保障性住房的处置业务如下，编制相关会计分录。

（1）无偿向外单位调出一批保障性住房，该批住房的账面余额为 8 000 000 元，已计提折旧为 3 000 000 元。在无偿调拨过程中，发生相关费用 5 000 元，用银行存款支付。

财务会计：

借：无偿调拨净资产　　5 000 000
　　保障性住房累计折旧　　3 000 000
　贷：保障性住房　　8 000 000

借：资产处置费用　　5 000
　贷：银行存款　　5 000

预算会计：

借：其他支出　　5 000
　贷：资金结存——货币资金　　5 000

（2）出售保障性住房一批，该批保障性住房账面余额为 10 000 000 元，已计提折旧为 4 000 000 元，收到出售收入 6 500 000 元。其间，发生税费 300 000 元，需要将扣除税费后的出售收入上缴财政。

财务会计：

借：资产处置费用　　6 000 000
　　保障性住房累计折旧　　4 000 000
　贷：保障性住房　　10 000 000

借：银行存款　　6 500 000
　贷：银行存款　　300 000
　　　应缴财政款　　6 200 000

五、受托代理资产

（一）科目设置

为了反映受托代理资产的增减变动情况，单位应当设置“受托代理资产”科目，核算单位接受委托方委托管理的各项资产，包括受托指定转赠的物资、受托存储保管的物资等的成本。该科目的借方登记单位受托代理资产的增加；贷方登记单位受托代理资产的减少；期末借方余额反映单位受托代理实物资产的成本。其明细账应当按照资产的种类和委托人进行明细核算；属于转赠资产的，还应当按照受赠人进行明细核算。

需要说明的是，单位管理的罚没物资也应当通过本科目核算。但单位收到的受托代理资产为现金和银行存款的，不通过本科目核算，应当通过“库存现金”“银行存款”科目进行核算。

（二）账务处理

受托代理资产的主要账务处理如下：

1. **受托转赠物资**

（1）接受委托人委托需要转赠给受赠人的物资，其成本按照有关凭据注明的金额确定。接受委托转赠的物资验收入库，按照确定的成本，借记本科目，贷记“受托代理负债”科目。

受托协议约定由受托方承担相关税费、运输费等的，还应当按照实际支付的相关税费、运输费等金额，借记“其他费用”科目，贷记“财政拨款收入”“银行存款”等科目。

（2）将受托转赠物资交付受赠人时，按照转赠物资的成本，借记“受托代理负债”科目，贷记本科目。

（3）转赠物资的委托人取消了对捐赠物资的转赠要求，且不再收回捐赠物资的，应当将转赠物资转为单位的存货、固定资产等。按照转赠物资的成本，借记“受托代理负债”科目，贷记本科目；同时，借记“库存物品”“固定资产”等科目，贷记“其他收入”科目（见表7-73）。

表7-73　受托代理资产账务处理（一）

业务和事项内容	财务会计	预算会计
接受委托人委托需要转赠给受赠人的物资	借：受托代理资产 　贷：受托代理负债	—
受托协议约定由受托方承担相关税费、运输费的	借：其他费用 　贷：财政拨款收入/银行存款等	借：其他支出 　贷：财政拨款预算收入/资金结存
将受托转赠物资交付受赠人	借：受托代理负债 　贷：受托代理资产	—
转赠物资的委托人取消了对捐赠物资的转赠要求，且不再收回捐赠物资的	借：受托代理负债 　贷：受托代理资产 借：库存物品/固定资产等 　贷：其他收入	—

［**例7-126**］某行政单位接受一批委托转赠设备，按照有关凭证注明的金额，该批设备的成本为800 000元。数日后，该行政单位按照委托人的要求，将该批设备转赠给指定受赠人。该单位编制会计分录如下：

（1）在收到转赠设备时

财务会计：

借：受托代理资产　　800 000

　贷：受托代理负债　　800 000

（2）将设备转赠到指定受赠人时

财务会计：

借：受托代理负债　　800 000

　贷：受托代理资产　　800 000

2. **受托储存保管物资**

（1）接受委托人委托储存保管的物资，其成本按照有关凭据注明的金额确定。接受委托储存的物资验收入库，按照确定的成本，借记本科目，贷记“受托代理负债”科目。

（2）发生由受托单位承担的与受托储存保管的物资相关的运输费、保管费等费用时，按照实际发生的费用金额，借记“其他费用”等科目，贷记“财政拨款收入”“银行存款”等科目。

（3）根据委托人要求交付或发出受托储存保管的物资时，按照发出物资的成本，借记“受托代理负债”科目，贷记本科目（见表7－74）。

表7－74 受托代理资产账务处理（二）

业务和事项内容	财务会计	预算会计
接受委托人委托储存保管的物资	借：受托代理资产 　贷：受托代理负债	—
支付由受托单位承担的与受托储存保管的物资相关的运输费、保管费等	借：其他费用等 　贷：财政拨款收入/银行存款等	借：其他支出等 　贷：财政拨款预算收入/资金结存
根据委托人要求交付或发出受托储存保管的物资	借：受托代理负债 　贷：受托代理资产	—

［例7－127］某事业单位接受其他单位委托储存保管一批物资，相关凭证上注明的金额为600 000元。数月后，该事业单位将这部分物资全数交还给委托人。该单位编制会计分录如下：

（1）接受其他单位委托时

财务会计：

借：受托代理资产　　600 000

　贷：受托代理负债　　600 000

（2）交还受托物资时

财务会计：

借：受托代理负债　　600 000

　贷：受托代理资产　　600 000

3. 罚没物资

（1）在取得罚没物资时，其成本按照有关凭据注明的金额确定。罚没物资验收（入库），按照确定的成本，借记本科目，贷记“受托代理负债”科目。罚没物资成本无法可靠确定的，单位应当设置备查簿进行登记。

（2）在按照规定处置或移交罚没物资时，按照罚没物资的成本，借记“受托代理负债”科目，贷记本科目。处置时取得款项的，按照实际取得的款项金额，借记“银行存款”等科目，贷记“应缴财政款”等科目（见表7－75）。

单位受托代理的其他实物资产，参照本科目有关受托转赠物资、受托储存保管物资的规定进行账务处理。

表 7-75 受托代理资产账务处理（三）

业务和事项内容	财务会计	预算会计
取得罚没物资	借：受托代理资产 　贷：受托代理负债	—
按照规定处置或移交罚没物资	借：受托代理负债 　贷：受托代理资产 处置时取得款项的 借：银行存款等 　贷：应缴财政款	—

［**例 7-128**］按照有关规定，某行政单位取得罚没物资一批，相关凭证上注明的金额为 50 000 元。数月后，该行政单位按规定将这批罚没物资移交给其他政府部门。该单位编制会计分录如下：

（1）在取得罚没物资时

财务会计：

借：受托代理资产　　50 000

　贷：受托代理负债　　50 000

（2）在移交罚没物资时

财务会计：

借：受托代理负债　　50 000

　贷：受托代理资产　　50 000

六、长期待摊费用

（一）科目设置

为了核算长期待摊费用的增减变动情况，单位应当设置“长期待摊费用”科目，核算单位已经支出，但应由本期和以后各期负担的分摊期限在 1 年以上（不含 1 年）的各项费用，如以经营租赁方式租入的固定资产发生的改良支出等。期末借方余额反映单位尚未摊销完毕的长期待摊费用。其明细账应当按照费用项目进行明细核算。

（二）账务处理

长期待摊费用的主要账务处理如下（见表 7-76）：

（1）在发生长期待摊费用时，按照支出金额，借记本科目，贷记“财政拨款收入”“银行存款”等科目。

（2）在按照受益期间摊销长期待摊费用时，按照摊销金额，借记“业务活动费用”“单位管理费用”“经营费用”等科目，贷记本科目。

（3）如果某项长期待摊费用已经不能使单位受益，应当将其摊余金额一次全部转入当期费用。按照摊销金额，借记“业务活动费用”“单位管理费用”“经营费用”等科目，贷记本科目。

表 7-76 长期待摊费用账务处理

业务和事项内容	财务会计	预算会计
发生长期待摊费用	借：长期待摊费用 贷：财政拨款收入/银行存款等	借：行政支出/事业支出等 贷：财政拨款预算收入/资金结存
按期摊销或一次转销长期待摊费用剩余账面余额	借：业务活动费用/单位管理费用/经营费用等 贷：长期待摊费用	—

[例 7-129] 经批准，某事业单位以经营租赁的方式租入办公用房，合约租期为 3 年，并一次性支付 3 年的租金共计 450 000 元，租金通过国库集中支付方式支付。之后，每年摊销长期待摊费用 150 000（＝450 000÷3）元。该单位编制会计分录如下：

(1) 一次性支付租金时

财务会计：

借：长期待摊费用　　450 000

　贷：财政拨款收入　　450 000

预算会计：

借：事业支出　　450 000

　贷：财政拨款预算收入　　450 000

(2) 每年摊销长期待摊费用时

财务会计：

借：单位管理费用　　150 000

　贷：长期待摊费用　　150 000

七、待处理财产损溢

(一) 科目设置

为了核算待处理财产损溢的增减变动情况，单位应当设置“待处理财产损溢”科目，核算单位在资产清查过程中查明的各种资产盘盈、盘亏和报废、毁损的价值。单位资产清查中查明的资产盘盈、盘亏、报废和毁损，一般应当先记入本科目，按照规定报经批准后及时进行账务处理。年末结账前一般应处理完毕。本科目期末如为借方余额，反映尚未处理完毕的各种资产的净损失；期末如为贷方余额，反映尚未处理完毕的各种资产的净溢余。年末，经批准处理后，本科目一般应无余额。

其明细账应当按照待处理的资产项目进行明细核算；对于在资产处理过程中取得收入或发生相关费用的项目，还应当设置“待处理财产价值”“处理净收入”明细科目，进行明细核算。

（二）账务处理

待处理财产损溢的主要账务处理如下：

1. 账款核对时发现的库存现金短缺或溢余

（1）每日账款核对中发现现金短缺或溢余，属于现金短缺，按照实际短缺的金额，借记本科目，贷记“库存现金”科目；属于现金溢余，按照实际溢余的金额，借记“库存现金”科目，贷记本科目。

（2）如为现金短缺，属于应由责任人赔偿或向有关人员追回的，借记“其他应收款”科目，贷记本科目；属于无法查明原因的，报经批准核销时，借记“资产处置费用”科目，贷记本科目。

（3）如为现金溢余，属于应支付给有关人员或单位的，借记本科目，贷记“其他应付款”科目；属于无法查明原因的，报经批准后，借记本科目，贷记“其他收入”科目。

具体的账务处理与核算案例详见本章第二节“货币资金”部分。

2. 资产清查过程中发现的存货、固定资产、无形资产、公共基础设施、政府储备物资、文物文化资产、保障性住房等各种资产盘盈、盘亏或报废、毁损

（1）盘盈的各类资产。在转入待处理资产时，按照确定的成本，借记“库存物品”“固定资产”“无形资产”“公共基础设施”“政府储备物资”“文物文化资产”“保障性住房”等科目，贷记本科目。

在按照规定报经批准后处理时，对于盘盈的流动资产，借记本科目，贷记“单位管理费用”或“业务活动费用”科目。对于盘盈的非流动资产，如属于本年度取得的，按照当年新取得相关资产进行账务处理；如属于以前年度取得的，按照前期差错处理，借记本科目，贷记“以前年度盈余调整”科目。

（2）盘亏或者毁损、报废的各类资产。在转入待处理资产时，借记本科目（待处理财产价值），贷记“库存物品”“固定资产”“无形资产”“公共基础设施”“政府储备物资”“文物文化资产”“保障性住房”“在建工程”等科目。涉及增值税业务的，相关账务处理参见“应交增值税”科目。

在报经批准处理时，借记“资产处置费用”科目，贷记本科目（待处理财产价值）。

处理毁损、报废实物资产过程中取得的残值或残值变价收入、保险理赔和过失人赔偿等，借记“库存现金”“银行存款”“库存物品”“其他应收款”等科目，贷记本科目（处理净收入）；处理毁损、报废实物资产过程中发生的相关费用，借记本科目（处理净收入），贷记“库存现金”“银行存款”等科目。

处理收支结清，如果处理收入大于相关费用，按照处理收入减去相关费用后的净收入，借记本科目（处理净收入），贷记“应缴财政款”等科目；如果处理收入小于相关费用，按照相关费用减去处理收入后的净支出，借记“资产处置费用”科目，贷记本科目（处理净收入）。

具体的账务处理与核算案例详见本章第七节“固定资产”及相关章节。

授课视频：请访问中国大学 MOOC→政府会计实务/周克清等→第七章第十节其他资产

思考题

1. 为何我国政府会计准则制度在资产的定义中要强调会计主体的“控制权”？

2. 有哪些资产类会计科目是只适用于事业单位的？

3. 什么是事业单位的长期股权投资？在什么情况下需要采用权益法核算？在什么情况下可以采用成本法核算？

4. 什么是行政事业单位的公共基础设施和政府储备物资？这两类非流动资产与行政事业单位的固定资产和存货有什么区别？

实训题

1. 某行政单位发生有关货币资金的业务如下：

(1) 职工李某因出差需要，预借差旅费 1 000 元，款项以现金支付；数日后，李某出差回来，报销实际发生的差旅费 1 350 元，剩余款项以现金补付。

(2) 单位的银行存款账户收到甲公司具有明确转赠要求的捐款 100 000 元。

(3) 某日，在核对账款过程中发现短缺现金 300 元。后经查验，其中 200 元属于张某工作失误所致，由他个人赔付；另有 100 元确属无法查明原因，报经批准后予以核销。

(4) 将银行存款 10 000 元交存银行，取得相同额度的银行本票。

(5) 使用银行本票采购存货一批，价值 9 800 元。完成采购后，剩余的本票金额退回银行存款账户。

根据上述业务编制相应的会计分录。

2. 某事业单位发生对外投资的经济业务如下：

(1) 经批准，使用银行存款购买 6 月期国债 100 000 元，票面利率为 3%。

(2) 上述国债到期，收到本息 101 500 元，款项已存入银行账户。

(3) 经批准，使用以前年度积累下来的非财政拨款结余资金 5 000 000 元对甲公司进行股权投资，持有该公司 40%的股权，拥有被投资单位的财务和经营政策权，该长期股权投资使用权益法核算。

(4) 年末，甲公司实现净利润 1 000 000 元。

(5) 甲公司宣布发放现金股利 50 000 元。

(6) 收到甲公司发放的现金股利 20 000（=50 000×40%）元。

根据上述业务编制相应的会计分录。

3. 某事业单位发生有关应收及预付款项的业务如下：

(1) 在开展非独立核算的经营活动过程中，因开展有偿服务收到服务对象开具的一张期限为 3 个月的无息银行承兑汇票，汇票注明金额为 350 000 元（暂不考虑增值税业务）。

(2) 上述汇票到期，银行如数兑付，款项已到账。

(3) 在开展专业业务及其辅助活动过程中，向丙公司提供课题咨询服务，合同约定课题咨询费为 100 000 元（暂不考虑增值税业务）。现服务已提供，但丙公司尚未付款。

（4）数周后，收到丙公司支付的课题咨询费 100 000 元，款项已存入银行账户。

（5）与丁公司签订采购协议，采购办公设备一套，合同价为 500 000 元，并预付 30%的价款，款项以国库集中支付方式支付。

（6）丁公司按期交付设备，现已验收合格，以国库集中支付方式支付剩余款项。

根据上述业务编制相应的会计分录。

4. 某行政单位发生有关存货业务如下：

（1）按照与甲公司签订的购货协议，支付采购款 10 000 元，款项以国库集中支付方式支付，但货物尚未验收入库。

（2）上述货物经核验无误后入库保管。

（3）因工作需要，领用库存物品 1 000 元。

（4）领用甲材料一批，并委托 A 公司加工生产乙材料，相关凭证表明甲材料的账面价值为 5 000 元。

（5）乙材料已加工完成，支付 A 公司加工费 1 200 元，款项以银行存款支付，材料已验收入库。

（6）在清查盘点存货的过程中，发现一批库存物品已损毁，其账面价值为 3 000 元。经批准，予以核销处理。同时，在清理损毁物品的过程中，发生清理费等支出 500 元。

根据上述业务编制相应的会计分录。

5. 某事业单位发生有关非流动资产业务如下：

（1）采购一台需要安装的设备，价款合计 500 000 元，款项通过国库集中支付方式支付。

（2）上述设备已安装完成并交付使用，用国库集中支付方式支付安装费 1 000 元。

（3）计提固定资产折旧 400 000 元。

（4）一栋办公大楼需要进行大型修缮，其账面余额为 5 000 000 元，已计提折旧为 3 500 000 元，账面价值为 1 500 000 元，现将其转入在建工程。

（5）采购办公软件一套，价值 350 000 元，款项通过国库集中支付方式支付。

（6）计提无形资产摊销 333 000 元。

（7）收到无偿调入的公共基础设施一项，相关凭证表明其价值为 10 000 000 元。

（8）接受捐赠一批政府储备物资，确定其成本为 680 000 元，物资已验收入库。

（9）发出一批不可回收的政府储备物资，相关凭证表明其价值为 200 000 元。

（10）接受外单位委托代为保管的政府储备物资一批，价值为 380 000 元。数月后，将政府储备物资交还原单位。在移交过程中，发生归属于该事业单位的运输费等费用 5 000 元，款项通过国库集中支付方式支付。

第八章

负债的核算

本章学习目标：

1. 掌握负债的概念、分类和计量属性
2. 掌握行政事业单位流动负债的构成与核算要点
3. 掌握行政事业单位非流动负债的构成与核算要点

第一节　负债概述

一、负债的概念与确认

（一）负债的概念

负债是指政府会计主体过去的经济业务或者事项形成的，预期会导致经济资源流出政府会计主体的现时义务。所谓现时义务是指政府会计主体在现行条件下已承担的义务，包括法定义务和推定义务。法定义务是指因合同、法律法规或其他司法解释等产生的义务。推定义务是指根据政府会计主体以往的习惯做法、已公布的政策或者已公开的承诺或声明，政府会计主体向其他方表明其承担并且其他方也合理预期政府会计主体将履行的相关义务。

财政部关于“政府会计准则第8号”答记者问

未来发生的经济业务或者事项形成的义务不属于现时义务，不应当确认为负债。

（二）负债的确认

符合上述负债定义的义务，在同时满足以下条件时，确认为负债：第一，履行该义务很可能导致含有服务潜力或者经济利益的经济资源流出政府会计主体；第二，该义务的金额能够可靠地计量。

二、负债的分类

政府会计主体的负债按照流动性，分为流动负债和非流动负债。其中，流动负债是指预计在1年内（含1年）偿还的负债，包括应付及预收款项、应付职工薪酬、应缴款项等；非流动负债是指流动负债以外的负债，包括长期应付款、应付政府债券和政府依法担保形成的债务等。

三、负债的计量属性

负债的计量属性主要包括历史成本、现值和公允价值。其中，在历史成本计量下，负债按照因承担现时义务而实际收到的款项或者资产的金额，或者承担现时义务的合同金额，或者按照为偿还负债预期需要支付的现金计量；在现值计量下，负债按照预计期限内需要偿还的未来净现金流出量的折现金额计量；在公允价值计量下，负债按照市场参与者在计量日发生的有序交易中，转移负债所需支付的价格计量。

政府会计主体在对负债进行计量时，一般应当采用历史成本。如果采用现值、公允价值计量，应当保证所确定的负债金额能够持续、可靠计量。

授课视频： 请访问中国大学MOOC→政府会计实务/周克清等→第八章第一节负债概述

第二节　短期借款

短期借款是指事业单位经批准向银行或其他金融机构等借入的期限在1年内（含1年）的各种借款。

一、科目设置

为核算短期借款业务，事业单位应当设置“短期借款”总账科目。本科目的贷方登记短期借款的增加额；借方登记短期借款的还本额；期末贷方余额反映事业单位尚未偿还的短期借款本金。

本科目应当按照债权人和借款种类进行明细核算。

二、账务处理

短期借款的主要账务处理如下（见表8-1）：

1. 借入短期借款

借入各种短期借款时，按照实际借入的金额，借记“银行存款”科目，贷记本科目。

2. 银行承兑汇票到期，本单位无力支付票款

银行承兑汇票到期，本单位无力支付票款的，按照应付票据的账面余额，借记“应付票据”科目，贷记本科目。

3. 归还短期借款

归还短期借款时，借记本科目，贷记“银行存款”等科目。

表 8-1　短期借款账务处理

业务和事项内容	财务会计	预算会计
借入各种短期借款	借：银行存款 　贷：短期借款	借：资金结存——货币资金 　贷：债务预算收入
银行承兑汇票到期，本单位无力支付票款	借：应付票据 　贷：短期借款	借：经营支出等 　贷：债务预算收入
归还短期借款	借：短期借款 　贷：银行存款	借：债务还本支出 　贷：资金结存——货币资金

［**例 8-1**］某事业单位 2023 年发生短期借款业务如下，编制相应的会计分录。

（1）4 月 1 日，经批准向银行借入一笔 6 个月的短期借款，借款金额为 500 000 元，到期一次性还本付息。

财务会计：

借：银行存款　　500 000

　贷：短期借款　　500 000

预算会计：

借：资金结存——货币资金　　500 000

　贷：债务预算收入　　500 000

（2）6 个月后，该单位如期偿还本金并支付利息 15 000 元。

财务会计：

借：短期借款　　500 000

　　其他费用　　15 000

　贷：银行存款　　515 000

预算会计：

借：债务还本支出　　500 000

　　其他支出　　15 000

　贷：资金结存——货币资金　　515 000

授课视频：请访问中国大学 MOOC→政府会计实务/周克清等→第八章第二节短期借款

第三节　应缴财政款

应缴财政款是指行政事业单位取得或应收的按照规定上缴财政的款项，包括应缴国库的款项和应缴财政专户的款项。

一、科目设置

为核算应缴财政款业务，行政事业单位应当设置“应缴财政款”总账科目。本科目贷方登记应缴财政款的增加额；借方登记应缴财政款的缴存额或减少额；期末贷方余额反映单位应当上缴财政但尚未缴纳的款项。年终清缴后，本科目一般应无余额。

在明细科目上，本科目应当按照应缴财政款项的类别进行明细核算。

单位按照国家税法等有关规定应当缴纳的各种税费，通过“应交增值税”“其他应交税费”科目核算，不通过本科目核算。

二、账务处理

应缴财政款的主要账务处理如下（见表 8－2）：

1. 取得或应收应缴财政款

单位取得或应收按照规定应缴财政的款项时，借记“银行存款”“应收账款”等科目，贷记本科目。

2. 处置资产取得应上缴财政的处置净收入

单位处置资产取得的应上缴财政的处置净收入的账务处理，参见“待处理财产损溢”等科目。

3. 上缴应缴财政款

单位上缴应缴财政的款项时，按照实际上缴的金额，借记本科目，贷记“银行存款”等科目。

表 8－2　应缴财政款账务处理

业务和事项内容	财务会计	预算会计
取得或应收按照规定应缴财政的款项	借：银行存款/应收账款等 　贷：应缴财政款	—
处置资产取得应上缴财政的处置净收入	参照“待处理财产损溢”科目的相关账务处理	—
上缴应缴财政款项	借：应缴财政款 　贷：银行存款等	—

［**例 8－2**］某行政单位经批准出租闲置的办公用房数间，所收取的租金需全额上缴国库。2023 年 5 月 1 日，该单位收到租金 20 000 元，款项已存入银行。次日，将该笔租金上缴国库。其会计分录如下：

（1）收到租金时

财务会计：

借：银行存款　　　　20 000

　　贷：应缴财政款　　20 000

(2) 上缴国库时

财务会计：

借：应缴财政款　　20 000

　　贷：银行存款　　20 000

[**例 8-3**] 某事业单位收到纳入财政专户管理的服务收费 500 000 元，款项已存入银行。次日，将这笔款项上缴财政专户。其会计分录如下：

(1) 收到应缴款项时

财务会计：

借：银行存款　　500 000

　　贷：应缴财政款　　500 000

(2) 上缴财政专户时

财务会计：

借：应缴财政款　　500 000

　　贷：银行存款　　500 000

授课视频：请访问中国大学 MOOC→政府会计实务/周克清等→第八章第三节应缴财政款

第四节　应交税费

行政事业单位核算的应交税费包括应交增值税和其他应交税费两类。

一、应交增值税

应交增值税是指行政事业单位按照税法规定计算应交纳的增值税。增值税是以商品、应税劳务和应税服务在流转过程中产生的增值额作为计税依据而征收的一种流转税。

(一) 科目设置

为核算应交增值税业务，行政事业单位应设置“应交增值税”总账科目。本科目期末如为贷方余额，反映单位应交未交的增值税；期末如为借方余额，反映单位尚未抵扣或多交的增值税。

1. 增值税一般纳税人单位的明细科目设置

属于增值税一般纳税人的单位，应当在本科目下设置“应交税金”“未交税金”“预交税金”“待抵扣进项税额”“待认证进项税额”“待转销项税额”“简易计税”“转让金融商品应交增值税”“代扣代交增值税”等明细科目。

（1）“应交税金”明细科目，该明细账内应当设置“进项税额”“已交税金”“转出未交增值税”“转出多交增值税”“减免税款”“销项税额”“进项税额转出”等专栏。其中：

①“进项税额”专栏，记录单位购进货物、加工修理修配劳务、服务、无形资产或不动产而支付或负担的、准予从当期销项税额中抵扣的增值税额；

②“已交税金”专栏，记录单位当月已交纳的应交增值税额；

③“转出未交增值税”和“转出多交增值税”专栏，分别记录一般纳税人月度终了转出当月应交未交或多交的增值税额；

④“减免税款”专栏，记录单位按照现行增值税制度规定准予减免的增值税额；

⑤“销项税额”专栏，记录单位销售货物、加工修理修配劳务、服务、无形资产或不动产应收取的增值税额；

⑥“进项税额转出”专栏，记录单位购进货物、加工修理修配劳务、服务、无形资产或不动产等发生非正常损失以及其他原因而不应从销项税额中抵扣、按照规定转出的进项税额。

（2）“未交税金”明细科目，该明细科目核算单位月度终了从“应交税金”或“预交税金”明细科目转入当月应交未交、多交或预缴的增值税额，以及当月交纳以前期间未交的增值税额。

（3）“预交税金”明细科目，该明细科目核算单位转让不动产、提供不动产经营租赁服务等，以及其他按照现行增值税制度规定应预缴的增值税额。

（4）“待抵扣进项税额”明细科目，该明细科目核算单位已取得增值税扣税凭证并经税务机关认证，按照现行增值税制度规定准予以后期间从销项税额中抵扣的进项税额。

（5）“待认证进项税额”明细科目，该明细科目核算单位由于未经税务机关认证而不得从当期销项税额中抵扣的进项税额。包括：一般纳税人已取得增值税扣税凭证并按规定准予从销项税额中抵扣，但尚未经税务机关认证的进项税额；一般纳税人已申请稽核但尚未取得稽核相符结果的海关缴款书进项税额。

（6）“待转销项税额”明细科目，该明细科目核算单位销售货物、加工修理修配劳务、服务、无形资产或不动产，已确认相关收入（或利得）但尚未发生增值税纳税义务而需于以后期间确认为销项税额的增值税额。

（7）“简易计税”明细科目，该明细科目核算单位采用简易计税方法发生的增值税计提、扣减、预缴、缴纳等业务。

（8）“转让金融商品应交增值税”明细科目，该明细科目核算单位转让金融商品发生的增值税额。

（9）“代扣代交增值税”明细科目，该明细科目核算单位购进在境内未设经营机构的境外单位或个人在境内的应税行为代扣代缴的增值税。

2. 增值税小规模纳税人单位的明细科目设置

属于增值税小规模纳税人的单位只需在本科目下设置“转让金融商品应交增值税”

"代扣代交增值税"明细科目。

（二）账务处理

以下简要说明应交增值税的主要账务处理。如不特别说明，其中的"单位"均指增值税一般纳税人。

1. 单位取得资产或接受劳务等业务

（1）采购等业务进项税额允许抵扣。单位购买用于增值税应税项目的资产或服务等时，按照应计入相关成本费用或资产的金额，借记"业务活动费用""在途物品""库存物品""工程物资""在建工程""固定资产""无形资产"等科目，按照当月已认证的可抵扣增值税额，借记本科目（应交税金——进项税额），按照当月未认证的可抵扣增值税额，借记本科目（待认证进项税额），按照应付或实际支付的金额，贷记"应付账款""应付票据""银行存款"等科目。发生退货的，如原增值税专用发票已做认证，应根据税务机关开具的红字增值税专用发票做相反的会计分录；如原增值税专用发票未做认证，应将发票退回并做相反的会计分录。

小规模纳税人购买资产或服务等时不能抵扣增值税，发生的增值税计入资产成本或相关成本费用。

（2）采购等业务进项税额不得抵扣。单位购进资产或服务等，用于简易计税方法计税项目、免征增值税项目、集体福利或个人消费等，其进项税额按照现行增值税制度规定不得从销项税额中抵扣的，取得增值税专用发票时，应按照增值税发票注明的金额，借记相关成本费用或资产科目，按照待认证的增值税进项税额，借记本科目（待认证进项税额），按照实际支付或应付的金额，贷记"银行存款""应付账款"等科目。经税务机关认证为不可抵扣进项税时，借记本科目（应交税金——进项税额），贷记本科目（待认证进项税额），同时，将进项税额转出，借记相关成本费用科目，贷记本科目（应交税金——进项税额转出）。

（3）购进不动产或不动产在建工程按照规定进项税额分年抵扣。单位取得应税项目为不动产或者不动产在建工程，其进项税额按照现行增值税制度规定自取得之日起分两年从销项税额中抵扣的，应当按照取得成本，借记"固定资产""在建工程"等科目，按照当期可抵扣的增值税额，借记本科目（应交税金——进项税额），按照以后期间可抵扣的增值税额，借记本科目（待抵扣进项税额），按照应付或实际支付的金额，贷记"应付账款""应付票据""银行存款"等科目。尚未抵扣的进项税额待以后期间允许抵扣时，按照允许抵扣的金额，借记本科目（应交税金——进项税额），贷记本科目（待抵扣进项税额）。

（4）进项税额抵扣情况发生改变。单位因发生非正常损失或改变用途等，原已计入进项税额、待抵扣进项税额或待认证进项税额，但按照现行增值税制度规定不得从销项税额中抵扣的，借记"待处理财产损溢""固定资产""无形资产"等科目，贷记本科目（应交税金——进项税额转出）、本科目（待抵扣进项税额）或本科目（待认证进项税额）；原不得抵扣且未抵扣进项税额的固定资产、无形资产等，因改变用途等用于允许抵扣进项税额的应税项目的，应按照允许抵扣的进项税额，借记本科目（应交税金——进项税额），贷记“固定资产”“无形资产”等科目。固定资产、无形资产等经上述调整后，应按照调整后的账面价值在剩余尚可使用年限内计提折旧或摊销。

单位购进时已全额计入进项税额的货物或服务等转用于不动产在建工程的，对于结转以后期间的进项税额，应借记本科目（待抵扣进项税额），贷记本科目（应交税金——进项税额转出）。

（5）购买方作为扣缴义务人。按照现行增值税制度规定，境外单位或个人在境内发生应税行为，在境内未设有经营机构的，以购买方为增值税扣缴义务人。境内一般纳税人购进服务或资产时，按照应计入相关成本费用或资产的金额，借记“业务活动费用”“在途物品”“库存物品”“工程物资”“在建工程”“固定资产”“无形资产”等科目，按照可抵扣的增值税额，借记本科目（应交税金——进项税额）①，按照应付或实际支付的金额，贷记“银行存款”“应付账款”等科目，按照应代扣代缴的增值税额，贷记本科目（代扣代缴增值税）。实际缴纳代扣代缴增值税时，按照代扣代缴的增值税额，借记本科目（代扣代缴增值税），贷记“银行存款”等科目（见表 8－3）。

表 8－3　应交增值税账务处理（一）

<table>
<tr><th colspan="3">业务和事项内容</th><th>财务会计</th><th>预算会计</th></tr>
<tr><td rowspan="4">增值税一般纳税人</td><td rowspan="2">购入资产或接受服务</td><td>购入应税资产或服务时</td><td>借：业务活动费用/在途物品/库存物品/工程物资/在建工程/固定资产/无形资产等
应交增值税——应交税金（进项税额）
应交增值税——待认证进项税额
贷：银行存款等</td><td>借：事业支出/经营支出等
贷：资金结存等</td></tr>
<tr><td>经税务机关认证为不可抵扣进项税时</td><td>借：应交增值税——应交税金（进项税额）
贷：应交增值税——待认证进项税额
借：业务活动费用等
贷：应交增值税——应交税金（进项税额转出）</td><td>—</td></tr>
<tr><td colspan="2">购进应税不动产或在建工程按规定分年抵扣进项税额的</td><td>借：固定资产/在建工程等
应交增值税——应交税金（进项税额）
应交增值税——待抵扣进项税额
贷：银行存款/应付票据/应付账款等</td><td>借：事业支出/经营支出等
贷：资金结存等</td></tr>
<tr><td colspan="2">尚未抵扣的进项税额以后期间抵扣</td><td>借：应交增值税——应交税金（进项税额）
贷：应交增值税——待抵扣进项税额</td><td>—</td></tr>
</table>

① 增值税小规模纳税人应借记相关成本费用或资产科目。

续表

<table>
<tr><th colspan="3">业务和事项内容</th><th>财务会计</th><th>预算会计</th></tr>
<tr><td rowspan="5">增值税一般纳税人</td><td colspan="2">购进属于增值税应税项目的资产后，发生非正常损失或改变用途的</td><td>借：待处理财产损溢/固定资产/无形资产等
贷：应交增值税——应交税金（进项税额转出）/应交增值税——待认证进项税额/应交增值税——待抵扣进项税额</td><td>—</td></tr>
<tr><td colspan="2">原不得抵扣且未抵扣进项税额的固定资产、无形资产等，因改变用途等用于允许抵扣进项税额的应税项目</td><td>借：应交增值税——应交税金（进项税额）
贷：固定资产/无形资产等</td><td>—</td></tr>
<tr><td colspan="2">购进时已全额计入进项税额的货物或服务等转用于不动产在建工程的，对于结转以后期间的进项税额</td><td>借：应交增值税——待抵扣进项税额
贷：应交增值税——应交税金（进项税额转出）</td><td>—</td></tr>
<tr><td colspan="2" rowspan="2">购进资产或服务时作为扣缴义务人</td><td>借：业务活动费用/在途物品/库存物品/工程物资/固定资产/无形资产等
应交增值税——应交税金（进项税额）
贷：银行存款
应付账款等
应交增值税——代扣代缴增值税</td><td>借：事业支出/经营支出等
贷：资金结存</td></tr>
<tr><td>实际缴纳代扣代缴增值税时
借：应交增值税——代扣代缴增值税
贷：银行存款等</td><td>借：事业支出/经营支出等
贷：资金结存</td></tr>
<tr><td rowspan="2">增值税小规模纳税人</td><td rowspan="2">购入应税资产或服务</td><td>购入应税资产或服务时</td><td>借：业务活动费用/在途物品/库存物品等
贷：银行存款/应付票据/应付账款等</td><td>借：事业支出/经营支出等
贷：资金结存</td></tr>
<tr><td>购进资产或服务时作为扣缴义务人</td><td>借：在途物品/库存物品/固定资产/无形资产等
贷：应付账款/银行存款等
应交增值税——代扣代缴增值税
实际缴纳增值税时参见增值税一般纳税人的账务处理</td><td>借：事业支出/经营支出等
贷：资金结存</td></tr>
</table>

[例8-4] 某事业单位属于增值税一般纳税人，因开展非独立核算经营活动需要购入货品一批，取得增值税专用发票并通过认证，专用发票上注明的金额为100 000元，增值税额为13 000元，税款合计为113 000元，以银行存款支付。其会计分录如下：

财务会计：

借：库存物品　　　　100 000

应交增值税——应交税金（进项税额）　　13 000

贷：银行存款　　113 000

预算会计：

借：经营支出　　113 000

贷：资金结存——货币资金　　113 000

［例 8－5］ 某事业单位属于增值税小规模纳税人，因开展非独立核算的经营活动需要购入货品一批，发票上注明的价款为 100 000 元，增值税额为 13 000 元，税款合计为 113 000 元，以银行存款支付。其会计分录如下：

财务会计：

借：库存物品　　113 000

贷：银行存款　　113 000

预算会计：

借：经营支出　　113 000

贷：资金结存——货币资金　　113 000

2. 单位销售资产或提供服务等业务

（1）销售货物或提供服务。单位销售货物或提供服务，应当按照应收或已收的金额，借记“应收账款”“应收票据”“银行存款”等科目，按照确认的收入金额，贷记“经营收入”“事业收入”等科目，按照现行增值税制度规定计算的销项税额（或采用简易计税方法计算的应纳增值税额），贷记本科目（应交税金——销项税额）或本科目（简易计税）[小规模纳税人应贷记本科目]。发生销售退回的，应根据按照规定开具的红字增值税专用发票做相反的会计分录。

按照本制度及相关政府会计准则确认收入的时点早于按照增值税制度确认增值税纳税义务发生时点的，应将相关销项税额计入本科目（待转销项税额），待实际发生纳税义务时再转入本科目（应交税金——销项税额）或本科目（简易计税）。

按照增值税制度确认增值税纳税义务发生时点早于按照本制度及相关政府会计准则确认收入的时点的，应按照应纳增值税额，借记“应收账款”科目，贷记本科目（应交税金——销项税额）或本科目（简易计税）。

（2）金融商品转让按照规定以盈亏相抵后的余额作为销售额。金融商品实际转让月末，如产生转让收益，则按照应纳税额，借记“投资收益”科目，贷记本科目（转让金融商品应交增值税）；如产生转让损失，则按照可结转下月抵扣税额，借记本科目（转让金融商品应交增值税），贷记“投资收益”科目。交纳增值税时，应借记本科目（转让金融商品应交增值税），贷记“银行存款”等科目。年末，本科目（转让金融商品应交增值税）如有借方余额，则借记“投资收益”科目，贷记本科目（转让金融商品应交增值税）（见表 8－4）。

表 8－4 应交增值税账务处理（二）

<table>
<tr><th colspan="4">业务和事项内容</th><th>财务会计</th><th>预算会计</th></tr>
<tr><td rowspan="5">增值税一般纳税人</td><td rowspan="5">销售应税产品或提供应税服务</td><td colspan="2">销售应税产品或提供应税服务</td><td>借：银行存款/应收账款/应收票据等
贷：事业收入/经营收入等
应交增值税——应交税金（销项税额）/应交增值税——简易计税</td><td>借：资金结存
贷：事业预算收入/经营预算收入等</td></tr>
<tr><td rowspan="4">金融商品转让</td><td>产生收益</td><td>借：投资收益
贷：应交增值税——转让金融商品应交增值税</td><td>—</td></tr>
<tr><td>产生损失</td><td>借：应交增值税——转让金融商品应交增值税
贷：投资收益</td><td>—</td></tr>
<tr><td>交纳增值税</td><td>借：应交增值税——转让金融商品应交增值税
贷：银行存款等</td><td>借：投资预算收益等
贷：资金结存</td></tr>
<tr><td>年末，如有借方余额</td><td>借：投资收益
贷：应交增值税——转让金融商品应交增值税</td><td>—</td></tr>
<tr><td rowspan="4">增值税小规模纳税人</td><td rowspan="4">销售应税产品或提供应税服务</td><td colspan="2">销售应税产品或提供应税服务</td><td>借：银行存款/应收账款/应收票据
贷：事业收入/经营收入等
应交增值税</td><td>借：资金结存
贷：事业预算收入/经营预算收入等</td></tr>
<tr><td rowspan="3">金融商品转让</td><td>产生收益</td><td>借：投资收益
贷：应交增值税——转让金融商品应交增值税</td><td>—</td></tr>
<tr><td>产生损失</td><td>借：应交增值税——转让金融商品应交增值税
贷：投资收益</td><td>—</td></tr>
<tr><td>实际交纳</td><td colspan="2">参见增值税一般纳税人的账务处理</td></tr>
</table>

［例 8－6］某事业单位属于增值税一般纳税人，在开展非独立核算的经营活动过程中销售货品一批，不含税价为 120 000 元，销项税额为 15 600 元，价款合计 135 600 元，款项已收讫。其会计分录如下：

财务会计：

借：银行存款　　135 600

　贷：经营收入　　120 000

　　　应交增值税——应交税金（销项税额）　　15 600

预算会计：

借：资金结存——货币资金　　135 600

贷：经营预算收入　　　　　　　　　　　　　　　135 600

3. 月末转出多交增值税和未交增值税

月度终了，单位应当将当月应交未交或多交的增值税自“应交税金”明细科目转入“未交税金”明细科目。对于当月应交未交的增值税，借记本科目（应交税金——转出未交增值税），贷记本科目（未交税金）；对于当月多交的增值税，借记本科目（未交税金），贷记本科目（应交税金——转出多交增值税）（见表8-5）。

表8-5　应交增值税账务处理（三）

业务和事项内容		财务会计	预算会计
月末转出多交和未交增值税	月末转出本月未交增值税	借：应交增值税——应交税金（转出未交增值税） 　贷：应交增值税——未交税金	—
	月末转出本月多交增值税	借：应交增值税——未交税金 　贷：应交增值税——应交税金（转出多交增值税）	—

［例8-7］某事业单位属于增值税一般纳税人。月末，将当月应交未交的增值税15 000元自“应交税金”明细科目转入“未交税金”明细科目。其会计分录如下：

财务会计：

借：应交增值税——应交税金（转出未交增值税）　　　15 000

　贷：应交增值税——未交税金　　　　　　　　　　　　15 000

4. 交纳增值税

（1）交纳当月应交增值税。单位交纳当月应交的增值税，借记本科目（应交税金——已交税金），贷记“银行存款”等科目。

（2）交纳以前期间未交增值税。单位交纳以前期间未交的增值税，借记本科目（未交税金），贷记“银行存款”等科目。

（3）预交增值税。单位预交增值税时，借记本科目（预交税金），贷记“银行存款”等科目。月末，单位应将“预交税金”明细科目余额转入“未交税金”明细科目，借记本科目（未交税金），贷记本科目（预交税金）。

（4）减免增值税。对于当期直接减免的增值税，借记本科目（应交税金——减免税款），贷记“业务活动费用”“经营费用”等科目。

按照现行增值税制度规定，单位初次购买增值税税控系统专用设备支付的费用以及缴纳的技术维护费允许在增值税应纳税额中全额抵减的，按照规定抵减的增值税应纳税额，借记本科目（应交税金——减免税款）［小规模纳税人借记本科目］，贷记“业务活动费用”“经营费用”等科目（见表8-6）。

表 8－6 应交增值税账务处理（四）

业务和事项内容			财务会计	预算会计
增值税一般纳税人	交纳增值税	本月交纳本月增值税	借：应交增值税——应交税金（已交税金） 贷：银行存款等	借：事业支出/经营支出等 贷：资金结存
		本月交纳以前期间未交增值税	借：应交增值税——未交税金 贷：银行存款等	借：事业支出/经营支出等 贷：资金结存
		按规定预交增值税	预交时 借：应交增值税——预交税金 贷：银行存款等 月末 借：应交增值税——未交税金 贷：应交增值税——预交税金	借：事业支出/经营支出等 贷：资金结存
		当期直接减免的增值税应纳税额	借：应交增值税——应交税金（减免税款） 贷：业务活动费用/经营费用等	—
增值税小规模纳税人	交纳增值税		借：应交增值税 贷：银行存款等	借：事业支出/经营支出等 贷：资金结存
	减免增值税		借：应交增值税 贷：业务活动费用/经营费用等	—

［例 8－8］接上例，次月，该事业单位以银行存款交纳上月未交的增值税 15 000 元。其会计分录如下：

财务会计：

借：应交增值税——未交税金 15 000

贷：银行存款 15 000

预算会计：

借：经营支出 15 000

贷：资金结存——货币资金 15 000

二、其他应交税费

其他应交税费是指行政事业单位按照税法等规定计算应交纳的除增值税以外的各种税费，包括城市维护建设税、教育费附加、地方教育费附加、车船税、房产税、城镇土地使用税和企业所得税等。

（一）科目设置

为核算其他应交税费业务，行政事业单位应当设置“其他应交税费”总账科目。单位代扣代缴的个人所得税，也通过本科目核算。本科目期末如为贷方余额，反映单位应交未交的除增值税以外的税费金额；期末如为借方余额，反映单位多交纳的除增值税以外的税费金额。本科目应当按照应交纳的税费种类进行明细核算。

因为单位应交纳的印花税不需要预提应交税费，直接通过“业务活动费用”“单位管理费用”“经营费用”等科目核算，不通过本科目核算。

（二）账务处理

其他应交税费的主要账务处理如下：

1. 发生城市维护建设税、教育费附加、地方教育费附加、车船税、房产税、城镇土地使用税等纳税义务

发生城市维护建设税、教育费附加、地方教育费附加、车船税、房产税、城镇土地使用税等纳税义务的，按照税法规定计算的应交税费金额，借记“业务活动费用”“单位管理费用”“经营费用”等科目，贷记本科目（应交城市维护建设税、应交教育费附加、应交地方教育费附加、应交车船税、应交房产税、应交城镇土地使用税等）。

单位实际交纳上述各种税费时，借记本科目（应交城市维护建设税、应交教育费附加、应交地方教育费附加、应交车船税、应交房产税、应交城镇土地使用税等），贷记“财政拨款收入”“银行存款”等科目（见表8-7）。

表8-7 其他应交税费账务处理（一）

业务和事项内容		财务会计	预算会计
城市维护建设税、教育费附加、地方教育费附加、车船税、房产税、城镇土地使用税等	发生时，按照税法规定计算的应交税费金额	借：业务活动费用/单位管理费用/经营费用等 贷：其他应交税费——应交城市维护建设税/应交教育费附加/应交地方教育费附加/应交车船税/应交房产税/应交城镇土地使用税等	—
	实际交纳时	借：其他应交税费——应交城市维护建设税/应交教育费附加/应交地方教育费附加/应交车船税/应交房产税/应交城镇土地使用税等 贷：财政拨款收入/银行存款等	借：事业支出/经营支出等 贷：资金结存

［**例8-9**］某事业单位开展非独立核算的经营活动，按照税法规定，发生应交城市维护建设税等其他各项税费共计5 000元。次月，以银行存款交纳上月的其他应交税费。其会计分录如下：

（1）发生其他应交税费时

财务会计：

借：经营费用 5 000

　贷：其他应交税费 5 000

（2）次月，交纳其他应交税费时

财务会计：

借：其他应交税费 5 000

贷：银行存款 5 000

预算会计：

借：经营支出 5 000

贷：资金结存——货币资金 5 000

2. 代扣代缴职工个人所得税

按照税法规定计算应代扣代缴职工（含长期聘用人员）的个人所得税，借记“应付职工薪酬”科目，贷记本科目（应交个人所得税）。按照税法规定计算应代扣代缴支付给职工（含长期聘用人员）以外人员劳务费的个人所得税，借记“业务活动费用”“单位管理费用”等科目，贷记本科目（应交个人所得税）。

单位实际交纳上述各种税费时，借记本科目（应交个人所得税），贷记“财政拨款收入”“银行存款”等科目（见表8-8）。

表8-8 其他应交税费账务处理（二）

业务和事项内容		财务会计	预算会计
代扣代缴职工个人所得税	计算应代扣代缴职工的个人所得税金额	借：应付职工薪酬 贷：其他应交税费——应交个人所得税	—
	计算应代扣代缴职工以外其他人员个人所得税	借：业务活动费用/单位管理费用等 贷：其他应交税费——应交个人所得税	—
	实际交纳时	借：其他应交税费——应交个人所得税 贷：财政拨款收入/银行存款等	借：行政支出/事业支出/经营支出等 贷：财政拨款预算收入/资金结存

［**例8-10**］某行政单位按照税法规定，应从职工薪酬中代扣个人所得税50 000元；同时，应从支付给外单位人员的劳务费中代扣个人所得税4 000元。两笔税款均以银行存款支付。其会计分录如下：

(1) 在计算应交个人所得税时

财务会计：

借：应付职工薪酬 50 000

贷：其他应交税费——应交个人所得税 50 000

借：业务活动费用 4 000

贷：其他应交税费——应交个人所得税 4 000

(2) 交纳税款时

财务会计：

借：其他应交税费——应交个人所得税 54 000

贷：银行存款 54 000

预算会计：

借：行政支出 54 000

贷：资金结存——货币资金　　　　　　　　　　　　54 000

3. 发生企业所得税纳税义务

发生企业所得税纳税义务的，按照税法规定计算的应交所得税额，借记“所得税费用”科目，贷记本科目（单位应交所得税）。

单位实际交纳上述各种税费时，借记本科目（单位应交所得税），贷记“财政拨款收入”“银行存款”等科目（见表8-9）。

表8-9　其他应交税费账务处理（三）

业务和事项内容		财务会计	预算会计
发生企业所得税纳税义务	按照税法规定计算的应交税费金额	借：所得税费用 贷：其他应交税费——单位应交所得税	—
	实际交纳时	借：其他应交税费——单位应交所得税 贷：财政拨款收入/银行存款等	借：非财政拨款结余 贷：资金结存

［例8-11］ 某事业单位发生企业所得税纳税义务。按照税法规定，计算单位应交所得税额为15 000元，以银行存款交纳税款。其会计分录如下：

（1）在计算应交所得税时

财务会计：

借：所得税费用　　　　　　　　　　　　15 000

贷：其他应交税费——单位应交所得税　　　　15 000

（2）交纳税款时

财务会计：

借：其他应交税费——单位应交所得税　　　　15 000

贷：银行存款　　　　　　　　　　　　　　15 000

预算会计：

借：非财政拨款结余　　　　　　　　　　15 000

贷：资金结存——货币资金　　　　　　　　15 000

授课视频： 请访问中国大学MOOC→政府会计实务/周克清等→第八章第四节应交税费

第五节　应付职工薪酬

应付职工薪酬是指行政事业单位按照有关规定应付给职工（含长期聘用人员）及为职工支付的各种薪酬，包括基本工资、国家统一规定的津贴补贴、规范津贴补贴（绩效工资）、改革性补贴、社会保险费（如职工基本养老保险费、职业年金、基本医疗保险费等）、住房公积金等。

一、科目设置

为核算应付职工薪酬业务，行政事业单位应设置“应付职工薪酬”总账科目。本科目应当根据国家有关规定按照“基本工资（含离退休费）”“国家统一规定的津贴补贴”“规范津贴补贴（绩效工资）”“改革性补贴”“社会保险费”“住房公积金”“其他个人收入”等进行明细核算。其中，“社会保险费”“住房公积金”明细科目核算内容包括单位从职工工资中代扣代缴的社会保险费、住房公积金，以及单位为职工计算缴纳的社会保险费、住房公积金。

“应付职工薪酬”科目借方反映当期行政事业单位应付职工薪酬的减少；贷方反映当期行政事业单位应付职工薪酬的增加；本科目期末贷方余额，反映单位应付未付的职工薪酬。

二、账务处理

应付职工薪酬的主要账务处理如下（见表 8－10 和表 8－11）：

（一）计算确认当期应付职工薪酬

1. 计提从事专业及其辅助活动人员的职工薪酬

计提从事专业及其辅助活动人员的职工薪酬，借记“业务活动费用”“单位管理费用”科目，贷记本科目。

2. 计提应由在建工程、加工物品、自行研发无形资产负担的职工薪酬

计提应由在建工程、加工物品、自行研发无形资产负担的职工薪酬，借记“在建工程”“加工物品”“研发支出”等科目，贷记本科目。

3. 计提从事专业及其辅助活动之外的经营活动人员的职工薪酬

计提从事专业及其辅助活动之外的经营活动人员的职工薪酬，借记“经营费用”科目，贷记本科目。

4. 解除与职工的劳动关系而给予补偿

因解除与职工的劳动关系而给予的补偿，借记“单位管理费用”等科目，贷记本科目。

（二）支付薪酬

向职工支付工资、津贴补贴等薪酬时，按照实际支付的金额，借记本科目，贷记“财政拨款收入”“银行存款”等科目。

表 8-10　应付职工薪酬账务处理（一）

业务和事项内容		财务会计	预算会计
计算确认当期应付职工薪酬	从事专业及其辅助活动人员的职工薪酬	借：业务活动费用/单位管理费用 　贷：应付职工薪酬	—
	应由在建工程、加工物品、自行研发无形资产负担的职工薪酬	借：在建工程/加工物品/研发支出等 　贷：应付职工薪酬	—
	从事专业及其辅助活动以外的经营活动人员的职工薪酬	借：经营费用 　贷：应付职工薪酬	—
	因解除与职工的劳动关系而给予的补偿	借：单位管理费用 　贷：应付职工薪酬	—
向职工支付工资、津贴补贴等薪酬		借：应付职工薪酬 　贷：财政拨款收入/银行存款等	借：行政支出/事业支出/经营支出等 　贷：财政拨款预算收入/资金结存

（三）代扣款项

按照税法规定代扣职工个人所得税时，借记本科目（基本工资），贷记“其他应交税费——应交个人所得税”科目。

从应付职工薪酬中代扣社会保险费和住房公积金，按照代扣的金额，借记本科目（基本工资），贷记本科目（社会保险费、住房公积金）。

从应付职工薪酬中代扣为职工垫付的水电费、房租等费用时，按照实际扣除的金额，借记本科目（基本工资），贷记“其他应收款”等科目。

（四）缴纳职工社会保险费和住房公积金

按照国家有关规定缴纳职工社会保险费和住房公积金时，按照实际支付的金额，借记本科目（社会保险费、住房公积金），贷记“财政拨款收入”“银行存款”等科目。

（五）支付其他款项

从应付职工薪酬中支付的其他款项，借记本科目，贷记“银行存款”等科目。

表 8-11 应付职工薪酬账务处理（二）

业务和事项内容		财务会计	预算会计
从职工薪酬中代扣各种款项	代扣代缴个人所得税	借：应付职工薪酬——基本工资 贷：其他应交税费——应交个人所得税	—
	代扣社会保险费和住房公积金	借：应付职工薪酬——基本工资 贷：应付职工薪酬——社会保险费/住房公积金	—
	代扣为职工垫付的水电费、房租等费用时	借：应付职工薪酬——基本工资 贷：其他应收款等	—
按照规定缴纳职工社会保险费和住房公积金		借：应付职工薪酬——社会保险费/住房公积金 贷：财政拨款收入/银行存款等	借：行政支出/事业支出/经营支出等 贷：财政拨款预算收入/资金结存
从应付职工薪酬中支付其他款项		借：应付职工薪酬 贷：银行存款等	借：行政支出/事业支出/经营支出等 贷：资金结存等

［例 8-12］ 某事业单位当月应付职工薪酬总额为 9 000 000 元（其中基本工资 4 500 000 元，国家统一规定的津贴补贴 2 500 000 元，单位为职工计算缴纳的社会保险费 800 000 元和住房公积金 1 200 000 元），应从职工基本工资中代扣社会保险费 500 000 元和住房公积金 1 200 000 元，应从基本工资代扣个人所得税 350 000 元。数日后，该事业单位通过国库集中支付方式向职工个人支付工资薪酬、向相关机构缴纳职工社会保险费和住房公积金。其会计分录如下：

（1）计算应付职工薪酬时

财务会计：

借：业务活动费用　　9 000 000
　贷：应付职工薪酬——基本工资　　4 500 000
　　　　——国家统一规定的津贴补贴　　2 500 000
　　　　——社会保险费　　800 000
　　　　——住房公积金　　1 200 000

（2）从应付职工薪酬中代扣社会保险费和住房公积金时

财务会计：

借：应付职工薪酬——基本工资　　1 700 000
　贷：应付职工薪酬——社会保险费　　500 000
　　　　——住房公积金　　1 200 000

（3）从基本工资中代扣个人所得税

财务会计：

借：应付职工薪酬——基本工资　　350 000
　贷：其他应交税费——应交个人所得税　　350 000

（4）向职工支付基本工资和津贴补贴时

应向职工支付的基本工资=4 500 000－500 000－1 200 000－350 000
=2 450 000（元）

财务会计：

借：应付职工薪酬——基本工资　　2 450 000

——国家统一规定的津贴补贴　　2 500 000

贷：财政拨款收入　　4 950 000

预算会计：

借：事业支出　　4 950 000

贷：财政拨款预算收入　　4 950 000

（5）向相关机构缴纳职工社会保险费和住房公积金时

财务会计：

借：应付职工薪酬——社会保险费　　1 300 000

——住房公积金　　2 400 000

贷：财政拨款收入　　3 700 000

预算会计：

借：事业支出　　3 700 000

贷：财政拨款预算收入　　3 700 000

授课视频：请访问中国大学 MOOC→政府会计实务/周克清等→第八章第五节应付职工薪酬

第六节　应付及预收款项

应付及预收款项是指行政事业单位在开展业务活动中发生的各项债务，包括应付票据、应付账款、应付政府补贴款、应付利息、预收账款、其他应付款等。

一、应付票据

应付票据是指事业单位因购买材料、物资等而开出、承兑的商业汇票，包括银行承兑汇票和商业承兑汇票。

（一）科目设置

为核算应付票据业务，事业单位应当设置“应付票据”总账科目。本科目应当按照债权人进行明细核算。“应付票据”科目借方反映当期事业单位应付票据的减少；贷方反映当期应付票据的增加；本科目期末贷方余额，反映事业单位开出、承兑的尚未到期的应付票据金额。

单位应当设置“应付票据备查簿”，详细登记每一应付票据的种类、号数、出票日期、到期日、票面金额、交易合同号、收款人姓名或单位名称，以及付款日期和金额等。应付票据到期结清票款后，应当在备查簿内逐笔注销。

（二）账务处理

应付票据的主要账务处理如下：

1. 开出、承兑商业汇票

开出、承兑商业汇票时，借记“库存物品”“固定资产”等科目，贷记本科目。涉及增值税业务的，相关账务处理参见“应交增值税”科目。以商业汇票抵付应付账款时，借记“应付账款”科目，贷记本科目（见表8-12）。

表8-12　应付票据账务处理（一）

业务和事项内容	财务会计	预算会计
开出、承兑商业汇票	借：库存物品/固定资产等 　贷：应付票据	—
以商业汇票抵付应付账款时	借：应付账款 　贷：应付票据	—

［例8-13］某事业单位因开展非独立核算的经营活动，用商业承兑汇票结算方式购入材料一批，取得增值税专用发票并通过认证，专用发票上注明的金额为400 000元，增值税额为52 000元，税款合计为452 000元。单位开出1张期限为6个月的商业承兑汇票，年利率为6%。其会计分录如下：

财务会计：

借：库存物品　400 000

　　应交增值税——应交税金（进项税额）　52 000

　贷：应付票据　452 000

2. 支付银行承兑汇票的手续费

支付银行承兑汇票的手续费时，借记“业务活动费用”“经营费用”等科目，贷记“银行存款”等科目（见表8-13）。

表8-13　应付票据账务处理（二）

业务和事项内容	财务会计	预算会计
支付银行承兑汇票的手续费	借：业务活动费用/经营费用等 　贷：银行存款等	借：事业支出/经营支出 　贷：资金结存——货币资金

［例8-14］某事业单位因开展非独立核算的经营活动，用银行承兑汇票结算方式购入材料一批，取得增值税专用发票并通过认证，专用发票上注明的金额为200 000元，增值税额为26 000元，税款合计为226 000元。单位开出1张期限为3个月的银行承兑汇票，并向银行支付承兑手续费180元。其会计分录如下：

财务会计：

借：库存物品　　200 000
　　应交增值税——应交税费（进项税额）　　26 000
　贷：应付票据　　226 000
借：经营费用　　180
　贷：银行存款　　180
预算会计：
借：经营支出　　180
　贷：资金结存——货币资金　　180

3. 商业汇票到期

在商业汇票到期时，应当分别以下情况处理（见表 8-14）：

（1）收到银行支付到期票据的付款通知时，借记本科目，贷记“银行存款”科目。

（2）银行承兑汇票到期，单位无力支付票款的，按照应付票据账面余额，借记本科目，贷记“短期借款”科目。

（3）商业承兑汇票到期，单位无力支付票款的，按照应付票据账面余额，借记本科目，贷记“应付账款”科目。

表 8-14　应付票据账务处理（三）

业务和事项内容		财务会计	预算会计
商业汇票到期	收到银行支付到期票据的付款通知	借：应付票据 　贷：银行存款	借：事业支出/经营支出 　贷：资金结存——货币资金
	银行承兑汇票到期，本单位无力支付票款	借：应付票据 　贷：短期借款	借：事业支出/经营支出 　贷：债务预算收入
	商业承兑汇票到期，本单位无力支付票款	借：应付票据 　贷：应付账款	—

[例 8-15] 接例 8-13，6 个月的商业承兑汇票到期后，该事业单位如数支付相应的款项。其会计分录如下：

$$应付利息=452\ 000\times 6\%\times \frac{6}{12}=13\ 560（元）$$

财务会计：
借：应付利息　　13 560
　　应付票据　　452 000
　贷：银行存款　　465 560
预算会计：
借：经营支出　　465 560
　贷：资金结存——货币资金　　465 560

[例 8-16] 接例 8-13，6 个月的商业承兑汇票到期后，该事业单位不能如期支付票款。其会计分录如下：

财务会计：

借：应付利息　　13 560
　　应付票据　　452 000
　　贷：应付账款　　465 560

[**例 8-17**] 接例 8-14，3 个月的银行承兑汇票到期后，单位如数支付相应款项。其会计分录如下：

财务会计：

借：应付票据　　226 000
　　贷：银行存款　　226 000

预算会计：

借：经营支出　　226 000
　　贷：资金结存——货币资金　　226 000

[**例 8-18**] 接例 8-14，3 个月的银行承兑汇票到期后，单位不能如期支付票款。其会计分录如下：

财务会计：

借：应付票据　　226 000
　　贷：短期借款　　226 000

预算会计：

借：经营支出　　226 000
　　贷：债务预算收入　　226 000

二、应付账款

（一）科目设置

本科目核算单位因购买物资、接受服务、开展工程建设等应付的偿还期限在 1 年以内（含 1 年）的款项。本科目期末贷方余额，反映单位尚未支付的应付账款金额。

本科目应当按照债权人进行明细核算。对于建设项目，还应设置“应付器材款”“应付工程款”等明细科目，并按照具体项目进行明细核算。

（二）账务处理

应付账款的主要账务处理如下（见表 8-15）：

1. 购入物资、设备或服务以及完成工程进度但尚未付款

收到所购材料、物资、设备或服务以及确认完成工程进度但尚未付款时，根据发票及账单等有关凭证，按照应付未付款项的金额，借记“库存物品”“固定资产”“在建工程”等科目，贷记本科目。涉及增值税业务的，相关账务处理参见“应交增值税”科目。

2. 偿付应付账款

在偿付应付账款时，按照实际支付的金额，借记本科目，贷记“财政拨款收入”“银行存款”等科目。

3. 开出、承兑商业汇票抵付应付账款

在开出、承兑商业汇票抵付应付账款时，借记本科目，贷记“应付票据”科目。

4. 无法偿付或债权人豁免偿还的应付账款

无法偿付或债权人豁免偿还的应付账款，应当按照规定报经批准后进行账务处理。经批准核销时，借记本科目，贷记“其他收入”科目。核销的应付账款应在备查簿中保留登记。

表 8－15　应付账款账务处理

业务和事项内容	财务会计	预算会计
购入物资、设备或服务以及完成工程进度但尚未付款	借：库存物品/固定资产/在建工程等 　贷：应付账款	—
偿付应付账款	借：应付账款 　贷：财政拨款收入/银行存款等	借：行政支出/事业支出等 　贷：财政拨款预算收入/资金结存
开出、承兑商业汇票抵付应付账款	借：应付账款 　贷：应付票据	—
无法偿付或债权人豁免偿还的应付账款	借：应付账款 　贷：其他收入	—

［例 8－19］某事业单位因开展专业业务活动，采购材料一批，价款合计 150 000 元。材料已验收入库，但款项尚未支付。数日后，单位以银行存款支付上述款项。其会计分录如下：

（1）尚未付款时

财务会计：

借：库存物品　　150 000

　贷：应付账款　　150 000

（2）支付上述款项时

财务会计：

借：应付账款　　150 000

　贷：银行存款　　150 000

预算会计：

借：事业支出　　150 000

　贷：资金结存——货币资金　　150 000

三、应付政府补贴款

（一）科目设置

本科目核算负责发放政府补贴的行政单位，按照规定应当支付给政府补贴接受者的各种政府补贴款。本科目借方反映当期行政单位应付政府补贴款的减少；贷方反映当期行政单位应付政府补贴款的增加；本科目期末贷方余额，反映行政单位应付未付的政府补贴金额。

本科目应当按照应支付的政府补贴种类进行明细核算。单位还应当根据需要按照补贴接受者进行明细核算，或者建立备查簿对补贴接受者予以登记。

（二）账务处理

应付政府补贴款的主要账务处理如下（见表 8－16）：

1. 发生（确认）应付政府补贴

发生（确认）应付政府补贴时，按照依规定计算确定的应付政府补贴金额，借记“业务活动费用”科目，贷记本科目。

2. 支付应付政府补贴款

支付应付政府补贴款时，按照支付金额，借记本科目，贷记“银行存款”等科目。

表 8－16　应付政府补贴款账务处理

业务和事项内容	财务会计	预算会计
发生（确认）应付政府补贴款	借：业务活动费用 　贷：应付政府补贴款	—
支付应付政府补贴款	借：应付政府补贴款 　贷：银行存款等	借：行政支出 　贷：资金结存等

［**例 8－20**］某行政单位负责给当地农民发放政府补贴，经核算，应付政府补贴金额为 2 000 000 元。上述补贴通过国库集中支付方式支付。其会计分录如下：

（1）确认应付政府补贴款时

财务会计：

借：业务活动费用　　2 000 000

　贷：应付政府补贴款　　2 000 000

（2）发放政府补贴款时

财务会计：

借：应付政府补贴款　　2 000 000

　贷：财政拨款收入　　2 000 000

预算会计：

借：行政支出　　2 000 000

　贷：财政拨款预算收入　　2 000 000

四、应付利息

（一）科目设置

本科目核算事业单位按照合同约定应支付的借款利息，包括短期借款、分期付息到期还本的长期借款等应支付的利息。本科目借方反映事业单位应付利息的减少；贷方反映事业单位应付利息的增加；本科目期末贷方余额，反映事业单位应付未付的利息金额。本科目应当按照债权人等进行明细核算。

（二）账务处理

应付利息的主要账务处理如下（见表8－17）：

1. 按期计提利息费用

为建造固定资产、公共基础设施等借入的专门借款的利息，属于建设期间发生的，按期计提利息费用时，按照计算确定的金额，借记“在建工程”科目，贷记本科目；不属于建设期间发生的，按期计提利息费用时，按照计算确定的金额，借记“其他费用”科目，贷记本科目。

对于其他借款，按期计提利息费用时，按照计算确定的金额，借记“其他费用”科目，贷记本科目。

2. 实际支付应付利息

在实际支付应付利息时，按照支付的金额，借记本科目，贷记“银行存款”等科目。

表8－17　应付利息账务处理

业务和事项内容	财务会计	预算会计
按期计提利息费用	借：在建工程/其他费用 　贷：应付利息	—
实际支付应付利息	借：应付利息 　贷：银行存款等	借：其他支出 　贷：资金结存——货币资金

［**例8－21**］经批准，某事业单位为保障单位基本建设项目的资金需要，向商业银行借入一笔10年期到期还本每年付息的借款50 000 000元，借款利率为4%。该基本建设项目的建设周期为3年，3年后顺利竣工。其会计分录如下：

（1）在工程建设期间，计提每年应付利息时

财务会计：

借：在建工程　　2 000 000

　贷：应付利息　　2 000 000

（2）在工程完工之后，每年计提应付利息时

财务会计：

借：其他费用　　2 000 000

　贷：应付利息　　2 000 000

（3）每年实际支付利息时

财务会计：

借：应付利息　　2 000 000

　贷：银行存款　　2 000 000

预算会计：

借：其他支出　　　　　　　　　　　　　　　2 000 000

　贷：资金结存——货币资金　　　　　　　　　　2 000 000

五、预收账款

（一）科目设置

预收账款是指事业单位按照合同约定预先收取但尚未结算的款项。为核算预收账款业务，事业单位应当设置“预收账款”总账科目。本科目借方反映事业单位预收账款的减少；贷方反映事业单位预收账款的增加；期末贷方余额，反映事业单位预收但尚未结算的款项金额。

本科目应当按照债权人进行明细核算。

（二）账务处理

预收账款的主要账务处理如下（见表 8－18）：

1. 从付款方预收款项

从付款方预收款项时，按照实际预收的金额，借记“银行存款”等科目，贷记本科目。

2. 确认有关收入

确认有关收入时，按照预收账款账面余额，借记本科目，按照应确认的收入金额，贷记“事业收入”“经营收入”等科目，按照付款方补付或退回付款方的金额，借记或贷记“银行存款”等科目。涉及增值税业务的，相关账务处理参见“应交增值税”科目。

3. 无法偿付或债权人豁免偿还的预收账款

无法偿付或债权人豁免偿还的预收账款，应当按照规定报经批准后进行账务处理。经批准核销时，借记本科目，贷记“其他收入”科目。核销的预收账款应在备查簿中保留登记。

表 8－18　预收账款账务处理

业务和事项内容	财务会计	预算会计
从付款方预收款项	借：银行存款等 　贷：预收账款	借：资金结存——货币资金 　贷：事业预算收入/经营预算收入等
确认有关收入	借：预收账款 借或贷：银行存款 　贷：事业收入/经营收入等	借：资金结存——货币资金 　贷：事业预算收入/经营预算收入等 退回预收款的金额做相反会计分录
无法偿付或债权人豁免偿还的预收账款	借：预收账款 　贷：其他收入	—

［例 8－22］ 某事业单位在开展专业业务活动中收到付款方预付的课题服务费 100 000

元，款项已存入银行。数月后，课题顺利结题。经结算，该事业单位应确认事业收入150 000元（暂不考虑增值税业务），付款方通过银行转账支付剩余的50 000元。其会计分录如下：

（1）收到预收款项时

财务会计：

借：银行存款	100 000	
贷：预收账款		100 000

预算会计：

借：资金结存——货币资金	100 000	
贷：事业预算收入		100 000

（2）课题结题后，收到对方补付款项时

财务会计：

借：银行存款	50 000	
预收账款	100 000	
贷：事业收入		150 000

预算会计：

借：资金结存——货币资金	50 000	
贷：事业预算收入		50 000

六、其他应付款

（一）科目设置

本科目核算单位除应交增值税、其他应交税费、应缴财政款、应付职工薪酬、应付票据、应付账款、应付政府补贴款、应付利息、预收账款以外，其他各项偿还期限在1年内（含1年）的应付及暂收款项，如收取的押金、存入保证金、已经报销但尚未偿还银行的本单位公务卡欠款等。同级政府财政部门预拨的下期预算款和没有纳入预算的暂付款项，以及采用实拨资金方式通过本单位转拨给下属单位的财政拨款，也通过本科目核算。

本科目借方反映单位其他应付款的减少；贷方反映单位其他应付款的增加；期末贷方余额反映单位尚未支付的其他应付款金额。本科目应当按照其他应付款的类别以及债权人等进行明细核算。

（二）账务处理

其他应付款的主要账务处理如下（见表8-19）：

1. 发生暂收款项

发生暂收款项时，借记“银行存款”等科目，贷记本科目。支付（或退回）暂收款项时，借记本科目，贷记“银行存款”等科目。将暂收款项转为收入时，借记本科目，贷记“事业收入”等科目。

采用实拨资金方式通过本单位转拨给下属单位的财政拨款，按照实际收到的金额，借记"银行存款"科目，贷记本科目；向下属单位转拨财政拨款时，按照转拨的金额，借记本科目，贷记"银行存款"科目。

2. 收到同级政府财政部门预拨的下期预算款和没有纳入预算的暂付款项

收到同级政府财政部门预拨的下期预算款和没有纳入预算的暂付款项，按照实际收到的金额，借记"银行存款"等科目，贷记本科目；待到下一预算期或批准纳入预算时，借记本科目，贷记"财政拨款收入"科目。

3. 发生其他应付义务

本单位公务卡持卡人报销时，按照审核报销的金额，借记"业务活动费用""单位管理费用"等科目，贷记本科目；偿还公务卡欠款时，借记本科目，贷记"银行存款"等科目。

4. 涉及质保金形成其他应付款

涉及质保金形成其他应付款的，相关账务处理参见"固定资产"科目。

5. 无法偿付或债权人豁免偿还的其他应付款项

无法偿付或债权人豁免偿还的其他应付款项，应当按照规定报经批准后进行账务处理。经批准核销时，借记本科目，贷记"其他收入"科目。核销的其他应付款应在备查簿中保留登记。

表 8-19 其他应付款账务处理

业务和事项内容		财务会计	预算会计
发生暂收款项	取得暂收款项时	借：银行存款等 贷：其他应付款	—
	确认收入时	借：其他应付款 贷：事业收入等	借：资金结存 贷：事业预算收入等
	退回（转拨）暂收款时	借：其他应付款 贷：银行存款等	—
收到同级政府财政部门预拨的下期预算款和没有纳入预算的暂付款项	按照实际收到的金额	借：银行存款等 贷：其他应付款	—
	待到下一预算期或批准纳入预算时	借：其他应付款 贷：财政拨款收入	借：资金结存 贷：财政拨款预算收入
发生其他应付义务	确认其他应付款项时	借：业务活动费用/单位管理费用等 贷：其他应付款	—
	支付其他应付款项时	借：其他应付款 贷：银行存款等	借：行政支出/事业支出等 贷：资金结存
无法偿付或债权人豁免偿还的其他应付款项		借：其他应付款 贷：其他收入	—

［例 8－23］某行政单位收到上级主管部门通过本单位转拨给下属单位的财政拨款250 000 元，款项以实拨资金的方式下达到该行政单位的银行账户。数日后，该行政单位通过银行转账向下属单位拨付这笔拨款。其会计分录如下：

（1）在收到这笔财政拨款时

财务会计：

借：银行存款 250 000

贷：其他应付款 250 000

（2）通过银行转账下拨这笔拨款时

财务会计：

借：其他应付款 250 000

贷：银行存款 250 000

［例 8－24］某行政单位公务卡持卡人报销差旅费，审核报销金额为 18 000 元。数日后，单位以银行存款偿还了该项公务卡欠款 18 000 元。其会计分录如下：

（1）报销时

财务会计：

借：业务活动费用 18 000

贷：其他应付款 18 000

（2）向银行偿还公务卡欠款时

财务会计：

借：其他应付款 18 000

贷：银行存款 18 000

预算会计：

借：行政支出 18 000

贷：资金结存——货币资金 18 000

授课视频：请访问中国大学 MOOC→政府会计实务/周克清等→第八章第六节应付及暂付款项

第七节　长期应付款项

长期应付款项是指偿还期限超过 1 年（不含 1 年）的应付款项，包括长期借款和长期应付款。

一、长期借款

（一）科目设置

长期借款是指事业单位经批准向银行或其他金融机构等借入的期限超过 1 年（不含 1

年）的各种借款。长期借款的偿付方式包括到期还本付息、分期付息到期还本和分期还本付息。“长期借款”科目核算事业单位经批准向银行或其他金融机构等借入的期限超过1年（不含1年）的各种借款本息。本科目应当设置“本金”和“应计利息”明细科目，并按照贷款单位和贷款种类进行明细核算。对于建设项目借款，还应按照具体项目进行明细核算。本科目期末贷方余额，反映事业单位尚未偿还的长期借款本金。

（二）账务处理

1. 借入各项长期借款

借入各项长期借款时，按照实际借入的金额，借记“银行存款”科目，贷记本科目（本金）。

2. 长期借款利息计提

为构建固定资产、公共基础设施等应支付的专门借款利息，按期计提利息时，属于工程项目建设期发生的利息，计入工程成本，按照计算确定的应支付利息金额，借记“在建工程”科目，贷记“应付利息”科目［分期付息、到期还本借款的利息］或本科目（应计利息）［到期一次还本付息借款的利息］。

属于工程项目完工交付使用后发生的利息，计入当期费用，按照计算确定的应支付的利息金额，借记“其他费用”科目，贷记“应付利息”科目［分期付息、到期还本借款的利息］或本科目（应计利息）［到期一次还本付息借款的利息］。

按期计提其他长期借款的利息时，按照计算确定的应支付的利息金额，借记“其他费用”科目，贷记“应付利息”科目［分期付息、到期还本借款的利息］或本科目（应计利息）［到期一次还本付息借款的利息］。

3. 归还长期借款

到期归还长期借款本金、利息时，借记本科目（本金、应计利息），贷记“银行存款”科目。

二、长期应付款

（一）科目设置

长期应付款是指行政事业单位发生的偿还期限超过1年（不含1年）的应付款项，如以融资租赁方式取得固定资产应付的租赁费、以分期付款方式购入固定资产发生的应付款项等。为核算长期应付款业务，行政事业单位应当设置“长期应付款”总账科目，本科目借方反映单位长期应付款的减少，贷方反映单位长期应付款的增加，期末贷方余额反映单位尚未支付的长期应付款金额。本科目应当按照长期应付款的类别以及债权人进行明细核算。

（二）账务处理

长期应付款的主要账务处理如下（见表8-20）：

1. 发生长期应付款

发生长期应付款时，借记“固定资产”“在建工程”等科目，贷记本科目。

2. 支付长期应付款

支付长期应付款时，按照实际支付的金额，借记本科目，贷记“财政拨款收入”“银行存款”等科目。涉及增值税业务的，相关账务处理参见“应交增值税”科目。

3. 无法偿付或债权人豁免偿还的长期应付款

无法偿付或债权人豁免偿还的长期应付款，应当按照规定报经批准后进行账务处理。经批准核销时，借记本科目，贷记“其他收入”科目。核销的长期应付款应在备查簿中保留登记。

4. 涉及质保金形成长期应付款

涉及质保金形成长期应付款的，相关账务处理参见“固定资产”科目。

表 8-20 长期应付款账务处理

业务和事项内容	财务会计	预算会计
发生长期应付款	借：固定资产/在建工程等 　贷：长期应付款	—
支付长期应付款	借：长期应付款 　贷：财政拨款收入/银行存款	借：行政支出/事业支出/经营支出等 　贷：财政拨款预算收入/资金结存
无法偿付或债权人豁免偿还的长期应付款	借：长期应付款 　贷：其他收入	—

［例 8-25］某事业单位通过融资租赁的方式租入设备一台。根据租赁合同，租期为5年，每年租金为200 000元。在租入该项设备的过程中，发生运输费等费用10 000元，款项以银行存款支付。经核算，该项设备确定的成本为1 010 000元。该事业单位每年通过银行存款向出租方支付租金。其会计分录如下：

（1）融资租入设备时

财务会计：

借：固定资产　　1 010 000

　贷：银行存款　　10 000

　　长期应付款　　1 000 000

预算会计：

借：事业支出　　10 000

　贷：资金结存——货币资金　　10 000

（2）每年如期支付租金时

财务会计：

借：长期应付款　　200 000

　贷：银行存款　　200 000

预算会计：

借：事业支出　　　　　　　　　　　　　　　　　　200 000

　贷：资金结存——货币资金　　　　　　　　　　　　　200 000

授课视频：请访问中国大学 MOOC→政府会计实务/周克清等→第八章第七节长期应付款项

第八节　预提费用

预提费用是指行政事业单位预先提取的已经发生但尚未支付的费用，如预提租金费用等。

一、科目设置

为核算预提费用业务，行政事业单位应设置“预提费用”总账科目，本科目期末贷方余额，反映单位已预提但尚未支付的各项费用。事业单位按规定从科研项目收入中提取的项目间接费用或管理费，也通过本科目核算。事业单位计提的借款利息费用，通过“应付利息”“长期借款”科目核算，不通过本科目核算。

本科目应当按照预提费用的种类进行明细核算。对于提取的项目间接费用或管理费，应当在本科目下设置“项目间接费用或管理费”明细科目，并按项目进行明细核算。

二、账务处理

预提费用的主要账务处理如下：

(一) 项目间接费用或管理费

按规定从科研项目收入中提取项目间接费用或管理费时，按照提取的金额，借记“单位管理费用”科目，贷记本科目（项目间接费用或管理费）。

实际使用计提的项目间接费用或管理费时，按照实际支付的金额，借记本科目（项目间接费用或管理费），贷记“银行存款”“库存现金”等科目（见表 8-21）。

表 8-21　预提费用账务处理（一）

业务和事项内容	财务会计	预算会计
按规定计提项目间接费用或管理费	借：单位管理费用 　贷：预提费用——项目间接费用或管理费	借：非财政拨款结转——项目间接费用或管理费 　贷：非财政拨款结余——项目间接费用或管理费

续表

业务和事项内容	财务会计	预算会计
实际使用计提的项目间接费用或管理费	借：预提费用——项目间接费用或管理费 贷：银行存款/库存现金	借：事业支出等 贷：资金结存

［例 8-26］某事业单位按规定从某科研项目收入中计提项目管理费 10 000 元。在项目日常管理中，该事业单位实际使用该项目管理费 3 500 元，款项以银行存款支付。其会计分录如下：

（1）在计提项目管理费时

财务会计：

借：单位管理费用　10 000
　贷：预提费用——项目间接费用或管理费　10 000

预算会计：

借：非财政拨款结转——项目间接费用或管理费　10 000
　贷：非财政拨款结余——项目间接费用或管理费　10 000

（2）实际使用时

财务会计：

借：预提费用——项目间接费用或管理费　3 500
　贷：银行存款　3 500

预算会计：

借：事业支出　3 500
　贷：资金结存——货币资金　3 500

此外，财政部《政府会计准则制度解释第 2 号》规定，单位按规定从财政科研项目中计提项目间接费用或管理费的，账务处理如下：（1）从财政科研项目中计提项目间接费用或管理费时，按照计提的金额，借记“业务活动费用”“单位管理费用”等科目，贷记“预提费用——项目间接费用或管理费”科目；预算会计不做处理。（2）使用计提的项目间接费用或管理费时，在财务会计下，按照实际支付的金额，借记“预提费用——项目间接费用或管理费”科目，贷记“银行存款”“财政拨款收入”等科目。使用计提的项目间接费用或管理费购买固定资产、无形资产的，按照固定资产、无形资产的成本金额，借记“固定资产”“无形资产”科目，贷记“银行存款”“财政拨款收入”等科目；同时，按照相同的金额，借记“预提费用——项目间接费用或管理费”科目，贷记“累计盈余”科目。

同时，在预算会计下，按照实际支付的金额，借记“事业支出”等支出科目下的“财政拨款支出”明细科目，贷记“资金结存”“财政拨款预算收入”科目。

（二）其他预提费用

按期预提租金等费用时，按照预提的金额，借记“业务活动费用”“单位管理费用”“经营费用”等科目，贷记本科目。

实际支付款项时，按照支付金额，借记本科目，贷记“银行存款”等科目（见表8-22）。

表8-22 预提费用账务处理（二）

业务和事项内容	财务会计	预算会计
按照规定预提每期租金等费用	借：业务活动费用/单位管理费用/经营费用等 贷：预提费用	—
实际支付款项	借：预提费用 贷：银行存款等	借：行政支出/事业支出/经营支出等 贷：资金结存

[**例8-27**] 某事业单位在开展专业业务活动中租入办公用房数间，每月预提租金50 000元。次月，将租金以银行存款支付给出租方。其会计分录如下：

(1) 预提租金时

财务会计：

借：业务活动费用 50 000

贷：预提费用 50 000

(2) 实际支付时

财务会计：

借：预提费用 50 000

贷：银行存款 50 000

预算会计：

借：事业支出 50 000

贷：资金结存——货币资金 50 000

授课视频：请访问中国大学MOOC→政府会计实务/周克清等→第八章第八节其他负债

第九节 预计负债和受托代理负债

一、预计负债

预计负债是指行政事业单位对因或有事项所产生的现时义务而确认的负债，如对未决诉讼等确认的负债。

所谓或有事项，是指过去的交易或者事项形成的，其结果须由未来某些事项的发生或不发生才能决定的不确定事项。常见的或有事项主要有：未决诉讼或仲裁、债务担保、产品质量保证、承诺、亏损合同、重组义务、环境污染整治等。

（一）科目设置

为核算预计负债业务，行政事业单位应设置“预计负债”总账科目。本科目借方反映预计负债的减少；贷方反映预计负债的增加；期末贷方余额，反映单位已确认但尚未支付的预计负债金额。本科目应当按照预计负债的项目进行明细核算。

(二) 账务处理

预计负债的主要账务处理如下（见表 8-23）：

1. 确认预计负债

确认预计负债时，按照预计的金额，借记“业务活动费用”“经营费用”“其他费用”等科目，贷记本科目。

2. 实际偿付预计负债

实际偿付预计负债时，按照偿付的金额，借记本科目，贷记“银行存款”等科目。

3. 调整预计负债账面余额

根据确凿证据需要对已确认的预计负债账面余额进行调整的，按照调整增加的金额，借记有关科目，贷记本科目；按照调整减少的金额，借记本科目，贷记有关科目。

表 8-23　预计负债账务处理

业务和事项内容	财务会计	预算会计
确认预计负债	借：业务活动费用/经营费用/其他费用等 　贷：预计负债	—
实际偿付预计负债	借：预计负债 　贷：银行存款等	借：事业支出/经营支出/其他支出等 　贷：资金结存
对预计负债账面余额进行调整	借：业务活动费用/经营费用/其他费用等 　贷：预计负债 或做相反会计分录	—

[例 8-28] 某事业单位被其他单位提起诉讼。年末，该案件仍在审理中，尚未做出判决。该单位在咨询了法律顾问后认为其在该案件中处于不利地位，很可能需要赔款 58 000 元。次年，经法院判决，该单位需要对原告赔款 48 000 元。该单位以银行存款支付了这项赔款，并将其计入业务活动费用。其会计分录如下：

(1) 年末，确认预计负债时

财务会计：

借：业务活动费用　　58 000

　贷：预计负债　　58 000

(2) 次年，法院判决时

财务会计：

借：预计负债　　58 000

　贷：银行存款　　48 000

　　　业务活动费用　　10 000

预算会计：

借：事业支出　　48 000

　贷：资金结存——货币资金　　48 000

二、受托代理负债

受托代理负债是指行政事业单位接受委托取得受托代理资产时形成的负债。

(一) 科目设置

为核算受托代理负债业务，行政事业单位应设置“受托代理负债”总账科目。本科目期末贷方余额，反映单位尚未交付或发出受托代理资产形成的受托代理负债金额。

(二) 账务处理

本科目的账务处理参见“受托代理资产”“库存现金”“银行存款”等科目。

授课视频：请访问中国大学 MOOC→政府会计实务/周克清等→第八章第八节其他负债

思考题

1. 行政事业单位的负债都有哪些种类？
2. 行政事业单位的应缴财政款与应交税费有何区别？
3. 行政事业单位在“应付职工薪酬”总账科目下，应设置哪些明细科目？其中，“社会保险费”和“住房公积金”两个明细科目的核算范围是什么？
4. 事业单位在核算应付利息时，在什么情况下计入在建工程的成本？在什么情况下计入其他费用？
5. 什么是预计负债？行政事业单位在什么情况下需要确认预计负债的发生？

实训题

请编制相应会计分录：

1. 经批准，某事业单位因事业发展需要，从某商业银行借入 200 000 元，借款期限为 6 个月，年利率为 5%。6 个月后，该单位归还上述借款并支付利息。

2. 经批准，某事业单位因工程建设的需要，从某商业银行借入 30 000 000 元，借款期为 5 年，年利率为 6%，按年支付利息，到期一次性还本。其中，工程建设期为 3 年，前 3 年支付的利息计入在建工程成本；从第 4 年开始，支付的利息计入其他费用。

3. 经批准，某事业单位出租闲置不用的办公用房数间，当月收到房屋租金 50 000 元，款项已存入单位银行账户。按规定，该事业单位次日将上述房屋租金全额上缴财政。

4. 某事业单位属于增值税一般纳税人。(1) 某日购入用于非独立核算的经营活动的原材料一批，取得增值税专用发票并通过认证，专用发票上注明的金额为 100 000 元，增值税额为 13 000 元。(2) 销售增值税应税商品，专用发票上注明的销售价格为 300 000 元，专用发票上注明的增值税额为 39 000 元，款项已存入银行。(3) 月末，将应交未交的增值税 26 000 元从“应交税金”明细科目转入“未交税金”明细科目。(4) 次月月初，交纳上月未交的增值税 26 000 元。

5. 某事业单位用于专业业务活动及其辅助活动的公务用车发生应交车船税 50 000 元。数日后，单位以银行存款交纳上述税款。

6. 某行政单位从职工工资中代扣个人所得税 35 000 元。数日后，单位通过国库集中支付方式交纳上述税款。

7. 某事业单位按照税法的规定，应交企业所得税 240 000 元。数日后，单位通过银行存款的方式交纳上述税款。

8. 某行政单位：(1) 本月应付职工薪酬 1 000 000 元，其中，应付基本工资 550 000 元，应付国家统一规定的津贴补贴 200 000 元，应付社会保险费 100 000 元，应付住房公积金 150 000 元。同时，代扣代缴社会保险费 45 000 元，住房公积金 150 000 元，代扣代缴个人所得税 16 000 元。(2) 通过国库集中支付方式支付职工薪酬和代缴社会保险费、住房公积金和个人所得税。

9. 某行政单位采购办公用的材料一批，采购价为 350 000 元。材料已验收入库，单位尚未付款。

10. 某事业单位购入设备一台，共计 333 000 元。设备已验收入库，并付给供货方金额为 333 000 元的银行承兑汇票一张。

11. 某行政单位负责发放某项政府补贴，共计 55 000 元。数日后，该单位通过国库集中支付方式向收款人支付上述政府补贴。

12. 某事业单位在开展非独立核算的经营活动过程中，收到甲公司预付的购货款 12 000 元。数日后，该事业单位向甲公司提供货物，并收到甲公司支付的剩余货款 38 000 元。

13. 某事业单位：(1) 按规定从科研经费中提取项目间接费用 78 900 元。(2) 实际使用计提的项目间接费用 10 000 元。

第九章

净资产的核算

本章学习目标：

1. 了解行政事业单位净资产的构成
2. 掌握本期盈余、本年盈余分配和累计盈余的内容与核算办法
3. 掌握事业单位专用基金的内容与核算办法
4. 掌握事业单位权益法调整的内容与核算办法
5. 掌握无偿调拨净资产的内容与核算办法
6. 掌握以前年度盈余调整的内容与核算办法

第一节　净资产概述

净资产是指行政事业单位资产扣除负债后的余额。它是行政事业单位采用权责发生制核算资产和负债后，按照净资产的种类进行分类的结果。行政事业单位的净资产包括累计盈余、专用基金、权益法调整、本期盈余、本年盈余分配、无偿调拨净资产、以前年度盈余调整等。各类净资产的详细介绍，详见表 9-1。

表 9-1　净资产分类

净资产类别	内容
累计盈余	单位历年实现的盈余扣除盈余分配后滚存的金额，以及因无偿调入调出资产产生的净资产变动额。
专用基金	事业单位按照规定提取或设置的具有专门用途的净资产，主要包括职工福利基金、科技成果转换基金等。
权益法调整	事业单位持有的长期股权投资采用权益法核算时，按照被投资单位除净损益和利润分配以外的所有者权益变动份额调整长期股权投资账面余额而计入净资产的金额。
本期盈余	单位本期各项收入、费用相抵后的余额。
本年盈余分配	单位本年度盈余分配的情况和结果。
无偿调拨净资产	单位无偿调入或调出非现金资产所引起的净资产变动金额。

续表

净资产类别	内容
以前年度盈余调整	单位本年度发生的调整以前年度盈余的事项，包括本年度发生的重要前期差错更正涉及调整以前年度盈余的事项。

授课视频：请访问中国大学 MOOC→政府会计实务/周克清等→第九章第一节净资产概述

第二节　本期盈余

一、科目设置

本期盈余是指行政事业单位本期各项收入、费用相抵后的余额。为了反映本期盈余的增减变动情况，行政事业单位应设置“本期盈余”科目。本科目期末如为贷方余额，反映单位自年初至当期期末累计实现的盈余；如为借方余额，反映单位自年初至当期期末累计发生的亏损。年末结账后，本科目应无余额。

二、账务处理

本期盈余的主要账务处理如下（见表 9-2）：

1. 结转收入、费用

期末，将各类收入科目的本期发生额转入本期盈余，借记“财政拨款收入”“事业收入”“上级补助收入”“附属单位上缴收入”“经营收入”“非同级财政拨款收入”“投资收益”“捐赠收入”“利息收入”“租金收入”“其他收入”科目，贷记本科目；将各类费用科目本期发生额转入本期盈余，借记本科目，贷记“业务活动费用”“单位管理费用”“经营费用”“所得税费用”“资产处置费用”“上缴上级费用”“对附属单位补助费用”“其他费用”科目。

2. 年末结转

年末，完成上述结转后，将本科目余额转入“本年盈余分配”科目，借记或贷记本科目，贷记或借记“本年盈余分配”科目。

表 9-2　本期盈余账务处理

业务和事项内容	财务会计	预算会计
结转收入	借：财政拨款收入 　　事业收入 　　上级补助收入 　　附属单位上缴收入 　　经营收入	—

续表

业务和事项内容	财务会计	预算会计
结转收入	非同级财政拨款收入 投资收益 捐赠收入 利息收入 租金收入 其他收入 贷：本期盈余 投资收益科目为发生额借方净额时，做相反会计分录	—
结转费用	借：本期盈余 贷：业务活动费用 单位管理费用 经营费用 所得税费用 资产处置费用 上缴上级费用 对附属单位补助费用 其他费用	—
本期盈余科目为贷方余额时	借：本期盈余 贷：本年盈余分配	—
本期盈余科目为借方余额时	借：本年盈余分配 贷：本期盈余	—

［**例 9-1**］年末，某事业单位各类收入和费用科目的余额情况如下：

（1）“财政拨款收入”科目贷方余额 3 000 000 元，“事业收入”科目贷方余额 4 000 000 元，“上级补助收入”科目贷方余额 500 000 元，“附属单位上缴收入”科目贷方余额 800 000 元，“经营收入”科目贷方余额 200 000 元，“投资收益”科目贷方余额 50 000 元，“其他收入”科目贷方余额 10 000 元。

（2）“业务活动费用”科目借方余额 6 000 000 元，“单位管理费用”科目借方余额 1 000 000 元，“经营费用”科目借方余额 190 000 元，“资产处置费用”科目借方余额 10 000 元，“所得税费用”科目借方余额 15 000 元，“其他费用”科目借方余额 5 000 元。

该单位结转本年收支，并编制会计分录如下：

财务会计：

借：财政拨款收入	3 000 000	
事业收入	4 000 000	
上级补助收入	500 000	
附属单位上缴收入	800 000	
经营收入	200 000	
投资收益	50 000	
其他收入	10 000	
贷：本期盈余		8 560 000

借：本期盈余　　　　　　　　　　　　7 220 000
　　贷：业务活动费用　　　　　　　　　　6 000 000
　　　　单位管理费用　　　　　　　　　　1 000 000
　　　　经营费用　　　　　　　　　　　　　190 000
　　　　资产处置费用　　　　　　　　　　　10 000
　　　　所得税费用　　　　　　　　　　　　15 000
　　　　其他费用　　　　　　　　　　　　　　5 000

授课视频：请访问中国大学 MOOC→政府会计实务/周克清等→第九章第二节本期盈余

第三节　本年盈余分配

一、科目设置

为了反映本年盈余分配的增减变动情况，单位应设置“本年盈余分配”科目，核算单位本年盈余分配的情况和结果。年末结账后，本科目应无余额。

二、账务处理

本年盈余分配的主要账务处理如下（见表 9-3）：

（1）年末，将“本期盈余”科目余额转入本科目，借记或贷记“本期盈余”科目，贷记或借记本科目。

（2）年末，根据有关规定从本年度非财政拨款结余或经营结余中提取专用基金的，按照预算会计下计算的提取金额，借记本科目，贷记“专用基金”科目。

（3）年末，按照规定完成上述处理后，将本科目余额转入累计盈余，借记或贷记本科目，贷记或借记“累计盈余”科目。

表 9-3　本年盈余分配账务处理

业务和事项内容		财务会计	预算会计
年末，将本期盈余科目余额转入	本期盈余科目为贷方余额时	借：本期盈余 　贷：本年盈余分配	—
	本期盈余科目为借方余额时	借：本年盈余分配 　贷：本期盈余	—
年末，按照有关规定提取专用基金	从本年度非财政拨款结余或经营结余中提取基金	借：本年盈余分配 　贷：专用基金	借：非财政拨款结余分配 　贷：专用结余

续表

业务和事项内容		财务会计	预算会计
年末，将本科目余额转入累计盈余	本科目为贷方余额时	借：本年盈余分配 　贷：累计盈余	—
	本科目为借方余额时	借：累计盈余 　贷：本年盈余分配	—

［**例 9－2**］年末，某事业单位“本期盈余”科目贷方余额为 1 340 000 元。按规定，从非财政拨款结余中提取专用基金 100 000 元，剩余部分转入累计盈余。该单位编制会计分录如下：

（1）转入“本期盈余”科目余额

财务会计：

借：本期盈余　　1 340 000

　贷：本年盈余分配　　1 340 000

（2）提取专用基金

财务会计：

借：本年盈余分配　　100 000

　贷：专用基金　　100 000

预算会计：

借：非财政拨款结余分配　　100 000

　贷：专用结余　　100 000

授课视频：请访问中国大学 MOOC→政府会计实务/周克清等→第九章第三节本年盈余分配

第四节　累计盈余

一、科目设置

为了核算累计盈余的增减变动情况，单位应设置“累计盈余”科目，核算单位历年实现的盈余扣除盈余分配后滚存的金额，以及因无偿调入调出资产产生的净资产变动额。按照规定上缴、缴回、单位间调剂结转结余资金产生的净资产变动额，以及对以前年度盈余的调整金额，也通过本科目核算。

本科目期末余额，反映单位未分配盈余（或未弥补亏损）的累计数以及截至上年末无偿调拨净资产变动的累计数。本科目年末余额，反映单位未分配盈余（或未弥补亏损）以及无偿调拨净资产变动的累计数。

二、账务处理

累计盈余的主要账务处理如下（见表9-4）：

（1）年末，将“本年盈余分配”科目的余额转入累计盈余，借记或贷记“本年盈余分配”科目，贷记或借记本科目。

（2）年末，将“无偿调拨净资产”科目的余额转入累计盈余，借记或贷记“无偿调拨净资产”科目，贷记或借记本科目。

（3）按照规定上缴财政拨款结转结余、缴回非财政拨款结转资金、向其他单位调出财政拨款结转资金时，按照实际上缴、缴回、调出金额，借记本科目，贷记“财政应返还额度”“银行存款”等科目。

按照规定从其他单位调入财政拨款结转资金时，按照实际调入金额，借记“银行存款”等科目，贷记本科目。

（4）将“以前年度盈余调整”科目的余额转入本科目，借记或贷记“以前年度盈余调整”科目，贷记或借记本科目。

（5）按照规定使用专用基金购置固定资产、无形资产的，按照固定资产、无形资产成本金额，借记“固定资产”“无形资产”科目，贷记“银行存款”等科目；同时，按照专用基金使用金额，借记“专用基金”科目，贷记本科目。

表9-4 累计盈余账务处理

业务和事项内容	财务会计	预算会计
年末，将“本年盈余分配”科目余额转入	借：本年盈余分配 　贷：累计盈余 或做相反会计分录	—
年末，将“无偿调拨净资产”科目余额转入	借：无偿调拨净资产 　贷：累计盈余 或做相反会计分录	—
按照规定上缴财政拨款结转结余、缴回非财政拨款结转资金、向其他单位调出财政拨款结转资金	借：累计盈余 　贷：财政应返还额度/银行存款等	参照“财政拨款结转”“财政拨款结余”“非财政拨款结转”等科目进行账务处理
按照规定从其他单位调入财政拨款结转资金	借：银行存款等 　贷：累计盈余	借：资金结存——货币资金 　贷：财政拨款结转——归集调入
将“以前年度盈余调整”科目的余额转入	借：以前年度盈余调整 　贷：累计盈余 或做相反会计分录	—
使用专用基金购置固定资产、无形资产的	相关账务处理参见“专用基金”科目	

[**例9-3**] 年末，某事业单位与净资产相关的部分会计科目余额情况如下：

（1）“本年盈余分配”科目贷方余额300 000元；

(2)“无偿调拨净资产”科目贷方余额150 000元；

(3) 按规定，向原资金拨出单位缴回非财政拨款结转55 000元；

(4)“以前年度盈余调整”科目借方余额45 000元。

该单位编制会计分录如下：

(1) 财务会计：

借：本年盈余分配　　300 000

　贷：累计盈余　　300 000

(2) 财务会计：

借：无偿调拨净资产　　150 000

　贷：累计盈余　　150 000

(3) 财务会计：

借：累计盈余　　55 000

　贷：银行存款　　55 000

预算会计：

借：非财政拨款结转——缴回资金　　55 000

　贷：资金结存——货币资金　　55 000

(4) 财务会计：

借：累计盈余　　45 000

　贷：以前年度盈余调整　　45 000

授课视频：请访问中国大学MOOC→政府会计实务/周克清等→第九章第四节累计盈余

第五节　专用基金

一、科目设置

为了核算专用基金的增减变动情况，单位应设置“专用基金”科目，核算事业单位按照规定提取或设置的具有专门用途的净资产，主要包括职工福利基金、科技成果转换基金等。本科目期末贷方余额反映事业单位累计提取或设置的尚未使用的专用基金。其明细账应当按照专用基金的类别进行明细核算。

二、账务处理

专用基金的主要账务处理如下（见表9-5）：

(1) 年末，根据有关规定从本年度非财政拨款结余或经营结余中提取专用基金的，按照预算会计下计算的提取金额，借记“本年盈余分配”科目，贷记本科目。

(2) 根据有关规定从收入中提取专用基金并计入费用的，一般按照预算会计下基于预算收入计算提取的金额，借记“业务活动费用”等科目，贷记本科目。国家另有规定的，从其规定。

（3）根据有关规定设置的其他专用基金，按照实际收到的基金金额，借记“银行存款”等科目，贷记本科目。

（4）按照规定使用提取的专用基金时，借记本科目，贷记“银行存款”等科目。使用提取的专用基金购置固定资产、无形资产的，按照固定资产、无形资产成本金额，借记“固定资产”“无形资产”科目，贷记“银行存款”等科目；同时，按照专用基金使用金额，借记本科目，贷记“累计盈余”科目。

表 9－5　专用基金账务处理

业务和事项内容	财务会计	预算会计
年末，按照规定从本年度非财政拨款结余或经营结余中提取专用基金的	借：本年盈余分配 　贷：专用基金	借：非财政拨款结余分配 　贷：专用结余
根据规定从收入中提取专用基金并计入费用的	借：业务活动费用等 　贷：专用基金	—
根据有关规定设置的其他专用基金	借：银行存款等 　贷：专用基金	—
按照规定使用专用基金时	借：专用基金 　贷：银行存款等 如果购置固定资产、无形资产的： 借：固定资产/无形资产 　贷：银行存款等 借：专用基金 　贷：累计盈余	使用从收入中提取并列入费用的专用基金： 借：事业支出等 　贷：资金结存 使用从非财政拨款结余或经营结余中提取的专用基金： 借：专用结余 　贷：资金结存——货币资金

［例 9－4］年末，某事业单位按规定从本年度非财政拨款结余中提取专用基金 300 000 元，该单位编制会计分录如下：

财务会计：

借：本年盈余分配　　300 000

　贷：专用基金　　300 000

预算会计：

借：非财政拨款结余分配　　300 000

　贷：专用结余　　300 000

［例 9－5］某事业单位按规定从事业收入中提取专用基金 100 000 元。该单位编制会计分录如下：

财务会计：

借：业务活动费用　　100 000

　贷：专用基金　　100 000

［例 9－6］接上例，动用该专用基金支付劳务费 50 000 元。该单位编制会计分录如下：

财务会计：

借：专用基金　　50 000

　贷：银行存款　　50 000

预算会计：

借：事业支出　　50 000

　贷：资金结存——货币资金　　50 000

授课视频：请访问中国大学MOOC→政府会计实务/周克清等→第九章第五节专用基金

第六节　权益法调整

一、科目设置

为核算权益法调整业务，事业单位应设置“权益法调整”总账科目，核算事业单位持有的长期股权投资采用权益法核算时，按照被投资单位除净损益和利润分配以外的所有者权益变动份额调整长期股权投资账面余额而计入净资产的金额。本科目期末余额，反映事业单位在被投资单位除净损益和利润分配以外的所有者权益变动中累计享有（或分担）的份额。其明细账应当按照被投资单位进行明细核算。

二、账务处理

权益法调整的主要账务处理如下：

（一）资产负债表日

年末，按照被投资单位除净损益和利润分配以外的所有者权益变动应享有（或应分担）的份额，借记或贷记“长期股权投资——其他权益变动”科目，贷记或借记本科目（见表9－6）。

表9－6　权益法调整账务处理（一）

业务和事项内容	财务会计	预算会计
按照被投资单位除净损益和利润分配以外的所有者权益变动的份额（增加）	借：长期股权投资——其他权益变动 　贷：权益法调整	—
按照被投资单位除净损益和利润分配以外的所有者权益变动的份额（减少）	借：权益法调整 　贷：长期股权投资——其他权益变动	—

［**例9－7**］某事业单位持有甲公司60%的股权，有权决定甲公司的财务和经营政策，相应的长期股权投资采用权益法核算。年末，甲公司发生除净利润和利润分配以外的所

有者权益变动增加数为 100 000 元，该事业单位应享有的相应份额为 60 000 元。该单位编制会计分录如下：

财务会计：

借：长期股权投资——其他权益变动　　60 000

　贷：权益法调整　　60 000

(二) 处置长期股权投资

采用权益法核算的长期股权投资，因被投资单位除净损益和利润分配以外的所有者权益变动而将应享有（或应分担）的份额计入单位净资产的，处置该项投资时，按照原计入净资产的相应部分金额，借记或贷记本科目，贷记或借记“投资收益”科目（见表 9-7）。

表 9-7　权益法调整账务处理（二）

业务和事项内容	财务会计	预算会计
权益法调整科目为借方余额	借：投资收益 　贷：权益法调整	—
权益法调整科目为贷方余额	借：权益法调整 　贷：投资收益	—

［例 9-8］ 某事业单位持有乙公司 51%的股权，有权决定乙公司的财务和经营政策，相应的长期股权投资采用权益法核算。取得该股权投资时的初始投资成本为 20 000 000 元，款项以银行存款支付。某日，该事业单位获得转让收入 30 000 000 元；当日，按照权益法核算的长期股权投资的成本数额为 25 000 000 元，损益调整借方余额 2 000 000 元，其他权益变动借方余额 500 000 元，转让收益为 2 500 000（=30 000 000—25 000 000—2 000 000—500 000）元。该单位编制会计分录如下：

（1）转让股份时

财务会计：

借：银行存款　　30 000 000

　贷：长期股权投资——成本　　25 000 000

　　　　　　　　　——损益调整　　2 000 000

　　　　　　　　　——其他权益变动　　500 000

　　　投资收益　　2 500 000

预算会计：

借：资金结存——货币资金　　30 000 000

　贷：投资支出　　20 000 000

　　　投资预算收益　　10 000 000

（2）采用权益法调整时

财务会计：

借：权益法调整　　500 000

贷：投资收益　　　　　　　　　　　　　　　　500 000

授课视频：请访问中国大学 MOOC→政府会计实务/周克清等→第九章第六节权益法调整

第七节　无偿调拨净资产

一、科目设置

为核算无偿调拨净资产业务，单位应设置“无偿调拨净资产”科目，核算单位无偿调入或调出非现金资产所引起的净资产变动金额。年末结账后，本科目应无余额。

二、账务处理

无偿调拨净资产的主要账务处理如下（见表 9-8）：

（一）取得无偿调入的资产

按照规定取得无偿调入的存货、长期股权投资、固定资产、无形资产、公共基础设施、政府储备物资、文物文化资产、保障性住房等，按照确定的成本，借记“库存物品”“长期股权投资”“固定资产”“无形资产”“公共基础设施”“政府储备物资”“文物文化资产”“保障性住房”等科目，按照调入过程中发生的归属于调入方的相关费用，贷记“财政拨款收入”“银行存款”等科目，按照其差额，贷记本科目。

（二）经批准无偿调出资产

按照规定经批准无偿调出存货、长期股权投资、固定资产、无形资产、公共基础设施、政府储备物资、文物文化资产、保障性住房等，按照调出资产的账面余额或账面价值，借记本科目，按照固定资产累计折旧、无形资产累计摊销、公共基础设施累计折旧或摊销、保障性住房累计折旧的金额，借记“固定资产累计折旧”“无形资产累计摊销”“公共基础设施累计折旧（摊销）”“保障性住房累计折旧”科目，按照调出资产的账面余额，贷记“库存物品”“长期股权投资”“固定资产”“无形资产”“公共基础设施”“政府储备物资”“文物文化资产”“保障性住房”等科目；同时，按照调出过程中发生的归属于调出方的相关费用，借记“资产处置费用”科目，贷记“财政拨款收入”“银行存款”等科目。

（三）年末转出

年末，将本科目余额转入累计盈余，借记或贷记本科目，贷记或借记“累计盈余”科目。

表 9-8　无偿调拨净资产账务处理

业务和事项内容		财务会计	预算会计
取得无偿调入的资产		借：库存物品/固定资产/无形资产/长期股权投资/公共基础设施/政府储备物资/文物文化资产/保障性住房等 贷：无偿调拨净资产 财政拨款收入/银行存款等	借：其他支出 贷：财政拨款预算收入/资金结存等
经批准无偿调出资产		借：无偿调拨净资产 固定资产累计折旧/无形资产累计摊销/公共基础设施累计折旧（摊销）/保障性住房累计折旧 贷：库存物品/固定资产/无形资产/长期股权投资/公共基础设施/政府储备物资/文物文化资产/保障性住房等 借：资产处置费用 贷：银行存款/财政拨款收入等	借：其他支出 贷：财政拨款预算收入/资金结存等
年末，将本科目余额转入累计盈余	科目余额在贷方时	借：无偿调拨净资产 贷：累计盈余	—
	科目余额在借方时	借：累计盈余 贷：无偿调拨净资产	—

[**例 9-9**] 经批准，某行政单位无偿调出一台设备，该设备的固定资产账面余额为 100 000 元，已提折旧为 45 000 元。在调拨过程中发生归属于该行政单位的费用为 500 元，款项以库存现金支付。该单位编制会计分录如下：

财务会计：

借：无偿调拨净资产　　55 000
　　固定资产累计折旧　　45 000
　贷：固定资产　　100 000
借：资产处置费用　　500
　贷：库存现金　　500

预算会计：

借：其他支出　　500
　贷：资金结存——货币资金　　500

[**例 9-10**] 经批准，某行政单位无偿调入政府储备物资一批，相关凭证表明该批政府储备物资的账面价值为 500 000 元。在调入过程中，发生归属于该行政单位的运输费等费用 45 000 元，款项通过国库集中支付方式支付。该单位编制会计分录如下：

财务会计：

借：政府储备物资　　545 000
　贷：无偿调拨净资产　　500 000
　　　财政拨款收入　　45 000

预算会计：

借：其他支出　　45 000

贷：财政拨款预算收入　　45 000

［例 9－11］年末，某行政单位无偿调拨净资产科目贷方余额为 300 000 元，将其转入累计盈余科目。该单位编制会计分录如下：

财务会计：

借：无偿调拨净资产　　300 000

贷：累计盈余　　300 000

授课视频：请访问中国大学 MOOC→政府会计实务/周克清等→第九章第七节无偿调拨净资产

第八节　以前年度盈余调整

一、科目设置

为核算以前年度盈余调整业务，行政事业单位应设置“以前年度盈余调整”总账科目，核算单位本年度发生的调整以前年度盈余的事项，包括本年度发生的重要前期差错更正涉及调整以前年度盈余的事项。本科目结转后应无余额。

二、账务处理

以前年度盈余调整的主要账务处理如下：

（一）调整以前年度收入

调整增加以前年度收入时，按照调整增加的金额，借记有关科目，贷记本科目。调整减少的，做相反会计分录（见表 9－9）。

表 9－9　以前年度盈余调整账务处理（一）

业务和事项内容	财务会计	预算会计
增加以前年度收入	借：有关资产或负债科目 贷：以前年度盈余调整	按照实际收到的金额 借：资金结存 贷：财政拨款结转/财政拨款结余/非财政拨款结转/非财政拨款结余（年初余额调整）
减少以前年度收入	借：以前年度盈余调整 贷：有关资产或负债科目	按照实际支付的金额 借：财政拨款结转/财政拨款结余/非财政拨款结转/非财政拨款结余（年初余额调整） 贷：资金结存

［例 9－12］某事业单位 2023 年在内部审计时发现，2022 年 10 月有一笔预收账款 30 000 元，付款方已经收到该事业单位提供的课题咨询服务，达到收入确认条件，但当

年没有确认为收入，现予以调整。（备注：预算会计在收到预收账款时已经进行了相应的账务处理。）该单位编制会计分录如下：

财务会计：

借：预收账款　　30 000

　贷：以前年度盈余调整　　30 000

（二）调整以前年度费用

调整增加以前年度费用时，按照调整增加的金额，借记本科目，贷记有关科目。调整减少的，做相反会计分录（见表9－10）。

表9－10　以前年度盈余调整账务处理（二）

业务和事项内容	财务会计	预算会计
增加以前年度费用	借：以前年度盈余调整 　贷：有关资产或负债科目	按照实际支付的金额 借：财政拨款结转/财政拨款结余/非财政拨款结转/非财政拨款结余（年初余额调整） 　贷：资金结存
减少以前年度费用	借：有关资产或负债科目 　贷：以前年度盈余调整	按照实际收到的金额 借：资金结存 　贷：财政拨款结转/财政拨款结余/非财政拨款结转/非财政拨款结余（年初余额调整）

［**例9－13**］某事业单位在内部审计时发现，该单位在上一年度漏记了一项无形资产摊销，由此导致上一年度的业务活动费用少计了50 000元，现进行错误更正。该单位编制会计分录如下：

财务会计：

借：以前年度盈余调整　　50 000

　贷：无形资产累计摊销　　50 000

（三）盘盈非流动资产

盘盈的各种非流动资产，报经批准后处理时，借记“待处理财产损溢”科目，贷记本科目（见表9－11）。

表9－11　以前年度盈余调整账务处理（三）

业务和事项内容	财务会计	预算会计
盘盈非流动资产	借：待处理财产损溢 　贷：以前年度盈余调整	—

［**例9－14**］某行政单位盘盈一项固定资产，确定成本为10 000元。经核实，是以前年度取得，在取得时未及时入账。按规定报经批准后，该项盘盈固定资产作为重要前期差错更正。该单位编制会计分录如下：

（1）在发现时

财务会计：

借：固定资产　　　　10 000

　贷：待处理财产损溢　　　　10 000

（2）报经批准后

财务会计：

借：待处理财产损溢　　　　10 000

　贷：以前年度盈余调整　　　　10 000

(四) 将本科目余额转入累计盈余

经上述调整后，应将本科目的余额转入累计盈余，借记或贷记“累计盈余”科目，贷记或借记本科目（见表9-12）。

表9-12　以前年度盈余调整账务处理（四）

业务和事项内容	财务会计	预算会计
本科目为借方余额时	借：累计盈余 　贷：以前年度盈余调整	—
本科目为贷方余额时	借：以前年度盈余调整 　贷：累计盈余	—

授课视频：请访问中国大学MOOC→政府会计实务/周克清等→第九章第八节以前年度盈余调整

思考题

1. 什么是行政事业单位的净资产？行政事业单位的净资产与预算结余的区别是什么？
2. 年终，在完成各项结转后，哪些净资产科目是有余额的？哪些净资产科目是没有余额的？
3. 什么是本期盈余？如何核算本期盈余？
4. 什么是本年盈余分配？如何核算本年盈余分配？
5. 什么是累计盈余？如何核算累计盈余？
6. 什么是专用基金？专用基金与专用结余有什么区别和联系？如何核算专用基金？
7. 什么是权益法调整？如何核算权益法调整？
8. 什么是无偿调拨净资产？如何核算无偿调拨净资产？
9. 什么是以前年度盈余调整？如何核算以前年度盈余调整？

实训题

1. 年末，某事业单位各项收入费用的全年发生额情况如下表所示：

会计科目	借方余额	贷方余额
财政拨款收入		38 000 000
事业收入		13 000 000
上级补助收入		500 000
附属单位上缴收入		125 000
经营收入		3 300 000
非同级财政拨款收入		220 000
投资收益		5 000
捐赠收入		130 000
利息收入		3 000
租金收入		0
其他收入		122 000
业务活动费用	50 000 000	
单位管理费用	1 800 000	
经营费用	3 000 000	
所得税费用	12 000	
资产处置费用	50 000	
对附属单位补助费用	100 000	
其他费用	50 000	
合　计	55 012 000	55 405 000

(1) 年末，在完成各项收入和费用科目的本年发生额结转后，该事业单位“本期盈余”科目贷方余额为 393 000 元。

(2) 按规定，从非财政拨款结余中提取专用基金 60 000 元，剩余部分转入累计盈余。

要求：根据以上经济业务，编制相应的会计分录。

2. 年末，某行政单位与净资产相关的部分会计科目余额情况如下：

(1) 上缴财政拨款结余资金 25 000 元，相应调减财政应返还额度。

(2) 按规定，向原资金拨出单位缴回非财政拨款结转 33 000 元。

(3) 收到其他单位调入的财政拨款结转资金 10 000 元。

(4) 本年盈余分配科目贷方余额 200 000 元，将其转入“累计盈余”科目。

(5) 无偿调拨净资产科目贷方余额 50 000 元，将其转入“累计盈余”科目。

(6) 以前年度盈余调整科目借方余额 15 000 元，将其转入“累计盈余”科目。

要求：根据以上经济业务，编制相应的会计分录。

3. 某事业单位持有甲公司 40%的股权，有权决定甲公司的财务和经营政策，相应的长期股权投资采用权益法核算。年末，甲公司发生除净利润和利润分配以外的所有者权益变动增加数为 500 000 元，该事业单位应享有的相应份额为 200 000 元。

要求：根据以上经济业务，编制相应的会计分录。

第十章

收入的核算

本章学习目标：

1. 理解行政事业单位收入的概念与分类
2. 掌握行政事业单位收入与预算收入的区别和联系
3. 掌握行政单位收入的类别与核算要求
4. 掌握事业单位收入的类别与核算要求

第一节　收入概述

一、收入的概念

根据《政府会计准则——基本准则》，收入是指报告期内导致政府会计主体净资产增加的、含有服务潜力或者经济利益的经济资源的流入。具体来说，对于收入的理解需要重点把握以下四个方面：

（一）收入是经济资源的流入

经济资源是指反映政府会计主体依法履职和开展业务的活动过程中取得的、能够以货币计量的资源，包括货币资金、债权和非货币性资产等。凡未形成经济资源流入的交易或事项，均不属于收入。

（二）经济资源应含有服务潜力或经济利益

政府会计主体的经济资源流入，既可以是需要在未来期间提供服务，即具有服务潜力，如财政拨款收入等；也可以是已经提供服务获得的经济补偿，即产生经济利益，如事业收入等。凡不具有服务潜力或经济利益的经济资源的流入（如提供服务收取应交增值税），均不属于收入。

（三）收入会导致净资产增加

收入的形式为资产的增加或负债的减少所形成的净资产的增加，但是不包含专用基金和无偿调入资产等净资产的增加。

（四）收入是报告期内的收入

报告期是指从某一时间点起始至另一时间点终止的时期，可以是月度，也可以是季度，还可以是半年度，最长可达到年度。因此，从时间范围看，收入可以分为月度收入、季度收入、半年度收入和年度收入。

二、收入的分类

《政府会计制度——行政事业单位会计科目和报表》共设置了 11 个收入类总账科目，分别是财政拨款收入、事业收入、上级补助收入、附属单位上缴收入、经营收入、非同级财政拨款收入、投资收益、捐赠收入、利息收入、租金收入和其他收入等。

根据行政事业单位取得收入的来源和渠道的不同，上述收入可以分为五大类，分别是财政拨款、事业收入、上下级往来收入、经营收入和其他各项收入。

（一）财政拨款

根据行政事业单位的预算管理级次及其所取得的资金来源，财政拨款可以分为财政拨款收入和非同级财政拨款收入。

财政拨款收入是指单位从同级政府财政部门取得的各类财政拨款。需要说明的是，这里的“从同级政府财政部门取得”是指行政事业单位直接或按照部门预算隶属关系从同一级次财政部门取得的财政拨款。

非同级财政拨款收入是指单位从非同级政府财政部门取得的经费拨款，包括从同级政府其他部门取得的横向转拨款、从上级或下级政府财政部门取得的经费拨款等。

（二）事业收入

事业收入是指事业单位开展专业业务活动及其辅助活动取得的收入。专业业务活动是指事业单位根据本单位专业特点所从事或开展的主要业务活动，如学校的教学活动、科研院所的科研活动、医院的医疗保健活动等。辅助活动是指与专业业务活动相关、直接为专业业务活动服务的活动，如事业单位的行政管理活动、后勤服务活动及其他有关活动等。事业单位开展上述活动所需的资金，除了财政拨款之外，一般可以按照规定向服务对象收取一定的费用，用于补偿一部分人力、物力和财力的耗费，通过开展上述活动所取得的收入均作为事业收入。

（三）上下级往来收入

上下级往来收入包括上级补助收入和附属单位上缴收入。

事业单位在开展社会服务时，有时会从主管部门或上级单位取得一定的补助经费，这些资金一般是事业单位主管部门或上级单位为事业单位实现特定目标或完成特殊任务拨付的，带有资助的性质。需要注意的是，这些补助资金不能是财政拨款。

同时，事业单位可以根据业务开展需要，经批准设立一些附属独立核算单位，其取得的收入根据与事业单位的协定或约定，上缴一定的比例或数额。所谓附属独立核算单位是指具有独立法人资格、独立的财务会计组织体系、独立完整地进行会计核算的单位，包括附属的事业单位和附属的企业等。需要注意的是，如果事业单位从附属企业获得属于对外投资收益性质的收入（比如事业单位与附属企业之间建立了以产权为纽带的分配关系），应当作为投资收益处理。

（四）经营收入

事业单位除了开展专业业务活动及其辅助活动之外，为了事业发展需要或弥补事业经费不足，也会为社会提供各种有偿服务。这些活动的目的与事业单位开展的专业业务活动目标不同，一般带有一些营利性质，需要单独分类确认和反映。

在实际工作中，确认经营收入需要同时具备两个条件：第一是开展经营活动取得的收入，而不是开展专业业务活动及其辅助活动取得的收入；第二是强调非独立核算的经营活动，要与附属独立核算单位的经营活动区分开来。

（五）其他各项收入

无法归集到上述四类收入的，统称为其他各项收入，包括投资收益、捐赠收入、利息收入、租金收入和其他收入等。

由于行政单位履职所需经费由国家各级财政予以保障，不得开展经营、投资等活动，因资产出租等取得资金也必须按规定上缴国库，所以，上述五类收入中的第二类、第三类、第四类以及第五类中的投资收益仅适用于事业单位。

三、收入的确认

根据政府会计准则及制度的相关规定，行政事业单位的收入核算实行权责发生制。收入在同时满足以下三个条件的情况下方能确认：第一，与收入相关的含有服务潜力或者经济利益的经济资源很可能流入政府会计主体；第二，含有服务潜力或者经济利益的经济资源流入会导致政府会计主体资产增加或者负债减少；第三，流入金额能够可靠地计量。

授课视频：请访问中国大学 MOOC→政府会计实务/周克清等→第十章第一节收入概述

第二节　行政事业单位共有的收入

一、财政拨款收入

财政拨款收入是指行政事业单位从同级政府财政部门取得的各类财政拨款。

（一）科目设置

为核算财政拨款收入业务，行政事业单位应当设置“财政拨款收入”总账科目。同级政府财政部门预拨的下期预算款和没有纳入预算的暂付款项，以及采用实拨资金方式通过本单位转拨给下属单位的财政拨款，通过“其他应付款”科目核算，不通过本科目核算。

本科目可按照一般公共预算财政拨款、政府性基金预算财政拨款等拨款种类进行明细核算。

（二）账务处理

财政拨款收入的主要账务处理如下：

1. 国库集中支付方式下取得收入

在国库集中支付方式下，单位应当根据收到的国库集中支付凭证及相关原始凭证，按照凭证上的国库集中支付入账金额，借记“库存物品”“固定资产”“业务活动费用”“单位管理费用”“应付职工薪酬”等科目，贷记本科目（使用本年度预算指标）或“财政应返还额度”科目（使用以前年度预算指标）。涉及增值税业务的，相关账务处理参见“应交增值税”科目。

年末，根据本年度财政部门批准的本年度预算指标数大于当年实际支付数的差额中允许结转使用的金额，借记“财政应返还额度”科目，贷记本科目。在预算会计下，借记“资金结存——财政应返还额度”科目，贷记“财政拨款预算收入”（见表 10－1）。

表 10－1　财政拨款收入账务处理（一）

业务和事项内容	财务会计	预算会计
以国库集中支付方式收到拨款	借：库存物品/固定资产/业务活动费用/单位管理费用/应付职工薪酬等 贷：财政拨款收入	借：行政支出/事业支出等 贷：财政拨款预算收入
年末，根据本年度财政部门批准的本年度预算指标数大于当年实际支付数的差额中允许结转使用的金额	借：财政应返还额度 贷：财政拨款收入	借：资金结存——财政应返还额度 贷：财政拨款预算收入

［例 10－1］某行政单位 2023 年 5 月 10 日收到国库集中支付凭证及相关原始凭证，财政支付会议费 30 000 元。该单位编制会计分录如下：

财务会计：

借：业务活动费用　　30 000

　贷：财政拨款收入　　30 000

预算会计：

借：行政支出　　30 000

　贷：财政拨款预算收入　　30 000

［例 10－2］某事业单位 2023 年 5 月 10 日收到国库集中支付凭证及相关原始凭证，通过国库集中支付采购办公设备 200 000 元。同时，这批电脑也已经交付使用。该单位编制会计分录如下：

财务会计：

借：固定资产　　200 000

　贷：财政拨款收入　　200 000

预算会计：

借：事业支出　　200 000

　贷：财政拨款预算收入　　200 000

［例 10－3］年末，某事业单位确认本年国库集中支付预算指标数为 1 000 万元，实际支出数为 980 万元，允许结转使用的金额为 200 000 元。该单位编制会计分录如下：

财务会计：

借：财政应返还额度　　200 000

　贷：财政拨款收入　　200 000

预算会计：

借：资金结存——财政应返还额度　　200 000

　贷：财政拨款预算收入　　200 000

2. 按规定向本单位实有资金账户划转财政资金

从本单位零余额账户向实有资金账户划转资金时，应当根据收到的国库集中支付凭证及实有资金账户入账凭证，按照凭证入账金额，借记“银行存款”科目，贷记本科目（使用本年度预算指标）或“财政应返还额度”科目（使用以前年度预算指标）。在预算会计下，借记“资金结存——货币资金”科目，贷记“财政拨款预算收入”科目（使用本年度预算指标）或“资金结存——财政应返还额度”科目（使用以前年度预算指标）。

3. 实拨资金方式下取得财政收入

实拨资金方式下收到财政拨款收入时，按照实际收到的金额，借记“银行存款”等科目，贷记本科目（见表 10－2）。

表 10－2　财政拨款收入账务处理（二）

业务和事项内容	财务会计	预算会计
以实拨资金方式收到拨款	借：银行存款等 　贷：财政拨款收入	借：资金结存——货币资金 　贷：财政拨款预算收入

［例 10－4］某事业单位以实拨资金方式收到财政部门拨款，2023 年 5 月 1 日收到的银行存款进账单表明，同级政府财政部门拨入某专项经费 500 000 元。该单位编制会计分录如下：

财务会计：

借：银行存款　　500 000

　贷：财政拨款收入　　500 000

预算会计：

借：资金结存——货币资金 500 000

贷：财政拨款预算收入 500 000

4. 已支付的财政资金退回

在发生当年资金退回时，单位应当根据收到的财政资金退回通知书及相关原始凭证，按照通知书上的退回金额，借记本科目（支付时使用本年度预算指标）或“财政应返还额度”科目（支付时使用以前年度预算指标），贷记“业务活动费用”“库存物品”等科目。在预算会计下，借记“财政拨款预算收入”科目（支付时使用本年度预算指标）或“资金结存——财政应返还额度”科目（支付时使用以前年度预算指标），贷记“行政支出”“事业支出”等科目。

在发生项目未结束的跨年资金退回时，单位应当根据收到的财政资金退回通知书及相关原始凭证，按照通知书上的退回金额，借记“财政应返还额度”科目，贷记“以前年度盈余调整”“库存物品”等科目。在预算会计下，借记“资金结存——财政应返还额度”科目，贷记“财政拨款结转——年初余额调整”等科目（见表 10－3）。

表 10－3　取得差错更正、退货收入的账务处理

业务和事项内容		财务会计	预算会计
发生当年资金退回	支付时使用本年度预算指标	借：财政拨款收入 贷：库存物品/业务活动费用等	借：财政拨款预算收入 贷：行政支出/事业支出等
	支付时使用以前年度预算指标	借：财政应返还额度 贷：以前年度盈余调整/库存物品等	借：资金结存——财政应返还额度 贷：行政支出/事业支出等
项目未结束的跨年资金退回		借：财政应返还额度 贷：以前年度盈余调整/库存物品	借：资金结存——财政应返还额度 贷：财政拨款结转——年初余额调整

[例 10－5] 某行政单位当年通过国库集中支付采购的一批货品在入库后发现有质量问题，货物已退回；资金来源于当年预算指标。根据收到的财政资金退回通知书及相关原始凭证，退回相关货款 50 000 元。该单位编制会计分录如下：

财务会计：

借：财政拨款收入 50 000

贷：库存物品 50 000

预算会计：

借：财政拨款预算收入 50 000

贷：行政支出 50 000

[例 10－6] 接上例，其他条件不变，假设所退货品是使用以前年度预算指标采购的。该单位编制会计分录如下：

财务会计：

借：财政应返还额度 50 000

贷：库存物品 50 000

预算会计：

借：资金结存——财政应返还额度 50 000

贷：行政支出 50 000

5. 期末/年末结转

期末，将本科目本期发生额转入本期盈余，借记本科目，贷记“本期盈余”科目（见表10-4）。

表10-4 财政拨款收入账务处理（三）

业务和事项内容	财务会计	预算会计
期末/年末结转	借：财政拨款收入 贷：本期盈余	借：财政拨款预算收入 贷：财政拨款结转——本年收支结转

［例10-7］某事业单位进行年终结账。经核算，“财政拨款收入”科目贷方余额为56 000 000元，转入本期盈余。同时，预算会计也作结转的账务处理。其会计分录如下：

财务会计：

借：财政拨款收入 56 000 000

贷：本期盈余 56 000 000

预算会计：

借：财政拨款预算收入 56 000 000

贷：财政拨款结转——本年收支结转 56 000 000

二、非同级财政拨款收入

非同级财政拨款收入是指行政事业单位从非同级政府财政部门取得的财政拨款，包括本级横向转拨财政款和非本级财政拨款。

（一）科目设置

为核算非同级财政拨款收入业务，行政事业单位应设置“非同级财政拨款收入”总账科目。本科目应当按照本级横向转拨财政款和非本级财政拨款进行明细核算，并按照收入来源进行明细核算。期末结转后，本科目应无余额。

（二）账务处理

非同级财政拨款收入的主要账务处理如下：

1. 确认和收到非同级财政拨款收入

在确认非同级财政拨款收入时，按照应收或实际收到的金额，借记“其他应收款”“银行存款”等科目，贷记本科目。

在收到非同级财政拨款收入时，按照实际收到的金额，借记“银行存款”科目，贷记“其他应收款”科目（见表10-5）。

表 10－5　非同级财政拨款收入账务处理（一）

<table>
<tr><th colspan="2">业务和事项内容</th><th>财务会计</th><th>预算会计</th></tr>
<tr><td>确认收入</td><td>按照应收或实际收到的金额</td><td>借：其他应收款/银行存款等
　贷：非同级财政拨款收入</td><td rowspan="2">实际收到资金时
借：资金结存——货币资金
　贷：非同级财政拨款预算收入</td></tr>
<tr><td>收到应收的款项</td><td>按照实际收到的金额</td><td>借：银行存款
　贷：其他应收款</td></tr>
</table>

［例 10－8］某部属高等学校从当地省级政府财政部门获得一笔 150 000 000 元的专项资金资助，用于支持该高校的发展建设，款项已到账。其会计分录如下：

财务会计：

借：银行存款　　150 000 000

　贷：非同级财政拨款收入　　150 000 000

预算会计：

借：资金结存——货币资金　　150 000 000

　贷：非同级财政拨款预算收入　　150 000 000

2. 期末/年末结转

期末，将本科目本期发生额转入本期盈余，借记本科目，贷记“本期盈余”科目（见表 10－6）。

表 10－6　非同级财政拨款收入账务处理（二）

<table>
<tr><th colspan="2">业务和事项内容</th><th>财务会计</th><th>预算会计</th></tr>
<tr><td rowspan="2">期末/年末结转</td><td>专项资金</td><td rowspan="2">借：非同级财政拨款收入
　贷：本期盈余</td><td>借：非同级财政拨款预算收入
　贷：非财政拨款结转——本年收支结转</td></tr>
<tr><td>非专项资金</td><td>借：非同级财政拨款预算收入
　贷：其他结余</td></tr>
</table>

［例 10－9］某事业单位进行年终结账。截至年末，“非同级财政拨款收入”科目贷方余额为 5 000 000 元；“非同级财政拨款预算收入”科目贷方余额也为 5 000 000 元，其中：专项资金明细科目余额为 3 500 000 元，非专项资金明细科目余额为 1 500 000 元。其年终转账的会计分录如下：

财务会计：

借：非同级财政拨款收入　　5 000 000

　贷：本期盈余　　5 000 000

预算会计：

借：非同级财政拨款预算收入——专项资金　　3 500 000

　贷：非财政拨款结转——本年收支结转　　3 500 000

借：非同级财政拨款预算收入——非专项资金　　1 500 000

　贷：其他结余　　1 500 000

三、其他各项收入

(一) 捐赠收入

捐赠收入是指行政事业单位接受其他单位或者个人捐赠取得的收入。

1. 科目设置

为核算捐赠收入业务，行政事业单位应设置“捐赠收入”总账科目。本科目应当按照捐赠资产的用途和捐赠单位等进行明细核算。期末结转后，本科目应无余额。

2. 账务处理

捐赠收入的主要账务处理如下（见表 10-7 和表 10-8）：

（1）接受捐赠的货币资金。接受捐赠的货币资金，按照实际收到的金额，借记“银行存款”“库存现金”等科目，贷记本科目。

（2）接受捐赠的非现金资产。接受捐赠的存货、固定资产等非现金资产，按照确定的成本，借记“库存物品”“固定资产”等科目，按照发生的相关税费、运输费等，贷记“银行存款”等科目，按照其差额，贷记本科目。

接受捐赠的资产按照名义金额入账的，按照名义金额，借记“库存物品”“固定资产”等科目，贷记本科目；同时，按照发生的相关税费、运输费等，借记“其他费用”科目，贷记“银行存款”等科目。

表 10-7 捐赠收入账务处理（一）

<table>
<tr><th colspan="2">业务和事项内容</th><th>财务会计</th><th>预算会计</th></tr>
<tr><td>接受捐赠的货币资金</td><td>按照实际收到的金额</td><td>借：银行存款/库存现金
　贷：捐赠收入</td><td>借：资金结存——货币资金
　贷：其他预算收入——捐赠收入</td></tr>
<tr><td rowspan="2">接受捐赠的存货、固定资产等</td><td>按照确定的成本</td><td>借：库存物品/固定资产等
　贷：银行存款等
　　　捐赠收入</td><td>借：其他支出
　贷：资金结存</td></tr>
<tr><td>如按照名义金额入账</td><td>借：库存物品/固定资产等
　贷：捐赠收入
借：其他费用
　贷：银行存款等</td><td>借：其他支出
　贷：资金结存</td></tr>
</table>

[例 10-10] 某学校接受校友企业捐赠的助教资金 100 000 元，款项已到账。（备注：该单位的预算会计中不单设“6603 捐赠预算收入”总账科目。）其会计分录如下：

财务会计：

借：银行存款　　100 000

　贷：捐赠收入　　100 000

预算会计：

借：资金结存——货币资金　　100 000

　贷：其他预算收入——捐赠收入　　100 000

［例 10－11］某省属综合医院接受甲企业捐赠的定向用于公共疫情防控的医疗物资，相关凭证注明其金额为 500 000 元，物资已验收入库。其会计分录如下：

财务会计：

借：库存物品　　500 000

　贷：捐赠收入　　500 000

［例 10－12］接上例，其他条件不变，假设捐赠过程中发生归属于该医院的运输费等相关费用 5 000 元，款项以银行存款支付。其会计分录如下：

财务会计：

借：库存物品　　505 000

　贷：银行存款　　5 000

　　捐赠收入　　500 000

预算会计：

借：其他支出　　5 000

　贷：资金结存——货币资金　　5 000

(3) 期末/年末结转。期末，将本科目本期发生额转入本期盈余，借记本科目，贷记“本期盈余”科目。

表 10－8　捐赠收入账务处理（二）

业务和事项内容		财务会计	预算会计
期末/年末结转	专项资金	借：捐赠收入 　贷：本期盈余	借：其他预算收入——捐赠收入 　贷：非财政拨款结转——本年收支结转
	非专项资金		借：其他预算收入——捐赠收入 　贷：其他结余

［例 10－13］某事业单位进行年终结账。截至年末，“捐赠收入”科目贷方余额为 50 000 元；“其他预算收入——捐赠收入”科目贷方余额为 30 000 元，其中：专项资金明细科目余额为 20 000 元，非专项资金明细科目余额为 10 000 元。其年终转账的会计分录如下：

财务会计：

借：捐赠收入　　50 000

　贷：本期盈余　　50 000

预算会计：

借：其他预算收入——捐赠收入——专项资金　　20 000

　贷：非财政拨款结转——本年收支结转　　20 000

借：其他预算收入——捐赠收入——非专项资金　　10 000

　贷：其他结余　　10 000

(二) 利息收入

利息收入是指行政事业单位取得的银行存款利息收入。

1. 科目设置

为核算利息收入业务，行政事业单位应设置“利息收入”总账科目。期末结转后，本科目应无余额。

2. 账务处理

利息收入的主要账务处理如下（见表10-9）：

(1) 取得银行存款利息。取得银行存款利息时，按照实际收到的金额，借记“银行存款”科目，贷记本科目。

(2) 期末/年末结转。期末，将本科目本期发生额转入本期盈余，借记本科目，贷记“本期盈余”科目。

表10-9 利息收入账务处理

业务和事项内容		财务会计	预算会计
确认银行存款利息收入	实际收到利息时	借：银行存款 贷：利息收入	借：资金结存——货币资金 贷：其他预算收入——利息收入
期末/年末结转		借：利息收入 贷：本期盈余	借：其他预算收入——利息收入 贷：其他结余

[例10-14] 某事业单位收到开户银行的到账通知书，本期银行存款利息10 000元，记入单位的银行账户。（备注：该单位的预算会计不单设“6604 利息预算收入”总账科目。）该单位编制会计分录如下：

财务会计：

借：银行存款　　10 000

　贷：利息收入　　10 000

预算会计：

借：资金结存——货币资金　　10 000

　贷：其他预算收入——利息收入　　10 000

[例10-15] 某事业单位进行年终结账。年末，该单位“利息收入”科目贷方余额为15 000元；“其他预算收入——利息收入”科目贷方余额也为15 000元。其年终转账的会计分录如下：

财务会计：

借：利息收入　　15 000

　贷：本期盈余　　15 000

预算会计：

借：其他预算收入——利息收入　　15 000

　贷：其他结余　　15 000

(三) 租金收入

租金收入是指单位经批准利用国有资产出租取得并按照规定纳入本单位预算管理的租金收入。需要注意的是，并不是行政事业单位利用国有资产出租所取得的资金都构成租金收入，而是要经过批准，按规定纳入本单位预算管理的才构成单位的租金收入，要与应缴款项严格地区分开来。

1. 科目设置

为核算租金收入业务，行政事业单位应设置“租金收入”总账科目。本科目应当按照出租国有资产类别和收入来源等进行明细核算。期末结转后，本科目应无余额。

2. 账务处理

租金收入的主要账务处理如下（见表 10－10）：

（1）取得国有资产出租收入。国有资产出租收入应当在租赁期内各个期间按照直线法予以确认。

第一，采用预收租金方式的，预收租金时，按照收到的金额，借记“银行存款”等科目，贷记“预收账款”科目；分期确认租金收入时，按照各期租金金额，借记“预收账款”科目，贷记本科目。

第二，采用后付租金方式的，每期确认租金收入时，按照各期租金金额，借记“应收账款”科目，贷记本科目；收到租金时，按照实际收到的金额，借记“银行存款”等科目，贷记“应收账款”科目。

第三，采用分期收取租金方式的，每期收取租金时，按照租金金额，借记“银行存款”等科目，贷记本科目。

涉及增值税业务的，相关账务处理参见“应交增值税”科目。

（2）期末/年末结转。期末，将本科目本期发生额转入本期盈余，借记本科目，贷记“本期盈余”科目。

表 10－10　租金收入账务处理

业务和事项内容		财务会计	预算会计
预收租金	收到预付的租金	借：银行存款等 　贷：预收账款	借：资金结存——货币资金 　贷：其他预算收入——租金收入
	按照直线法分期确认租金收入	借：预收账款 　贷：租金收入	—
后付租金	确认租金收入	借：应收账款 　贷：租金收入	—
	收到租金	借：银行存款等 　贷：应收账款	借：资金结存——货币资金 　贷：其他预算收入——租金收入
分期收取租金	按期收取租金	借：银行存款等 　贷：租金收入	借：资金结存——货币资金 　贷：其他预算收入——租金收入
期末/年末结转		借：租金收入 　贷：本期盈余	借：其他预算收入——租金收入 　贷：其他结余

［例 10－16］ 某事业单位经批准采用预收租金的方式出租闲置房产一处，所取得的租金纳入单位预算管理。年初，预收全年租金 120 000 元，款项已存入银行，每月确认租金收入 10 000 元。暂不考虑增值税业务。其会计分录如下：

（1）在预收租金时

财务会计：

借：银行存款　　　　　　　　　　　　120 000

贷：预收账款 120 000

预算会计：

借：资金结存——货币资金 120 000

贷：其他预算收入——租金收入 120 000

（2）每月确认租金收入时

财务会计：

借：预收账款 10 000

贷：租金收入 10 000

[例 10-17] 某事业单位进行年终结账。年末，该单位“租金收入”科目贷方余额为 12 000 元；“其他预算收入——租金收入”科目贷方余额也为 12 000 元。其年终转账的会计分录如下：

财务会计：

借：租金收入 12 000

贷：本期盈余 12 000

预算会计：

借：其他预算收入——租金收入 12 000

贷：其他结余 12 000

（四）其他收入

其他收入是指行政事业单位取得的除财政拨款收入、事业收入、上级补助收入、附属单位上缴收入、经营收入、非同级财政拨款收入、投资收益、捐赠收入、利息收入、租金收入以外的各项收入，包括现金盘盈收入、按照规定纳入单位预算管理的科技成果转化收入、行政单位收回已核销的其他应收款、无法偿付的应付及预收款项、置换换出资产评估增值等。

1. 科目设置

为核算其他收入业务，行政事业单位应设置“其他收入”总账科目。本科目应当按照其他收入的类别、来源等进行明细核算。期末结转后，本科目应无余额。

2. 账务处理

其他收入的主要账务处理如下：

（1）取得现金盘盈收入。每日现金账款核对中发现的现金溢余，属于无法查明原因的部分，报经批准后，借记“待处理财产损溢”科目，贷记本科目（见表 10-11）。

表 10-11 其他收入账务处理（一）

业务和事项内容		财务会计	预算会计
现金盘盈收入	发现现金盘盈时	借：库存现金 贷：待处理财产损溢	借：资金结存——货币资金 贷：其他预算收入
	属于无法查明原因的部分，报经批准后	借：待处理财产损溢 贷：其他收入	—

［例 10－18］某事业单位发现现金盘盈 500 元。认真核查后，确属无法查明原因，经批准作为单位的其他收入。该单位编制会计分录如下：

①发现现金盘盈时

财务会计：

借：库存现金　500

　贷：待处理财产损溢　500

预算会计：

借：资金结存——货币资金　500

　贷：其他预算收入——现金盘盈收入　500

②经批准，确认为其他收入

财务会计：

借：待处理财产损溢　500

　贷：其他收入　500

(2) 取得科技成果转化收入。单位科技成果转化所取得的收入，按照规定留归本单位的，按照所取得收入扣除相关费用之后的净收益，借记“银行存款”等科目，贷记本科目（见表 10－12）。

表 10－12　其他收入账务处理（二）

业务和事项内容		财务会计	预算会计
科技成果转化收入	按照规定留归本单位的	借：银行存款等 　贷：其他收入	借：资金结存——货币资金 　贷：其他预算收入

［例 10－19］经批准，某事业单位出售一项自主研发的无形资产并将其出售收入纳入单位预算管理，其账面余额为 500 000 元，尚未计提摊销，售价为 800 000 元，款项已到账，暂不考虑增值税业务。其会计分录如下：

财务会计：

借：资产处置费用　500 000

　贷：无形资产　500 000

借：银行存款　800 000

　贷：其他收入　800 000

预算会计：

借：资金结存——货币资金　800 000

　贷：其他预算收入　800 000

(3) 收回已核销的其他应收款。行政单位已核销的其他应收款在以后期间收回的，按照实际收回的金额，借记“银行存款”等科目，贷记本科目。

(4) 无法偿付的应付及预收款项。无法偿付或债权人豁免偿还的应付账款、预收账款、其他应付款及长期应付款，借记“应付账款”“预收账款”“其他应付款”“长期应付款”等科目，贷记本科目（见表 10－13）。

表 10-13 其他收入账务处理（三）

业务和事项内容		财务会计	预算会计
行政单位收回已核销的其他应收款	按照实际收回的金额	借：银行存款等 贷：其他收入	借：资金结存——货币资金 贷：其他预算收入
无法偿付的应付及预收款项		借：应付账款/预收账款/其他应付款/长期应付款 贷：其他收入	—

（5）置换换出资产评估增值。在资产置换过程中，换出资产评估增值的，按照评估价值高于资产账面价值或账面余额的金额，借记有关科目，贷记本科目。具体账务处理参见“库存物品”等科目。

以未入账的无形资产取得的长期股权投资，按照评估价值加相关税费作为投资成本，借记“长期股权投资”科目，按照发生的相关税费，贷记“银行存款”“其他应交税费”等科目，按其差额，贷记本科目（见表 10-14）。

表 10-14 其他收入账务处理（四）

业务和事项内容		财务会计	预算会计
置换换出资产评估增值	按照换出资产评估价值高于资产账面价值的金额	借：有关科目 贷：其他收入	—

（6）确认（1）至（5）以外的其他收入时，按照应收或实际收到的金额，借记“其他应收款”“银行存款”“库存现金”等科目，贷记本科目。涉及增值税业务的，相关账务处理参见“应交增值税”科目（见表 10-15）。

表 10-15 其他收入账务处理（五）

业务和事项内容		财务会计	预算会计
其他情况	按照应收或实际收到的金额	借：其他应收款/银行存款/库存现金等 贷：其他收入	借：资金结存——货币资金 贷：其他预算收入

（7）期末/年末结转。期末，将本科目本期发生额转入本期盈余，借记本科目，贷记“本期盈余”科目（见表 10-16）。

表 10-16 其他收入账务处理（六）

业务和事项内容		财务会计	预算会计
期末/年末结转	专项资金	借：其他收入 贷：本期盈余	借：其他预算收入——专项资金 贷：非财政拨款结转——本年收支结转
	非专项资金		借：其他预算收入——非专项资金 贷：其他结余

［例 10-20］某事业单位进行年终结账。年末，该单位“其他收入”科目贷方余额

为 120 000 元。“其他预算收入”科目贷方余额为 100 000 元，其中：专项资金明细科目余额为 35 000 元，非专项资金明细科目余额为 65 000 元。其年终转账的会计分录如下：

财务会计：

借：其他收入　　120 000

　贷：本期盈余　　120 000

预算会计：

借：其他预算收入——专项资金　　35 000

　贷：非财政拨款结转——本年收支结转　　35 000

借：其他预算收入——非专项资金　　65 000

　贷：其他结余　　65 000

授课视频：请访问中国大学 MOOC→政府会计实务/周克清等→第十章第二节行政事业单位共有的收入

第三节　事业单位专有的收入

一、事业收入

事业收入是指事业单位开展专业业务活动及其辅助活动实现的收入，不包括从同级政府财政部门取得的各类财政拨款。

（一）科目设置

为核算事业收入业务，事业单位应设置“事业收入”总账科目。本科目应当按照事业收入的类别、来源等进行明细核算。对于因开展科研及其辅助活动从非同级政府财政部门取得的经费拨款，应当在本科目下单设“非同级财政拨款”明细科目进行核算。期末结转后，本科目应无余额。

（二）账务处理

事业收入的主要账务处理如下：

1. 采用财政专户返还方式管理的事业收入

（1）实现应上缴财政专户的事业收入时，按照实际收到或应收的金额，借记“银行存款”“应收账款”等科目，贷记“应缴财政款”科目。

（2）向财政专户上缴款项时，按照实际上缴的款项金额，借记“应缴财政款”科目，贷记“银行存款”等科目。

（3）收到从财政专户返还的事业收入时，按照实际收到的返还金额，借记“银行存款”等科目，贷记本科目（见表 10－17）。

表 10-17 事业收入账务处理（一）

业务和事项内容		财务会计	预算会计
采用财政专户返还方式	实际收到或应收应上缴财政专户的事业收入时	借：银行存款/应收账款等 贷：应缴财政款	—
	向财政专户上缴款项时	借：应缴财政款 贷：银行存款等	—
	收到从财政专户返还的款项时	借：银行存款等 贷：事业收入	借：资金结存——货币资金 贷：事业预算收入

［**例 10-21**］某高等学校的学费收入纳入财政专户管理。2020 年 9 月 1 日，该高校收到学生缴纳的学费 5 800 000 元，款项已存入银行。次日，将款项上缴财政专户。10 月 20 日，收到财政专户返还的事业收入 1 000 000 元。其会计分录如下：

（1）收到应缴款项时

财务会计：

借：银行存款　　5 800 000

　贷：应缴财政款　　5 800 000

（2）上缴财政专户时

财务会计：

借：应缴财政款　　5 800 000

　贷：银行存款　　5 800 000

（3）收到财政专户返还的事业收入时

财务会计：

借：银行存款　　1 000 000

　贷：事业收入　　1 000 000

预算会计：

借：资金结存——货币资金　　1 000 000

　贷：事业预算收入　　1 000 000

2. 采用预收款方式确认的事业收入

（1）实际收到预收款项时，按照收到的款项金额，借记“银行存款”等科目，贷记“预收账款”科目。

（2）按合同完成进度确认事业收入时，按照基于合同完成进度计算的金额，借记“预收账款”科目，贷记本科目（见表 10-18）。

表 10-18 事业收入账务处理（二）

业务和事项内容		财务会计	预算会计
采用预收款方式	实际收到款项时	借：银行存款等 贷：预收账款	借：资金结存——货币资金 贷：事业预算收入
	按合同完成进度确认收入时	借：预收账款 贷：事业收入	—

［例 10-22］某事业单位为某公司提供课题咨询服务。按照合同约定，该公司预先支付课题经费 500 000 元，款项已到账，暂不考虑增值税业务。月末，该事业单位按照合同完成进度，确认当月实现的事业收入为 100 000 元。其会计分录如下：

（1）预收款项时

财务会计：

借：银行存款　　500 000

　贷：预收账款　　500 000

预算会计：

借：资金结存——货币资金　　500 000

　贷：事业预算收入　　500 000

（2）月末，确认实现的事业收入时

财务会计：

借：预收账款　　100 000

　贷：事业收入　　100 000

3. 采用应收款方式确认的事业收入

（1）根据合同完成进度计算本期应收的款项，借记“应收账款”科目，贷记本科目。

（2）实际收到款项时，借记“银行存款”等科目，贷记“应收账款”科目（见表 10-19）。

表 10-19　事业收入账务处理（三）

业务和事项内容		财务会计	预算会计
采用应收款方式	根据合同完成进度计算本期应收的款项	借：应收账款 　贷：事业收入	—
	实际收到款项时	借：银行存款等 　贷：应收账款	借：资金结存——货币资金 　贷：事业预算收入

［例 10-23］某事业单位按照合同约定开展一项专业业务活动。月末，该事业单位按合同完成进度确认当月实现的事业收入 200 000 元，但款项尚未到账。次月，付款方通过银行转账支付上述款项。其会计分录如下：

（1）确认事业收入时

财务会计：

借：应收账款　　200 000

　贷：事业收入　　200 000

（2）次月，收到款项时

财务会计：

借：银行存款　　200 000

　贷：应收账款　　200 000

预算会计：

借：资金结存——货币资金　　200 000

贷：事业预算收入　　200 000

4. 其他方式下确认的事业收入

其他方式下确认的事业收入，按照实际收到的金额，借记“银行存款”“库存现金”等科目，贷记本科目（见表10－20）。

表10－20　事业收入账务处理（四）

业务和事项内容	财务会计	预算会计
其他方式下	借：银行存款/库存现金等 　贷：事业收入	借：资金结存——货币资金 　贷：事业预算收入

［**例10－24**］某事业单位开展专业业务活动收到事业服务费200 000元。款项已存入银行账户。该单位编制会计分录如下：

财务会计：

借：银行存款　　200 000

　贷：事业收入　　200 000

预算会计：

借：资金结存——货币资金　　200 000

　贷：事业预算收入　　200 000

上述2～4项中涉及增值税业务的，相关账务处理参见“应交增值税”科目。

5. 期末/年末结转

期末，将本科目本期发生额转入本期盈余，借记本科目，贷记“本期盈余”科目（见表10－21）。

表10－21　事业收入账务处理（五）

业务和事项内容		财务会计	预算会计
期末/年末结转	专项资金	借：事业收入 　贷：本期盈余	借：事业预算收入——专项资金 　贷：非财政拨款结转——本年收支结转
	非专项资金		借：事业预算收入——非专项资金 　贷：其他结余

［**例10－25**］某事业单位进行年终结账。年末，该单位“事业收入”科目贷方余额为35 000 000元。“事业预算收入”科目贷方余额为33 000 000元，其中：专项资金明细科目余额为13 000 000元，非专项资金明细科目余额为20 000 000元。其年终转账的会计分录如下：

财务会计：

借：事业收入　　35 000 000

　贷：本期盈余　　35 000 000

预算会计：

借：事业预算收入——专项资金　　13 000 000

　贷：非财政拨款结转——本年收支结转　　13 000 000

借：事业预算收入——非专项资金　　20 000 000
　贷：其他结余　　20 000 000

二、经营收入

经营收入是指事业单位在专业业务活动及其辅助活动之外开展非独立核算经营活动取得的收入。

（一）科目设置

为核算经营收入业务，事业单位应设置“经营收入”总账科目。本科目应当按照经营活动类别、项目和收入来源等进行明细核算。经营收入应当在提供服务或发出存货，同时收讫价款或者取得索取价款的凭据时，按照实际收到或应收的金额予以确认。期末结转后，本科目应无余额。

（二）账务处理

经营收入的主要账务处理如下：

1. 实现经营收入

实现经营收入时，按照确定的收入金额，借记“银行存款”“应收账款”“应收票据”等科目，贷记本科目。涉及增值税业务的，相关账务处理参见“应交增值税”科目（见表 10－22）。

表 10－22　经营收入账务处理（一）

业务和事项内容		财务会计	预算会计
确认经营收入	按照确定的收入金额	借：银行存款/应收账款/应收票据等 　贷：经营收入	借：资金结存——货币资金 　贷：经营预算收入
收到应收的款项	按照实际收到的金额	借：银行存款等 　贷：应收账款/应收票据	

［例 10－26］ 某事业单位开展一项非独立核算的经营活动，取得经营收入 10 000 元，款项已经存入银行。暂不考虑增值税业务。其会计分录如下：

财务会计：

借：银行存款　　10 000
　贷：经营收入　　10 000

预算会计：

借：资金结存——货币资金　　10 000
　贷：经营预算收入　　10 000

［例 10－27］ 某事业单位开展一项非独立核算的经营活动，向甲公司提供某项服务，合同金额为 50 000 元，服务已经提供但对方尚未付款。次月，收到甲公司通过银行转账

支付上述款项，暂不考虑增值税业务。其会计分录如下：

（1）确认经营收入时

财务会计：

借：应收账款 50 000

贷：经营收入 50 000

（2）收到款项时

财务会计：

借：银行存款 50 000

贷：应收账款 50 000

预算会计：

借：资金结存——货币资金 50 000

贷：经营预算收入 50 000

2. 期末/年末结转

期末，将本科目本期发生额转入本期盈余，借记本科目，贷记“本期盈余”科目（见表 10－23）。

表 10－23 经营收入账务处理（二）

业务和事项内容	财务会计	预算会计
期末/年末结转	借：经营收入 贷：本期盈余	借：经营预算收入 贷：经营结余

［例 10－28］某事业单位进行年终结账。年末，该单位“经营收入”科目贷方余额为450 000 元；“经营预算收入”科目贷方余额为 400 000 元。其年终转账的会计分录如下：

财务会计：

借：经营收入 450 000

贷：本期盈余 450 000

预算会计：

借：经营预算收入 400 000

贷：经营结余 400 000

三、投资收益

投资收益是指事业单位股权投资和债券投资所实现的收益或发生的损失。

（一）科目设置

为核算投资收益业务，事业单位应当设置“投资收益”总账科目。本科目应当按照投资的种类等进行明细核算。期末结转后，本科目应无余额。

（二）账务处理

投资收益的主要账务处理如下：

1. 收到短期投资持有期间的利息

收到短期投资持有期间的利息，按照实际收到的金额，借记“银行存款”科目，贷记“投资收益”科目。

2. 出售或到期收回短期债券本息

出售或到期收回短期债券本息，按照实际收到的金额，借记“银行存款”科目，按照出售或收回短期投资的成本，贷记“短期投资”科目，按照其差额，贷记或借记本科目（见表10-24）。涉及增值税业务的，相关账务处理参见“应交增值税”科目。

表10-24 投资收益账务处理（一）

业务和事项内容	财务会计	预算会计
出售或到期收回短期债券本息	借：银行存款 　　投资收益 　贷：短期投资 　　　投资收益	借：资金结存——货币资金 　　投资预算收益 　贷：投资支出/其他结余 　　　投资预算收益

［**例10-29**］某事业单位持有的短期债券到期，收到本息合计103 000元。其中，短期投资成本为100 000元，利息收入为3 000元。该单位编制会计分录如下：

财务会计：

借：银行存款	103 000	
贷：短期投资		100 000
投资收益		3 000

预算会计：

借：资金结存——货币资金	103 000	
贷：投资支出		100 000
投资预算收益		3 000

3. 持有长期债券投资期间的利息

持有的分期付息、一次还本的长期债券投资，按期确认利息收入时，按照计算确定的应收未收利息，借记“应收利息”科目，贷记本科目；持有的到期一次还本付息的债券投资，按期确认利息收入时，按照计算确定的应收未收利息，借记“长期债券投资——应计利息”科目，贷记本科目。

4. 出售长期债券投资或到期收回长期债券投资本息

出售长期债券投资或到期收回长期债券投资本息，按照实际收到的金额，借记“银行存款”等科目，按照债券初始投资成本和已计未收利息金额，贷记“长期债券投资——成本/应计利息”科目或“长期债券投资”“应收利息”科目，按照其差额，贷记或借记本科目（见表10-25）。涉及增值税业务的，相关账务处理参见“应交增值税”科目。

表 10－25　投资收益账务处理（二）

业务和事项内容		财务会计	预算会计
持有的分期付息、一次还本的长期债券投资	确认应收未收利息	借：应收利息 　贷：投资收益	—
	实际收到利息时	借：银行存款 　贷：应收利息	借：资金结存——货币资金 　贷：投资预算收益
持有的一次还本付息的长期债券投资	计算确定的应收未收利息增加长期债券投资的账面余额	借：长期债券投资——应计利息 　贷：投资收益	—
出售长期债券投资或到期收回长期债券投资本息		借：银行存款等 　　投资收益 　贷：长期债券投资 　　　应收利息 　　　投资收益	借：资金结存——货币资金 　　投资预算收益 　贷：投资支出/其他结余 　　　投资预算收益

[**例 10－30**] 某事业单位持有一项分期付息、一次还本的长期债券投资。在持有期间，每年应收利息为 10 000 元，利息已收到。该单位编制会计分录如下：

（1）确认应收利息时

财务会计：

借：应收利息　　10 000

　贷：投资收益　　10 000

（2）收到利息时

财务会计：

借：银行存款　　10 000

　贷：应收利息　　10 000

预算会计：

借：资金结存——货币资金　　10 000

　贷：投资预算收益　　10 000

[**例 10－31**] 某事业单位持有一项 10 年期长期债券投资，该债券采用的是一次还本付息方式。初始投资成本为 200 000 元，每年应计利息为 10 000 元。债券到期后，共收到本息 300 000 元。该单位编制会计分录如下：

（1）每年确认应计利息时

财务会计：

借：长期债券投资——应计利息　　10 000

　贷：投资收益　　10 000

（2）到期后，收到本息时

财务会计：

借：银行存款　　300 000

　贷：长期债券投资——成本　　200 000

　　　　　　　　——应计利息　　100 000

预算会计：

借：资金结存——货币资金 300 000

贷：其他结余 200 000

投资预算收益 100 000

5. 长期股权投资收益

采用成本法核算的长期股权投资持有期间，被投资单位宣告分派现金股利或利润时，按照宣告分派的现金股利或利润中属于单位应享有的份额，借记“应收股利”科目，贷记本科目。

采用权益法核算的长期股权投资持有期间，按照应享有或应分担的被投资单位实现的净损益的份额，借记或贷记“长期股权投资——损益调整”科目，贷记或借记本科目；被投资单位发生净亏损，但以后年度又实现净利润的，单位在其收益分享额弥补未确认的亏损分担额等后，恢复确认投资收益，借记“长期股权投资——损益调整”科目，贷记本科目（见表10-26）。

按照规定处置长期股权投资时有关投资收益的账务处理，参见“长期股权投资”科目。

表10-26 投资收益账务处理（三）

业务和事项内容		财务会计	预算会计
成本法下长期股权投资持有期间，被投资单位宣告分派利润或股利	按照宣告分派的利润或股利中属于单位应享有的份额	借：应收股利 贷：投资收益	—
	取得分派的利润或股利，按照实际收到的金额	借：银行存款 贷：应收股利	借：资金结存——货币资金 贷：投资预算收益
采用权益法核算的长期股权投资持有期间	按照应享有或应分担的被投资单位实现的净损益的份额	借：长期股权投资——损益调整 贷：投资收益 或 借：投资收益 贷：长期股权投资——损益调整	—
	收到被投资单位发放的现金股利	借：银行存款 贷：应收股利	借：资金结存——货币资金 贷：投资预算收益
	被投资单位发生净亏损，但以后年度又实现净利润的，按规定恢复确认投资收益	借：长期股权投资——损益调整 贷：投资收益	—

［**例10-32**］某事业单位持有甲公司10%的股权，无权决定或参与该公司的经营和财务政策，相应的股权投资采用成本法核算。某日，甲公司宣告发放现金股利100 000

元，属于该单位的股利份额为 10 000 元。数日后，该单位的银行账户收到上述股利。该单位编制会计分录如下：

（1）确认应收股利时

财务会计：

借：应收股利　　10 000

　贷：投资收益　　10 000

（2）收到应收股利时

财务会计：

借：银行存款　　10 000

　贷：应收股利　　10 000

预算会计：

借：资金结存——货币资金　　10 000

　贷：投资预算收益　　10 000

[例 10-33] 某事业单位持有乙公司 60%的股权，有权决定乙公司的经营和财务政策，相应的股权投资采用权益法核算。年底，乙公司实现净利润 80 000 元。次年 3 月 1 日，乙公司宣告发放现金股利 50 000 元；3 月 10 日，该事业单位收到相应份额的现金股利。

（1）乙公司实现净利润时

财务会计：

借：长期股权投资——损益调整　　48 000

　贷：投资收益　　48 000

（2）宣告发放现金股利时

财务会计：

借：应收股利　　30 000

　贷：长期股权投资——损益调整　　30 000

（3）实际收到现金股利时

财务会计：

借：银行存款　　30 000

　贷：应收股利　　30 000

预算会计：

借：资金结存——货币资金　　30 000

　贷：投资预算收益　　30 000

6. 期末/年末结转

期末，将本科目本期发生额转入本期盈余，借记或贷记本科目，贷记或借记“本期盈余”科目（见表 10-27）。

表 10-27 投资收益账务处理（四）

业务和事项内容		财务会计	预算会计
期末/年末结转	投资收益为贷方余额时	借：投资收益 贷：本期盈余	借：投资预算收益 贷：其他结余
	投资收益为借方余额时	借：本期盈余 贷：投资收益	借：其他结余 贷：投资预算收益

［例 10-34］年末，某事业单位"投资收益"科目贷方余额为 500 000 元，"投资预算收益"科目贷方余额为 300 000 元。该单位编制年终转账分录如下：

财务会计：

借：投资收益 500 000

贷：本期盈余 500 000

预算会计：

借：投资预算收益 300 000

贷：其他结余 300 000

四、上级补助收入

（一）科目设置

本科目核算事业单位从主管部门和上级单位取得的非财政拨款收入。本科目应当按照发放补助单位、补助项目等进行明细核算。期末结转后，本科目应无余额。

（二）账务处理

上级补助收入的主要账务处理如下：

1. 确认和收到上级补助收入

确认上级补助收入时，按照应收或实际收到的金额，借记"其他应收款""银行存款"等科目，贷记本科目。

实际收到应收的上级补助款时，按照实际收到的金额，借记"银行存款"等科目，贷记"其他应收款"科目（见表 10-28）。

表 10-28 上级补助收入账务处理（一）

业务和事项内容		财务会计	预算会计
日常核算	确认时，按照应收或实际收到的金额	借：其他应收款/银行存款等 贷：上级补助收入	借：资金结存——货币资金［按照实际收到的金额］ 贷：上级补助预算收入
	收到应收的上级补助收入时	借：银行存款等 贷：其他应收款	

［例 10-35］某事业单位收到上级主管部门拨来的补助款 800 000 元，专门用于支

持 A 项目的建设，该笔补助款在性质上属于非财政拨款资金。该单位编制会计分录如下：

财务会计：

借：银行存款 800 000

贷：上级补助收入 800 000

预算会计：

借：资金结存——货币资金 800 000

贷：上级补助预算收入 800 000

2. 期末/年末结转

期末，将本科目本期发生额转入本期盈余，借记本科目，贷记“本期盈余”科目（见表 10－29）。

表 10－29 上级补助收入账务处理（二）

业务和事项内容		财务会计	预算会计
期末/年末结转	专项资金	借：上级补助收入 贷：本期盈余	借：上级补助预算收入——专项资金 贷：非财政拨款结转——本年收支结转
	非专项资金		借：上级补助预算收入——非专项资金 贷：其他结余

［**例 10－36**］年末，某事业单位“上级补助收入”科目贷方余额为 660 000 元；“上级补助预算收入”科目贷方余额为 500 000 元，其中专项资金为 350 000 元，非专项资金为 150 000 元。该单位编制年终结转的会计分录如下：

财务会计：

借：上级补助收入 660 000

贷：本期盈余 660 000

预算会计：

借：上级补助预算收入——专项资金 350 000

贷：非财政拨款结转——本年收支结转 350 000

借：上级补助预算收入——非专项资金 150 000

贷：其他结余 150 000

五、附属单位上缴收入

（一）科目设置

本科目核算事业单位取得的附属独立核算单位按照有关规定上缴的收入。本科目应当按照附属单位、缴款项目等进行明细核算。期末结转后，本科目应无余额。

（二）账务处理

附属单位上缴收入的主要账务处理如下：

1. 确认和收到附属单位上缴收入

确认附属单位上缴收入时，按照应收或收到的金额，借记“其他应收款”“银行存款”等科目，贷记本科目。

实际收到应收附属单位上缴款时，按照实际收到的金额，借记“银行存款”等科目，贷记“其他应收款”科目（见表 10－30）。

表 10－30　附属单位上缴收入账务处理（一）

<table>
<tr><th colspan="2">业务和事项内容</th><th>财务会计</th><th>预算会计</th></tr>
<tr><td rowspan="2">日常核算</td><td>确认时，按照应收或实际收到的金额</td><td>借：其他应收款/银行存款等
　贷：附属单位上缴收入</td><td rowspan="2">借：资金结存——货币资金
　贷：附属单位上缴预算收入</td></tr>
<tr><td>实际收到应收附属单位上缴收入款时</td><td>借：银行存款等
　贷：其他应收款</td></tr>
</table>

［**例 10－37**］经结算，某事业单位的附属单位（独立核算单位）应向该单位上缴收入 134 000 元。数日后，该单位的银行账户收到上述款项。该单位编制会计分录如下：

（1）结算时

财务会计：

借：其他应收款　　134 000

　贷：附属单位上缴收入　　134 000

（2）收款时

财务会计：

借：银行存款　　134 000

　贷：其他应收款　　134 000

预算会计：

借：资金结存——货币资金　　134 000

　贷：附属单位上缴预算收入　　134 000

2. 期末/年末结转

期末，将本科目本期发生额转入本期盈余，借记本科目，贷记“本期盈余”科目（见表 10－31）。

表 10－31　附属单位上缴收入账务处理（二）

<table>
<tr><th colspan="2">业务和事项内容</th><th>财务会计</th><th>预算会计</th></tr>
<tr><td rowspan="2">期末/年末结转</td><td>专项资金收入</td><td rowspan="2">借：附属单位上缴收入
　贷：本期盈余</td><td>借：附属单位上缴预算收入
　贷：非财政拨款结转——本年收支结转</td></tr>
<tr><td>非专项资金收入</td><td>借：附属单位上缴预算收入
　贷：其他结余</td></tr>
</table>

［**例 10－38**］年末，某事业单位“附属单位上缴收入”科目贷方余额 800 000 元；“上级补助预算收入”科目贷方余额 600 000 元，其中专项资金 400 000 元，非专项资金

200 000 元。该单位编制年终结转的会计分录如下：

财务会计：

借：附属单位上缴收入　　800 000

　贷：本期盈余　　800 000

预算会计：

借：附属单位上缴预算收入——专项资金　　400 000

　贷：非财政拨款结转——本年收支结转　　400 000

借：附属单位上缴预算收入——非专项资金　　200 000

　贷：其他结余　　200 000

授课视频：请访问中国大学 MOOC→政府会计实务/周克清等→第十章第三节事业单位专有的收入

思考题

1. 什么是行政事业单位的收入？它与预算收入有什么区别和联系？

2. 什么是行政事业单位的财政拨款收入与非同级财政拨款收入？二者之间有什么区别？

3. 什么是事业单位的事业收入？其中，“事业收入——非财政拨款”与“事业收入——非同级财政拨款”两个科目之间的区别是什么？

4. 什么是事业单位的上级补助收入和附属单位上缴收入？

5. 什么是事业单位的经营收入？它与附属单位上缴收入有什么区别？

6. 什么是事业单位的投资收益？它与附属单位上缴收入有什么区别？

实训题

1. 某行政单位发生如下经济业务：

（1）以实拨资金方式收到财政部门拨款 850 000 元。

（2）通过国库集中支付方式支付会议费 35 000 元。

（3）收到上级政府财政部门拨来的专项经费 500 000 元，款项已存入银行。

（4）现金账款核对中发现现金溢余 50 元。因无法查明原因，报经批准后转入其他收入。

（5）年末，财政部门批准的本年度预算指标数大于当年实际支付数的差额中允许结转使用的金额为 135 000 元。

要求：根据上述经济业务，编制相应的会计分录。

2. 某事业单位发生如下经济业务：

（1）通过国库集中支付方式支付专业业务人员培训费 800 000 元。

（2）收到上级政府财政部门拨来的专项经费（非科研经费）2 000 000 元，款项已存入银行。

(3) 因科研活动取得上级财政部门拨来的专项科研经费 350 000 元，款项已存入银行。

(4) 在开展专业业务活动及其辅助活动过程中，从甲公司预收课题服务费 100 000 元。

(5) 接上题，向甲公司提供课题咨询服务，按照合同进度确认事业收入 80 000 元。

(6) 收到上级主管部门拨来的补助款 50 000 元，专门用于 B 项目建设。

(7) 收到独立核算的附属单位上缴的款项 900 000 元。

(8) 在开展非独立核算的经营活动过程中，取得经营收入 23 000 元。

(9) 到期回收一项以前年度取得的分期付息、到期一次还本的长期债券投资，实际收回本金 600 000 元，取得利息收入 30 000 元。该项长期债券投资的账面余额为600 000 元。

(10) 持有丙公司 60%的股份，相应的股权投资采用权益法核算。年末，丙公司实现净利润 10 000 000 元。次年 4 月 1 日，丙公司宣布发放现金股利 5 000 000 元。4 月 8 日，该单位的银行账户收到丙公司发放的现金股利。

(11) 收到丁公司捐赠的现金 100 000 元，款项已存入银行；同时，接受捐赠一项固定资产，相关凭证表明其价值为 80 000 元。

要求：根据上述经济业务，编制相应的会计分录。

第十一章

费用的核算

本章学习目标：

1. 了解行政事业单位费用的概念与分类
2. 掌握行政事业单位费用与预算支出的区别和联系
3. 掌握行政单位费用的类别与核算要求
4. 掌握事业单位费用的类别与核算要求

第一节　费用概述

一、费用的概念

根据《政府会计准则——基本准则》，费用是指报告期内导致政府会计主体净资产减少的、含有服务潜力或者经济利益的经济资源的流出。具体来说，对于费用的理解需要重点把握以下四个方面：

（一）费用是经济资源的流出

政府会计主体在履行职能和开展业务活动过程中会耗费经济资源，导致经济资源的流出，包括已经发生的各项资产耗费，也包括虽未发生资产耗费但形成了未来将要偿付的债务等。凡未发生经济资源耗费的交易或事项，均不属于费用。

（二）流出的经济资源应含有服务潜力或者经济利益

政府会计主体的经济资源流出，应为提供服务或产生经济利益的经济资源流出。凡未提供服务或者不产生经济利益的经济资源流出，不属于费用。

（三）费用会导致净资产的减少

费用的形式为资产的减少或者负债的增加导致净资产的减少，但是不包含专用基金和无偿调出净资产等净资产的减少。

（四）费用是报告期内的费用

报告期是指从某一时间点起始至另一时间点终止的期间，既可以是月度和季度，也可以是半年度和年度。因此，费用从时间范围看，可以分为月度费用、季度费用、半年度费用和年度费用。

二、费用的分类

为了清晰、准确地反映经济资源耗费的用途，研究分析各类经济资源耗费情况和对政府会计主体的影响，满足不同政府会计主体报表使用者的需要，可以将费用分为八类。其中，适用于行政事业单位的费用类别有：业务活动费用、资产处置费用和其他费用；仅适用于事业单位的费用类别有：单位管理费用、经营费用、上缴上级费用、对附属单位补助费用、所得税费用。

（一）业务活动费用

业务活动费用是指单位为实现其职能目标，依法履职或开展专业业务活动及其辅助活动所发生的各项费用。因为业务活动费用的发生与单位设立宗旨及职责密切相关，因此业务活动费用是单位发挥其职能作用和实现事业发展目标过程中最主要的一个经济资源耗费。

（二）单位管理费用

单位管理费用是指事业单位本级行政及后勤部门开展管理活动发生的各项费用，包括单位行政及后勤管理部门发生的人员经费、公用经费、资产折旧（摊销）等费用，以及由单位统一负担的离退休人员经费、工会经费、诉讼费、中介费等。

（三）经营费用

经营费用是指事业单位在专业业务活动及其辅助活动之外开展非独立核算经营活动发生的各项费用。事业单位除了开展专业业务活动及其辅助活动之外，为了事业发展需要或弥补事业经费不足，也会为社会提供各种有偿服务。这些活动的目的与事业单位开展的专业业务活动目标不同，一般带有一些营利性质，需要单独分类确认和反映。

（四）资产处置费用

资产处置费用是指行政事业单位经批准处置资产时发生的费用，包括转销的被处置资产价值，以及在处置过程中发生的相关费用或者处置收入小于相关费用形成的净支出。资产处置的形式包括无偿调拨、出售、出让、转让、置换、对外捐赠、报废、毁损以及货币性资产损失核销等。

（五）上缴上级费用

上缴上级费用是指事业单位按照财政部门和主管部门的规定上缴上级单位款项的费

用。需要注意的是，上缴上级款项属于非财政资金，相应的资金通常来自单位自身取得的事业收入、经营收入和其他收入等。

（六）对附属单位补助费用

对附属单位补助费用是指事业单位用财政拨款之外的收入对附属单位补助发生的费用。因为事业单位对附属单位的补助款项属于非财政资金，不可以将其自身取得的财政拨款收入作为对附属单位的补助。

（七）所得税费用

所得税费用是指有企业所得税缴纳义务的事业单位按照规定缴纳企业所得税形成的费用。事业单位在取得财政拨款以外、不符合税法规定免税范围的收入时，形成企业所得税缴纳义务，需要按规定计算并缴纳企业所得税。

（八）其他费用

单位发生的无法归集到上述七项的费用统称为其他费用，包括利息费用、坏账损失、罚没支出、现金资产捐赠支出以及相关税费、运输费等。

三、费用的确认

根据政府会计准则及制度的相关规定，行政事业单位的费用核算实行权责发生制。费用在同时满足以下三个条件的情况下方能确认：第一，与费用相关的含有服务潜力或者经济利益的经济资源很可能会流出政府会计主体；第二，含有服务潜力或者经济利益的经济资源流出会导致政府会计主体资产减少或者负债增加；第三，流出金额能够可靠地计量。

授课视频：请访问中国大学 MOOC→政府会计实务/周克清等→第十一章第一节费用概述

财政部关于《事业单位成本核算基本指引》答记者问

第二节　行政事业单位共有的费用

适用于行政事业单位的费用类别有业务活动费用、资产处置费用和其他费用等，本节将围绕着这三类费用的核算展开。

一、业务活动费用

业务活动费用是指单位为实现其职能目标，依法履职或开展专业业务活动及其辅助活动所发生的各项费用。

(一) 科目设置

为核算业务活动费用业务，行政事业单位应设置“业务活动费用”总账科目。本科目应当按照项目、服务或者业务类别、支付对象等进行明细核算。

为了满足成本核算需要，本科目下还可按照“工资福利费用”“商品和服务费用”“对个人和家庭的补助费用”“对企业补助费用”“固定资产折旧费”“无形资产摊销费”“公共基础设施折旧（摊销）费”“保障性住房折旧费”“计提专用基金”等成本项目设置明细科目，归集能够直接计入业务活动或采用一定方法计算后计入业务活动的费用。

(二) 账务处理

业务活动费用的主要账务处理如下：

1. 为履职或开展业务活动人员计提并支付职工薪酬

为履职或开展业务活动人员计提的薪酬，按照计算确定的金额，借记本科目，贷记“应付职工薪酬”科目。

2. 为履职或开展业务活动发生的外部人员劳务费

为履职或开展业务活动发生的外部人员劳务费，按照计算确定的金额，借记本科目，按照代扣代缴个人所得税的金额，贷记“其他应交税费——应交个人所得税”科目，按照扣税后应付或实际支付的金额，贷记“其他应付款”“财政拨款收入”“银行存款”等科目（见表 11-1）。

表 11-1　业务活动费用账务处理（一）

业务和事项内容		财务会计	预算会计
为履职或开展业务活动人员计提并支付职工薪酬	计提时，按照计算的金额	借：业务活动费用 　贷：应付职工薪酬	—
	实际支付给职工并代扣个人所得税时	借：应付职工薪酬 　贷：财政拨款收入/银行存款等 　　　其他应交税费——应交个人所得税	借：行政支出/事业支出 　贷：财政拨款预算收入/资金结存
	实际缴纳税款时	借：其他应交税费——应交个人所得税 　贷：银行存款等	借：行政支出/事业支出 　贷：资金结存等
为履职或开展业务活动发生的外部人员劳务费	计提时，按照计算的金额	借：业务活动费用 　贷：其他应付款	—
	实际支付并代扣个人所得税时	借：其他应付款 　贷：财政拨款收入/银行存款等 　　　其他应交税费——应交个人所得税	借：行政支出/事业支出 　贷：财政拨款预算收入/资金结存
	实际缴纳税款时	借：其他应交税费——应交个人所得税 　贷：银行存款等	借：行政支出/事业支出 　贷：资金结存等

［例 11-1］某事业单位为开展专业业务活动人员计提当月薪酬 580 000 元，应代扣个人所得税 15 500 元；为外部聘任人员支付当月劳务费 12 000 元，应代扣外聘人员个人所得税 860 元。数日后，将代扣个人所得税后的职工薪酬与劳务费通过国库集中支付方式转入个人银行账户。其会计分录如下：

（1）在计提职工薪酬与劳务费时

财务会计：

借：业务活动费用	592 000	
贷：应付职工薪酬		580 000
其他应付款		12 000

（2）在代扣个人所得税时

财务会计：

借：应付职工薪酬	15 500	
其他应付款	860	
贷：其他应交税费——应交个人所得税		16 360

（3）支付税后职工薪酬和劳务费时

财务会计：

借：应付职工薪酬	564 500	
其他应付款	11 140	
贷：财政拨款收入		575 640

预算会计：

借：事业支出	575 640	
贷：财政拨款预算收入		575 640

3. 为履职或开展业务活动发生的预付款项

为履职或开展业务活动发生预付款项，支付款项时，借记“预付账款”科目，贷记“财政拨款收入”“银行存款”等科目；结算时，借记本科目，贷记“预付账款”等科目。

发生暂付款项，支付款项时，借记“其他应收款”科目，贷记“银行存款”等科目；结算或报销时，借记本科目，贷记“其他应收款”科目（见表 11-2）。

表 11-2 业务活动费用账务处理（二）

业务和事项内容			财务会计	预算会计
为履职或开展业务活动发生的预付款项	预付账款	支付款项时	借：预付账款 贷：财政拨款收入/银行存款等	借：行政支出/事业支出 贷：财政拨款预算收入/资金结存
		结算时	借：业务活动费用 贷：预付账款 财政拨款收入/银行存款等	借：行政支出/事业支出 贷：财政拨款预算收入/资金结存

续表

业务和事项内容			财务会计	预算会计
为履职或开展业务活动发生的预付款项	暂付款项	支付款项时	借：其他应收款 　贷：银行存款等	—
		结算或报销时	借：业务活动费用 　贷：其他应收款	借：行政支出/事业支出 　贷：资金结存等

［例 11-2］某事业单位因开展专业业务活动的需要，在某一政府采购指定宾馆举办一场大型学术会议，合约价为 500 000 元。根据合同要求，前期支付 30%的款项；等会议结束后，再支付剩余的 70%。现会议已结束，款项分前后两次通过国库集中支付方式支付并完成结算。其会计分录如下：

(1) 前期支付 30%的款项时

财务会计：

借：预付账款　　150 000

　贷：财政拨款收入　　150 000

预算会计：

借：事业支出　　150 000

　贷：财政拨款预算收入　　150 000

(2) 会议结束后，最终完成结算时

财务会计：

借：业务活动费用　　500 000

　贷：财政拨款收入　　350 000

　　　预付账款　　150 000

预算会计：

借：事业支出　　350 000

　贷：财政拨款预算收入　　350 000

4. 为履职或开展业务活动领用库存物品或动用发出相关政府储备物资

为履职或开展业务活动领用库存物品，以及动用发出相关政府储备物资，按照领用库存物品或发出相关政府储备物资的账面余额，借记本科目，贷记“库存物品”“政府储备物资”科目（见表 11-3）。

表 11-3　业务活动费用账务处理（三）

业务和事项内容		财务会计	预算会计
为履职或开展业务活动领用库存物品或动用发出相关政府储备物资	按照领用库存物品和政府储备物资的成本	借：业务活动费用 　贷：库存物品/政府储备物资等	—

［例 11-3］某行政单位因履职的需要，从仓库中领用办公用品一批，价值 50 000 元。其会计分录如下：

财务会计：

借：业务活动费用 50 000

贷：库存物品 50 000

[例 11-4] 某负责政府储备物资管理的行政单位因救灾的需要，紧急发出不需要收回的政府储备物资一批，价值 8 000 000 元。其会计分录如下：

财务会计：

借：业务活动费用 8 000 000

贷：政府储备物资 8 000 000

5. 为履职或开展业务活动计提的折旧、摊销

为履职或开展业务活动所使用的固定资产、无形资产以及为所控制的公共基础设施、保障性住房计提的折旧、摊销，按照计提金额，借记本科目，贷记“固定资产累计折旧”“无形资产累计摊销”“公共基础设施累计折旧（摊销）”“保障性住房累计折旧”科目（见表 11-4）。

表 11-4 业务活动费用账务处理（四）

业务和事项内容		财务会计	预算会计
为履职或开展业务活动计提的固定资产、无形资产、公共基础设施、保障性住房的折旧（摊销）	按照计提的折旧、摊销额	借：业务活动费用 贷：固定资产累计折旧/无形资产累计摊销/公共基础设施累计折旧（摊销）/保障性住房累计折旧	—

[例 11-5] 根据相关凭证，某行政单位当月共计提固定资产折旧 150 000 元，无形资产摊销 35 000 元。其会计分录如下：

财务会计：

借：业务活动费用 185 000

贷：固定资产累计折旧 150 000

无形资产累计摊销 35 000

6. 为履职或开展业务活动发生应负担的税金及附加

为履职或开展业务活动发生的城市维护建设税、教育费附加、地方教育费附加、车船税、房产税、城镇土地使用税等，按照计算确定应交纳的金额，借记本科目，贷记“其他应交税费”等科目（见表 11-5）。

表 11-5 业务活动费用账务处理（五）

业务和事项内容		财务会计	预算会计
为履职或开展业务活动发生应负担的税金及附加	确认其他应交税费时	借：业务活动费用 贷：其他应交税费等	—
	支付其他应交税费时	借：其他应交税费等 贷：银行存款等	借：行政支出/事业支出 贷：资金结存等

[例 11-6] 某事业单位在开展专业业务活动过程中，发生车船税等其他各项税费共

计 3 000 元，税款通过银行存款支付。其会计分录如下：

财务会计：

借：业务活动费用　　3 000

　贷：其他应交税费　　3 000

借：其他应交税费　　3 000

　贷：银行存款　　3 000

预算会计：

借：事业支出　　3 000

　贷：资金结存——货币资金　　3 000

7. 为履职或开展业务活动发生其他各项费用

为履职或开展业务活动发生其他各项费用时，按照费用确认金额，借记本科目，贷记"财政拨款收入""银行存款""应付账款""其他应付款""其他应收款"等科目（见表 11－6）。

表 11－6　业务活动费用账务处理（六）

业务和事项内容	财务会计	预算会计
为履职或开展业务活动发生其他各项费用	借：业务活动费用 　贷：财政拨款收入/银行存款/应付账款/其他应付款/其他应收款等	借：行政支出/事业支出 　贷：财政拨款预算收入/资金结存

［例 11－7］某行政单位当月向物业服务公司支付物业服务费 10 000 元，款项通过国库集中支付方式支付。其会计分录如下：

财务会计：

借：业务活动费用　　10 000

　贷：财政拨款收入　　10 000

预算会计：

借：行政支出　　10 000

　贷：财政拨款预算收入　　10 000

8. 计提专用基金

按照规定从收入中提取专用基金并计入费用的，一般按照预算会计下基于预算收入计算提取的金额，借记本科目，贷记"专用基金"科目。国家另有规定的，从其规定（见表 11－7）。

表 11－7　业务活动费用账务处理（七）

业务和事项内容		财务会计	预算会计
计提专用基金	从收入中按照一定比例提取基金并计入费用	借：业务活动费用 　贷：专用基金	—

［例 11－8］某事业单位按照规定从事业收入中提取专用基金 18 000 元，并将提取的专用基金计入业务活动费用。其会计分录如下：

财务会计：

借：业务活动费用　　18 000

贷：专用基金　　　　　　　　　　　　　　　　　　　　18 000

9. 发生当年购货退回等业务

发生当年购货退回等业务，对于已计入本年业务活动费用的，按照收回或应收的金额，借记“财政拨款收入”“银行存款”“其他应收款”等科目，贷记本科目（见表11-8）。

表11-8　业务活动费用账务处理（八）

业务和事项内容		财务会计	预算会计
购货退回等	当年发生的	借：财政拨款收入/银行存款/其他应收款等 贷：库存物品/业务活动费用	借：财政拨款预算收入/资金结存 贷：行政支出/事业支出

［**例11-9**］某事业单位因质量问题退回一批当年购入的办公用品1 000元，该批办公用品在购入时已计入本年业务活动费用，退款已收到并存入银行账户。其会计分录如下：

财务会计：

借：银行存款　　　　　　　　　　　　　　　　　　1 000

贷：业务活动费用　　　　　　　　　　　　　　　　　1 000

预算会计：

借：资金结存——货币资金　　　　　　　　　　　　1 000

贷：事业支出　　　　　　　　　　　　　　　　　　　1 000

10. 期末/年末结转

期末，将本科目本期发生额转入本期盈余，借记“本期盈余”科目，贷记本科目（见表11-9）。

表11-9　业务活动费用账务处理（九）

业务和事项内容	财务会计	预算会计
期末/年末结转	借：本期盈余 贷：业务活动费用	借：财政拨款结转——本年收支结转 非财政拨款结转——本年收支结转 其他结余 贷：行政支出/事业支出

［**例11-10**］年末，某事业单位“业务活动费用”科目的本年发生额为85 000 000元，该事业单位全数将其转入“本期盈余”科目（为简化起见，暂不考虑预算会计业务，相关案例详见第六章）。其会计分录如下：

财务会计：

借：本期盈余　　　　　　　　　　　　　　　85 000 000

贷：业务活动费用　　　　　　　　　　　　　　85 000 000

二、资产处置费用

资产处置费用是指行政事业单位经批准处置资产时发生的费用，包括转销的被处置资产价值，以及在处置过程中发生的相关费用或者处置收入小于相关费用形成的净支出。资产处置的形式包括无偿调拨、出售、出让、转让、置换、对外捐赠、报废、毁损以及货币性资产损失核销等。

（一）科目设置

为核算资产处置费用业务，行政事业单位应当设置“资产处置费用”总账科目。本科目应当按照处置资产的类别、资产处置的形式等进行明细核算。

单位在资产清查中查明的资产盘亏、毁损以及资产报废等，应当先通过“待处理财产损溢”科目进行核算，再将处理资产价值和处理净支出计入本科目。短期投资、长期股权投资、长期债券投资的处置，按照相关资产科目的规定进行账务处理。期末结转后，本科目应无余额。

（二）账务处理

资产处置费用的主要账务处理如下：

1. 不通过“待处理财产损溢”科目核算的资产处置

（1）按照规定报经批准处置资产时，按照处置资产的账面价值，借记本科目［处置固定资产、无形资产、公共基础设施、保障性住房的，还应借记“固定资产累计折旧”“无形资产累计摊销”“公共基础设施累计折旧（摊销）”“保障性住房累计折旧”科目］，按照处置资产的账面余额，贷记“库存物品”“固定资产”“无形资产”“公共基础设施”“政府储备物资”“文物文化资产”“保障性住房”“在建工程”“其他应收款”等科目。

（2）处置资产过程中仅发生相关费用的，按照实际发生金额，借记本科目，贷记“银行存款”“库存现金”等科目。

（3）处置资产过程中取得收入的，按照取得的价款，借记“库存现金”“银行存款”等科目，按照处置资产过程中发生的相关费用，贷记“银行存款”“库存现金”等科目，按照其差额，借记本科目或贷记“应缴财政款”等科目（见表 11－10）。

涉及增值税业务的，相关账务处理参见“应交增值税”科目。

表 11－10　资产处置费用账务处理（一）

业务和事项内容		财务会计	预算会计
不通过“待处理财产损溢”科目核算的资产处置	转销被处置资产账面价值	借：资产处置费用 　　固定资产累计折旧/无形资产累计摊销/公共基础设施累计折旧（摊销）/保障性住房累计折旧 　贷：库存物品/固定资产/无形资产/公共基础设施/政府储备物资/文物文化资产/保障性住房/在建工程/其他应收款等	—
	处置资产过程中仅发生相关费用的	借：资产处置费用 　贷：银行存款/库存现金等	借：其他支出 　贷：资金结存

续表

业务和事项内容		财务会计	预算会计
不通过“待处理财产损溢”科目核算的资产处置	处置资产过程中取得收入的	借：库存现金/银行存款等 　贷：银行存款/库存现金等 　　　应缴财政款等	—

［例 11-11］某行政单位按照规定报经批准出售固定资产一项。该项固定资产的账面余额为 50 000 元，已提折旧为 35 000 元。在出售过程中，取得出售收入 13 000 元，款项已存入银行。处置净收入需上缴财政。其会计分录如下：

财务会计：

借：资产处置费用　　15 000
　　固定资产累计折旧　　35 000
　贷：固定资产　　50 000
借：银行存款　　13 000
　贷：应缴财政款　　13 000

2. 通过“待处理财产损溢”科目核算的资产处置

（1）单位账款核对中发现的现金短缺，属于无法查明原因的，报经批准核销时，借记本科目，贷记“待处理财产损溢”科目。

（2）单位资产清查过程中盘亏或者毁损、报废的存货、固定资产、无形资产、公共基础设施、政府储备物资、文物文化资产、保障性住房等，报经批准处理时，按照处理资产价值，借记本科目，贷记“待处理财产损溢——待处理财产价值”科目。处理收支结清时，处理过程中所取得收入小于所发生相关费用的，按照相关费用减去处理收入后的净支出，借记本科目，贷记“待处理财产损溢——处理净收入”科目（见表 11-11）。

表 11-11　资产处置费用账务处理（二）

业务和事项内容			财务会计	预算会计
通过“待处理财产损溢”科目核算的资产处置	账款核对中发现的现金短缺，无法查明原因的，报经批准核销时		借：资产处置费用 　贷：待处理财产损溢	—
	盘亏、毁损、报废的资产	经批准处理时	借：资产处置费用 　贷：待处理财产损溢——待处理财产价值	—
		处理过程中所发生的费用大于所取得收入的	借：资产处置费用 　贷：待处理财产损溢——处理净收入	借：其他支出 　贷：资金结存

［例 11-12］某事业单位在资产清查过程中发现一台已毁损的设备。报经批准后，将已毁损的设备转入资产处置费用，该设备的账面余额为 80 000 元，已提折旧为 55 000 元。在清理该设备的过程中发生相关费用 2 000 元，款项以银行存款支付。其会计分录如下：

财务会计：

借：资产处置费用 25 000

贷：待处理财产损溢——待处理财产价值 25 000

借：待处理财产损溢——处理净收入 2 000

贷：银行存款 2 000

借：资产处置费用 2 000

贷：待处理财产损溢——处理净收入 2000

预算会计：

借：其他支出 2 000

贷：资金结存——货币资金 2 000

3. 期末结转

期末，将本科目本期发生额转入本期盈余，借记“本期盈余”科目，贷记本科目（见表 11－12）。

表 11－12 资产处置费用账务处理（三）

业务和事项内容	财务会计	预算会计
期末结转	借：本期盈余 贷：资产处置费用	—

［**例 11－13**］年末，某事业单位“资产处置费用”科目的本年发生额为 35 000 元，该事业单位将其全数转入“本期盈余”科目。其会计分录如下：

财务会计：

借：本期盈余 35 000

贷：资产处置费用 35 000

三、其他费用

其他费用是指行政事业单位发生的除业务活动费用、单位管理费用、经营费用、资产处置费用、上缴上级费用、附属单位补助费用、所得税费用以外的各项费用，包括利息费用、坏账损失、罚没支出、现金资产捐赠支出以及相关税费、运输费等。

（一）科目设置

为核算其他费用业务，行政事业单位应设置“其他费用”总账科目。本科目应当按照其他费用的类别等进行明细核算。单位发生的利息费用较多的，可以单独设置“5701 利息费用”科目。期末结转后，本科目应无余额。

（二）账务处理

其他费用的主要账务处理如下：

1. 利息费用

按期计算确定借款利息费用时，按照计算确定的金额，借记“在建工程”科目或本科目，贷记“应付利息”“长期借款——应计利息”科目（见表11-13）。

表11-13　其他费用账务处理（一）

业务和事项内容		财务会计	预算会计
利息费用	计算确定借款利息费用时	借：其他费用/在建工程 　贷：应付利息/长期借款——应计利息	—
	实际支付利息时	借：应付利息等 　贷：银行存款等	借：其他支出 　贷：资金结存——货币资金

［**例11-14**］经批准，某事业单位为保障单位基本建设项目的资金需要，向商业银行借入一笔10年期到期还本每年付息的借款50 000 000元，借款利率为4%。该基本建设项目的建设周期为3年，3年后顺利竣工。其会计分录如下：

（1）在工程建设期间，计提每年应付利息时

财务会计：

借：在建工程　　2 000 000

　贷：应付利息　　2 000 000

（2）在工程完工之后，每年计提应付利息时

财务会计：

借：其他费用　　2 000 000

　贷：应付利息　　2 000 000

（3）每年实际支付利息时

财务会计：

借：应付利息　　2 000 000

　贷：银行存款　　2 000 000

预算会计：

借：其他支出　　2 000 000

　贷：资金结存——货币资金　　2 000 000

2. 坏账损失

年末，事业单位按照规定对收回后不需上缴财政的应收账款和其他应收款计提坏账准备时，按照计提金额，借记本科目，贷记“坏账准备”科目；冲减多提的坏账准备时，按照冲减金额，借记“坏账准备”科目，贷记本科目（见表11-14）。

表11-14　其他费用账务处理（二）

业务和事项内容		财务会计	预算会计
坏账损失	按照规定对应收账款和其他应收款计提坏账准备时	借：其他费用 　贷：坏账准备	—
	冲减多提的坏账准备时	借：坏账准备 　贷：其他费用	—

［**例11-15**］某事业单位按照规定对收回后不需上缴财政的应收账款计提坏账准备

6 700 元。其会计分录如下：

财务会计：

借：其他费用　　6 700

　贷：坏账准备　　6 700

3. 罚没支出

单位发生罚没支出的，按照实际缴纳或应当缴纳的金额，借记本科目，贷记“银行存款”“库存现金”“其他应付款”等科目。

4. 现金资产对外捐赠

单位对外捐赠现金资产的，按照实际捐赠的金额，借记本科目，贷记“银行存款”“库存现金”等科目。

5. 其他相关费用

单位接受捐赠（或无偿调入）以名义金额计量的存货、固定资产、无形资产，以及成本无法可靠取得的公共基础设施、文物文化资产等发生的相关税费、运输费等，按照实际支付的金额，借记本科目，贷记“财政拨款收入”“银行存款”“库存现金”等科目。

单位发生的与受托代理资产相关的税费、运输费、保管费等，按照实际支付或应付的金额，借记本科目，贷记“银行存款”“库存现金”“其他应付款”等科目（见表 11－15）。

表 11－15　其他费用账务处理（三）

业务和事项内容		财务会计	预算会计
罚没支出	按照实际发生金额	借：其他费用 　贷：银行存款/库存现金/其他应付款	借：其他支出 　贷：资金结存
现金资产对外捐赠	按照实际捐赠的金额	借：其他费用 　贷：银行存款/库存现金等	借：其他支出 　贷：资金结存
其他相关费用		借：其他费用 　贷：银行存款等	借：其他支出 　贷：资金结存

[例 11－16] 为支援某地区的灾后重建，某事业单位向该地区捐赠 100 000 元，款项已通过银行存款支付。其会计分录为：

财务会计：

借：其他费用　　100 000

　贷：银行存款　　100 000

预算会计：

借：其他支出　　100 000

　贷：资金结存——货币资金　　100 000

[例 11－17] 某事业单位接收上级主管部门无偿调入的一项以名义金额计量的固定资产。调拨过程中发生归属该事业单位的运输费等相关费用 1 000 元，款项以银行存款支付。其会计分录为：

财务会计：

借：固定资产　　1

　贷：无偿调拨净资产　　1

借：其他费用　　1 000

　贷：银行存款　　1 000

预算会计：

借：其他支出　　1 000

　贷：资金结存——货币资金　　1 000

6. 期末/年末结转

期末，将本科目本期发生额转入本期盈余，借记“本期盈余”科目，贷记本科目（见表11-16）。

表11-16　其他费用账务处理（四）

业务和事项内容	财务会计	预算会计
期末/年末结转	借：本期盈余 　贷：其他费用	借：财政拨款结转——本年收支结转 　　非财政拨款结转——本年收支结转 　　其他结余 　贷：其他支出

[**例11-18**] 年末，某事业单位“其他费用”科目的本年发生额为5 000元，该事业单位将其全数转入“本期盈余”科目。同时，“其他支出”科目的本年发生额为3 500元，其中：非财政专项资金明细科目的本年发生额为1 500元，将其转入“非财政拨款结转——本年收支结转”科目；非财政非专项资金明细科目的本年发生额为2 000元，将其转入“其他结余”科目。其会计分录如下：

财务会计：

借：本期盈余　　5 000

　贷：其他费用　　5 000

预算会计：

借：其他结余　　2 000

　　非财政拨款结转——本年收支结转　　1 500

　贷：其他支出　　3 500

授课视频：请访问中国大学MOOC→政府会计实务/周克清等→第十一章第二节行政事业单位共有的费用

第三节　事业单位专有的费用

事业单位专有的费用类别包括单位管理费用、经营费用、上缴上级费用、对附属单位补助费用和所得税费用。

一、单位管理费用

单位管理费用是指事业单位本级行政及后勤部门开展管理活动发生的各项费用，包括单位行政及后勤管理部门发生的人员经费、公用经费、资产折旧（摊销）等费用，以及由单位统一负担的离退休人员经费、工会经费、诉讼费、中介费等。

（一）科目设置

为核算单位管理费用业务，事业单位应设置“单位管理费用”总账科目。本科目应当按照项目、费用类别、支付对象等进行明细核算。为了满足成本核算需要，本科目下还可按照“工资福利费用”“商品和服务费用”“对个人和家庭的补助费用”“固定资产折旧费”“无形资产摊销费”等成本项目设置明细科目，归集能够直接计入单位管理活动或采用一定方法计算后计入单位管理活动的费用。期末结转后，本科目应无余额。

（二）账务处理

单位管理费用的主要账务处理如下：

1. 为管理活动人员计提并支付职工薪酬

为管理活动人员计提薪酬，按照计算确定的金额，借记本科目，贷记“应付职工薪酬”科目。支付管理人员薪酬时，借记“应付职工薪酬”科目，贷记“银行存款”等科目。

2. 为开展管理活动发生的外部人员劳务费

为开展管理活动发生的外部人员劳务费，按照计算确定的费用金额，借记本科目，按照代扣代缴个人所得税的金额，贷记“其他应交税费——应交个人所得税”科目，按照扣税后应付或实际支付的金额，贷记“其他应付款”“财政拨款收入”“银行存款”等科目（见表11-17）。

表11-17 单位管理费用账务处理（一）

业务和事项内容		财务会计	预算会计
管理活动人员职工薪酬	计提时，按照计算的金额	借：单位管理费用 贷：应付职工薪酬	—
	实际支付给职工并代扣个人所得税时	借：应付职工薪酬 贷：财政拨款收入/银行存款等 其他应交税费——应交个人所得税	借：事业支出 贷：财政拨款预算收入/资金结存
	实际缴纳税款时	借：其他应交税费——应交个人所得税 贷：银行存款等	借：事业支出 贷：资金结存等
为开展管理活动发生的外部人员劳务费	计提时，按照计算的金额	借：单位管理费用 贷：其他应付款	—
	实际支付并代扣个人所得税时	借：其他应付款 贷：财政拨款收入/银行存款等 其他应交税费——应交个人所得税	借：事业支出 贷：财政拨款预算收入/资金结存
	实际支付税款时	借：其他应交税费——应交个人所得税 贷：银行存款等	借：事业支出 贷：资金结存等

［例11-19］某事业单位为管理活动人员计提当月职工薪酬250 000元，应代扣个人所得税15 000元；为开展管理活动的外聘人员计提劳务费12 000元，应代扣个人所得税

1 060 元。数日后，通过国库集中支付方式将税后的职工薪酬和劳务费支付到个人银行账户。其会计分录如下：

(1) 计提时

财务会计：

借：单位管理费用 262 000

贷：应付职工薪酬 250 000

其他应付款 12 000

借：应付职工薪酬 15 000

其他应付款 1 060

贷：其他应交税费——应交个人所得税 16 060

(2) 发放税后工资和劳务费时

财务会计：

借：应付职工薪酬 235 000

其他应付款 10 940

贷：财政拨款收入 245 940

预算会计：

借：事业支出 245 940

贷：财政拨款预算收入 245 940

3. 开展管理活动发生的预付款项

开展管理活动发生预付款项，支付款项时，借记“预付账款”科目，贷记“财政拨款收入”“银行存款”等科目；结算时，借记本科目，贷记“预付账款”科目。

发生暂付款项，支付款项时，借记“其他应收款”科目，贷记“银行存款”等科目；结算或报销时，借记本科目，贷记“其他应收款”科目（见表 11－18)。

表 11－18 单位管理费用账务处理（二）

业务和事项内容			财务会计	预算会计
开展管理活动发生的预付款项	预付账款	支付款项时	借：预付账款 贷：财政拨款收入/银行存款等	借：事业支出 贷：财政拨款预算收入/资金结存
		结算时	借：单位管理费用 贷：预付账款 财政拨款收入/银行存款等	借：事业支出 贷：财政拨款预算收入/资金结存
	暂付款项	支付款项时	借：其他应收款 贷：银行存款等	—
		结算或报销时	借：单位管理费用 贷：其他应收款	借：事业支出 贷：资金结存等

［例 11－20］某事业单位职工李甲因开展管理活动需要，预借差旅费 5 000 元。出差回来后，报销实际发生的交通费、住宿费等费用 4 650 元，剩余款项以现金形式退回。其会计分录如下：

（1）预借时

财务会计：

借：其他应收款　　5 000

　贷：库存现金　　5 000

（2）报销时

财务会计：

借：单位管理费用　　4 650

　　库存现金　　350

　贷：其他应收款　　5 000

预算会计：

借：事业支出　　4 650

　贷：资金结存——货币资金　　4 650

4. 开展管理活动内部领用库存物品

开展管理活动内部领用库存物品，按照领用物品实际成本，借记本科目，贷记“库存物品”科目。

5. 为管理活动所使用固定资产、无形资产计提的折旧、摊销

为管理活动所使用固定资产、无形资产计提的折旧、摊销，按照应提折旧、摊销额，借记本科目，贷记“固定资产累计折旧”“无形资产累计摊销”科目（见表 11－19）。

表 11－19　单位管理费用账务处理（三）

业务和事项内容		财务会计	预算会计
开展管理活动内部领用库存物品	按照库存物品的成本	借：单位管理费用 　贷：库存物品	—
管理活动计提的固定资产、无形资产、公共基础设施、保障性住房的折旧（摊销）	按照计提的折旧、摊销额	借：单位管理费用 　贷：固定资产累计折旧/无形资产累计摊销/公共基础设施累计折旧（摊销）/保障性住房累计折旧	—

［例 11－21］ 某事业单位因开展管理活动需要领用库存物品 50 000 元。同时，相关凭证表明因管理活动计提固定资产折旧 13 500 元，计提无形资产摊销 4 500 元。其会计分录如下：

财务会计：

借：单位管理费用　　68 000

　贷：库存物品　　50 000

　　　固定资产累计折旧　　13 500

　　　无形资产累计摊销　　4 500

6. 开展管理活动发生应负担的税金及附加

为开展管理活动发生城市维护建设税、教育费附加、地方教育费附加、车船税、房产税、城镇土地使用税等，按照计算确定应交纳的金额，借记本科目，贷记“其他应交税费”等科目（见表11－20）。

表11－20　单位管理费用账务处理（四）

业务和事项内容		财务会计	预算会计
开展管理活动发生应负担的税金及附加时	按照计算确定应交纳的金额	借：单位管理费用 　贷：其他应交税费	
	实际交纳时	借：其他应交税费 　贷：银行存款等	借：事业支出 　贷：资金结存等

［例11－22］某事业单位在开展管理活动中发生车船税等其他各项税费共计1 500元，税款通过银行存款支付。其会计分录如下：

财务会计：

借：单位管理费用　　1 500

　贷：其他应交税费　　1 500

借：其他应交税费　　1 500

　贷：银行存款　　1 500

预算会计：

借：事业支出　　1 500

　贷：资金结存——货币资金　　1 500

7. 发生的其他与管理活动相关的各项费用

为开展管理活动发生的其他各项费用，按照费用确认金额，借记本科目，贷记“财政拨款收入”“银行存款”“其他应付款”“其他应收款”等科目（见表11－21）。

表11－21　单位管理费用账务处理（五）

业务和事项内容	财务会计	预算会计
发生的其他与管理活动相关的各项费用	借：单位管理费用 　贷：财政拨款收入/银行存款/其他应付款/其他应收款等	借：事业支出 　贷：财政拨款预算收入/资金结存

［例11－23］某事业单位因开展管理活动发生培训费25 000元，款项以银行存款支付。其会计分录如下：

财务会计：

借：单位管理费用　　25 000

　贷：银行存款　　25 000

预算会计：

借：事业支出　　25 000

　贷：资金结存——货币资金　　25 000

8. 发生当年购货退回等业务

发生当年购货退回等业务，对于已计入本年单位管理费用的，按照收回或应收的金额，借记“财政拨款收入”“银行存款”“其他应收款”等科目，贷记本科目（见表11－22）。

表 11－22　单位管理费用账务处理（六）

业务和事项内容		财务会计	预算会计
购货退回等	当年发生的	借：财政拨款收入/银行存款/其他应收款等 贷：库存物品/单位管理费用等	借：财政拨款预算收入/资金结存 贷：事业支出

［例 11－24］某事业单位因质量问题退回一批当年购入的办公用品 1 000 元，该批办公用品在购入时已计入本年单位管理费用，退款已收到并存入银行账户。其会计分录如下：

财务会计：

借：银行存款　　1 000

贷：单位管理费用　　1 000

预算会计：

借：资金结存——货币资金　　1 000

贷：事业支出　　1 000

9. 期末/年末结转

期末，将本科目本期发生额转入本期盈余，借记“本期盈余”科目，贷记本科目（见表 11－23）。

表 11－23　单位管理费用账务处理（七）

业务和事项内容	财务会计	预算会计
期末/年末结转	借：本期盈余 贷：单位管理费用	借：财政拨款结转——本年收支结转 非财政拨款结转——本年收支结转 其他结余 贷：事业支出

［例 11－25］年末，某事业单位“单位管理费用”科目的本年发生额为 500 000 元，该事业单位将其全数转入“本期盈余”科目。（为了简便起见，本题暂不考虑预算会计的核算。）其会计分录如下：

财务会计：

借：本期盈余　　500 000

贷：单位管理费用　　500 000

二、经营费用

经营费用是指事业单位在专业业务活动及其辅助活动之外开展非独立核算经营活动发生的各项费用。

（一）科目设置

为核算经营费用业务，事业单位应设置“经营费用”总账科目。本科目应当按照经营活动类别、项目、支付对象等进行明细核算。

为了满足成本核算需要，本科目下还可按照“工资福利费用”“商品和服务费用”“对个人和家庭的补助费用”“固定资产折旧费”“无形资产摊销费”等成本项目设置明细科目，归集能够直接计入单位经营活动或采用一定方法计算后计入单位经营活动的费用。期末结转后，本科目应无余额。

（二）账务处理

经营费用的主要账务处理如下：

1. 为经营活动人员支付职工薪酬

为经营活动人员计提的薪酬，按照计算确定的金额，借记本科目，贷记“应付职工薪酬”科目（见表 11－24）。

表 11－24　经营费用账务处理（一）

业务和事项内容		财务会计	预算会计
为经营活动人员支付职工薪酬	计提时，按照计算的金额	借：经营费用 　贷：应付职工薪酬	—
	实际支付给职工时	借：应付职工薪酬 　贷：财政拨款收入/银行存款等 　　其他应交税费——应交个人所得税	借：经营支出 　贷：资金结存——货币资金
	实际支付税款时	借：其他应交税费——应交个人所得税 　贷：银行存款等	借：经营支出 　贷：资金结存——货币资金

［例 11－26］某事业单位为经营活动人员计提当月薪酬 55 000 元，应代扣个人所得税 3 500 元。数日后，以银行存款向上述人员支付税后薪酬。其会计分录如下：

（1）计提时

财务会计：

借：经营费用	55 000	
贷：应付职工薪酬		55 000
借：应付职工薪酬	3 500	
贷：其他应交税费——应交个人所得税		3 500

（2）发放税后工资和劳务费时

财务会计：

借：应付职工薪酬	51 500	
贷：银行存款		51 500

预算会计：

借：经营支出	51 500	

贷：资金结存——货币资金　　51 500

2. 开展经营活动内部领用材料或出售发出物品等

开展经营活动领用或发出库存物品，按照物品实际成本，借记本科目，贷记“库存物品”科目。

3. 经营活动用固定资产、无形资产计提的折旧、摊销

为经营活动所使用固定资产、无形资产计提的折旧、摊销，按照应提折旧、摊销额，借记本科目，贷记“固定资产累计折旧”“无形资产累计摊销”科目（见表11-25）。

表11-25　经营费用账务处理（二）

业务和事项内容		财务会计	预算会计
开展经营活动内部领用材料或出售发出物品等	按照实际成本	借：经营费用 　贷：库存物品	—
经营活动用固定资产、无形资产计提的折旧、摊销	按照计提的折旧、摊销额	借：经营费用 　贷：固定资产累计折旧/无形资产累计摊销	—

［例11-27］某事业单位为开展经营活动发出一批库存物品，该批库存物品的实际成本为50 000元；同时，该事业单位为经营活动所使用固定资产计提折旧13 000元。其会计分录如下：

财务会计：

借：经营费用　　63 000

　贷：库存物品　　50 000

　　固定资产累计折旧　　13 000

4. 开展经营活动发生的预付款项

开展经营活动发生预付款项，预付时，按照预付的金额，借记“预付账款”科目，贷记“银行存款”等科目；结算时，借记本科目，贷记“预付账款”等科目（见表11-26）。

表11-26　经营费用账务处理（三）

业务和事项内容		财务会计	预算会计
开展经营活动发生的预付款项	预付时，按照预付的金额	借：预付账款 　贷：银行存款等	借：经营支出 　贷：资金结存——货币资金
	结算时	借：经营费用 　贷：预付账款 　　银行存款等	借：经营支出 　贷：资金结存——货币资金

［例11-28］某事业单位为开展经营活动采购一项服务，预付给服务供应商100 000元，款项以银行存款支付。数周后，供应商按约提供相应服务。经结算，该服务的价款为135 000元（暂不考虑增值税业务），以银行存款补付相关款项。其会计分录如下：

（1）在预付时

财务会计：

借：预付账款　　100 000

贷：银行存款　　100 000

预算会计：

借：经营支出　　100 000

贷：资金结存——货币资金　　100 000

（2）结算时

财务会计：

借：经营费用　　135 000

贷：银行存款　　35 000

预付账款　　100 000

预算会计：

借：经营支出　　35 000

贷：资金结存——货币资金　　35 000

5. 开展经营活动发生应负担的税金及附加时

开展经营活动发生城市维护建设税、教育费附加、地方教育费附加、车船税、房产税、城镇土地使用税等，按照计算确定应交纳的金额，借记本科目，贷记“其他应交税费”等科目（见表 11－27）。

表 11－27　经营费用账务处理（四）

业务和事项内容		财务会计	预算会计
开展经营活动发生应负担的税金及附加时	按照计算确定的缴纳金额	借：经营费用 　贷：其他应交税费	—
	实际缴纳时	借：其他应交税费 　贷：银行存款等	借：经营支出 　贷：资金结存——货币资金

［例 11－29］某事业单位在开展非独立核算的经营中按照税法规定，发生应交城市维护建设税等其他各项税费共计 2 000 元。次月，以银行存款缴纳上月的其他应交税费。其会计分录如下：

（1）发生其他应交税费时

财务会计：

借：经营费用　　2 000

贷：其他应交税费　　2 000

（2）次月，交纳其他应交税费时

财务会计：

借：其他应交税费　　2 000

贷：银行存款　　2 000

预算会计：

借：经营支出　　2 000

贷：资金结存——货币资金　　2 000

6. 开展经营活动发生的其他各项费用

发生与经营活动相关的其他各项费用时，按照费用确认金额，借记本科目，贷记“银行存款”“其他应付款”“其他应收款”等科目。涉及增值税业务的，相关账务处理参见“应交增值税”科目（见表 11－28）。

表 11－28 经营费用账务处理（五）

业务和事项内容	财务会计	预算会计
开展经营活动发生的其他各项费用	借：经营费用 　贷：银行存款/其他应付款/其他应收款等	借：经营支出 　贷：资金结存——货币资金

［例 11－30］某事业单位为开展经营活动发生水电费 135 000 元，款项以银行存款支付。其会计分录如下：

财务会计：

借：经营费用　　135 000

　贷：银行存款　　135 000

预算会计：

借：经营支出　　135 000

　贷：资金结存——货币资金　　135 000

7. 发生当年购货退回等业务

发生当年购货退回等业务，对于已计入本年经营费用的，按照收回或应收的金额，借记“银行存款”“其他应收款”等科目，贷记本科目（见表 11－29）。

表 11－29 经营费用账务处理（六）

业务和事项内容		财务会计	预算会计
购货退回等	当年发生的	借：银行存款/其他应收款等 　贷：库存物品/经营费用等	借：资金结存——货币资金 　贷：经营支出

［例 11－31］某事业单位因质量问题退回一批当年购入的办公用品 1 000 元，该批办公用品在购入时已计入本年经营费用，退款已收到并存入银行账户。其会计分录如下：

财务会计：

借：银行存款　　1 000

　贷：经营费用　　1 000

预算会计：

借：资金结存——货币资金　　1 000

　贷：经营支出　　1 000

8. 计提专用基金

计提专用基金时，按照预算收入的一定比例计提并列入费用，借记本科目，贷记“专用基金”科目（见表 11－30）。

表 11-30　经营费用账务处理（七）

业务和事项内容		财务会计	预算会计
计提专用基金	按照预算收入的一定比例计提并列入费用	借：经营费用 　贷：专用基金	—

［例 11-32］某事业单位按照规定从经营收入中提取专用基金 38 000 元，并将提取的专用基金计入业务活动费用。其会计分录如下：

财务会计：

借：经营费用　　38 000

　贷：专用基金　　38 000

9. 期末/年末结转

期末，将本科目本期发生额转入本期盈余，借记“本期盈余”科目，贷记本科目（见表 11-31）。

表 11-31　经营费用账务处理（八）

业务和事项内容	财务会计	预算会计
期末/年末结转	借：本期盈余 　贷：经营费用	借：经营结余 　贷：经营支出

［例 11-33］年末，某事业单位“经营费用”科目的本年发生额为 125 000 元，该事业单位将其全数转入“本期盈余”科目。（为了简便起见，本题暂不考虑预算会计的核算。）其会计分录如下：

财务会计：

借：本期盈余　　125 000

　贷：经营费用　　125 000

三、上缴上级费用

上缴上级费用是事业单位按照财政部门和主管部门的规定上缴上级单位款项发生的费用。

（一）科目设置

为核算上缴上级费用业务，事业单位应当设置“上缴上级费用”总账科目。本科目应当按照收缴款项单位、缴款项目等进行明细核算。期末结转后，本科目应无余额。

（二）账务处理

上缴上级费用的主要账务处理如下（见表 11-32）：

1. 计算上缴金额及实际上缴

单位发生上缴上级支出的，按照实际上缴的金额或者按照规定计算出应当上缴上级单位的金额，借记本科目，贷记“银行存款”“其他应付款”等科目。

实际上缴应缴的金额时，借记“其他应付款”科目，贷记“银行存款”等科目。

2. **期末/年末结转**

期末，将本科目本期发生额转入本期盈余，借记“本期盈余”科目，贷记本科目。

表 11-32 上缴上级费用账务处理

业务和事项内容	财务会计	预算会计
按实际上缴的金额或按照规定应当上缴的金额	借：上缴上级费用 贷：银行存款/其他应付款等	借：上缴上级支出 贷：资金结存
实际上缴应缴的金额	借：其他应付款 贷：银行存款等	借：上缴上级支出 贷：资金结存
期末/年末结转	借：本期盈余 贷：上缴上级费用	借：其他结余 贷：上缴上级支出

［**例 11-34**］根据规定，某事业单位需向上级单位上缴款项 300 000 元，现已通过银行转账方式完成上缴。其会计分录如下：

财务会计：

借：上缴上级费用　　300 000

　贷：银行存款　　300 000

预算会计：

借：上缴上级支出　　300 000

　贷：资金结存——货币资金　　300 000

［**例 11-35**］年末，某事业单位“上缴上级费用”科目的本年发生额为 300 000 元，该事业单位将其全数转入“本期盈余”科目。（为了简便起见，本题暂不考虑预算会计的核算。）其会计分录如下：

财务会计：

借：本期盈余　　300 000

　贷：上缴上级费用　　300 000

四、对附属单位补助费用

对附属单位补助费用是指事业单位用财政拨款收入之外的收入对附属单位补助发生的费用。

（一）科目设置

为核算对附属单位补助费用，事业单位应设置“对附属单位补助费用”总账科目。本科目应当按照接受补助单位、补助项目等进行明细核算。期末结转后，本科目应无余额。

（二）账务处理

对附属单位补助费用的主要账务处理如下（见表 11-33）：

1. 计算补助金额及实际支出

单位发生对附属单位补助支出的，按照实际补助的金额或者按照规定计算出应当对附属单位补助的金额，借记本科目，贷记“银行存款”“其他应付款”等科目。

2. 期末/年末结转

期末，将本科目本期发生额转入本期盈余，借记“本期盈余”科目，贷记本科目。

表 11-33 对附属单位补助费用账务处理

业务和事项内容	财务会计	预算会计
按照实际补助的金额或者按照规定计算出应当补助的金额	借：对附属单位补助费用 贷：银行存款/其他应付款等	借：对附属单位补助支出 贷：资金结存
实际支出应补助的金额	借：其他应付款 贷：银行存款等	借：对附属单位补助支出 贷：资金结存
期末/年末结转	借：本期盈余 贷：对附属单位补助费用	借：其他结余 贷：对附属单位补助支出

[**例 11-36**] 某事业单位经研究决定，向其附属某单位（独立事业法人）补助 300 000 元，款项已通过银行存款转账。该单位编制会计分录如下：

财务会计：

借：对附属单位补助费用　　300 000

　贷：银行存款　　300 000

预算会计：

借：对附属单位补助支出　　300 000

　贷：资金结存——货币资金　　300 000

[**例 11-37**] 年末，某事业单位“对附属单位补助费用”科目的本年发生额为 300 000 元，该事业单位将其全数转入“本期盈余”科目。（为了简便起见，本题暂不考虑预算会计的核算。）其会计分录如下：

财务会计：

借：本期盈余　　300 000

　贷：对附属单位补助费用　　300 000

五、所得税费用

所得税费用是指有企业所得税缴纳义务的事业单位按规定缴纳企业所得税所形成的费用。

（一）科目设置

为核算所得税费用业务，事业单位应设置“所得税费用”总账科目。年末结转后，本科目应无余额。

(二) 账务处理

所得税费用的主要账务处理如下（见表 11 - 34）：

1. 计算应交税金数额及实际缴纳

发生企业所得税纳税义务的，按照税法规定计算的应交税金数额，借记本科目，贷记“其他应交税费——单位应交所得税”科目。

实际缴纳时，按照缴纳金额，借记“其他应交税费——单位应交所得税”科目，贷记“银行存款”等科目。

2. 年末结转

年末，将本科目本年发生额转入本期盈余，借记“本期盈余”科目，贷记本科目。

表 11 - 34　所得税费用账务处理

业务和事项内容		财务会计	预算会计
发生企业所得税纳税义务	按照税法规定计算应交税金数额	借：所得税费用 　贷：其他应交税费——单位应交所得税	—
	实际缴纳时	借：其他应交税费——单位应交所得税 　贷：银行存款等	借：非财政拨款结余——累计结余 　贷：资金结存——货币资金
年末结转		借：本期盈余 　贷：所得税费用	—

［**例 11 - 38**］某事业单位发生企业所得税纳税义务。按照税法规定，计算单位应交所得税额为 15 000 元，以银行存款缴纳税款。

（1）在计算应交所得税时

财务会计：

借：所得税费用　　15 000

　贷：其他应交税费——单位应交所得税　　15 000

（2）缴纳税款时

财务会计：

借：其他应交税费——单位应交所得税　　15 000

　贷：银行存款　　15 000

预算会计：

借：非财政拨款结余——累计结余　　15 000

　贷：资金结存——货币资金　　15 000

［**例 11 - 39**］年末，某事业单位“所得税费用”科目的本年发生额为 15 000 元，该事业单位将其全数转入“本期盈余”科目。（为了简便起见，本题暂不考虑预算会计的核算。）其会计分录如下：

财务会计：

借：本期盈余　　15 000

贷：所得税费用　　15 000

授课视频：请访问中国大学 MOOC→政府会计实务/周克清等→第十一章第三节事业单位专有的费用

思考题

1. 什么是行政事业单位的费用？行政事业单位的费用主要包括哪些种类？
2. 什么是业务活动费用？它与行政支出、事业支出有什么区别和联系？
3. 什么是资产处置费用？行政事业单位如何核算资产处置费用？
4. 什么是单位管理费用？它与业务活动费用如何区分？
5. 什么是经营费用？它与经营支出有什么区别和联系？
6. 什么是上缴上级费用和对附属单位补助费用？
7. 什么是所得税费用？事业单位如何核算所得税费用？

实训题

1. 某行政单位发生如下经济业务：

（1）为在职人员计提当月薪酬 680 000 元。

（2）计提外聘人员的劳务费 23 000 元。

（3）支付在职职工的差旅费 50 000 元，款项以银行存款支付。

（4）领用办公用品 4 000 元。

（5）计提固定资产折旧 350 000 元，计提无形资产摊销 330 000 元，计提公共基础设施折旧（摊销）450 000 000 元。

（6）在资产清查过程中，发现一台设备损毁，该设备账面余额为 600 000 元，已提折旧为 440 000 元。在清理损毁设备的过程中发生清理费等费用 1 000 元，款项以银行存款支付。现报经批准后予以核销。

（7）接受上级主管部门无偿调入的公共基础设施一项，相关凭证表明其价值为 40 000 000 元。在移交的过程中，发生归属于该行政单位的各项费用合计 20 000 元，款项以国库集中支付方式支付。

要求：根据上述经济业务编制相应的会计分录。

2. 某事业单位发生经济业务如下：

（1）为从事专业业务活动的在职职工计提当月薪酬 300 000 元。

（2）为从事行政管理及后勤活动的在职职工计提当月薪酬 150 000 元。

（3）为从事非独立核算的经营活动的在职职工计提当月薪酬 50 000 元。

（4）在开展专业业务活动过程中发生会议费支出 35 000 元，款项以国库集中支付方式支付。

（5）计提固定资产折旧 5 000 000 元，其中归属于专业业务活动的固定资产折旧 3 000 000 元，归属于行政管理及后勤活动的固定资产折旧 1 500 000 元，归属于非独立核算经营活动的固定资产折旧 500 000 元。

(6) 因行政管理及后勤活动的需要，领用办公用品 50 000 元。

(7) 在专业业务活动过程中，发生车船税等税费支出 5 000 元，款项以银行存款支付。

(8) 按规定，从事业收入中提取专用基金 8 000 元，并将提取的专用基金计入业务活动费用。

(9) 经批准，出售闲置的设备一台。该设备账面余额为 500 000 元，已提折旧为 330 000 元。在出售过程中，取得出售收入 100 000 元，款项存入银行；同时，发生税费支出 1 000 元，款项以银行存款支付。处置净收入需上缴财政。

(10) 向其他地区捐赠现金 100 000 元，款项以银行存款支付。

(11) 根据相关规定，应向上级单位上缴款项 45 000 元，但款项尚未支付。

(12) 为支持附属单位的发展，向附属单位补助 500 000 元，款项通过银行存款支付。

(13) 按税法规定，发生企业所得税纳税义务，计算单位应交所得税为 35 000 元。单位通过银行存款交纳该税款。

要求：根据上述经济业务编制相应的会计分录。

PART THREE

3

|第三篇|

财政总会计

第十二章

总会计的资产核算

本章学习目标：

1. 理解总会计中各项资产的基本概念
2. 知晓总会计中各项资产的核算范围
3. 掌握总会计中各项资产的核算方法

第一节　资产概述

一、资产的核算类别

总会计核算的资产具体包括财政存款、国库现金管理资产、有价证券、应收非税收入、应收股利、应收及暂付款项、借出款项、预拨经费、在途款、应收转贷款、股权投资等。

财政存款是指政府财政部门代表政府管理的国库存款和其他财政存款等。财政存款的支配权属于同级政府财政部门，并由总会计负责管理，统一在国库或选定的银行开立存款账户，统一收付，不得透支，不得提取现金。

国库现金管理资产是指政府财政在确保支付需要前提下，将暂时闲置的国库存款存放商业银行或者投资于货币市场形成的资产，包括国库现金管理商业银行定期存款以及国库现金管理其他资产。

有价证券是指政府财政按照有关规定取得并持有的有价证券。

应收非税收入是指政府财政应向缴款人收取但实际尚未缴入国库的非税收入款项。

应收股利是指政府因持有股权投资应当收取的现金股利或应当分得的利润。

应收及暂付款项是指政府财政业务活动中形成的债权，包括与下级往来和其他应收款等。应收及暂付款项应当及时清理结算，不得长期挂账。

借出款项是指政府财政按照对外借款管理有关规定借给预算单位临时急需，并按期收回的款项。借出款项仅限于政府财政对纳入本级预算管理的一级预算单位（不含企业）安排借款，不得经预算单位再转借企业。借款资金仅限于临时性资金周转或应对社会影响较大突发事件的临时急需垫款，借款期限不得超过一年，借款时应明确还款来源。

预拨经费是指政府财政在本级人民代表大会批准年度预算前，可以提前预拨已经列入年度预算的各部门基本支出、项目支出和对下级转移支付支出，以及法律规定必须履行支付义务的支出和用于自然灾害等突发事件处理的支出。除上述支出事项及财政部另有规定外，其他支出均不得提前预拨。预拨经费（不含预拨下年度预算资金）应在年终前转列费用或清理收回。

在途款是指报告清理期和库款报解整理期内发生的需要通过本科目过渡处理的属于上年度收入、费用等业务的款项。

应收转贷款是指政府财政将借入的资金转贷给下级政府财政的款项，包括应收地方政府债券转贷款、应收主权外债转贷款等。

股权投资是指政府持有的各类股权投资，包括国际金融组织股权投资、政府投资基金股权投资和企业股权投资等。

二、资产的核算基础

总会计核算的资产，应当按照取得或发生时的实际金额进行计量。

第二节　财政存款与国库现金管理资产

一、国库存款

国库存款是指政府财政存放在国库单一账户的款项。

(一) 科目设置

总会计应设置“国库存款”总账科目来核算国库增减变动情况。本科目期末借方余额反映政府财政国库存款的结存数。

(二) 账务处理

国库存款的主要账务处理如下（见表 12-1）：

(1) 国库存款增加时，按照实际收到的金额，在财务会计上，借记本科目，贷记有关科目。其中，如有涉及纳入本级政府财政预算管理的现金流的流入，在预算会计上，借记“资金结存——库款资金结存”科目，贷记有关预算收入科目。

(2) 国库存款减少时，按照实际支付的金额，在财务会计上，借记有关科目，贷记“国库存款”科目。其中，如有涉及纳入本级政府财政预算管理的现金流的流出，在预算会计上，借记有关支出科目，贷记“资金结存——库款资金结存”科目。

表 12－1　国库存款的账务处理

业务和会计事项	财务会计	预算会计
国库存款增加	借：国库存款 　贷：税收收入等	其中，涉及纳入本级政府财政预算管理的现金流的流入时 借：资金结存——库款资金结存 　贷：有关预算收入科目
国库存款减少	借：政府机关商品和服务费用等 　贷：国库存款	其中，涉及纳入本级政府财政预算管理的现金流的流出时 借：有关支出科目 　贷：资金结存——库款资金结存

［例 12－1］2023 年 1 月，某市财政部门根据发生的国库存款有关经济业务，总会计编制相关的会计分录。

（1）某日，收到国库报来的预算收入日报表等凭证，当日共收到财政预算收入 481 000 元。其中：一般公共预算管理的税收收入 300 000 元，一般公共预算管理的非税收入 56 000 元，政府性基金预算管理的非税收入 74 000 元，国有资本经营预算的非税收入 25 000 元，上级政府财政补助收入 26 000 元（备注：该项补助收入在拨付时暂未确定转移支付资金的性质和科目）。总会计编制会计分录如下：

财务会计：

借：国库存款	481 000	
贷：税收收入		300 000
非税收入		155 000
与上级往来		26 000

预算会计：

借：资金结存——库款资金结存	481 000	
贷：一般公共预算收入		356 000
政府性基金预算收入		74 000
国有资本经营预算收入		25 000
补助预算收入——上级调拨		26 000

（2）某日，根据收到的预算支出结算清单，当日发生一般公共预算支出 250 000 元，政府性基金预算支出 150 000 元，国有资本经营预算支出 110 000 元。相应的费用科目为“政府机关商品和服务拨款费用”100 000 元，“政府机关工资福利拨款费用”50 000 元，“对事业单位补助拨款费用”100 000 元，“对企业补助拨款费用”110 000 元，“资本性拨款费用”150 000 元。总会计编制会计分录如下：

财务会计：

借：政府机关商品和服务拨款费用	100 000
政府机关工资福利拨款费用	50 000
对事业单位补助拨款费用	100 000
对企业补助拨款费用	110 000

资本性拨款费用　　150 000
　贷：国库存款　　510 000
预算会计：
　借：一般公共预算支出　　250 000
　　政府性基金预算支出　　150 000
　　国有资本经营预算支出　　110 000
　贷：资金结存——库款资金结存　　510 000

二、其他财政存款

其他财政存款是指政府财政未列入“国库存款”科目反映的各项财政存款，包括未设国库的乡镇财政在专业银行的预算资金存款、由财政部指定存入专业银行的专用基金存款、经批准开设的特设账户存款、未纳入预算并实行财政专户管理的资金存款等。

（一）科目设置

为核算政府财政未列入“国库存款”科目反映的各项财政存款，总会计应设置“其他财政存款”总账科目，并按照存款资金的性质和存款银行等进行明细核算。本科目期末借方余额反映政府财政持有的其他财政存款。

（二）账务处理

其他财政存款的主要账务处理如下（见表12-2）：

（1）财政专户收到款项时，按照实际收到的金额，借记本科目，贷记有关科目。其中，涉及纳入本级政府财政预算管理的现金流的流入，借记有关预算收入科目，贷记“资金结存——专户资金结存”科目。

（2）其他财政存款产生的利息收入，除规定作为专户资金收入外，其他利息收入都应缴入国库。取得其他财政存款利息收入时，按照实际获得的利息金额，根据以下情况分别处理：

1）按规定作为专户资金收入的，在财务会计上，借记本科目，贷记“应付代管资金”或有关收入科目。在预算会计上，借记“资金结存——专户资金结存”科目，贷记有关预算收入科目。

2）按规定应缴入国库的，在财务会计上，借记本科目，贷记“其他应付款”科目。

3）将其他财政存款利息收入缴入国库时，在财务会计上，借记“其他应付款”科目，贷记“其他财政存款”科目；同时，借记“国库存款”科目，贷记“非税收入”科目。在预算会计上，借记“资金结存——库款资金结存”，贷记“一般公共预算收入”科目。

（3）其他财政存款减少时，按照实际支付的金额，在财务会计上，借记有关科目，贷记本科目。其中，涉及纳入本级政府财政预算管理的现金流的流出，在预算会计上，借记有关支出科目，贷记“资金结存——专户资金结存”科目。

表 12-2　其他财政存款的账务处理

业务和会计事项		财务会计	预算会计
财政专户收到款项		借：其他财政存款 　贷：财政专户管理资金收入等	其中，涉及纳入本级政府财政预算管理的现金流的流入时 借：资金结存——专户资金结存 　贷：财政专户管理资金收入等
其他财政存款产生的利息收入	作为专户资金收入	借：其他财政存款 　贷：应付代管资金/财政专户管理资金收入等	借：资金结存——专户资金结存 　贷：财政专户管理资金收入等
	按规定应缴入国库	借：其他财政存款 　贷：其他应付款	—
	缴入国库	借：其他应付款 　贷：其他财政存款 借：国库存款 　贷：非税收入	借：资金结存——库款资金结存 　贷：一般公共预算收入
其他财政存款减少		借：财政专户管理资金支出等 　贷：其他财政存款	其中，涉及纳入本级政府财政预算管理的现金流的流出时 借：财政专户管理资金支出等 　贷：资金结存——专户资金结存

[例 12-2] 某市财政收到按规定实行财政专户管理的教育收费 217 000 元。同日，通过财政专户向预算单位拨付教育收费 154 000 元。总会计应编制如下会计分录：

(1) 收到财政专户管理资金时

财务会计：

借：其他财政存款　　217 000

　贷：财政专户管理资金收入　　217 000

预算会计：

借：资金结存——专户资金结存　　217 000

　贷：财政专户管理资金收入　　217 000

(2) 拨付财政专户管理资金时

财务会计：

借：财政专户管理资金支出　　154 000

　贷：其他财政存款　　154 000

预算会计：

借：财政专户管理资金支出　　154 000

　贷：资金结存——专户资金结存　　154 000

[例 12-3] 某市财政收到上级财政拨入的专用基金 265 000 元，款项按规定存入某专业银行的专用基金存款账户。总会计应编制如下会计分录：

财务会计：
借：其他财政存款 265 000
贷：专用基金收入 265 000
预算会计：
借：资金结存——专户资金结存 265 000
贷：专用基金收入 265 000

三、国库现金管理资产

国库现金管理资产是指政府财政将暂时闲置的国库存款存放商业银行或者投资于货币市场形成的资产。

(一) 科目设置

为核算政府财政将暂时闲置的国库存款存放商业银行或者投资于货币市场形成的资产，总会计应设置“国库现金管理资产”总账科目。同时，按照业务种类设置“商业银行定期存款”“其他国库现金管理资产”明细科目，并可根据管理需要进行明细核算。本科目期末借方余额反映政府财政开展国库现金管理业务形成的资产。

(二) 账务处理

国库现金管理资产的主要账务处理如下（见表 12－3）：

（1）商业银行定期存款。根据国库现金管理有关规定开展商业银行定期存款时，将国库存款转存商业银行，按照存入商业银行的金额，借记本科目，贷记“国库存款”科目。

（2）商业银行定期存款收回国库时，按照实际收回的金额，在财务会计上，借记“国库存款”科目，按照原存入商业银行的存款本金金额，贷记本科目，按照其差额，贷记“非税收入”科目。在预算会计上，按照其差额，借记“资金结存——库款资金结存”科目，贷记“一般公共预算收入”科目。

表 12－3 国库现金管理存款的账务处理

业务和会计事项	财务会计	预算会计
根据国库现金管理有关规定开展商业银行定期存款	借：国库现金管理资产 贷：国库存款	—
商业银行定期存款收回国库	借：国库存款 贷：国库现金管理资产 非税收入	借：资金结存——库款资金结存 贷：一般公共预算收入

[例 12－4] 某省财政根据国库现金管理的有关规定，将库款资金 380 000 元转存商业银行。转存期满后，国库现金管理存款收回国库，实际收到金额 384 000 元。总会计

应编制如下会计分录：

（1）将库款转存商业银行时

财务会计：

借：国库现金管理资产　　380 000

　贷：国库存款　　380 000

（2）将国库现金管理存款收回国库时

财务会计：

借：国库存款　　384 000

　贷：国库现金管理资产　　380 000

　　非税收入　　4 000

预算会计：

借：资金结存——库款资金结存　　4 000

　贷：一般公共预算收入　　4 000

第三节　有价证券、股权投资与应收股利

一、有价证券

有价证券是指政府财政按照有关规定取得并持有的有价证券。

（一）科目设置

为核算政府财政按照有关规定取得并持有的有价证券，总会计应设置“有价证券”总账科目，并按照有价证券种类进行明细核算。

（二）账务处理

有价证券的主要账务处理如下（见表 12－4）：

（1）购入有价证券时，按照实际支付的金额，在财务会计上，借记“有价证券”科目，贷记“国库存款”“其他财政存款”科目。

（2）转让或到期兑付有价证券时：

1）按照有价证券的账面余额，在财务会计上，借记“国库存款”“其他财政存款”科目，贷记“有价证券”科目。

2）如果实际收到金额大于账面余额，按照其差额，在财务会计上，借记“国库存款”科目，贷记有关收入科目。在预算会计上，借记“资金结存——库款资金结存”科目，贷记“一般公共预算收入”科目。

3）如果实际收到金额小于账面余额，按照其差额，在财务会计上，借记有关费用科目，贷记“国库存款”科目。在预算会计上，借记“一般公共预算支出”科目，贷记“资金结存——库款资金结存”科目。

表 12－4　有价证券的账务处理

业务和会计事项		财务会计	预算会计
购入有价证券		借：有价证券 　贷：国库存款/其他财政存款	—
转让或到期兑付有价证券	按照有价证券的账面余额	借：国库存款/其他财政存款 　贷：有价证券	—
	实际收到的金额大于该有价证券的账面余额时，按照其差额	借：国库存款 　贷：投资收益等	借：资金结存——库款资金结存 　贷：一般公共预算收入
	实际收到的金额小于该有价证券的账面余额时，按照其差额	借：其他费用等 　贷：国库存款	借：一般公共预算支出 　贷：资金结存——库款资金结存

［**例 12－5**］经批准，某市财政按规定动用一般公共预算资金 70 000 元购买政府债券。3 个月后，将购买的该政府债券转让，收到款项合计 70 200 元。总会计应编制如下会计分录：

（1）购买政府债券时

财务会计：

借：有价证券　　70 000

　贷：国库存款　　70 000

（2）转让政府债券时

财务会计：

借：国库存款　　70 200

　贷：有价证券　　70 000

　　　投资收益　　200

预算会计：

借：资金结存——库款资金结存　　200

　贷：一般公共预算收入　　200

二、股权投资

股权投资是指政府持有的各类股权投资，包括国际金融组织股权投资、政府投资基金股权投资和企业股权投资等。

（一）科目设置

总会计应设置“股权投资”总账科目来核算政府持有的各类股权投资，并按照“国际金融组织股权投资”“政府投资基金股权投资”“企业股权投资”设置一级明细科目；

在一级明细科目下，分别设置“投资成本”“损益调整”“其他权益变动”明细科目；同时应根据管理需要，按照被投资主体进行明细核算。本科目期末借方余额反映政府持有的各类股权投资的价值。

（二）账务处理

股权投资在持有期间，通常采用权益法进行核算。政府无权决定被投资主体的财务和经营政策或无权参与被投资主体的财务和经营政策决策的，应当采用成本法进行核算。这里重点介绍权益法下的股权投资的账务处理，成本法以及权益法与成本法之间转换的账务处理详见二维码。

成本法以及权益法与成本法之间相互转换的账务处理

采用权益法核算的股权投资的主要账务处理如下（见表12-5）：

（1）政府财政以现金取得股权投资时，按照实际支付的金额，在财务会计上，借记本科目（投资成本），贷记“国库存款”科目。其中，实际支付的金额中包含的已宣告但尚未发放的现金股利，应当单独确认为应收股利。在预算会计上，按照实际支付的金额，借记有关支出科目，贷记“资金结存——库款资金结存”等科目。

（2）政府财政以现金以外其他资产置换取得股权投资时，按照股权管理部门确认的金额，在财务会计上，借记本科目（投资成本），贷记有关资产类科目。

（3）通过清查发现以前年度取得、尚未纳入总会计核算的股权投资时，根据股权管理部门提供的资料，按照股权投资的投资成本，在财务会计上，借记本科目（投资成本），按照以前年度实现的损益中应享有的份额，借记本科目（损益调整），按照二者合计金额贷记“以前年度盈余调整”科目；按照确定的其他权益变动金额，借记本科目（其他权益变动），贷记“权益法调整”科目。已宣告但尚未发放的现金股利，应当单独确认为应收股利。

（4）无偿划入股权投资时，根据股权管理部门提供的资料，按照股权投资的投资成本，在财务会计上，借记本科目（投资成本），按照以前年度实现的损益中应享有的份额，借记本科目（损益调整），按照二者合计金额贷记“其他收入”科目；按照确定的其他权益变动金额，借记本科目（其他权益变动），贷记“权益法调整”科目。

（5）被投资主体实现净利润的，根据股权管理部门提供的资料，按照应享有的份额，在财务会计上，借记本科目（损益调整），贷记“投资收益”科目。被投资主体发生净亏损的，根据股权管理部门提供的资料，按照应分担的份额，借记“投资收益”科目，贷记本科目（损益调整），但以“股权投资”的账面余额减记至零为限。发生亏损的被投资主体以后年度又实现净利润的，按照收益分享额弥补未确认的亏损分担额等后的金额，借记本科目（损益调整），贷记“投资收益”科目。

（6）被投资主体宣告发放现金股利或利润的，根据股权管理部门提供的资料，按照应上缴政府财政的部分，在财务会计上，借记“应收股利”科目，贷记本科目（损益调整）。

（7）收到现金股利或利润时，按照实际收到的金额，在财务会计上，借记“国库存款”科目，贷记“应收股利”科目；按照实际收到金额中未宣告发放的现金股利或利润，借记“应收股利”科目，贷记本科目（损益调整）。在预算会计上，借记“资金结存——库款资金结存”等科目，贷记有关预算收入科目。

（8）被投资主体发生除净损益和利润分配以外的所有者权益变动的，根据股权管理部门提供的资料，按照应享有或应分担的份额，在财务会计上，借记或贷记本科目（其他权益变动），贷记或借记“权益法调整”科目。

（9）股权投资持有期间，被投资主体以收益转增投资的，根据股权管理部门提供的资料，按照收益转增投资的金额，在财务会计上，借记本科目（投资成本），贷记本科目（损益调整）。

（10）处置股权投资时，根据股权管理部门提供的资料，按照被处置股权投资对应的“权益法调整”科目账面余额，在财务会计上，借记或贷记“权益法调整”科目，贷记或借记本科目（其他权益变动）；按照处置收回的金额，借记“国库存款”科目，按照已宣告尚未领取的现金股利或利润，贷记“应收股利”科目，按照被处置股权投资的账面余额，贷记本科目（投资成本/损益调整），按照其差额，贷记或借记“投资收益”科目。

按照实际收到的金额，在预算会计上，借记“资金结存——库款资金结存”等科目，贷记有关支出科目和有关预算收入科目。

（11）无偿划出股权投资时，根据股权管理部门提供的资料，按照被划出股权投资对应的“权益法调整”科目账面余额，在财务会计上，借记或贷记“权益法调整”科目，贷记或借记本科目（其他权益变动）；按照被划出股权投资的账面余额，借记“其他费用”科目，贷记本科目（投资成本/损益调整）。

（12）企业破产清算时，根据股权管理部门提供的资料，按照破产清算企业股权投资对应的“权益法调整”科目账面余额，在财务会计上，借记或贷记“权益法调整”科目，贷记或借记本科目（其他权益变动）；按照缴入国库清算收入的金额，借记“国库存款”科目，按照破产清算股权投资的账面余额，贷记本科目（投资成本/损益调整），按照其差额，借记或贷记“投资收益”科目。

按照实际收到的金额，在预算会计上，借记“资金结存——库款资金结存”等科目，贷记有关支出科目和有关预算收入科目。

表 12－5　权益法下股权投资账务处理

业务和会计事项	财务会计	预算会计
政府财政以现金取得股权投资	借：股权投资——投资成本 　　应收股利［实际支付的金额中包含的已宣告但尚未发放的现金股利］ 　贷：国库存款	借：一般公共预算支出/国有资本经营预算支出等 　贷：资金结存——库款资金结存
政府财政以现金以外其他资产置换取得股权投资	借：股权投资——投资成本 　贷：有关资产类科目	—

续表

业务和会计事项	财务会计	预算会计
通过清查发现以前年度取得、尚未纳入总会计核算的股权投资	借：股权投资——投资成本 ——损益调整 贷：以前年度盈余调整 借：股权投资——其他权益变动 贷：权益法调整	—
被投资主体实现净利润	借：股权投资——损益调整 贷：投资收益	—
被投资主体发生净亏损	借：投资收益 贷：股权投资——损益调整［以“股权投资”的账面余额减至零为限］	—
发生亏损的被投资主体以后年度又实现净利润的，按照收益分享额弥补未确认的亏损分担额等后的金额	借：股权投资——损益调整 贷：投资收益	—
被投资主体宣告发放现金股利或利润	借：应收股利 贷：股权投资——损益调整	—
收到现金股利或利润	借：国库存款 贷：应收股利 借：应收股利［假如实际金额中含有未宣告发放的现金股利或利润］ 贷：股权投资——损益调整	借：资金结存——库款资金结存 贷：一般公共预算收入/国有资本经营预算收入等
被投资主体发生除净损益和利润分配以外的所有者权益变动	借或贷：股权投资——其他权益变动 贷或借：权益法调整	—
股权投资持有期间，被投资主体以收益转增投资	借：股权投资——投资成本 贷：股权投资——损益调整	—
处置股权投资	借或贷：权益法调整 贷或借：股权投资——其他权益变动 借：国库存款［处置收回金额］ 投资收益［借差］ 贷：应收股利［已宣告但尚未领取的现金股利或利润］ 股权投资——投资成本 ——损益调整 投资收益［贷差］	借：资金结存——库款资金结存 贷：一般公共预算支出/国有资本经营预算支出等［以现金形式取得的投资本金部分］ 一般公共预算收入/国有资本经营预算收入等［投资收益部分］

续表

业务和会计事项	财务会计	预算会计
无偿划出股权投资	借或贷：权益法调整 贷或借：股权投资——其他权益变动 借：其他费用 贷：股权投资——投资成本 ——损益调整	—
企业破产清算	借或贷：权益法调整 贷或借：股权投资——其他权益变动 借：国库存款［处置收回金额］ 投资收益［借差］ 贷：股权投资——投资成本 ——损益调整 投资收益［贷差］	借：资金结存——库款资金结存 贷：一般公共预算支出/国有资本经营预算支出等 一般公共预算收入/国有资本经营预算收入等

［例 12－6］ 某市财政根据当年预算安排和国家政策，设立某产业基金，总规模为 10 亿元，其中财政部门出资 60%。当年末，该产业基金向市财政报告当年共实现投资收益 1 000 万元。经研究决定，将投资收益留作基金滚动使用。总会计应编制会计分录如下：

（1）向产业基金拨付款项时

财务会计：

借：股权投资——投资成本　　600 000 000

　贷：国库存款　　600 000 000

预算会计：

借：一般公共预算支出　　600 000 000

　贷：资金结存——库款资金结存　　600 000 000

（2）实现投资收益时

财务会计：

借：股权投资——损益调整　　6 000 000

　贷：投资收益　　6 000 000

（3）将收益转增投资

财务会计：

借：股权投资——投资成本　　6 000 000

　贷：股权投资——损益调整　　6 000 000

［例 12－7］ 接上例，次年年末，该产业基金发生净亏损 2 000 万元。总会计应编制会计分录如下：

财务会计：

借：投资收益　　12 000 000

　贷：股权投资——损益调整　　12 000 000

[例 12-8] 某市财政持有 A 企业 85%的股权，最初是以现金形式取得该项投资。现在，“股权投资——投资成本”科目借方余额为 60 000 000 元，“股权投资——损益调整”科目借方余额为 3 000 000 元，“权益法调整”科目贷方余额为 500 000 元，已宣告发放但尚未领取的现金股利金额为 200 000 元。经批准，现将 A 企业股权全部予以转让，实际收到款项 75 000 000 元，并全部纳入国有资本经营预算管理。总会计编制会计分录如下：

财务会计：

借：权益法调整	500 000	
贷：股权投资——其他权益变动		500 000
借：国库存款	75 000 000	
贷：股权投资——投资成本		60 000 000
——损益调整		3 000 000
应收股利		200 000
投资收益		11 800 000

预算会计：

借：资金结存——库款资金结存	75 000 000	
贷：国有资本经营预算支出		60 000 000
国有资本经营预算收入		15 000 000

三、应收股利

应收股利是指政府因持有股权投资应当收取的现金股利或应当分得的利润。

（一）科目设置

为核算政府因持有股权投资应当收取的现金股利或应当分得的利润，总会计应设置“应收股利”总账科目，并根据管理需要，按照被投资主体进行明细核算。本科目期末借方余额反映政府财政应当收取但尚未收到的现金股利或利润。

（二）账务处理

应收股利的主要账务处理如下（见表 12-6）：

1. 采用权益法核算

（1）持有股权投资期间，被投资主体宣告发放现金股利或利润的，根据股权管理部门提供的资料，按照应上缴政府财政的部分，在财务会计上，借记本科目，贷记“股权投资——损益调整”科目。

（2）收到现金股利或利润时，在财务会计上，按照实际收到的金额，借记“国库存款”科目，贷记本科目；按照实际收到金额中未宣告发放的现金股利或利润，借记本科目，贷记“股权投资——损益调整”科目。在预算会计上，按照实际收到的金额，借记“资金结存——库款资金结存”科目，贷记有关预算收入科目。

2. **采用成本法核算**

（1）持有股权投资期间，被投资主体宣告发放现金股利或利润时，根据股权管理部门提供的资料，按照应上缴政府财政的部分，借记本科目，贷记“投资收益”科目。

（2）收到现金股利或利润时，按照实际收到的金额，借记“国库存款”科目，贷记本科目；按照实际收到金额中未宣告发放的现金股利或利润，借记本科目，贷记“投资收益”科目。在预算会计上，按照实际收到的金额，借记“资金结存——库款资金结存”科目，贷记有关预算收入科目。

表 12-6　应收股利的账务处理

<table>
<tr><th colspan="2">业务和会计事项</th><th>财务会计</th><th>预算会计</th></tr>
<tr><td rowspan="2">权益法</td><td>持有股权投资期间，被投资主体宣告发放现金股利或利润</td><td>借：应收股利
　贷：股权投资——损益调整</td><td>—</td></tr>
<tr><td>收到现金股利或利润</td><td>借：国库存款
　贷：应收股利</td><td>借：资金结存——库款资金结存
　贷：一般公共预算收入/国有资本经营预算收入等</td></tr>
<tr><td rowspan="2">成本法</td><td>持有股权投资期间，被投资主体宣告发放现金股利或利润</td><td>借：应收股利
　贷：投资收益</td><td>—</td></tr>
<tr><td>收到现金股利或利润</td><td>借：国库存款
　贷：应收股利</td><td>借：资金结存——库款资金结存
　贷：一般公共预算收入/国有资本经营预算收入等</td></tr>
</table>

［例 12-9］某市政府持有 A 企业 85%的股权，该股权投资作为长期股权投资管理，采用权益法核算。A 企业宣告发放现金股利 100 000 元，该市政府财政按持股比例应分得其中的 85 000 元。1 个月后，A 企业支付宣告的现金股利 100 000 元，市财政同时收到现金股利 85 000 元。根据相关规定，该部分现金股利纳入该市政府财政的国有资本经营预算。总会计应编制如下会计分录：

（1）A 企业宣告发放现金股利时

财务会计：

借：应收股利　　　　85 000

　贷：股权投资——损益调整　　　　85 000

（2）市财政收到现金股利时

财务会计：

借：国库存款　　　　85 000

　贷：应收股利　　　　85 000

预算会计：

借：资金结存——库款资金结存　　　　85 000

　贷：国有资本经营预算收入　　　　85 000

第四节　应收非税收入与应收及暂付款项

一、应收非税收入

应收非税收入是指政府财政应向缴款人收取但实际尚未缴入国库的非税收入款项。

成本法下应收股利的核算实例

（一）科目设置

总会计应设置“应收非税收入”总账科目来核算政府财政应向缴款人收取但实际尚未缴入国库的非税收入款项，并应参照《政府收支分类科目》中“非税收入”科目进行明细核算。同时，可根据管理需要，按执收部门（单位）进行明细核算。期末，非税收入管理部门应对未入库的应收非税收入进行全面核查，总会计根据核查结果对应收非税收入余额进行确认，确保应收非税收入核算准确。本科目期末借方余额反映政府财政尚未入库的应收非税收入。

对于非税收入管理部门不能提供已开具非税收入缴款票据、尚未缴入本级国库的非税收入数据的地区，可暂不使用本科目核算。

（二）账务处理

应收非税收入的主要账务处理如下（见表 12-7）：

（1）确认取得非税收入时，按照非税收入管理部门提供的已开具缴款票据、尚未缴入本级国库的非税收入金额，在财务会计上，借记“应收非税收入”科目，贷记“非税收入”科目。

（2）实际收到非税收入款项时，按照实际收到的非税收入金额，在财务会计上，借记“国库存款”科目，已列应收非税收入部分金额，贷记“应收非税收入”科目；未列入应收非税收入部分金额，贷记“非税收入”科目。在预算会计上，借记“资金结存——库款资金结存”科目，贷记有关预算收入科目。

表 12-7　应收非税收入的账务处理

业务和会计事项	财务会计	预算会计
确认取得非税收入	借：应收非税收入 　贷：非税收入	—
实际收到非税收入款项	借：国库存款 　贷：应收非税收入［已列应收部分］ 　　　非税收入［未列应收部分］	借：资金结存——库款资金结存 　贷：一般公共预算收入/政府性基金预算收入/国有资本经营预算收入

［例 12-10］某日，某县财政收到相关凭证表明，执收单位已开具缴款票据但尚未缴

入本级国库的非税收入金额为100 000元。数日后，国库报来的收入日报表表明，收到纳入一般公共预算管理的非税收入150 000元，其中有100 000元属于已列应收非税收入，剩余50 000元属于未列入应收非税收入。总会计编制会计分录如下：

(1) 确认应收非税收入

财务会计：

借：应收非税收入　　100 000

　贷：非税收入　　100 000

(2) 收到非税收入

财务会计：

借：国库存款　　150 000

　贷：应收非税收入　　100 000

　　非税收入　　50 000

预算会计：

借：资金结存——库款资金结存　　150 000

　贷：一般公共预算收入　　150 000

二、与下级往来

与下级往来是指本级政府财政与下级政府财政的往来待结算款项。

(一) 科目设置

为核算本级政府财政与下级政府财政的往来待结算款项，总会计应设置“与下级往来”总账科目，并按照下级政府财政进行明细核算。本科目期末借方余额反映下级政府财政欠本级政府财政的款项，期末贷方余额反映本级政府财政欠下级政府财政的款项。

(二) 账务处理

与下级往来的主要账务处理如下（见表12-8）：

(1) 拨付下级政府财政款项且在拨付时暂无法明确转移支付资金性质和科目的，在财务会计上，借记本科目，贷记“国库存款”科目。在预算会计上，借记“补助预算支出——调拨下级”科目，贷记“资金结存——库款资金结存”科目。

(2) 两级财政年终结算时，确认应当由下级政府财政上交的收入数，借记本科目，贷记“上解收入”科目。在预算会计上，借记“补助预算支出——调拨下级”科目，贷记“上解预算收入”科目。

(3) 两级财政年终结算时，确认应补助下级政府财政的费用数，借记“补助费用”科目，贷记本科目。在预算会计上，借记“补助预算支出——一般公共预算补助支出”等科目，贷记“补助预算支出——调拨下级”科目。

(4) 收到下级政府财政缴入国库的往来待结算款项时，借记“国库存款”科目，贷记本科目。在预算会计上，借记“资金结存——库款资金结存”科目，贷记“补助预算支出——调拨下级”科目。

（5）扣缴下级政府财政资金时，借记本科目，贷记“其他应付款”等科目。在预算会计上，借记“补助预算支出——调拨下级”科目，贷记“资金结存——上下级调拨结存”科目。

表 12-8　与下级往来的账务处理

业务和会计事项	财务会计	预算会计
拨付下级政府财政款项且拨付时暂无法明确转移支付资金性质和科目	借：与下级往来 　贷：国库存款	借：补助预算支出——调拨下级 　贷：资金结存——库款资金结存
两级财政年终结算时，确认应当由下级政府财政上交的收入数	借：与下级往来 　贷：上解收入	借：补助预算支出——调拨下级 　贷：上解预算收入
两级财政年终结算时，确认应补助下级政府财政的费用数	借：补助费用 　贷：与下级往来	借：补助预算支出——一般公共预算补助支出/政府性基金预算补助支出/国有资本经营预算补助支出等 　贷：补助预算支出——调拨下级
收到下级政府财政缴入国库的往来待结算款项	借：国库存款 　贷：与下级往来	借：资金结存——库款资金结存 　贷：补助预算支出——调拨下级
扣缴下级政府财政资金	借：与下级往来 　贷：其他应付款	借：补助预算支出——调拨下级 　贷：资金结存——上下级调拨结存

[例 12-11] 某市财政借给所属下级某县临时周转资金 120 000 元，20 天后，市财政收到该县还款 60 000 元。市县两级年终结算时，将该县尚未归还的 60 000 元转作市财政对该县的补助款。市总会计编制会计分录如下：

（1）下拨临时周转金时

财务会计：

借：与下级往来	120 000	
贷：国库存款		120 000

预算会计：

借：补助预算支出——调拨下级	120 000	
贷：资金结存——库款资金结存		120 000

（2）收回还款时

财务会计：

借：国库存款	60 000	
贷：与下级往来		60 000

预算会计：

借：资金结存——库款资金结存	60 000	
贷：补助预算支出——调拨下级		60 000

（3）年终结算时，将未还款部分转作对县财政的补助

财务会计：

借：补助费用　　60 000

　贷：与下级往来　　60 000

［例 12－12］在两级财政年终结算时，确认某市财政应由所属下级某县财政上解款项 40 000 元。数日后，市财政收到所属该县财政上解的款项 40 000 元。市总会计应编制如下会计分录：

（1）确认下级财政应上缴款项时

财务会计：

借：与下级往来　　40 000

　贷：上解收入　　40 000

预算会计：

借：补助预算支出——调拨下级　　40 000

　贷：上解预算收入　　40 000

（2）实际收到上解款项时

财务会计：

借：国库存款　　40 000

　贷：与下级往来　　40 000

预算会计：

借：资金结存——库款资金结存　　40 000

　贷：补助预算支出——调拨下级　　40 000

三、其他应收款

其他应收款是指政府财政临时发生的其他应收、暂付、垫付款项。

（一）科目设置

为核算政府财政临时发生的其他应收、暂付、垫付款项，总会计应设置“其他应收款”总账科目来核算政府财政临时发生的其他应收、暂付、垫付款项。项目单位拖欠外国政府和国际金融组织贷款本息和有关费用导致有关政府财政履行担保责任，代偿的贷款本息费，也通过本总账科目核算。同时，本科目应按照资金类别、债务单位等进行明细核算。本科目应及时清理结算，期末原则上应无余额。

（二）账务处理

其他应收款的主要账务处理如下（见表 12－9）：

（1）发生其他应收款项时，在财务会计上，借记“其他应收款”科目，贷记“国库存款”“其他财政存款”等科目。

（2）收回其他应收款项时，在财务会计上，借记“国库存款”“其他财政存款”科

目，贷记“其他应收款”科目。

（3）其他应收款项转列费用时，在财务会计上，借记有关费用科目，贷记“其他应收款”科目。在预算会计上，借记有关支出科目，贷记“资金结存——库款资金结存”或“资金结存——专户资金结存”科目。

表 12－9　其他应收款的账务处理

业务和会计事项	财务会计	预算会计
发生其他应收款项	借：其他应收款 　贷：国库存款/其他财政存款	—
收回其他应收款项	借：国库存款/其他财政存款 　贷：其他应收款	—
其他应收款项转列费用	借：有关费用科目 　贷：其他应收款	借：有关支出科目 　贷：资金结存——库款资金结存/专户资金结存等

［例 12－13］经批准，某省财政对使用外国政府和国际金融组织贷款资金的 A 项目单位履行担保责任。现该批贷款到达支付利息的时间，但 A 项目单位未能如期支付，由省财政代为偿付到期利息 17 000 元。次月，该项目单位向省财政偿还了垫付的贷款利息。总会计编制会计分录如下：

（1）为项目单位代为偿付利息时

财务会计：

借：其他应收款　　17 000

　贷：国库存款　　17 000

（2）收到代为偿付利息时

财务会计：

借：国库存款　　17 000

　贷：其他应收款　　17 000

第五节　借出款项、预拨经费与在途款

一、借出款项

借出款项是指政府财政按照对外借款管理有关规定借给预算单位临时急需，并按期收回的款项。

（一）科目设置

总会计应设置“借出款项”总账科目来核算政府财政按照对外借款管理有关规定借给预算单位临时急需，并按期收回的款项。同时，按照借款单位进行明细核算。本科目期末借方余额反映政府财政借给预算单位尚未收回的款项。

（二）账务处理

借出款项的主要账务处理如下（见表 12－10）：

（1）将款项借出时，按照实际支付的金额，在财务会计上，借记本科目，贷记“国库存款”等科目。

（2）收回借款时，按照实际收到的金额，在财务会计上，借记“国库存款”等科目，贷记本科目。

表 12－10　借出款项的账务处理

业务和会计事项	财务会计	预算会计
发生借出款项	借：借出款项 　贷：国库存款/其他财政存款	—
收回借出款项	借：国库存款/其他财政存款 　贷：借出款项	—

［**例 12－14**］某预算单位因临时急需向市财政借款 50 000 元。2 个月后，市财政全额收回了该笔借款。总会计应编制如下会计分录：

（1）发生临时借款时

借：借出款项	50 000	
贷：国库存款		50 000

（2）收回临时借款时

借：国库存款	50 000	
贷：借出款项		50 000

二、预拨经费

预拨经费是指政府财政按照预拨经费管理有关规定预拨给预算单位尚未列为费用的款项。

（一）科目设置

为核算政府财政按照预拨经费管理有关规定预拨给预算单位尚未列为费用的款项，总会计应设置“预拨经费”总账科目，并按照预算单位进行明细核算。本科目期末借方余额反映政府财政年末尚未转列费用或尚待收回的预拨经费款项。

（二）账务处理

预拨经费的主要账务处理如下（见表 12－11）：

（1）拨出款项时，在财务会计上，借记本科目，贷记“国库存款”等科目。

（2）转列费用时，在财务会计上，借记有关费用科目，贷记本科目。在预算会计上，借记有关支出科目，贷记“资金结存——库款资金结存”等科目。

（3）收回预拨款项时，在财务会计上，借记“国库存款”等科目，贷记本科目。

表 12-11 预拨经费的账务处理

业务和会计事项	财务会计	预算会计
拨出款项	借：预拨经费 贷：国库存款/其他财政存款	—
转列费用	借：有关费用科目 贷：预拨经费	借：有关支出科目 贷：资金结存——库款资金结存/资金结存——专户资金结存
收回预拨款项	借：国库存款 贷：预拨经费	—

［**例 12-15**］某市财政采用实拨资金的方式预拨某预算单位日常运行经费 120 000 元。次月，经审核，将其预拨给所属该单位的日常运行经费 100 000 元转列为一般公共预算支出，所对应的费用类科目为“对事业单位补助拨款费用”；同时收回余款 20 000 元。总会计应编制如下会计分录：

（1）预拨给其所属某预算单位款项时

财务会计：

借：预拨经费 120 000

贷：国库存款 120 000

（2）将预拨经费中的 100 000 元转列支出，并收回余款 20 000 元时

财务会计：

借：国库存款 20 000

对事业单位补助拨款费用 100 000

贷：预拨经费 120 000

预算会计：

借：一般公共预算支出 100 000

贷：资金结存——库款资金结存 100 000

三、在途款

在途款是指报告清理期和库款报解整理期内发生的需要通过本科目过渡处理的属于上年度收入、费用等业务的款项。

（一）科目设置

总会计应设置“在途款”总账科目来核算报告清理期和库款报解整理期内发生的需要通过本科目过渡处理的属于上年度收入、费用等业务的款项。本科目期末借方余额反映政府财政持有的在途款。

（二）账务处理

在途款的主要账务处理如下（见表 12－12）：

（1）报告清理期和库款报解整理期内收到属于上年度收入等款项时，在上年度账务中，在财务会计上，借记本科目，贷记有关收入科目或“应收非税收入”科目；收回属于上年度费用等款项时，借记“在途款”科目，贷记“预拨经费”或有关费用科目。在预算会计上，借记“资金结存——在途资金结存”，贷记有关预算收入或预算支出科目。

（2）冲转在途款时，在本年度账务中，在财务会计上，借记“国库存款”科目，贷记“在途款”科目。在预算会计上，借记“资金结存——库款资金结存”科目，贷记“资金结存——在途资金结存”科目。

表 12－12　在途款的账务处理

业务和会计事项	财务会计	预算会计
报告清理期和库款报解整理期内收到属于上年度收入等款项时	借：在途款 贷：有关收入科目/应收非税收入	借：资金结存——在途资金结存 贷：有关预算收入科目
收回属于上年度费用等款项时	借：在途款 贷：有关费用科目/预拨经费	借：资金结存——在途资金结存 贷：有关预算支出科目
冲转在途款	借：国库存款 贷：在途款	借：资金结存——库款资金结存 贷：资金结存——在途资金结存

［**例 12－16**］某县财政在库款报解整理期内收到属于上一年度的政府性基金预算收入 600 000 元。总会计应编制如下会计分录：

（1）在上年度账上

财务会计：

借：在途款　600 000

　贷：非税收入　600 000

预算会计：

借：资金结存——在途资金结存　600 000

　贷：政府性基金预算收入　600 000

（2）在新年度账上

财务会计：

借：国库存款　600 000

　贷：在途款　600 000

预算会计：

借：资金结存——库款资金结存　600 000

　贷：资金结存——在途资金结存　600 000

［**例 12－17**］某省财政在决算清理期内收回上年度已经列支的一般公共预算支出 310 000 元，所对应的费用类科目为“对企业补助拨款费用”。总会计应编制如下会计分录：

（1）在上年度账上

财务会计：

借：在途款　310 000

　贷：对企业补助拨款费用　310 000

预算会计：

借：资金结存——在途资金结存　310 000

　贷：一般公共预算支出　310 000

（2）在新年度账上

财务会计：

借：国库存款　310 000

　贷：在途款　310 000

预算会计：

借：资金结存——库款资金结存　310 000

　贷：资金结存——在途资金结存　310 000

第六节　应收转贷款

一、应收地方政府债券转贷款

应收地方政府债券转贷款是指本级政府财政转贷给下级政府财政的地方政府债券资金的本金及利息。

（一）科目设置

总会计应设置“应收地方政府债券转贷款”总账科目来核算本级政府财政转贷给下级政府财政的地方政府债券资金的本金及利息。同时，本科目应设置“应收本金”和“应收利息”明细科目，并按照转贷对象进行明细核算，其下应根据管理规定设置“一般债券”“专项债券”等明细科目。其中，“应收利息”科目通常应根据债务管理部门计算并提供的政府债券转贷款的应收利息情况，按期进行核算。本科目期末借方余额反映政府财政应收未收的地方政府债券转贷款本金及利息。

（二）账务处理

应收地方政府债券转贷款的主要账务处理如下（见表 12－13）：

（1）向下级政府财政转贷地方政府债券资金时，在财务会计上，按照转贷的本金，借记本科目，按照实际拨付的金额或债务管理部门确认的转贷金额，贷记“国库存款”或“与下级往来”等科目，按照其差额，借记或贷记有关费用科目。在预算会计上，借记“债务转贷预算支出”科目，贷记“资金结存——库款资金结存”或“补助预算支出——调拨下级”等科目。

（2）按期确认地方政府债券转贷款的应收利息时，在财务会计上，根据债务管理部门计算确认的转贷款本期应收未收利息金额，借记本科目，贷记“财务费用——利息费用”等有关科目。

（3）正常收到下级政府财政偿还的地方政府债券转贷款本息时，在财务会计上，按照收到的金额，借记“国库存款”“其他财政存款”等科目，贷记本科目。

（4）扣缴下级政府财政应偿还的地方政府债券转贷款本息时，在财务会计上，按照扣缴的金额，借记“与下级往来”等科目，贷记本科目。在预算会计上，借记“补助预算支出”科目，贷记“资金结存——上下级调拨结存”科目。

（5）豁免下级政府财政应偿还的地方政府债券转贷款本息时，在财务会计上，根据债务管理部门转来的有关资料及有关预算文件，按照豁免金额，借记“补助费用”“与下级往来”等科目，贷记本科目。在预算会计上，借记“补助预算支出——调拨下级”等科目，贷记“资金结存——上下级调拨结存”科目。

表 12－13 应收地方政府债券转贷款的账务处理

业务和会计事项	财务会计	预算会计
向下级政府财政转贷地方政府债券资金	借：应收地方政府债券转贷款 有关费用科目［借差］ 贷：国库存款/与下级往来 有关费用科目［贷差］	借：债务转贷预算支出 有关支出科目［借差］ 贷：资金结存——库款资金结存 补助预算支出——调拨下级等 有关支出科目等［贷差］
按期确认地方政府债券转贷款的应收利息	借：应收地方政府债券转贷款 贷：财务费用——利息费用等	—
收到下级政府财政偿还的地方政府债券转贷款本息	借：国库存款/其他财政存款 贷：应收地方政府债券转贷款	—
扣缴下级政府财政应偿还的地方政府债券转贷款本息	借：与下级往来等 贷：应收地方政府债券转贷款	借：补助预算支出——调拨下级等 贷：资金结存——上下级调拨结存
豁免下级政府财政应偿还的地方政府债券转贷款本息	借：补助费用/与下级往来等 贷：应收地方政府债券转贷款	借：补助预算支出——调拨下级等 贷：资金结存——上下级调拨结存

［例 12－18］某省财政发行一批地方政府债券。同时，向所属下级某市财政转贷 200 000 000 元，用以支持该市政府的一项基础设施建设。该转贷款项每年利息费用为 3 000 000 元，转贷期限为 10 年，每年支付一次利息。省总会计编制如下会计分录：

（1）向下级市政府财政转贷省政府债券款项时

财务会计：

借：应收地方政府债券转贷款　　200 000 000

　贷：国库存款　　200 000 000

预算会计：

借：债务转贷预算支出　　200 000 000

　贷：资金结存——库款资金结存　　200 000 000

（2）每年确认省政府债券转贷款的应收利息时

财务会计：

借：应收地方政府债券转贷款——应收利息　　3 000 000

　贷：财务费用——利息费用　　3 000 000

（3）按时收到下级市政府财政支付的省政府债券转贷款利息时

财务会计：

借：国库存款　　3 000 000

　贷：应收地方政府债券转贷款——应收利息　　3 000 000

（4）按时收回下级市政府财政偿还的省政府债券转贷款本金时

财务会计：

借：国库存款　　200 000 000

　贷：应收地方政府债券转贷款——应收本金　　200 000 000

二、应收主权外债转贷款

应收主权外债转贷款是指本级政府财政转贷给下级政府财政的外国政府、国际金融组织贷款等主权外债资金的本金及利息。其具体科目设置与账务处理详见二维码。

应收主权外债转贷款的科目设置与账务处理

思考题

1. 什么是财政存款？总会计的财政存款包括哪些内容？
2. 什么是股权投资？总会计的股权投资都有哪些类型？
3. 什么是与下级往来？如何核算与下级往来？
4. 什么是应收转贷款？如何核算应收转贷款？
5. 什么是在途款？如何核算在途款？

实训题

1. 某市财政发生如下经济业务，请编制相应的会计分录：

（1）收到中国人民银行国库报来的预算收入日报表等凭证，当日共收到财政预算收入 37 200 000 元。其中，纳入一般公共预算管理的税收收入 15 000 000 元，纳入一般公共预算管理的非税收入 5 000 000 元，纳入政府性基金预算管理的非税收入 3 000 000 元，纳入国有资本经营预算管理的非税收入 3 200 000 元，上级财政一般公共预算补助收入 10 000 000 元；下级财政一般公共预算上解收入 1 000 000 元。

（2）财政国库支付执行机构为有关预算单位支付政府机关商品和服务拨款费用3 000 000元，政府机关工资福利拨款费用800 000元，对事业单位补助拨款费用500 000元，对企业补助拨款费用450 000元。同时，这些拨款费用所需资金分别来自一般公共预算支出4 000 000元，政府性基金预算支出300 000元，国有资本经营预算支出450 000元。

（3）期末确认地方政府债券转贷款应收利息共计2 800元。

（4）收到实行财政专户管理的资金收入共计6 800元。

2. 某市财政发生如下经济业务，请编制相应的会计分录：

（1）在上下级财政资金结算中，应补助所属某县财政款项13 400元。

（2）以国库存款拨付与下级往来款项13 400元。

（3）在上下级财政资金结算中，应获得所属某县财政上解财政资金5 200元。

（4）收到与下级往来款项5 200元。

3. 某省财政发生如下经济业务，请编制相应的会计分录：

（1）所属A市财政未按时向省财政上缴由省财政代发的市政府债券到期本金17 000元及其利息360元，省财政为其垫付了相应资金17 360（=17 000+360）元，用以代为偿付到期市政府债券本息。

（2）省财政与A市财政进行结算，省财政对A市财政扣缴到期债券本息17 360元。

（3）省财政收到所属B市财政缴来的垫付市政府债券本金17 000元及其利息360元。

4. 某省财政发生如下经济业务，请编制相应的会计分录：

（1）使用一般公共预算资金向省创新创业投资引导基金拨付款项30 000元，作为对该基金公司的股权投资。

（2）基金公司报告实现投资收益，省财政确认相应收益3 000元。

（3）将一部分基金公司的投资收益1 500元留作基金滚动使用。

（4）基金公司宣告发放现金股利，省财政确认相应收益1 000元。

（5）收到基金公司宣告发放的现金股利1 000元，该股利收入纳入省财政一般公共预算本级收入。

5. 某省财政某年发生如下经济业务，请编制该省财政总会计分录：

（1）发生财政短收，即财政实际收入小于财政预算收入，决定调用预算稳定调节基金30 000元。

（2）年终转账，将“动用预算稳定调节基金”科目贷方余额30 000元全数转入“一般公共预算结转结余”科目。

6. 某省财政某年发生如下经济业务，请编制该省财政总会计分录：

（1）收到中国人民银行国库报来的一般公共预算收入日报表，当日收到地方政府长期一般债券发行收入400 000元。具体情况为“债务收入——地方政府债务收入——一般债务收入”400 000元。

（2）收到中国人民银行国库报来的政府性基金预算收入日报表，当日收到地方政府长期专项债券发行收入250 000元。具体情况为“债务收入——地方政府债务收入——

专项债务收入”。

7. 某省财政发生如下经济业务，请编制该省总会计分录：

（1）向所属A市财政转贷地方债券资金16 000元。

（2）向所属B市财政转贷主权外债资金37 000元，且由外方直接将转贷资金支付给用款单位。

第十三章
总会计的负债核算

本章学习目标：

1. 理解总会计中各项负债的基本概念
2. 知晓总会计中各项负债的核算范围
3. 掌握总会计中各项负债的核算方法

第一节　负债概述

一、负债的核算类别

总会计核算的负债具体包括应付政府债券、应付国库集中支付结余、应付及暂收款项、应付代管资金、应付利息、借入款项、应付转贷款、其他负债等。

应付政府债券是指政府财政以政府名义发行的国债和地方政府债券的应付本金，包括应付短期政府债券和应付长期政府债券。

应付国库集中支付结余是指省级以上（含省级）政府财政国库集中支付中应列为当年费用，但年末未支付需结转下一年度支付的款项。

应付及暂收款项是指政府财政业务活动中形成的支付义务，包括与上级往来和其他应付款等。应付及暂收款项应当及时清理结算。

应付代管资金是指政府财政代为管理的，使用权属于被代管主体的资金。

应付利息是指政府财政以政府名义发行的政府债券及借入款项应支付的利息。

借入款项是指政府财政以政府名义向外国政府和国际金融组织等借入的款项，以及以经国务院批准的其他方式借入的款项。

应付转贷款是指政府财政从上级政府财政借入的债务转贷款的本金和利息，包括应付地方政府债券转贷款和应付主权外债转贷款等。

其他负债是指政府财政因有关政策明确要求其承担支出责任的事项而形成的支付义务。

二、负债的核算基础

总会计核算的负债，应当按照承担的有关义务金额或实际发生金额进行计量。

第二节　应付政府债券、借入款项与应付利息

一、应付短期政府债券

应付短期政府债券是指政府财政以政府名义发行的期限不超过1年（含1年）的国债和地方政府债券的应付本金。其中，国债包括中央政府财政发行的国内政府债券和境外发行的主权债券等。

（一）科目设置

总会计应设置“应付短期政府债券”总账科目来核算政府财政以政府名义发行的期限不超过1年（含1年）的国债和地方政府债券的应付本金，并设置“应付国债”“应付地方政府一般债券”“应付地方政府专项债券”明细科目。同时，债务管理部门应当设置辅助明细账，主要包括政府债券金额、种类、期限、发行日、到期日、票面利率、偿还本金及付息情况等内容，并按期计算债券存续期应付利息情况。本科目期末贷方余额反映政府财政尚未偿还的短期政府债券本金。

（二）账务处理

应付短期政府债券的主要账务处理如下（见表13-1）：

（1）实际收到短期政府债券发行收入时，按照实际收到的金额，在财务会计上，借记“国库存款”科目，按照短期政府债券实际发行额，贷记本科目，按照发行收入和发行额的差额，借记或贷记有关费用科目。在预算会计上，省级以上（含省级）政府财政收到政府债券发行收入时，按照实际收到的金额，借记“资金结存——库款资金结存”科目，按照政府债券实际发行额，贷记“债务预算收入”科目，按照其差额，借记或贷记有关支出科目。

（2）实际偿还本级政府财政承担的短期政府债券本金时，在财务会计上，借记本科目，贷记“国库存款”等科目。在预算会计上，借记“债务还本预算支出”科目，贷记“资金结存——库款资金结存”科目。

表13-1　应付短期政府债券的账务处理

业务和会计事项	财务会计	预算会计
实际收到短期政府债券发行收入时	借：国库存款 借或贷：有关费用科目 　贷：应付短期政府债券	借：资金结存——库款资金结存 　贷：债务预算收入

续表

业务和会计事项	财务会计	预算会计
实际偿还本级政府财政承担的短期政府债券本金	借：应付短期政府债券 　贷：国库存款等	借：债务还本预算支出 　贷：资金结存——库款资金结存

[例 13-1] 中央财政发行一批 3 个月期记账式贴现国债，经招投标程序确定每 100 元面值的发行价格为 99.50 元，实际发行债券面值金额为 300 000 元，实际收到债券发行收入 298 500 元，折合年收益率为 2%，实际债券发行额为 298 500 元，经确认的到期应付债券本金金额为 298 500 元。该期债券发行后上市交易。3 个月后，该期国债到期，中央财政按债券面值偿还 300 000 元。该期债券的发行日期与偿还日期在同一财政年度，到期实际支付的利息金额中没有已确认的应付利息。总会计应编制如下会计分录：

(1) 实际收到短期政府债券发行收入时

财务会计：

借：国库存款	298 500	
贷：应付短期政府债券		298 500

预算会计：

借：资金结存——库款资金结存	298 500	
贷：债务预算收入		298 500

(2) 实际偿付短期政府债券本息时

财务会计：

借：应付短期政府债券	298 500	
财务费用——利息费用	1 500	
贷：国库存款		300 000

预算会计：

借：债务还本预算支出	298 500	
一般公共预算支出	1 500	
贷：资金结存——库款资金结存		300 000

[例 13-2] 某省财政发行一批 1 年期记账式固定利率附息地方政府一般债券，计划发行面值 500 000 000 元，到期一次还本付息，采用单一价格招标方式，标的为利率，各中标承销团成员按债券面值承销。经招投标程序确定的债券票面利率为 2.4%，实际发行债券面值金额为 500 000 000 元，实际收到债券发行收入 500 000 000 元，经确认的到期应付债券本金金额为 500 000 000 元，债券实际发行额为 500 000 000 元。该期债券发行后上市交易。省财政向相关债券承销团成员按承销债券面值的 0.06% 支付债券发行手续费共计 300 000 元。4 个月后到达期末，该期债券计算 4 个月的应付利息 4 000 000 元。1 年后该期债券到期，省财政按债券面值偿还本金 500 000 000 元，并支付 1 年的到期债券利息 12 000 000（=500 000 000×2.4%）元。财政总会计应编制如下会计分录：

(1) 实际收到短期政府债券发行收入时

财务会计：

借：国库存款　500 000 000
　贷：应付短期政府债券　500 000 000
预算会计：
借：资金结存——库款资金结存　500 000 000
　贷：债务预算收入　500 000 000
（2）向债券承销团成员支付债券发行手续费时
财务会计：
借：财务费用——发行兑付费用　300 000
　贷：国库存款　300 000
预算会计：
借：一般公共预算支出　300 000
　贷：资金结存——库款资金结存　300 000
（3）期末确认短期政府债券的应付利息时
财务会计：
借：财务费用——利息费用　4 000 000
　贷：应付利息　4 000 000
（4）实际偿付短期政府债券本息时
财务会计：
借：应付短期政府债券　500 000 000
　　应付利息　4 000 000
　　财务费用——利息费用　8 000 000
　贷：国库存款　512 000 000
预算会计：
借：一般公共预算支出　12 000 000
　　债务还本预算支出　500 000 000
　贷：资金结存——库款资金结存　512 000 000

二、应付长期政府债券

应付长期政府债券是指政府财政以政府名义发行的期限超过1年的国债和地方政府债券的应付本金。其中，国债包括中央政府财政发行的国内政府债券和境外发行的主权债券等。其科目设置与账务处理详见二维码。

应付长期政府债券的科目设置与账务处理

三、借入款项

借入款项是指政府财政以政府名义向外国政府、国际金融组织等借入的款项，以及以经国务院批准的其他方式借入的款项。

（一）科目设置

为核算政府财政以政府名义向外国政府、国际金融组织等借入的款项，以及以经国务院批准的其他方式借入的款项，总会计应设置“借入款项”总账科目，并按照债权人进行明细核算。同时，债务管理部门应设置辅助明细账，主要包括与借入款项对应的项目、期限、借入日期、实际偿还及付息情况等内容，并按期计算借款存续期应负担的利息金额。本科目期末贷方余额反映本级政府财政尚未偿还的借入款项本金。

（二）账务处理

借入款项的主要账务处理如下（见表 13－2）。

（1）借入主权外债的主要账务处理。

1）本级政府财政收到借入的主权外债资金时，按照实际收到的金额，在财务会计上，借记“国库存款”“其他财政存款”科目，按照实际承担的债务金额贷记本科目，按照实际收到的金额与承担的债务之间的差额，借记或贷记有关费用科目。在预算会计上，按照实际提款的外币金额和即期汇率折算的人民币金额，借记“资金结存——库款资金结存”“资金结存——专户资金结存”等科目，贷记“债务预算收入”科目。

2）偿还主权外债本金时，按照实际支付的金额，在财务会计上，借记本科目，贷记“国库存款”“其他财政存款”等科目。在预算会计上，借记“债务还本预算支出”科目，贷记“资金结存——库款资金结存”“资金结存——专户资金结存”等科目。

3）债权人豁免本级政府财政承担偿还责任的借入主权外债本金时，根据债务管理部门转来的有关资料，按照被豁免的本金，在财务会计上，借记本科目，贷记“其他收入”等科目。

4）债权人豁免下级政府财政承担偿还责任的借入主权外债本金时，根据债务管理部门转来的有关资料，按照被豁免的本金，在财务会计上，借记本科目，贷记“应收主权外债转贷款”科目。

（2）年末，根据债务管理部门提供借入款项因汇率变动产生的期末人民币余额与账面余额之间的差额资料，在财务会计上，借记或贷记“财务费用——汇兑损益”科目，贷记或借记本科目。

表 13－2　借入款项的账务处理

业务和会计事项	财务会计	预算会计
本级政府财政收到借入的主权外债资金	借：国库存款/其他财政存款 借或贷：有关费用科目 贷：借入款项	借：资金结存——库款资金结存/资金结存——专户资金结存 贷：债务预算收入
偿还主权外债本金	借：借入款项 贷：国库存款/其他财政存款	借：债务还本预算支出 贷：资金结存——库款资金结存/资金结存——专户资金结存
债权人豁免本级政府财政承担偿还责任的借入主权外债本金	借：借入款项 贷：其他收入	—

续表

业务和会计事项	财务会计	预算会计
债权人豁免下级政府财政承担偿还责任的借入主权外债本金	借：借入款项 　贷：应收主权外债转贷款	—
年末，根据债务管理部门提供借入款项因汇率变动产生的期末人民币余额与账面余额之间的差额	借或贷：财务费用——汇兑损益 　贷或借：借入款项	—

［例13-3］某省财政收到向某国际金融组织借入的一笔主权外债款项10 000 000元，借款用途为该省范围内的污染治理，实际承担的债务金额为10 000 000元。年末，省财政确认该笔借入主权外债的应付利息50 000元。次年，省财政向该国际金融组织支付本级政府财政承担的借入主权外债年度利息200 000元。3年后借款到期，省财政向该国际金融组织偿还借入主权外债本金10 000 000元。由于该污染治理项目实施效果良好，该国际金融组织经评估豁免了由该省政府财政承担偿还责任的最后一年借款利息200 000元。总会计应编制会计分录如下：

(1) 收到向某国际金融组织借入的主权外债款项时

财务会计：

借：其他财政存款　　10 000 000

　贷：借入款项　　10 000 000

预算会计：

借：资金结存——专户资金结存　　10 000 000

　贷：债务预算收入　　10 000 000

(2) 年末确认借入主权外债的应付利息时

财务会计：

借：财务费用——利息费用　　50 000

　贷：应付利息　　50 000

(3) 次年支付借入主权外债利息时

财务会计：

借：应付利息　　50 000

　　财务费用——利息费用　　150 000

　贷：国库存款　　200 000

预算会计：

借：一般公共预算支出　　200 000

　贷：资金结存——专户资金结存　　200 000

(4) 到期偿还借入主权外债本金并豁免最后一期借款利息（注意：在上年年末时已经计提50 000元的应付利息，豁免时需要冲减这部分应付利息）

财务会计：

借：应付利息　　50 000

贷：以前年度盈余调整　　　　　　　　　　　　　　50 000

借：借入款项　　　　　　　　　　　　　　10 000 000

贷：其他财政存款　　　　　　　　　　　　　　10 000 000

预算会计：

借：债务还本预算支出　　　　　　　　　　10 000 000

贷：资金结存——专户资金结存　　　　　　　　　10 000 000

四、应付利息

应付利息是指政府财政以政府名义发行的政府债券应支付的利息，以及以政府名义借入款项本期应承担的利息等。

（一）科目设置

为核算政府财政以政府名义发行的政府债券应支付的利息，以及以政府名义借入款项本期应承担的利息等，总会计应设置“应付利息”总账科目，并根据管理需要设置“应付国债利息”“应付地方政府债券利息”“应付地方政府主权外债利息”明细科目。本科目应根据债务管理部门计算并提供的政府债券及借入款项的应付利息情况，按期进行核算。本科目期末贷方余额反映政府财政应付未付的利息金额。

（二）账务处理

应付利息的主要账务处理如下（见表 13－3）：

（1）根据债务管理部门计算确定的本期应付未付利息金额，在财务会计上，借记“财务费用——利息费用”科目，贷记本科目。

（2）实际支付利息时，支付金额中已计提的部分，在财务会计上，借记本科目，未计提的部分，借记“财务费用——利息费用”科目，贷记“国库存款”“其他财政存款”等科目。在预算会计上，借记“一般公共预算支出”“政府性基金预算支出”等科目，贷记“资金结存——库款资金结存”“资金结存——专户资金结存”等科目。

（3）提前赎回已发行的政府债券、豁免政府财政承担的主权外债应付利息时，按照减少的当年已计提应付利息金额，在财务会计上，借记本科目，贷记“财务费用——利息费用”等科目。减少以前年度已计提但尚未支付的利息金额，借记本科目，贷记“以前年度盈余调整”科目。

（4）期末，政府发行的以外币计价的政府债券及借入款项由于汇率变化产生的应付利息折算差额，在财务会计上，借记或贷记“财务费用——汇兑损益”科目，贷记或借记本科目。

表 13－3　应付利息的账务处理

业务和会计事项	财务会计	预算会计
根据债务管理部门计算确定的本期应付未付利息金额	借：财务费用——利息费用 　贷：应付利息	—

续表

业务和会计事项	财务会计	预算会计
实际支付利息时	借：应付利息［已计提部分］ 　　财务费用——利息费用［未计提部分］ 　贷：国库存款/其他财政存款等	借：一般公共预算支出/政府性基金预算支出等 　贷：资金结存——库款资金结存/资金结存——专户资金结存等
提前赎回已发行的政府债券、豁免政府财政承担的主权外债应付利息时	借：应付利息 　贷：财务费用——利息费用［当年已计提但尚未支付］ 　　　以前年度盈余调整［以前年度已计提但尚未支付］	—
期末，政府发行的以外币计价的政府债券及借入款项由于汇率变化产生的应付利息折算差额	借或贷：财务费用——汇兑损益 　贷或借：应付利息	—

具体核算案例详见例 13－1 到例 13－3 和第十五章第二节中财务费用相关内容。

第三节　应付国库集中支付结余与应付及暂收款项

一、应付国库集中支付结余

应付国库集中支付结余是指省级以上（含省级）政府财政国库集中支付中，应列为当年费用，但年末尚未支付需结转下一年度支付的款项。

（一）科目设置

为核算省级以上（含省级）政府财政国库集中支付中，应列为当年费用，但年末尚未支付需结转下一年度支付的款项，总会计应设置“应付国库集中支付结余”总账科目，并按照预算单位进行明细核算；同时可根据管理需要，参照《政府收支分类科目》中支出经济分类科目进行明细核算。本科目期末贷方余额反映政府财政尚未支付的国库集中支付结余。

（二）账务处理

应付国库集中支付结余的主要账务处理如下（见表 13－4）：

（1）年末，对当年发生的应付国库集中支付结余，在财务会计上，借记有关费用科目，贷记本科目。在预算会计上，借记有关支出科目，贷记“资金结存——集中支付结余结存”科目。

（2）实际支付应付国库集中支付结余资金时，在财务会计上，借记本科目，贷记“国库存款”科目。在预算会计上，借记“资金结存——集中支付结余结存”科目，贷记

“资金结存——库款资金结存”科目。

（3）收回尚未支付的应付国库集中支付结余时，在财务会计上，借记本科目，贷记“以前年度盈余调整”等科目。在预算会计上，借记“资金结存——集中支付结余结存”科目，贷记有关支出科目。

表 13-4　应付利息的账务处理

业务和会计事项	财务会计	预算会计
年末，对当年发生的应付国库集中支付结余	借：有关费用科目 　贷：应付国库集中支付结余	借：有关支出科目 　贷：资金结存——集中支付结余结存
实际支付应付国库集中支付结余资金	借：应付国库集中支付结余 　贷：国库存款	借：资金结存——集中支付结余结存 　贷：资金结存——库款资金结存
收回尚未支付的应付国库集中支付结余	借：应付国库集中支付结余 　贷：以前年度盈余调整	借：资金结存——集中支付结余结存 　贷：有关支出科目

［**例 13-4**］年末，由于体制调整等因素，某省市场监督部门在工商行政管理专项任务上存在尚未使用的国库集中支付结余资金 110 000 元，资金性质为一般公共预算资金，所对应的费用科目为“政府机关商品和服务拨款费用”。省财政经分析后决定，该笔专项结余资金 110 000 元由省市场监督部门在次年继续用于改革后的相关专项任务。次年 3 月，省市场监督部门按照经批准的单位预算，通过财政国库集中支付方式将该笔专项结余资金 110 000 元全部用于单位的相关专项任务。总会计编制会计分录如下：

（1）年末，对当年形成的国库集中支付结余采用权责发生制列支时

财务会计：

借：政府机关商品和服务拨款费用　　110 000

　贷：应付国库集中支付结余　　110 000

预算会计：

借：一般公共预算支出　　110 000

　贷：资金结存——集中支付结余结存　　110 000

（2）次年，实际支付国库集中支付结余资金时

财务会计：

借：应付国库集中支付结余　　110 000

　贷：国库存款　　110 000

预算会计：

借：资金结存——集中支付结余结存　　110 000

　贷：资金结存——库款资金结存　　110 000

二、与上级往来

与上级往来是指本级政府财政与上级政府财政的往来待结算款项。

（一）科目设置

为核算本级政府财政与上级政府财政的往来待结算款项，总会计应设置“与上级往来”总账科目，并根据管理需要，按照往来款项的类别和项目等进行明细核算。本科目期末贷方余额反映本级政府财政欠上级政府财政的款项；借方余额反映上级政府财政欠本级政府财政的款项。

（二）账务处理

与上级往来的主要账务处理如下（见表 13-5）：

（1）收到上级政府财政拨付的款项时，在财务会计上，借记“国库存款”“其他财政存款”科目，贷记本科目。在预算会计上，借记“资金结存——库款资金结存”“资金结存——专户资金结存”科目，贷记“补助预算收入——上级调拨”科目。

（2）有主权外债业务的财政部门，贷款资金由本级政府财政同级部门使用，且贷款的最终还款责任由上级政府财政承担的。

1）本级政府财政收到贷款资金时，在财务会计上，借记“国库存款”“其他财政存款”等科目，贷记本科目或“补助收入”科目。在预算会计上，借记“资金结存——库款资金结存”“资金结存——专户资金结存”科目，贷记“补助预算收入——上级调拨”科目。

2）外方或上级政府财政将贷款资金直接支付给供应商或用款单位时，在财务会计上，借记有关费用科目，贷记本科目或“补助收入”科目。在预算会计上，借记有关支出科目，贷记“补助预算收入——上级调拨”科目。

（3）两级财政年终结算中确认的应当上交上级政府财政的款项，在财务会计上，借记“上解费用”科目，贷记本科目。在预算会计上，借记“上解预算支出”科目，贷记“补助预算收入——上级调拨”科目。

（4）两级财政年终结算中确认的应当由上级政府财政补助的款项，在财务会计上，借记本科目，贷记“补助收入”科目。在预算会计上，借记“补助预算收入——上级调拨”科目，贷记“补助预算收入——一般公共预算补助收入”“补助预算收入——政府性基金预算补助收入”“补助预算收入——国有资本经营预算补助收入”等科目。

（5）上级政府财政扣缴有关款项时，在财务会计上，借记有关科目，贷记本科目。在预算会计上，借记有关支出科目，贷记“补助预算收入——上级调拨”科目。

（6）归还上级政府财政的往来性款项时，按照实际归还的金额，在财务会计上，借记本科目，贷记“国库存款”“其他财政存款”等科目。在预算会计上，借记“补助预算收入——上级调拨”科目，贷记“资金结存——库款资金结存”“资金结存——专户资金结存”科目。

表 13-5　与上级往来的账务处理

业务和会计事项	财务会计	预算会计
收到上级政府财政拨付的款项时	借：国库存款/其他财政存款 贷：与上级往来	借：资金结存——库款资金结存/资金结存——专户资金结存 贷：补助预算收入——上级调拨

续表

<table>
<tr><th colspan="2">业务和会计事项</th><th>财务会计</th><th>预算会计</th></tr>
<tr><td rowspan="2">有主权外债业务的财政部门，贷款资金由本级政府财政同级部门使用，且贷款的最终还款责任由上级政府财政承担的</td><td>本级政府财政收到贷款资金时</td><td>借：国库存款/其他财政存款
贷：与上级往来/补助收入</td><td>借：资金结存——库款资金结存/资金结存——专户资金结存
贷：补助预算收入——上级调拨</td></tr>
<tr><td>如果外方或上级政府财政将贷款资金直接支付给供应商或用款单位时</td><td>借：有关费用科目
贷：与上级往来/补助收入</td><td>借：有关支出科目
贷：补助预算收入——上级调拨</td></tr>
<tr><td colspan="2">两级财政年终结算中确认的应当上交上级政府财政的款项</td><td>借：上解费用
贷：与上级往来</td><td>借：上解预算支出
贷：补助预算收入——上级调拨</td></tr>
<tr><td colspan="2">两级财政年终结算中确认的应当由上级政府财政补助的款项</td><td>借：与上级往来
贷：补助收入</td><td>借：补助预算收入——上级调拨
贷：补助预算收入——一般公共预算补助收入/补助预算收入——政府性基金预算补助收入/补助预算收入——国有资本经营预算补助收入</td></tr>
<tr><td colspan="2">上级政府财政扣缴有关款项</td><td>借：有关科目
贷：与上级往来</td><td>借：有关支出科目等
贷：补助预算收入——上级调拨</td></tr>
<tr><td colspan="2">归还上级政府财政的往来性款项时</td><td>借：与上级往来
贷：国库存款/其他财政存款等</td><td>借：补助预算收入——上级调拨
贷：资金结存——库款资金结存/资金结存——专户资金结存</td></tr>
</table>

［例 13－5］在财政体制结算中，某市财政应上交上级某省财政一般公共预算款项 270 000 元。市总会计应编制如下会计分录：

财务会计：

借：上解费用　　270 000

　贷：与上级往来　　270 000

预算会计：

借：上解预算支出——一般公共预算上解支出　　270 000

　贷：补助预算收入——上级调拨　　270 000

［例 13－6］某市财政因资金困难，临时向省财政借款 300 000 元。一个月后，市财政归还省财政借款 200 000 元，省财政将剩余的 100 000 元转作对市财政的补助。市总会计应编制如下会计分录：

（1）市财政向省财政借入款项时

财务会计：

借：国库存款　　300 000

　贷：与上级往来　　300 000

预算会计：

借：资金结存——库款资金结存　　300 000

贷：补助预算收入——上级调拨　　300 000

（2）一个月后，归还部分财政借款，并将剩余借款转作补助收入时

财务会计：

借：与上级往来　　300 000

贷：国库存款　　200 000

补助收入　　100 000

预算会计：

借：补助预算收入——上级调拨　　300 000

贷：资金结存——库款资金结存　　200 000

补助预算收入——一般公共预算补助收入　　100 000

三、其他应付款

其他应付款是指政府财政临时发生的暂收、应付、收到的不明性质款项和收回的结转结余资金等。

（一）科目设置

为核算政府财政临时发生的暂收、应付、收到的不明性质款项和收回的结转结余资金等，总会计应设置"其他应付款"总账科目。税务机关代征入库的社会保险费，也通过本科目核算。在明细科目上，本科目应按照债权人或资金来源等进行明细核算。本科目应当及时清理结算，期末贷方余额反映政府财政尚未结清的其他应付款项。

（二）账务处理

其他应付款的主要账务处理如下（见表13-6）：

（1）收到不明性质款项及收回结转结余资金时，在财务会计上，借记"国库存款""其他财政存款"等科目，贷记本科目。其中，如有涉及结转结余资金，在预算会计上，借记"资金结存——库款资金结存""资金结存——专户资金结存"等科目，贷记"待处理收入"科目。

（2）将有关款项清理退还、划转、转作收入时，在财务会计上，借记本科目，贷记"国库存款""其他财政存款"或有关收入科目。其中，如有款项转作预算收入，在预算会计上，借记"资金结存——库款资金结存"科目，贷记有关预算收入科目。

（3）社会保险费代征入库时，在财务会计上，借记"国库存款"科目，贷记本科目。入库的社会保险费划转社保基金专户时，借记本科目，贷记"国库存款"科目。

（4）收回的结转结余资金，财政部门按原预算科目使用的，实际安排支出时，在财务会计上，借记本科目，贷记"国库存款""其他财政存款"等科目。在预算会计上，借记"待处理收入""资金结存——待处理结存"等科目，贷记"资金结存——库款资金结存""资金结存——专户资金结存"等科目。

（5）收回的结转结余资金，财政部门调整预算科目使用的，实际安排支出时，在财

务会计上，借记本科目，贷记“以前年度盈余调整——预算管理资金以前年度盈余调整”等科目；同时，借记有关费用科目，贷记“国库存款”等科目。在预算会计上，借记“待处理收入”“资金结存——待处理结存”等科目，贷记“一般公共预算支出”[原结转预算科目]；同时，借记“一般公共预算支出”[新结转预算科目]，贷记“资金结存——库款资金结存”科目。

（6）有关款项确认冲减当年费用时，在财务会计上，借记本科目，贷记有关费用科目；有关款项确认冲减以前年度有关费用事项的，借记本科目，贷记“以前年度盈余调整——预算管理资金以前年度盈余调整”等科目。

表 13-6　其他应付款的账务处理

业务和会计事项	财务会计	预算会计
收到不明性质款项及收回结转结余资金	借：国库存款/其他财政存款等 贷：其他应付款	其中涉及结转结余资金时 借：资金结存——库款资金结存/资金结存——专户资金结存 贷：待处理收入
将有关款项清理退还、划转、转作收入	借：其他应付款 贷：国库存款/其他财政存款/有关收入科目	其中涉及转作预算收入时 借：资金结存——库款资金结存 贷：有关预算收入科目
社会保险费代征入库	借：国库存款 贷：其他应付款	—
入库的社会保险费划转社保基金专户	借：其他应付款 贷：国库存款	—
收回的结转结余资金，财政部门按原预算科目使用的，实际安排支出	借：其他应付款 贷：国库存款/其他财政存款等	借：待处理收入/资金结存——待处理结存 贷：资金结存——库款资金结存/专户资金结存
收回的结转结余资金，财政部门调整预算科目使用的，实际安排支出	借：其他应付款 贷：以前年度盈余调整——预算管理资金以前年度盈余调整 借：有关费用科目 贷：国库存款等	借：待处理收入/资金结存——待处理结存 贷：一般公共预算支出[原结转预算科目] 借：一般公共预算支出[新结转预算科目] 贷：资金结存——库款资金结存
有关款项确认冲减当年费用	借：其他应付款 贷：有关费用科目	—
有关款项确认冲减以前年度有关费用事项	借：其他应付款 贷：以前年度盈余调整——预算管理资金以前年度盈余调整	—

[**例 13-7**] 某市财政国库存款账户收到某单位性质不明的缴款 6 500 元。该市财政经查明，该单位性质不明的缴款 6 500 元属于误入，予以退回。总会计应编制如下会计分录：

（1）收到某单位性质不明的缴款时

财务会计：

借：国库存款 6 500

贷：其他应付款 6 500

（2）退回误入款项时

财务会计：

借：其他应付款 6 500

贷：国库存款 6 500

［**例 13-8**］某市财政部门收回同级政府A部门结转结余资金500 000元。总会计编制会计分录如下：

财务会计：

借：国库存款 500 000

贷：其他应付款 500 000

预算会计：

借：资金结存——库款资金结存 500 000

贷：待处理收入 500 000

第四节 应付转贷款、应付代管资金与其他负债

一、应付地方政府债券转贷款

应付地方政府债券转贷款是指地方政府财政从上级政府财政借入地方政府债券转贷款的本金和利息。

（一）科目设置

为核算地方政府财政从上级政府财政借入地方政府债券转贷款的本金和利息，总会计应设置“应付地方政府债券转贷款”总账科目，并设置“应付本金”和“应付利息”明细科目，其下可根据管理规定设置“地方政府一般债券”“地方政府专项债券”等明细科目。其中，“应付利息”科目通常应根据债务管理部门计算并提供的政府债券转贷款的应付利息情况，按期进行核算。本科目期末贷方余额反映本级政府财政尚未偿还的地方政府债券转贷款本金和利息。

（二）账务处理

应付地方政府债券转贷款的主要账务处理如下（见表13-7）：

（1）上级政府财政转贷地方政府债券资金时，按照实际收到的金额或债务管理部门转来的相关资料，在财务会计上，借记“国库存款”“与上级往来”等科目，按照转贷本金金额，贷记本科目，按照其差额，借记或贷记有关费用科目。在预算会计上，按照实

际收到的金额或债务管理部门确认的金额，借记“资金结存——库款资金结存”“补助预算收入——上级调拨”等科目，贷记“债务转贷预算收入”科目；实际收到的金额与债务管理部门确认的到期应偿还转贷款本金之间的差额，借记或贷记有关支出科目。

（2）按期确认地方政府债券转贷款的应付利息时，根据债务管理部门计算确定的本期应付未付利息金额，在财务会计上，借记“财务费用——利息费用”科目，贷记本科目。

（3）偿还本级政府财政承担的地方政府债券转贷款本息时，在财务会计上，借记本科目，贷记“国库存款”“其他财政存款”等科目。在预算会计上，借记“一般公共预算支出”“债务还本预算支出”科目，贷记“资金结存——库款资金结存”“资金结存——专户资金结存”“补助预算收入——上级调拨”等科目。

（4）上级政府财政扣缴地方政府债券转贷款本息时，在财务会计上，借记本科目，贷记“与上级往来”等科目。在预算会计上，借记“一般公共预算支出”“债务还本预算支出”科目，贷记“补助预算收入——上级调拨”科目。

（5）上级政府财政豁免转贷款本息时，根据债务管理部门转来的有关资料及有关预算文件，按照豁免金额，在财务会计上，借记本科目，贷记“补助收入”“与上级往来”等科目。在预算会计上，借记“资金结存——上下级调拨结存”科目，贷记“补助预算收入——上级调拨”科目。

表 13-7　应付地方政府债券转贷款的账务处理

业务和会计事项	财务会计	预算会计
上级政府财政转贷地方政府债券资金时	借：国库存款/与上级往来 有关费用科目［借差］ 贷：应付地方政府债券转贷款 有关费用科目［贷差］	借：资金结存——库款资金结存 补助预算收入——上级调拨 借或贷：有关支出科目 贷：债务转贷预算收入
按期确认地方政府债券转贷款的应付利息时	借：财务费用——利息费用 贷：应付地方政府债券转贷款	—
偿还本级政府财政承担的地方政府债券转贷款本息时	借：应付地方政府债券转贷款 贷：国库存款/其他财政存款	借：一般公共预算支出 债务还本预算支出 贷：资金结存——库款资金结存/ 资金结存——专户资金结存 补助预算收入——上级调拨
上级政府财政扣缴地方政府债券转贷款本息时	借：应付地方政府债券转贷款 贷：与上级往来等	借：一般公共预算支出 债务还本预算支出 贷：补助预算收入——上级调拨
上级政府财政豁免转贷款本息时	借：应付地方政府债券转贷款 贷：补助收入/与上级往来等	借：资金结存——上下级调拨结存 贷：补助预算收入——上级调拨

［**例 13-9**］某省财政发行一批地方政府债券。同时，向所属下级某市财政转贷 200 000 000 元，用以支持该市政府的一项基础设施建设。该转贷款项每年利息费用为 6 000 000 元，转贷期限为 2 年，每年支付一次利息。市总会计应编制如下会计分录：

（1）收到上级省政府财政转贷省政府债券款项时

财务会计：

借：国库存款　200 000 000

　贷：应付地方政府债券转贷款——应付本金　200 000 000

预算会计：

借：资金结存——库款资金结存　200 000 000

　贷：债务转贷预算收入　200 000 000

（2）每年确认省政府债券转贷款的应付利息时

财务会计：

借：财务费用——利息费用　6 000 000

　贷：应付地方政府债券转贷款——应付利息　6 000 000

（3）按时支付由市政府财政承担的省政府债券转贷款利息时

财务会计：

借：应付地方政府债券转贷款——应付利息　6 000 000

　贷：国库存款　6 000 000

预算会计：

借：一般公共预算支出　6 000 000

　贷：资金结存——库款资金结存　6 000 000

（4）按时偿还由市政府财政承担的省政府债券转贷款本金时

财务会计：

借：应付地方政府债券转贷款——应付本金　200 000 000

　贷：国库存款　200 000 000

预算会计：

借：债务还本预算支出　200 000 000

　贷：资金结存——库款资金结存　200 000 000

二、应付主权外债转贷款

应付主权外债转贷款是指本级政府财政从上级政府财政借入主权外债转贷款的本金和利息。其科目设置与账务处理详见二维码。

应付主权外债转贷款的科目设置与账务处理

三、应付代管资金

应付代管资金是指政府财政代为管理的使用权属于被代管主体的资金。

（一）科目设置

为核算政府财政代为管理的使用权属于被代管主体的资金，总会计应设置“应付代管资金”总账科目，并根据管理需要进行相关明细核算。本科目期末贷方余额反映政府财政尚未支付的代管资金。

（二）账务处理

应付代管资金的主要账务处理如下（见表13-8）：

（1）收到代管资金时，在财务会计上，借记“其他财政存款”等科目，贷记本科目。

（2）支付代管资金时，在财务会计上，借记本科目，贷记“其他财政存款”等科目。

（3）代管资金产生的利息收入按照有关规定仍属于代管资金的，在财务会计上，借记“其他财政存款”等科目，贷记本科目。

表13-8　应付代管资金的账务处理

业务和会计事项	财务会计	预算会计
收到代管资金时	借：其他财政存款等 　贷：应付代管资金	—
支付代管资金时	借：应付代管资金 　贷：其他财政存款等	—
代管资金产生的利息收入按照有关规定仍属于代管资金的	借：其他财政存款等 　贷：应付代管资金	—

［**例13-10**］某日，财政代管银行存款账户收到预算单位缴入的代管资金9 000元。次日，有关预算单位使用财政代管资金，财政部门通过财政代管银行存款账户为其支付代管资金7 400元。总会计应编制如下会计分录：

（1）收到代管资金时

财务会计：

借：其他财政存款　　9 000

　贷：应付代管资金　　9 000

（2）支付代管资金时

财务会计：

借：应付代管资金　　7 400

　贷：其他财政存款　　7 400

四、其他负债

其他负债是指政府财政因有关政策明确要求其承担支出责任的事项而形成的支付义务。

（一）科目设置

为核算政府财政因有关政策明确要求其承担支出责任的事项而形成的支付义务，总会计应设置“其他负债”总账科目，并可根据管理需要，按照项目等进行明细核算。

本科目贷方余额反映政府财政承担的尚未支付的其他负债余额。

（二）账务处理

其他负债的主要账务处理如下（见表 13－9）：

（1）政策明确由政府财政承担支出责任的其他负债，按照确定应承担的负债金额，在财务会计上，借记“其他费用”科目，贷记本科目。

（2）期末，根据债务管理部门转来的其他负债期末余额与账面余额的差额，在财务会计上，借记或贷记本科目，贷记或借记“其他费用”科目。

表 13－9　其他负债的账务处理

业务和会计事项	财务会计	预算会计
政策明确由政府财政承担支出责任的其他负债	借：其他费用 　贷：其他负债	—
期末，根据债务管理部门转来的其他负债期末余额与账面余额的差额	借：其他负债 　贷：其他费用 　　或作反方向会计分录	—

［例 13－11］ 根据上级文件，某市财政确认因有关政策明确要求其承担支出责任形成的其他负债 100 000 元。数日后，通过安排一般公共预算资金来偿付该项其他负债，并计入一般公共预算支出及相关明细科目。总会计应编制会计分录如下：

（1）确认其他负债时

财务会计：

借：其他费用　　100 000

　贷：其他负债　　100 000

（2）偿付其他负债时

财务会计：

借：其他负债　　100 000

　贷：国库存款　　100 000

预算会计：

借：一般公共预算支出　　100 000

　贷：资金结存——库款资金结存　　100 000

思考题

1. 什么是应付短期政府债券？如何核算应付短期政府债券？
2. 什么是应付国库集中支付结余？如何核算应付国库集中支付结余？
3. 与上级往来的核算内容是什么？
4. 什么是应付长期政府债券？如何核算应付长期政府债券？
5. 什么是应付转贷款？如何核算应付转贷款？

实训题

1. 某省财政发生如下经济业务，请编制相应的会计分录：

(1) 在上下级财政资金结算中，应上解中央财政款项 6 800 元。

(2) 以国库存款上缴与上级往来款项 6 800 元。

(3) 在上下级财政资金结算中，应获得中央财政补助资金 18 000 元。

(4) 收到与上级往来款项 18 000 元。

2. 某省及其所属某市财政发生如下经济业务，请编制省财政总会计的会计分录：

(1) 省财政按时收到所属市财政上缴的省政府债券转贷款还本资金 40 000 元、债券付息资金 800 元，收到款项共计 40 800（＝40 000＋800）元。收到的转贷款利息中，已确认的应收利息金额为 370 元。

(2) 年末，省工商部门的市场监督管理专项活动尚在进行中。由于用款进度的原因，当年未能实现支出 6 100 元，形成国库集中支付结余资金 6 100 元，资金性质为一般公共预算资金。省财政经分析后决定，省工商部门的该专项市场监督管理活动结余资金 6 100 元在次年继续用于相关的专项活动。

3. 某省财政发生如下经济业务，请编制相应的会计分录：

省财政发行一批 5 年期记账式固定利率附息地方政府一般债券，计划发行面值 800 000 元，每年支付一次利息，到期偿还本金并支付最后一年利息。该期债券采用单一价格招标方式，标的为利率，各中标承销团成员按债券面值承销。经招投标程序确定的债券票面利率为 2.8%，实际发行债券面值金额为 800 000 元，实际收到债券发行收入 800 000 元，经确认的到期应付债券本金金额为 800 000 元，债券实际发行额为 800 000 元。该期债券发行后上市交易。省财政向相关债券承销团成员按承销债券面值的 0.1%支付债券发行手续费共计 800 元。3 个月后到达期末，该期债券计算 3 个月的应付利息5 600 元。1 年后该期债券到达付息日，省财政支付 1 年的到期债券利息 22 400（＝800 000×2.8%）元。5 年后该期债券到达还本付息日，省财政按债券面值偿还本金 800 000 元，并支付最后一年的到期债券利息 22 400 元。

4. 某市财政 202×年发生如下经济业务，请编制相应的会计分录：上级某省财政发行一批地方政府一般债券。同时，向本市财政转贷 550 000 元，用以支持本市政府的生态环境保护建设。该转贷款每年利息费用为 6 000 元，转贷期限为 2 年，每年支付一次利息。

第十四章

总会计的收入与预算收入核算

本章学习目标：

1. 理解总会计中收入与预算收入的概念差异
2. 知晓总会计各项收入与预算收入的具体构成
3. 掌握总会计各项收入与预算收入的核算方法

第一节　收入与预算收入概述

一、收入的核算类别

总会计核算的收入包括税收收入、非税收入、投资收益、转移性收入、其他收入、财政专户管理资金收入和专用基金收入等。

税收收入是指政府财政筹集的纳入本级财政管理的税收收入。

非税收入是指政府财政筹集的纳入本级财政管理的非税收入。

投资收益是指政府持有股权投资所实现的收益或发生的损失。

转移性收入是指在各级政府财政之间进行资金调拨所形成的收入，包括补助收入、上解收入和地区间援助收入等。其中，补助收入是指上级政府财政按照财政体制规定或专项需要补助给本级政府财政的款项。上解收入是指按照财政体制规定或专项需要由下级政府财政上交给本级政府财政的款项。地区间援助收入是指受援方政府财政收到援助方政府财政转来的可统筹使用的各类援助、捐赠等资金收入。

其他收入是指政府财政从其他渠道调入资金、豁免主权外债偿还责任，以及无偿取得股权投资等产生的收入。

财政专户管理资金收入是指政府财政纳入财政专户管理的教育收费等资金收入。

专用基金收入是指政府财政根据法律法规等规定设立的各项专用基金（包括粮食风险基金等）取得的资金收入。

二、预算收入的核算类别

总会计核算的预算收入包括一般公共预算收入、政府性基金预算收入、国有资本经营预算收入、财政专户管理资金收入、专用基金收入、转移性预算收入、动用预算稳定调节基金、债务预算收入、债务转贷预算收入和待处理收入等。

一般公共预算收入是指政府财政筹集的纳入本级一般公共预算管理的税收收入和非税收入。

政府性基金预算收入是指政府财政筹集的纳入本级政府性基金预算管理的非税收入。

国有资本经营预算收入是指政府财政筹集的纳入本级国有资本经营预算管理的非税收入。

财政专户管理资金收入是指政府财政纳入财政专户管理的教育收费等资金收入。

专用基金收入是指政府财政根据法律法规等规定设立各项专用基金（包括粮食风险基金等）取得的资金收入。

转移性预算收入是指在各级政府财政之间进行资金调拨以及在本级政府财政不同类型资金之间调剂所形成的收入，包括补助预算收入、上解预算收入、地区间援助预算收入和调入预算资金等。其中，补助预算收入是指上级政府财政按照财政体制规定或专项需要补助给本级政府财政的款项，包括返还性收入、一般性转移支付收入和专项转移支付收入等。上解预算收入是指按照财政体制规定或专项需要由下级政府财政上交给本级政府财政的款项。地区间援助预算收入是指受援方政府财政收到援助方政府财政转来的可统筹使用的各类援助、捐赠等资金收入。调入预算资金是指政府财政为平衡某类预算收支，从其他类型预算资金及其他渠道调入的资金。

动用预算稳定调节基金是指政府财政为弥补一般公共预算收支缺口动用的预算稳定调节基金。

债务预算收入是指政府财政根据法律法规等规定，通过发行债券、向外国政府和国际金融组织借款等方式筹集的纳入预算管理的资金收入。

债务转贷预算收入是指本级政府财政收到的上级政府财政转贷的债务收入。

待处理收入是指本级政府财政收回的部门预算结转结余资金和转移支付结转资金。

收入与预算收入的类别及其大致对应关系可见表 14－1。

表 14－1　收入与预算收入的类别及其大致对应关系

收入类别	预算收入类别
税收收入	一般公共预算收入
非税收入	一般公共预算收入/政府性基金预算收入/国有资本经营预算收入
投资收益	一般公共预算收入/国有资本经营预算收入
其他收入（不含从其他资金渠道调入一般公共预算或政府性基金预算的其他收入）	—

续表

收入类别	预算收入类别
其中：从其他资金渠道调入一般公共预算或政府性基金预算的其他收入	转移性预算收入
财政专户管理资金收入	财政专户管理资金收入
专用基金收入	专用基金收入
转移性收入	转移性预算收入（其中：不同类型预算资金之间的调入预算收入不构成财务会计的收入）
—	动用预算稳定调节基金
—	债务预算收入/债务转贷预算收入
—	待处理收入

三、收入与预算收入的核算基础

（一）收入的核算基础

总会计核算的收入，应当按照开具票据金额或实际取得金额进行计量。

（二）预算收入的核算基础

总会计核算的一般公共预算收入、政府性基金预算收入、国有资本经营预算收入、财政专户管理资金收入和专用基金收入应当按照实际收到的金额入账。中央政府财政年末可按有关规定对部分收入事项采用权责发生制核算。

转移性预算收入应当按照财政体制的规定和预算管理需要，按实际发生的金额入账。

债务预算收入应当按照实际发行额或借入的金额入账。

债务转贷预算收入应当按照实际收到的转贷金额入账。

待处理收入应当按照实际收到的金额入账。

在县以上（含县本级），各级财政的各项预算收入（含固定收入与共享收入）以缴入基层国库数额为准。在县以下，已建乡（镇）国库的地区，乡（镇）财政的本级收入以乡（镇）国库收到数为准；未建乡（镇）国库的地区，乡（镇）财政的本级收入以乡（镇）总会计收到县级财政返还税额为准。

第二节　税收收入、非税收入与对应的预算收入

根据我国的预算制度，各级政府筹集的税收收入纳入一般公共预算管理，构成一般公共预算收入；非税收入则需视具体情况而定，分别纳入一般公共预算、政府性基金预

算和国有资本预算管理，构成一般公共预算收入、政府性基金预算收入和国有资本经营预算收入。

一、税收收入与一般公共预算收入

所谓税收收入是指政府财政筹集的纳入本级财政管理的税收收入。

所谓一般公共预算收入是指政府财政筹集的纳入本级一般公共预算管理的税收收入和非税收入。

(一) 科目设置

在财务会计上，总会计应设置“税收收入”总账科目来核算政府财政筹集的纳入本级财政管理的税收收入，并参照《政府收支分类科目》中“税收收入”科目进行明细核算。本科目平时贷方余额反映本级政府财政税收收入的累计数。期末结转后，本科目应无余额。

在预算会计上，为核算政府财政筹集的纳入本级一般公共预算管理的税收收入和非税收入，总会计应当设置“一般公共预算收入”总账科目，并根据《政府收支分类科目》中“一般公共预算收入”科目进行明细核算。本科目平时贷方余额反映本级一般公共预算收入的累计数。期末结转后，本科目应无余额。

(二) 账务处理

(1) 收到款项时，根据当日收入日报表所列本级税收收入数，在财务会计上，借记“国库存款”科目，贷记“税收收入”科目。在预算会计上，借记“资金结存——库款资金结存”科目，贷记“一般公共预算收入”科目。

(2) 年终转账时，在财务会计上，“税收收入”科目贷方余额转入本期盈余，借记本科目，贷记“本期盈余——预算管理资金本期盈余”科目；在预算会计上，“一般公共预算收入”科目贷方余额转入一般公共预算结转结余，借记本科目，贷记“一般公共预算结转结余”科目。

具体见表 14-2。

表 14-2　税收收入与一般公共预算收入的账务处理

业务和会计事项	财务会计	预算会计
收到款项时，根据当日收入日报表所列本级税收收入数	借：国库存款 　贷：税收收入	借：资金结存——库款资金结存 　贷：一般公共预算收入
年终转账时	借：税收收入 　贷：本期盈余——预算管理资金本期盈余	借：一般公共预算收入 　贷：一般公共预算结转结余

[例 14-1] 某市财政收到中国人民银行国库报来的收入日报表，当日共收到税收收入 315 000 元。总会计编制会计分录如下：

财务会计：

借：国库存款　　　　　　　　　　　　　　　　315 000

　贷：税收收入　　　　　　　　　　　　　　　　315 000

预算会计：

借：资金结存——库款资金结存　　　　　　　　315 000

　贷：一般公共预算收入　　　　　　　　　　　　315 000

［例14-2］某市财政经年终结算，在财务会计上，“税收收入”科目贷方余额累计数为100 000 000元，现将其转入本期盈余。在预算会计上，“一般公共预算收入”科目贷方余额为150 000 000元，现将其转入一般公共预算结转结余。总会计编制年终转账分录如下：

财务会计：

借：税收收入　　　　　　　　　　　　　　　　100 000 000

　贷：本期盈余——预算管理资金本期盈余　　　　100 000 000

预算会计：

借：一般公共预算收入　　　　　　　　　　　　150 000 000

　贷：一般公共预算结转结余　　　　　　　　　　150 000 000

二、非税收入与对应的预算收入

非税收入是指政府财政筹集的纳入本级财政管理的非税收入，并根据预算类型的不同，分别构成一般公共预算收入、政府性基金预算收入和国有资本经营预算收入。其中，政府性基金预算收入是指政府财政筹集的纳入本级政府性基金预算管理的非税收入；国有资本经营预算收入是指政府财政筹集的纳入本级国有资本经营预算管理的非税收入。

（一）科目设置

在财务会计上，总会计应设置“非税收入”总账科目来核算政府财政筹集的纳入本级财政管理的非税收入，并应参照《政府收支分类科目》中“非税收入”科目进行明细核算。本科目平时贷方余额反映本级政府财政非税收入的累计数。期末结转后，本科目应无余额。

在预算会计上，除上述“一般公共预算收入”科目外，总会计还应设置“政府性基金预算收入”科目和“国有资本经营预算收入”科目。

为核算政府财政筹集的纳入本级政府性基金预算管理的非税收入，总会计应设置“政府性基金预算收入”的总账科目，并根据《政府收入分类科目》中“政府性基金预算收入”科目进行明细核算。本科目平时贷方余额反映本级政府性基金预算收入的累计数。期末结转后，本科目应无余额。

为核算政府财政筹集的纳入本级国有资本经营预算管理的非税收入，总会计应设置

“国有资本经营预算收入”总账科目。本科目根据《政府收支分类科目》中“国有资本经营预算收入”科目进行明细核算。本科目平时贷方余额反映本级国有资本经营预算收入的累计数。期末结转后，本科目应无余额。

（二）账务处理

（1）取得非税收入时，按照实际收到的非税收入金额，在财务会计上，借记“国库存款”科目，贷记“非税收入”科目；在预算会计上，借记“资金结存——库款资金结存”科目，贷记“一般公共预算收入”“政府性基金预算收入”“国有资本经营预算收入”等科目。

（2）全部实行非税收入电子化管理，非税收入管理部门具备条件提供已开具缴款票据、尚未缴入本级国库的非税收入数据的地区，按照本级应收的非税收入金额，借记“应收非税收入”科目，贷记“非税收入”科目。

（3）期末，非税收入管理部门应提供已列应收非税收入中确认不能缴库的金额，借记本科目，贷记“应收非税收入”科目。

（4）年终转账时，在财务会计上，“非税收入”科目贷方余额转入本期盈余，借记本科目，贷记“本期盈余——预算管理资金本期盈余”科目；在预算会计上，“一般公共预算收入”“政府性基金预算收入”“国有资本经营预算收入”科目贷方余额转入各自的预算结转结余科目，借记有关预算收入科目，贷记有关预算结转结余科目。

具体见表 14－3。

表 14－3　非税收入与对应的预算收入的账务处理

<table>
<tr><th colspan="2">业务和会计事项</th><th>财务会计</th><th>预算会计</th></tr>
<tr><td rowspan="2">确认取得非税收入</td><td>按照实际收到的非税收入</td><td>借：国库存款
贷：非税收入</td><td>借：资金结存——库款资金结存
贷：一般公共预算收入/政府性基金预算收入/国有资本经营预算收入等</td></tr>
<tr><td>非税收入管理部门具备条件提供已开具缴款票据、尚未缴入本级国库的非税收入数据的地区，按照本级应收的非税收入</td><td>借：应收非税收入
贷：非税收入</td><td>—</td></tr>
<tr><td colspan="2">非税收入管理部门提供已列应收非税收入中确认不能缴库的金额</td><td>借：非税收入
贷：应收非税收入</td><td>—</td></tr>
<tr><td colspan="2">年终转账</td><td>借：非税收入
贷：本期盈余——预算管理资金本期盈余</td><td>借：一般公共预算收入
贷：一般公共预算结转结余
借：政府性基金预算收入
贷：政府性基金预算结转结余
借：国有资本经营预算收入
贷：国有资本经营预算结转结余</td></tr>
</table>

［例 14-3］某市财政收到国库报来的收入日报表，当日共收到非税收入 500 000 元。其中，纳入一般公共预算管理的非税收入 100 000 元，纳入政府性基金预算管理的非税收入 350 000 元，纳入国有资本经营预算的非税收入 50 000 元。总会计编制会计分录如下：

财务会计：

借：国库存款　　500 000

　贷：非税收入　　500 000

预算会计：

借：资金结存——库款资金结存　　500 000

　贷：一般公共预算收入　　100 000

　　政府性基金预算收入　　350 000

　　国有资本经营预算收入　　50 000

［例 14-4］某市财政全部实行非税收入电子化管理。某日，总会计收到非税收入管理部门报来的相关资料表明，当日已开具缴款票据但尚未缴入本级国库的非税收入 50 000 元。总会计编制会计分录如下：

财务会计：

借：应收非税收入　　50 000

　贷：非税收入　　50 000

［例 14-5］某市财政经年终结算，在财务会计上，“非税收入”科目贷方余额为 300 000 000 元，现将其转入本期盈余。在预算会计上，“一般公共预算收入”科目贷方余额为 500 000 000 元，“政府性基金预算收入”科目贷方余额为 150 000 000 元，“国有资本经营预算收入”科目贷方余额为 50 000 000 元，现将其转入各自的预算结转结余科目。

总会计编制年终转账会计分录如下：

财务会计：

借：非税收入　　300 000 000

　贷：本期盈余——预算管理资金本期盈余　　300 000 000

预算会计：

借：一般公共预算收入　　500 000 000

　贷：一般公共预算结转结余　　500 000 000

借：政府性基金预算收入　　150 000 000

　贷：政府性基金预算结转结余　　150 000 000

借：国有资本经营预算收入　　50 000 000

　贷：国有资本经营预算结转结余　　50 000 000

第三节　投资收益、其他收入与对应的预算收入

一、投资收益与对应的预算收入

投资收益是指政府持有股权投资所实现的收益或发生的损失。并且，投资收益所形成的现金的流入会纳入不同预算进行管理，分别构成一般公共预算收入和国有资本经营预算收入。

（一）科目设置

在财务会计上，为核算政府持有股权投资所实现的收益或发生的损失，总会计应设置“投资收益”总账科目，并可根据管理需要，按照被投资主体进行明细核算。期末结转后，本科目应无余额。

在预算会计上，一般公共预算收入和国有资本经营预算收入的具体科目设置参见本章第二节。

（二）账务处理

这里重点介绍权益法下投资收益的主要账务处理（见表 14－4），成本法的账务处理详见二维码。

成本法下投资收益的账务处理

（1）股权投资持有期间，被投资主体实现净损益的，根据股权管理部门提供的资料，按照应享有或应分担的被投资主体实现净损益的份额，在财务会计上，借记或贷记“股权投资——损益调整”科目，贷记或借记“投资收益”科目。

（2）处置股权投资时，根据股权管理部门提供的资料，按照处置收回的金额，在财务会计上，借记“国库存款”科目，按照已宣告尚未领取的现金股利或利润，贷记“应收股利”科目，按照被处置股权投资的账面余额，贷记“股权投资——投资成本”“股权投资——损益调整”科目，按照借贷方差额，贷记或借记“投资收益”科目；同时，按照被处置股权投资对应的“权益法调整”科目账面余额，借记或贷记“权益法调整”科目，贷记或借记“股权投资——其他权益变动”科目。在预算会计上，借记“资金结存——库款资金结存”科目，贷记“一般公共预算收入”“政府性基金预算收入”“国有资本经营预算收入”等科目。

（3）企业破产清算时，按照缴入国库清算收入的金额，在财务会计上，借记“国库存款”科目，按照破产清算股权投资的账面余额，贷记“股权投资——投资成本”“股权投资——损益调整”科目，按照其差额，借记或贷记“投资收益”科目；同时，按照破产清算企业股权投资对应的“权益法调整”科目账面余额，借记或贷记“权益法调整”科目，贷记或借记“股权投资——其他权益变动”科目。在预算会计上，借记“资金结存——库款资金结存”科目，贷记“一般公共预算收入”“政府性基金预算收入”“国有

资本经营预算收入”等科目。

（4）年终转账时，在财务会计上，“投资收益”科目余额转入本期盈余，借记或贷记本科目，贷记或借记“本期盈余——预算管理资金本期盈余”科目。在预算会计上，如果取得一般公共预算收入或政府性基金预算收入，借记“一般公共预算收入”“政府性基金预算收入”“国有资本经营预算收入”等科目，贷记“一般公共预算结转结余”“政府性基金预算结转结余”“国有资本经营预算结转结余”等科目。

表 14－4　权益法下投资收益的账务处理

<table>
<tr><th colspan="2">业务和会计事项</th><th>财务会计</th><th>预算会计</th></tr>
<tr><td rowspan="3">采用权益法核算</td><td>股权投资持有期间，被投资主体实现净损益</td><td>借：股权投资——损益调整
　贷：投资收益
或作反方向会计分录</td><td>—</td></tr>
<tr><td>处置股权投资</td><td>借：国库存款
　　投资收益［借差］
　贷：应收股利
　　　股权投资——投资成本
　　　　　　　——损益调整
　　　投资收益［贷差］
借或贷：权益法调整
　贷或借：股权投资——其他权益变动</td><td>借：资金结存——库款资金结存
　贷：一般公共预算收入/政府性基金预算收入/国有资本经营预算收入等</td></tr>
<tr><td>企业破产清算</td><td>借：国库存款
　　投资收益［借差］
　贷：股权投资——投资成本
　　　　　　　——损益调整
　　　投资收益［贷差］
借或贷：权益法调整
　贷或借：股权投资——其他权益变动</td><td>借：资金结存——库款资金结存
　贷：一般公共预算收入/政府性基金预算收入/国有资本经营预算收入等</td></tr>
<tr><td colspan="2">年终转账</td><td>借：投资收益
　贷：本期盈余——预算管理资金本期盈余
或作反方向会计分录</td><td>借：一般公共预算收入/政府性基金预算收入/国有资本经营预算收入等
　贷：一般公共预算结转结余/政府性基金预算结转结余/国有资本经营预算结转结余等</td></tr>
</table>

［例 14－6］ 某市财政持有 A 产业基金 60%的股权，采用权益法核算。当年年末，A 产业基金实现净利润 1 000 000 元。总会计根据股权管理部门提供的资料，确认相应份额的投资收益，并编制会计分录如下：

财务会计：

借：股权投资——损益调整　　　　600 000

　贷：投资收益　　　　600 000

［例 14－7］ 接上例，根据市政府的决定，该市财政对外转让 A 产业基金的股权。根

据股权管理部门提供的资料，实际收到金额 200 000 000 元，资金纳入国有资本经营预算管理。其中，“股权投资——投资成本”科目借方余额 150 000 000 元，“股权投资——损益调整”科目借方余额 30 000 000 元。总会计编制会计分录如下：

财务会计：

借：国库存款　　200 000 000

　贷：股权投资——投资成本　　150 000 000

　　　　　　——损益调整　　30 000 000

　　　投资收益　　20 000 000

预算会计：

借：资金结存——库款资金结存　　200 000 000

　贷：国有资本经营预算收入　　200 000 000

[例 14-8] 某县财政经年终结算，在财务会计上，“投资收益”科目贷方余额为 500 000 元，现将其全数转入本期盈余。在预算会计上，“一般公共预算收入”科目贷方余额为 150 000 000 元，“政府性基金预算收入”科目贷方余额为 30 000 000 元，先将其转入相应的预算结转结余。总会计应编制会计分录如下：

财务会计：

借：投资收益　　500 000

　贷：本期盈余——预算管理资金本期盈余　　500 000

预算会计：

借：一般公共预算收入　　150 000 000

　贷：一般公共预算结转结余　　150 000 000

借：政府性基金预算收入　　30 000 000

　贷：政府性基金预算结转结余　　30 000 000

二、其他收入与对应的预算收入

其他收入是指政府财政从其他渠道调入资金、豁免主权外债偿还责任以及无偿取得股权投资等产生的收入。其中，从其他渠道调入资金产生的现金流流入，构成预算会计上的转移性预算收入，并记入“调入预算资金”科目；反之，豁免主权外债偿还责任和无偿取得股权投资等产生的收入，由于不存在纳入预算管理的现金流的流入，则不构成预算收入。

（一）科目设置

在财务会计上，为核算政府财政除税收收入、非税收入、投资收益、补助收入、上解收入、地区间援助收入、财政专户管理资金收入、专用基金收入以外的各项收入，包括从其他渠道调入资金、豁免主权外债偿还责任以及无偿取得股权投资等产生的收入，总会计应设置“其他收入”总账科目，并可根据管理需要，按照其他收入类别等进行明细核算。本科目平时贷方余额反映本级政府财政其他收入的累计数。期末结转后，本科目应无余额。

在预算会计上，为核算政府财政为平衡某类预算收支，从其他类型预算资金及其他渠道调入的资金，总会计应设置“调入预算资金”总账科目，并按照不同资金性质设置“一般公共预算调入资金”“政府性基金预算调入资金”明细科目。本科目平时贷方余额反映调入预算资金的累计数。期末结转后，本科目应无余额。

需要特别说明的是，上述关于“调入预算资金”的定义中，只有从其他渠道调入的资金才构成其他收入，而从其他类型预算资金调入的资金则不构成财务会计上的收入。

(二) 账务处理

其他收入的主要账务处理如下（见表 14－5）：

(1) 从其他渠道调入资金时，按照调入的金额，在财务会计上，借记“国库存款”科目，贷记“其他收入”科目。在预算会计上，借记“资金结存——库款资金结存”科目，贷记“调入预算资金”科目。

(2) 债权人豁免政府财政承担的主权外债时，政府财政按照减少的债务金额，在财务会计上借记“借入款项”等科目，贷记“其他收入”科目。

(3) 无偿划入股权投资时，账务处理参照“股权投资”科目使用说明中权益法和成本法下对应业务的账务处理。

(4) 年终转账时，在财务会计上，“其他收入”科目贷方余额转入本期盈余，借记“其他收入”科目，贷记“本期盈余——预算管理资金本期盈余”科目。在预算会计上，如有从其他渠道调入资金的情况，将“调入预算资金”科目转入相应的预算结转结余科目，借记“调入预算资金”，贷记“一般公共预算结转结余”“政府性基金预算结转结余”等科目。

表 14－5　其他收入的账务处理

业务和会计事项	财务会计	预算会计
从其他渠道调入资金时	借：国库存款 　贷：其他收入	借：资金结存——库款资金结存 　贷：调入预算资金——一般公共预算调入资金/调入预算资金——政府性基金预算调入资金
债权人豁免政府财政承担的主权外债时	借：借入款项等 　贷：其他收入	—
年终转账时	借：其他收入 　贷：本期盈余——预算管理资金本期盈余	在本年度存在从其他渠道调入资金的情况下 借：调入预算资金 　贷：一般公共预算结转结余 　　政府性基金预算结转结余

［**例 14－9**］某市财政为平衡一般公共预算，从其他渠道调入一笔资金，金额为 45 000 元。总会计编制会计分录如下：

财务会计：

借：国库存款　　　　45 000

贷：其他收入　　45 000

预算会计：

借：资金结存——库款资金结存　　45 000

贷：调入预算资金——一般公共预算调入资金　　45 000

[例 14－10] 某县财政收到上级财政部门的通知，其借入的主权外债转贷款本金 2 000 000 元，现予以豁免。总会计编制会计分录如下：

财务会计：

借：借入款项　　2 000 000

贷：其他收入　　2 000 000

[例 14－11] 某市财政经年终结算，在财务会计上，“其他收入”科目贷方余额为 500 000 元，现将其全数转入本期盈余。在预算会计上，当年从其他渠道调入资金到一般公共预算的金额为 100 000 元，从其他渠道调入资金到政府性基金预算的金额为 250 000 元，现将其转入相应的预算结余科目。总会计应编制会计分录如下：

财务会计：

借：其他收入　　500 000

贷：本期盈余——预算管理资金本期盈余　　500 000

预算会计：

借：调入预算资金——一般公共预算调入资金　　100 000

贷：一般公共预算结转结余　　100 000

借：调入预算资金——政府性基金预算调入资金　　250 000

贷：政府性基金预算结转结余　　250 000

第四节　转移性收入与转移性预算收入

转移性收入是指在各级政府财政之间进行资金调拨所形成的收入，包括补助收入、上解收入和地区间援助收入等。其中，补助收入是指上级政府财政按照财政体制规定或专项需要补助给本级政府财政的款项。上解收入是指按照财政体制规定或专项需要由下级政府财政上交给本级政府财政的款项。地区间援助收入是指受援方政府财政收到援助方政府财政转来的可统筹使用的各类援助、捐赠等资金收入。

转移性收入的分类

转移性预算收入是指在各级政府财政之间进行资金调拨以及在本级政府财政不同类型资金之间调剂所形成的收入，包括补助预算收入、上解预算收入、地区间援助预算收入和调入预算资金等。

需要注意的是，转移性预算收入中的调入预算资金，主要有两个方面的来源：第一，来自不同预算类型资金之间的相互调剂，不构成财务会计上的收入；第二，来自其他渠道的资金调入，属于财务会计上的其他收入，而不是转移性收入。

一、补助收入与补助预算收入

补助收入是指上级政府财政按照财政体制规定或专项需要补助给本级政府财政的款项，包括税收返还、转移支付等。

补助预算收入是指上级政府财政按照财政体制规定或专项需要补助给本级政府财政的款项，包括返还性收入、一般性转移支付收入和专项转移支付收入等。

（一）科目设置

在财务会计上，总会计应设置“补助收入”总账科目来核算上级政府财政按照财政体制规定或专项需要补助给本级政府财政的款项。本科目平时贷方余额反映本级政府财政取得补助收入的累计数。期末结转后，本科目应无余额。

在预算会计上，总会计应设置“补助预算收入”总账科目来核算上级政府财政按照财政体制规定或专项需要补助给本级政府财政的款项。同时，应设置“一般公共预算补助收入”“政府性基金预算补助收入”“国有资本经营预算补助收入”“上级调拨”明细科目，并可根据《政府收支分类科目》规定进行明细核算。其中，“一般公共预算补助收入”科目核算本级政府财政收到上级政府财政的一般公共预算转移支付收入；“政府性基金预算补助收入”科目核算本级政府财政收到上级政府财政的政府性基金转移支付收入；“国有资本经营预算补助收入”科目核算本级政府财政收到上级政府财政的国有资本经营预算转移支付收入；“上级调拨”科目核算年度执行中，本级政府财政收到暂不能明确资金类别的上级政府财政调拨资金或按年终结算应确认事项金额。本科目平时贷方余额反映本级政府财政收到上级政府财政调拨资金的累计数。期末结转后，本科目应无余额。

（二）账务处理

补助收入和补助预算收入的主要账务处理如下（见表 14－6）：

（1）年度执行中，收到上级政府财政调拨的资金时，按照实际收到的金额，在财务会计上，借记“国库存款”或“其他财政存款”科目，贷记“与上级往来”科目。在预算会计上，借记“资金结存——库款资金结存”或“资金结存——专户资金结存”科目，贷记“补助预算收入——上级调拨”等科目。

（2）根据预算管理需要，本级政府财政向上级政府财政归还资金时，按照实际转出的金额，在财务会计上，借记“与上级往来”等科目，贷记“国库存款”科目。在预算会计上，借记“补助预算收入——上级调拨”科目，贷记“资金结存——库款资金结存”科目。

（3）年终两级财政办理结算以后，根据预算管理部门提供的结算单：

1）确认上级补助预算收入，在财务会计上，借记“与上级往来”科目，贷记“补助收入”科目。在预算会计上，借记“补助预算收入——上级调拨”科目，贷记“补助预算收入——一般公共预算补助收入”“补助预算收入——政府性基金预算补助收入”“补助预算收入——国有资本经营预算补助收入”等科目。

2）两级财政年终结算中发生应上交上级政府财政款项时，在财务会计上，借记“上解费用”等科目，贷记“与上级往来”科目。在预算会计上，借记“上解预算支出”等科目，贷记“补助预算收入——上级调拨”等科目。

（4）完成上述结转以后，在财务会计上，将“补助收入”科目余额转入本期盈余科目，借记“补助收入”，贷记“本期盈余——预算管理资金盈余”。在预算会计上，将“补助预算收入”科目下各明细科目余额分别结转至相应的预算结余类科目，借记本科目，贷记“一般公共预算结转结余”“政府性基金预算结转结余”“国有资本经营预算结转结余”“资金结存——上下级调拨结存”等科目。

表 14－6　补助收入和补助预算收入的账务处理

业务和会计事项	财务会计	预算会计
年度执行中，收到上级政府财政调拨的资金	借：国库存款/其他财政存款 贷：与上级往来	借：资金结存——库款资金结存/资金结存——专户资金结存 贷：补助预算收入——上级调拨
根据预算管理需要，本级政府财政向上级政府财政归还资金时，按照实际转出的金额	借：与上级往来等 贷：国库存款	借：补助预算收入——上级调拨 贷：资金结存——库款资金结存
年终两级财政办理结算以后，根据预算管理部门提供的结算单确认上级补助预算收入	借：与上级往来 贷：补助收入	借：补助预算收入——上级调拨 贷：补助预算收入——一般公共预算补助收入/补助预算收入——政府性基金预算补助收入/补助预算收入——国有资本经营预算补助收入等
两级财政年终结算中发生应上交上级政府财政款项	借：上解费用等 贷：与上级往来	借：上解预算支出 贷：补助预算收入——上级调拨
年终转账	借：补助收入 贷：本期盈余——预算管理资金盈余	借：补助预算收入 贷：一般公共预算结转结余/政府性基金预算结转结余/国有资本经营预算结转结余/资金结存——上下级调拨结存等

［例 14－12］ 某省财政收到中国人民银行国库报来的一般公共预算收入日报表，当日共收到中央一般公共预算补助收入 500 000 元。总会计编制会计分录如下：

财务会计：

借：国库存款　　500 000

　贷：与上级往来　　500 000

预算会计：

借：资金结存——库款资金结存　　500 000

　贷：补助预算收入　　500 000

［例 14－13］ 某市财政与省财政进行年终体制结算，省财政还需要补给该市一般公共预算补助 10 000 000 元，需扣减该市政府性基金预算补助 4 000 000 元。市总会计应编制会计分录如下：

财务会计：

借：与上级往来 10 000 000

贷：补助收入 10 000 000

借：补助收入 4 000 000

贷：与上级往来 4 000 000

预算会计：

借：补助预算收入——上级调拨 10 000 000

贷：补助预算收入——一般公共预算补助收入 10 000 000

借：补助预算收入——政府性基金预算补助收入 4 000 000

贷：补助预算收入——上级调拨 4 000 000

[**例 14-14**] 年终，某县财政经结算，财务会计中的“补助收入”科目贷方余额为 900 000 元。同时，预算会计中的“补助预算收入”科目贷方余额为 800 000 元，其中属于一般公共预算资金的补助收入为 470 000 元，属于政府性基金预算资金的补助收入为 330 000 元。总会计编制年终转账分录如下：

财务会计：

借：补助收入 900 000

贷：本期盈余——预算管理资金本期盈余 900 000

预算会计：

借：补助预算收入——一般公共预算补助收入 470 000

——政府性基金预算补助收入 330 000

贷：一般公共预算结转结余 470 000

政府性基金预算结转结余 330 000

二、上解收入与上解预算收入

上解收入与上解预算收入的定义是一致的，都是指按照财政体制规定或专项需要由下级政府财政上交给本级政府财政的款项，但在核算基础上有区别，前者是基于权责发生制，后者是基于收付实现制。

(一) 科目设置

在财务会计上，总会计应设置“上解收入”总账科目来核算按照财政体制规定或专项需要由下级政府财政上交给本级政府财政的款项，并可根据管理需要，按照上解地区进行明细核算。本科目平时贷方余额反映上解收入的累计数。期末结转后，本科目应无余额。

在预算会计上，总会计应设置“上解预算收入”总账科目来核算按照财政体制规定或专项需要由下级政府财政上交给本级政府财政的款项。同时，按照不同资金性质设置“一般公共预算上解收入”“政府性基金预算上解收入”“国有资本经营预算上解收入”明细科目，并按照上解地区进行明细核算。本科目平时贷方余额反映上解收入的累计数。

期末结转后，本科目应无余额。

(二) 账务处理

上解收入与上解预算收入的主要账务处理如下（见表 14－7）：

（1）年终与下级政府财政结算时，按照结算确认的应上解金额，在财务会计上，借记“与下级往来”科目，贷记“上解收入”科目。在预算会计上，借记“补助预算支出——调拨下级”科目，贷记“上解预算收入”科目。退还或核减上解收入时，财务会计和预算会计均做反方向会计分录。

（2）年终转账时，在财务会计上，借记“上解收入”科目，贷记“本期盈余——预算管理资金本期盈余”科目。在预算会计上，借记“上解预算收入”科目，贷记有关结转结余科目。

表 14－7　上解收入与上解预算收入的账务处理

业务和会计事项	财务会计	预算会计
年终与下级政府财政结算时，按照结算确认的应上解金额	借：与下级往来 贷：上解收入	借：补助预算支出——调拨下级 贷：上解预算收入
年终与下级政府财政结算时，按照结算确认退还或核减上解收入	借：上解收入 贷：与下级往来	借：上解预算收入 贷：补助预算支出——调拨下级
年终转账时	借：上解收入 贷：本期盈余——预算管理资金本期盈余	借：上解预算收入 贷：一般公共预算结转结余/政府性基金预算结转结余/国有资本经营预算结转结余等

［例 14－15］某省财政与所属 A 市财政进行年终财政结算，该市一般公共预算需上解资金 3 000 000 元，政府性基金预算需核减上解资金 1 000 000 元。省总会计应编制会计分录如下：

财务会计：

借：与下级往来　　3 000 000

　贷：上解收入　　3 000 000

借：上解收入　　1 000 000

　贷：与下级往来　　1 000 000

预算会计：

借：补助预算支出——调拨下级　　3 000 000

　贷：上解预算收入——一般公共预算上解收入　　3 000 000

借：上解预算收入——政府性基金预算上解收入　　1 000 000

　贷：补助预算支出——调拨下级　　1 000 000

［例 14－16］年终，某省财政经结算，预算会计中的“上解预算收入”科目贷方余额为 500 000 元，其中属于一般公共预算的资金 350 000 元，属于政府性基金预算的资金 150 000 元。同时，财务会计中的“上解收入”科目贷方余额为 600 000 元。总会计编制

年终转账分录如下：

财务会计：

借：上解收入　　600 000

　贷：本期盈余——预算管理资金本期盈余　　600 000

预算会计：

借：上解预算收入　　500 000

　贷：一般公共预算结转结余　　350 000

　　　政府性基金预算结转结余　　150 000

三、地区间援助收入与地区间援助预算收入

地区间援助收入与地区间援助预算收入的定义是一致的，都是指受援方政府财政收到援助方政府财政转来的可统筹使用的各类援助、捐赠等资金收入。

（一）科目设置

在财务会计上，总会计应设置“地区间援助收入”总账科目来核算受援方政府财政收到援助方政府财政转来的可统筹使用的各类援助、捐赠等资金收入。援助方政府已列“地区间援助费用”科目的援助、捐赠等资金，受援方通过本科目核算。本科目可根据管理需要，按照援助地区等进行明细核算。本科目平时贷方余额反映地区间援助收入的累计数。期末结转后，本科目应无余额。

在预算会计上，总会计应设置“地区间援助预算收入”总账科目来核算受援方政府财政收到援助方政府财政转来的可统筹使用的各类援助、捐赠等资金收入，并根据管理需要，按照援助地区等进行明细核算。本科目平时贷方余额反映地区间援助收入的累计数。期末结转后，本科目应无余额。

（二）账务处理

地区间援助收入与地区间援助预算收入的主要账务处理如下（见表 14－8）：

表 14－8　地区间援助收入与地区间援助预算收入的账务处理

业务和会计事项	财务会计	预算会计
收到援助方政府财政转来的资金	借：国库存款 　贷：地区间援助收入	借：资金结存——库款资金结存 　贷：地区间援助预算收入
年终转账	借：地区间援助收入 　贷：本期盈余——预算管理资金本期盈余	借：地区间援助预算收入 　贷：一般公共预算结转结余

（1）收到援助方政府财政转来的资金时，在财务会计上，借记“国库存款”科目，贷记“地区间援助收入”科目。在预算会计上，借记“资金结存——库款资金结存”科目，贷记“地区间援助预算收入”科目。

（2）年终转账时，在财务会计上，借记“地区间援助收入”科目，贷记“本期盈余——预算管理资金本期盈余”科目。在预算会计上，借记“地区间援助预算收入”，贷记“一般公共预算结转结余”。

[例 14-17] A 市财政收到 B 市财政转来的一笔可统筹使用的援助资金 400 000 元。A 市总会计应编制如下会计分录：

财务会计：

借：国库存款　　400 000

　贷：地区间援助收入　　400 000

预算会计：

借：资金结存——库款资金结存　　400 000

　贷：地区间援助预算收入　　400 000

[例 14-18] 某省财政经年终结算，“地区间援助收入”科目贷方余额 2 700 000 元，将其全数转入本期盈余；“地区间援助预算收入”科目贷方余额 2 700 000 元，将其全数转入一般公共预算结转结余。总会计编制年终转账分录如下：

财务会计：

借：地区间援助收入　　2 700 000

　贷：本期盈余——预算管理资金本期盈余　　2 700 000

预算会计：

借：地区间援助预算收入　　2 700 000

　贷：一般公共预算结转结余　　2 700 000

四、调入预算资金

调入预算资金是指政府财政为平衡某类预算收支，从其他类型预算资金及其他渠道调入的资金。

（一）科目设置

在预算会计上，总会计应设置“调入预算资金”总账科目来核算政府财政为平衡某类预算收支，从其他类型预算资金及其他渠道调入的资金，并按照不同资金性质设置“一般公共预算调入资金”“政府性基金预算调入资金”明细科目。本科目平时贷方余额反映调入预算资金的累计数。期末结转后，本科目无余额。

（二）账务处理

调入预算资金的主要账务处理如下（见表 14-9）：

（1）从其他类型预算资金及其他渠道调入一般公共预算时，按照调入或实际收到的金额，在预算会计上，借记“调出预算资金——政府性基金预算调出资金”“调出预算资金——国有资本经营预算调出资金”“资金结存——库款资金结存”等科目，贷记“调入预算资金——一般公共预算调入资金”科目。其中，如果有从其他渠道调入资金时，在财务会计上，借记“国库存款”科目，贷记“其他收入”科目。

（2）从其他类型预算资金及其他渠道调入政府性基金预算时，按照调入或实际收到的资金金额，在预算会计上，借记“资金结存——库款资金结存”等科目，贷记“调入预算资金——政府性基金预算调入资金”科目。其中，如果有从其他渠道调入资金时，在财务会计上，借记“国库存款”科目，贷记“其他收入”科目。

（3）年终转账时，在预算会计上，本科目贷方余额按明细科目分别转入相应的结转结余科目，借记本科目，贷记“一般公共预算结转结余”“政府性基金预算结转结余”等科目。同时，如果有从其他渠道调入资金的情况，按照“其他收入”科目的年终转账办法执行。

表 14-9 调入预算资金的账务处理

业务和会计事项	财务会计	预算会计
从其他类型预算资金及其他渠道调入一般公共预算	其中，从其他渠道调入资金时 借：国库存款 贷：其他收入	借：调出预算资金——政府性基金预算调出资金/调出预算资金——国有资本经营预算调出资金/资金结存——库款资金结存等 贷：调入预算资金——一般公共预算调入资金
从其他类型预算资金及其他渠道调入政府性基金预算	其中，从其他渠道调入资金时 借：国库存款 贷：其他收入	借：资金结存——库款资金结存等 贷：调入预算资金——政府性基金预算调入资金
年终转账	—	借：调入预算资金 贷：一般公共预算结转结余/政府性基金预算结转结余

［例 14-19］某市财政为平衡一般公共预算，从政府性基金预算中调入一笔资金，金额为 45 000 元。总会计编制会计分录如下：

预算会计：

借：调出预算资金——政府性基金预算调出资金　　45 000

　贷：调入预算资金——一般公共预算调入资金　　45 000

因为上述业务和会计事项属于不同预算类型资金间的调入调出，仅需要进行预算会计核算。

［例 14-20］年终，某省财政经结算，预算会计中“调入预算资金”科目贷方余额 290 000 元，其中一般公共预算调入资金 200 000 元，政府性基金预算调入资金 90 000 元。总会计编制会计分录如下：

预算会计：

借：调入预算资金——一般公共预算调入资金　　200 000

　　　　　　　　——政府性基金预算调入资金　　90 000

　贷：一般公共预算结转结余　　200 000

　　　政府性基金预算结转结余　　90 000

第五节 财政专户管理资金收入与专用基金收入

一、财政专户管理资金收入

财政专户管理资金收入是指政府财政纳入财政专户管理的教育收费等资金收入。

（一）科目设置

在财务会计上，为核算政府财政纳入财政专户管理的教育收费等资金收入，总会计应设置“财政专户管理资金收入”总账科目（科目编号4041），并根据管理需要，按照预算单位等进行明细核算。本科目平时贷方余额反映财政专户管理资金收入的累计数。期末结转后，本科目应无余额。

在预算会计上，总会计应设置“财政专户管理资金收入”总账科目（科目编号6005），根据《政府收支分类科目》中收入分类科目进行明细核算，并根据管理需要，按预算单位等进行明细核算。本科目平时贷方余额反映财政专户管理资金收入的累计数。期末结转后，本科目应无余额。

（二）账务处理

财政专户管理资金收入的主要账务处理如下（见表14－10）：

（1）收到财政专户管理资金时，在财务会计上，借记“其他财政存款”科目，贷记“财政专户管理资金收入”科目。在预算会计上，借记“资金结存——专户资金结存”，贷记“财政专户管理资金收入”科目。

（2）年终转账时，在财务会计上，本科目贷方余额转入本期盈余，借记“财政专户管理资金收入”，贷记“本期盈余——财政专户管理资金本期盈余”科目。在预算会计上，本科目贷方余额转入相应的预算结余，借记“财政专户管理资金收入”，贷记“财政专户管理资金结余”。

表14－10 财政专户管理资金收入的账务处理

业务和会计事项	财务会计	预算会计
收到财政专户管理资金	借：其他财政存款 　贷：财政专户管理资金收入	借：资金结存——专户资金结存 　贷：财政专户管理资金收入
年终转账	借：财政专户管理资金收入 　贷：本期盈余——财政专户管理资金本期盈余	借：财政专户管理资金收入 　贷：财政专户管理资金结余

［**例14－21**］某日，某市财政收到财政专户管理的资金收入共计811 000元。总会计编制会计分录如下：

财务会计：

借：其他财政存款　　811 000

贷：财政专户管理资金收入　　811 000

预算会计：

借：资金结存——专户资金结存　　811 000

贷：财政专户管理资金收入　　811 000

［例 14-22］年终，某省总会计经结算，财务会计的"财政专户管理资金收入"科目贷方余额为 8 700 000 元；同时，预算会计的"财政专户管理资金收入"科目贷方余额为 8 700 000 元。总会计编制年终转账分录如下：

财务会计：

借：财政专户管理资金收入　　8 700 000

贷：本期盈余——财政专户管理资金本期盈余　　8 700 000

预算会计：

借：财政专户管理资金收入　　8 700 000

贷：财政专户管理资金结余　　8 700 000

二、专用基金收入

专用基金收入是指政府财政根据法律法规等规定设立的各项专用基金（包括粮食风险基金等）取得的资金收入。

（一）科目设置

在财务会计上，总会计应设置"专用基金收入"总账科目（科目编号 4042）来核算政府财政按照法律法规和国务院、财政部规定设置或取得的粮食风险基金等专用基金收入，并可根据管理需要，按照专用基金的种类进行明细核算。本科目平时贷方余额反映本级政府财政专用基金收入的累计数。期末结转后，本科目应无余额。

在预算会计上，总会计应设置"专用基金收入"总账科目（科目编号 6007），并按照专用基金种类进行明细核算。本科目平时贷方余额反映取得专用基金收入的累计数。期末结转后，本科目应无余额。

（二）账务处理

专用基金收入的主要账务处理如下（见表 14-11）：

（1）通过费用和预算支出安排取得专用基金收入并将资金转入财政专户的，在财务会计上，借记"其他财政存款"，贷记"专用基金收入"科目，同时借记有关费用科目，贷记"国库存款"。在预算会计上，借记"资金结存——专户资金结存"科目，贷记"专用基金收入"科目，同时借记"一般公共预算支出"等科目，贷记"资金结存——库款资金结存"等科目。退回专用基金收入时，做相反的会计分录。

（2）通过费用和预算支出安排取得专用基金收入，资金仍留存国库的，在财务会计上，借记有关费用科目，贷记"专用基金收入"科目。在预算会计上，借记"一般公共预算支出"等科目，贷记"专用基金收入"科目。

（3）年终转账时，在财务会计上，本科目贷方余额转入本期盈余，借记“专用基金收入”科目，贷记“本期盈余——专用基金本期盈余”科目。在预算会计上，本科目贷方余额转入专用基金结余，借记“专用基金收入”科目，贷记“专用基金结余”科目。

表 14－11　专用基金收入的账务处理

业务和会计事项	财务会计	预算会计
通过费用和预算支出安排取得专用基金收入并将资金转入财政专户的	借：其他财政存款 　贷：专用基金收入 借：对企业补助拨款费用等 　贷：国库存款	借：资金结存——专户资金结存 　贷：专用基金收入 借：一般公共预算支出等 　贷：资金结存——库款资金结存等
通过费用和预算支出安排取得专用基金收入，资金仍留存国库的	借：对企业补助拨款费用等 　贷：专用基金收入	借：一般公共预算支出 　贷：专用基金收入
年终转账时	借：专用基金收入 　贷：本期盈余——专用基金本期盈余	借：专用基金收入 　贷：专用基金结余

［**例 14－23**］某省财政通过本级一般公共预算安排取得粮食风险基金 540 000 元，相应费用列入对企业补助拨款费用。款项已从国库转入粮食风险基金财政专户。总会计编制会计分录如下：

财务会计：

借：其他财政存款　　540 000

　贷：专用基金收入　　540 000

借：对企业补助拨款费用　　540 000

　贷：国库存款　　540 000

预算会计：

借：资金结存——专户资金结存　　540 000

　贷：专用基金收入　　540 000

借：一般公共预算支出　　540 000

　贷：资金结存——库款资金结存　　540 000

［**例 14－24**］年终，某省总会计经结算，财务会计的“专用基金收入”科目贷方余额 1 620 000 元；同时，预算会计的“专用基金收入”科目贷方余额也是 1 620 000 元。总会计编制年终转账分录如下：

财务会计：

借：专用基金收入　　1 620 000

　贷：本期盈余——专用基金本期盈余　　1 620 000

预算会计：

借：专用基金收入　　1 620 000

　贷：专用基金结余　　1 620 000

第六节　其他各项预算收入

除上述预算收入外，总会计中还有以下几类预算收入并不构成财务会计上的收入，它们分别是：债务预算收入、债务转贷预算收入、动用预算稳定调节基金和待处理收入。

一、债务预算收入

债务预算收入是指政府财政根据法律法规等规定，通过发行债券、向外国政府和国际金融组织借款等方式筹集的纳入预算管理的债务收入。

（一）科目设置

为核算政府财政根据法律法规等规定，通过发行债券、向外国政府和国际金融组织借款等方式筹集的纳入预算管理的债务收入，总会计应设置“债务预算收入”总账科目。同时，在本科目下设置“国债收入”“一般债务收入”“专项债务收入”明细科目，并根据《政府收支分类科目》中“债务收入”科目进行明细核算。

本科目平时贷方余额反映债务预算收入的累计数。期末结转后，本科目应无余额。

（二）账务处理

债务预算收入的主要账务处理在第十三章第二节的应付政府债券等内容中已有提及，更具体的内容详见二维码。

债务预算收入的账务处理

二、债务转贷预算收入

债务转贷预算收入是指省级以下（不含省级）政府财政收到上级政府财政转贷的债务收入。

（一）科目设置

为核算省级以下（不含省级）政府财政收到上级政府财政转贷的债务收入，总会计应设置“债务转贷预算收入”总账科目。同时，应设置“一般债务转贷收入”“专项债务转贷收入”明细科目，并根据《政府收支分类科目》中“债务转贷收入”科目进行明细核算。

本科目平时贷方余额反映债务转贷预算收入的累计数。期末结转后，本科目应无余额。

（二）账务处理

债务转贷预算收入的主要账务处理在第十三章第四节的应付

债务转贷预算收入的账务处理

转贷款等内容中已有提及，更具体的内容详见二维码。

三、动用预算稳定调节基金

动用预算稳定调节基金是指政府财政为弥补一般公共预算收支缺口动用的预算稳定调节基金。

（一）科目设置

为了核算政府财政为弥补一般公共预算收支缺口动用的预算稳定调节基金，总会计应设置“动用预算稳定调节基金”总账科目。本科目平时贷方余额反映动用预算稳定调节基金的累计数。

期末结转后，本科目应无余额。

（二）账务处理

动用预算稳定调节基金的主要账务处理如下（见表 14－12）：

（1）动用预算稳定调节基金时，在财务会计上，借记“预算稳定调节基金”科目，贷记“本期盈余——预算管理资金本期盈余”。在预算会计上，借记“预算稳定调节基金”科目，贷记本科目。

（2）年终转账时，在预算会计上，本科目贷方余额转入一般公共预算结转结余，借记本科目，贷记“一般公共预算结转结余”科目。

表 14－12　动用预算稳定调节基金的账务处理

业务和会计事项	财务会计	预算会计
动用预算稳定调节基金	借：预算稳定调节基金 　贷：本期盈余——预算管理资金本期盈余	借：预算稳定调节基金 　贷：动用预算稳定调节基金
年终转账	—	借：动用预算稳定调节基金 　贷：一般公共预算结转结余

[例 14－25] 某市财政发生财政短收，即实际财政收入小于预算收入，决定调用预算稳定调节基金 37 000 元。总会计编制会计分录如下：

财务会计：

借：预算稳定调节基金　　37 000

　贷：本期盈余——预算管理资金本期盈余　　37 000

预算会计：

借：预算稳定调节基金　　37 000

　贷：动用预算稳定调节基金　　37 000

[例 14－26] 年终，某省财政经结算，预算会计中“动用预算稳定调节基金”科目贷方余额为 820 000 元，将其转入“一般公共预算结转结余”科目。总会计编制年终转账分录如下：

预算会计：

借：动用预算稳定调节基金　　　　　　820 000

　贷：一般公共预算结转结余　　　　　　820 000

四、待处理收入

待处理收入是指本级政府财政收回的结转结余资金。

（一）科目设置

总会计应设置“待处理收入”总账科目来核算本级政府财政收回的结转结余资金，并设置“库款资金待处理收入”“专户资金待处理收入”明细科目。

本科目平时贷方余额反映待处理收入的累计数。期末结转后，本科目应无余额。

（二）账务处理

待处理收入的主要账务处理如下（见表 14－13）：

表 14－13　待处理收入的账务处理

<table>
<tr><th colspan="2">业务和会计事项</th><th>财务会计</th><th>预算会计</th></tr>
<tr><td colspan="2">收到收回的结转结余资金</td><td>借：国库存款/其他财政存款等
　贷：其他应付款</td><td>借：资金结存——库款资金结存/资金结存——专户资金结存等
　贷：待处理收入</td></tr>
<tr><td rowspan="2">收回的结转结余资金</td><td>财政部门按原预算科目使用的</td><td>借：其他应付款
　贷：国库存款/其他财政存款等</td><td>借：待处理收入/资金结存——待处理结存
　贷：资金结存——库款资金结存/资金结存——专户资金结存</td></tr>
<tr><td>财政部门调整预算科目使用的</td><td>借：其他应付款
　贷：以前年度盈余调整——预算管理资金以前年度盈余调整
借：有关费用科目
　贷：国库存款</td><td>借：待处理收入/资金结存——待处理结存
　贷：一般公共预算支出［原结转预算科目］
借：一般公共预算支出［新结转预算科目］
　贷：资金结存——库款资金结存等</td></tr>
<tr><td colspan="2">年终转账</td><td>—</td><td>借：待处理收入
　贷：资金结存——待处理结存</td></tr>
</table>

（1）收到收回的结转结余资金时，在财务会计上，借记“国库存款”“其他财政存款”等科目，贷记“其他应付款”科目。在预算会计上，借记“资金结存——库款资金结存”“资金结存——专户资金结存”等科目，贷记本科目。

（2）收回的结转结余资金，财政部门按原预算科目使用的，实际安排支出时，在财务会计上，借记“其他应付款”科目，贷记“国库存款”“其他财政存款”等科目。在预算会计上，借记本科目或“资金结存——待处理结存”科目，贷记“资金结存——库款资金结存”“资金结存——专户资金结存”科目。

(3) 收回的结转结余资金，财政部门调整预算科目使用的，实际安排支出时，在财务会计上，借记“其他应付款”科目，贷记“以前年度盈余调整——预算管理资金以前年度盈余调整”科目；在预算会计上，借记本科目或“资金结存——待处理结存”科目，按原结转预算科目，贷记“一般公共预算支出”等科目。同时，按实际支出预算科目，在财务会计上，借记有关费用科目，贷记“国库存款”科目；在预算会计上，借记“一般公共预算支出”等科目，贷记“资金结存——库款资金结存”等科目。

(4) 年终，本科目贷方余额转入资金结存，在预算会计上，借记本科目，贷记“资金结存——待处理结存”科目。

[例 14-27] 某市财政部门收回同级政府 A 部门结转结余资金 500 000 元。总会计编制会计分录如下：

财务会计：

借：国库存款　　500 000

　贷：其他应付款　　500 000

预算会计：

借：资金结存——库款资金结存　　500 000

　贷：待处理收入　　500 000

[例 14-28] 年终，某市财政经结算，预算会计中“待处理收入”科目贷方余额 800 000 元，现全部转入资金结存。总会计编制会计分录如下：

预算会计：

借：待处理收入　　800 000

　贷：资金结存——待处理结存　　800 000

思考题

1. 总会计的收入包括哪些内容？
2. 转移性收入的核算内容有哪些？
3. 财政专户管理资金收入与专用基金收入的区别是什么？

实训题

1. 某省财政某年发生如下经济业务，请编制该省总会计分录：

(1) 收到中国人民银行国库报来的一般公共预算收入日报表，当日共收到一般公共预算收入 191 500 元。其中，“税收收入——增值税”38 200 元，“税收收入——企业所得税”72 000 元，“税收收入——房产税”81 300 元。

(2) 收到中国人民银行国库报来的政府性基金预算收入日报表，当日共收到政府性基金预算收入 42 600 元。其中，“非税收入——政府性基金收入——国有土地使用权出让收入”34 200 元，“非税收入——政府性基金收入——彩票公益金收入”8 400 元。

(3) 收到财政专户管理的资金收入共计460 000元。

(4) 通过预算支出安排取得专用基金收入42 000元，具体为粮食风险基金，相应款项已从财政国库转入粮食风险基金财政专户。

2. 某市财政某年发生如下经济业务，请编制该市总会计分录：

(1) 收到中国人民银行国库报来的一般公共预算收入日报表，当日共收到一般公共预算转移性收入28 500元。其中，“转移性收入——一般性转移支付收入”13 000元，“转移性收入——专项转移支付收入”15 500元。

(2) 收到中国人民银行国库报来的一般公共预算收入日报表，当日收到所属某县一般公共预算转移性收入9 000元。具体情况为：“转移性收入——上解收入——专项上解收入”9 000元。

(3) 为平衡一般公共预算，从国有资本经营预算中调入资金40 000元。

(4) 收到中国人民银行国库报来的政府性基金预算收入日报表，当日共收到上级省政府财政政府性基金预算转移性收入5 600元。具体情况为：“转移性收入——政府性基金转移收入——政府性基金补助收入”5 600元。

3. 某省财政某年发生如下经济业务，请编制该省总会计分录：

(1) 发生财政短收，即财政实际收入小于财政预算收入，决定调用预算稳定调节基金30 000元。

(2) 年终转账，将“动用预算稳定调节基金”科目贷方余额30 000元全数转入“一般公共预算结转结余”科目。

4. 某省财政某年发生如下经济业务，请编制该省财政总会计分录：

(1) 收到中国人民银行国库报来的一般公共预算收入日报表，当日收到地方政府长期一般债券发行收入400 000元。具体情况为：“债务收入——地方政府债务收入——一般债务收入”。

(2) 收到中国人民银行国库报来的政府性基金预算收入日报表，当日收到地方政府长期专项债券发行收入250 000元。具体情况为：“债务收入——地方政府债务收入——专项债务收入”。

5. 某市财政某年发生如下经济业务，请编制该市财政总会计分录：

(1) 通过向上级某省政府债务转贷方式取得一笔地方政府一般债务转贷预算收入16 000元。

(2) 通过向上级某省政府债务转贷方式取得一笔地方政府专项债务转贷预算收入37 000元。

第十五章
总会计的费用与预算支出核算

本章学习目标：

1. 理解总会计中费用与预算支出的概念差异
2. 知晓总会计各项费用与预算支出的具体构成
3. 掌握总会计各项费用与预算支出的核算方法

第一节　费用与预算支出概述

一、费用的核算类别

总会计核算的费用包括政府机关商品和服务拨款费用、政府机关工资福利拨款费用、对事业单位补助拨款费用、对企业补助拨款费用、对个人和家庭补助拨款费用、对社会保障基金补助拨款费用、资本性拨款费用、其他拨款费用、财务费用、转移性费用、其他费用、财政专户管理资金支出、专用基金支出等。

政府机关商品和服务拨款费用是指本级政府财政拨付给机关和参照公务员法管理的事业单位（以下简称参公事业单位）购买商品和服务的各类费用，不包括用于购置固定资产、战略性和应急性物资储备等资本性拨款费用。

政府机关工资福利拨款费用是指本级政府财政拨付给机关和参公事业单位在职职工和编制外长期聘用人员的各类劳动报酬及为上述人员缴纳的各项社会保险费等费用。

对事业单位补助拨款费用是指本级政府财政拨付的对事业单位（不含参公事业单位）的经常性补助费用，不包括对事业单位的资本性拨款费用。

对企业补助拨款费用是指本级政府财政拨付的对各类企业的补助费用，不包括对企业的资本金注入和资本性拨款费用。

对个人和家庭补助拨款费用是指本级政府财政拨付的对个人和家庭的补助费用。

对社会保障基金补助拨款费用是指本级政府财政拨付的对社会保险基金的补助，以及补充全国社会保障基金的费用。

资本性拨款费用是指本级政府财政拨付给行政事业单位和企业的资本性费用，不包括对企业的资本金注入。

其他拨款费用是指本级政府财政拨付的经常性赠与、国家赔偿费用、对民间非营利组织和群众性自治组织补贴等费用。

财务费用是指本级政府财政用于偿还政府债务的利息费用，政府债务发行、兑付、登记费用，以外币计算的政府资产及债务由于汇率变化产生的汇兑损益等。

转移性费用是指在各级政府财政之间进行资金调拨形成的费用，包括补助费用、上解费用、地区间援助费用等。其中，补助费用是指本级政府财政按照财政体制规定或专项需要补助给下级政府财政的费用。上解费用是指本级政府财政按照财政体制规定或专项需要上交给上级政府财政的费用。地区间援助费用是指援助方政府财政安排用于受援方政府财政统筹使用的各类援助、补偿、捐赠等费用。

其他费用是指政府财政无偿划出股权投资以及确认其他负债等产生的费用。

财政专户管理资金支出是指政府财政用纳入财政专户管理的教育收费等资金安排的支出。

专用基金支出是指政府财政用专用基金收入安排的支出。

二、预算支出的核算类别

总会计核算的预算支出包括一般公共预算支出、政府性基金预算支出、国有资本经营预算支出、财政专户管理资金支出、专用基金支出、转移性预算支出、安排预算稳定调节基金、债务还本预算支出、债务转贷预算支出和待处理支出等。

一般公共预算支出是指政府财政管理的由本级政府安排使用的列入一般公共预算的支出。

政府性基金预算支出是指政府财政管理的由本级政府安排使用的列入政府性基金预算的支出。

国有资本经营预算支出是指政府财政管理的由本级政府安排使用的列入国有资本经营预算的支出。

财政专户管理资金支出是指政府财政用纳入财政专户管理的教育收费等资金安排的支出。

专用基金支出是指政府财政用专用基金收入安排的支出。

转移性预算支出是指各级政府财政之间进行资金调拨以及在本级政府财政不同类型资金之间调剂所形成的支出，包括补助预算支出、上解预算支出、地区间援助预算支出和调出预算资金等。其中，补助预算支出是指本级政府财政按财政体制规定或专项需要补助给下级政府财政的款项，包括对下级的税收返还、一般性转移支付和专项转移支付等。上解预算支出是指按照财政体制规定或专项需要由本级政府财政上交给上级政府财政的款项。地区间援助预算支出是指援助方政府财政安排用于受援方政府财政统筹使用的各类援助、捐赠等资金支出。调出预算资金是指政府财政为平衡预算收支，在不同类型预算资金之间的调出支出。

安排预算稳定调节基金是指政府财政安排用于弥补以后年度预算资金不足的储备性资金。

债务还本预算支出是指政府财政偿还本级政府承担的债务本金支出。

债务转贷预算支出是指本级政府财政向下级政府财政转贷的债务支出。

待处理支出是指政府财政按照预拨经费管理有关规定预拨给预算单位的尚未列为预算支出的款项。待处理支出（不含预拨下年度预算资金）应在年终前转列支出或清理收回。

费用与预算支出的类别及其大致对应关系见表 15－1。

表 15－1 费用与预算支出的类别及其大致对应关系

费用类别	预算支出类别
政府机关商品和服务拨款费用	一般公共预算支出/政府性基金预算支出/国有资本经营预算支出
政府机关工资福利拨款费用	
对事业单位补助拨款费用	
对企业补助拨款费用	
对个人和家庭补助拨款费用	
对社会保障基金补助拨款费用	
资本性拨款费用	
其他拨款费用	
财务费用	一般公共预算支出/政府性基金预算支出
转移性费用	转移性预算支出（其中，调出预算资金不构成财务会计上的费用）
其他费用	—
财政专户管理资金支出	财政专户管理资金支出
专用基金支出	专用基金支出
—	债务转贷预算支出
—	债务还本预算支出
—	安排预算稳定调节基金
—	待处理支出

三、费用与预算支出的核算基础

(一) 费用的核算基础

总会计核算的费用，应当按照承担支付义务金额或实际发生金额进行计量。

对于收回本年度已列费用的款项，应冲减当期费用；对于收回以前年度已列费用的款项，通常计入以前年度盈余调整。

(二) 预算支出的核算基础

总会计核算的一般公共预算支出、政府性基金预算支出、国有资本经营预算支出一般应当按照实际支付的金额入账。省级以上（含省级）政府财政年末可按规定采用权责发生制将国库集中支付结余列支入账。中央政府财政年末可按有关规定对部分支出事项采用权责发生制核算。

从本级预算支出中安排提取的专用基金，按照实际提取金额列支入账。

财政专户管理资金支出和专用基金支出应当按照实际支付的金额入账。

转移性预算支出应当根据财政体制的规定和预算管理需要，按实际发生的金额入账。

债务转贷预算支出应当按照实际转贷的金额入账。

债务还本预算支出应当按照实际偿还的金额入账。

待处理支出应当按照实际支付的金额入账。

对于收回当年已列支出的款项，应冲销当年预算支出。对于收回以前年度已列支出的款项，通常冲销当年预算支出。

第二节　各项拨款费用、财务费用与对应的预算支出

一、各项拨款费用与对应的预算支出

为了行文简便起见，本书将政府机关商品和服务拨款费用、政府机关工资福利拨款费用、对事业单位补助拨款费用、对企业补助拨款费用、对个人和家庭补助拨款费用、对社会保障基金补助拨款费用、资本性拨款费用和其他拨款费用，统称为各项拨款费用，所需资金纳入本级政府财政的一般公共预算、政府性基金预算和国有资本经营预算中予以保障。

因为各项拨款费用与对应的预算支出的核算办法比较相近，这里重点介绍政府机关商品和服务拨款费用与对应的预算支出的科目设置和账务处理，其他各项拨款费用与对应的预算支出的核算办法详见二维码。

各项拨款费用与对应的预算支出的核算办法

政府机关商品和服务拨款费用是指本级政府财政拨付给机关和参公事业单位购买商品和服务的各类费用，不包括用于购置固定资产、战略性和应急性物资储备等资本性拨款费用。

(一) 科目设置

在财务会计上，总会计应设置“政府机关商品和服务拨款费用”总账科目来核算本级政府财政拨付给机关和参公事业单位购买商品和服务的各类费用，但不包括用于购置固定资产、战略性和应急性物资储备等资本性拨款费用。本科目可根据管理需要，参照《政府收支分类科目》中支出经济分类科目，按照预算单位和项目等进行明细核算。本科目平时借方余额反映本级政府机关商品和服务拨款费用的累计数。期末结转后，本科目应无余额。

在预算会计上，为核算政府财政管理的由本级政府安排使用的列入一般公共预算的支出，总会计应设置“一般公共预算支出”总账科目，并根据《政府收支分类科目》中支出功能分类科目和支出经济分类科目进行明细核算。同时，可根据预算管理需要，按

照预算单位和项目等进行明细核算。本科目平时借方余额反映一般公共预算支出的累计数。期末结转后，本科目应无余额。

为核算政府财政管理的由本级政府安排使用的列入政府性基金预算的支出，总会计应设置“政府性基金预算支出”总账科目。本科目根据《政府收支分类科目》中支出功能分类科目和支出经济分类科目进行明细核算，并可根据预算管理需要，按照预算单位和项目等进行明细核算。本科目平时借方余额反映政府性基金预算支出的累计数。期末结转后，本科目应无余额。

为核算政府财政管理的由本级政府安排使用的列入国有资本经营预算的支出，总会计应设置“国有资本经营预算支出”总账科目。本科目根据《政府收支分类科目》中支出功能分类科目和支出经济分类科目进行明细核算。同时，根据预算管理需要，按照预算单位和项目等进行明细核算。本科目平时借方余额反映国有资本经营预算支出的累计数。期末结转后，本科目应无余额。

(二) 账务处理

政府机关商品和服务拨款费用的主要账务处理如下（见表 15 - 2）：

(1) 实际发生政府机关商品和服务拨款费用时，在财务会计上，借记本科目，贷记“国库存款”科目。在预算会计上，借记有关支出科目，贷记“资金结存——库款资金结存”科目。

(2) 当年政府机关商品和服务拨款费用发生退回时，按照实际收到的退回金额，在财务会计上，借记“国库存款”科目，贷记本科目。在预算会计上，借记“资金结存——库款资金结存”科目，贷记有关支出科目。

(3) 以前年度政府机关商品和服务拨款费用发生退回时，按照实际收到的退回金额，在财务会计上，借记“国库存款”科目，贷记“以前年度盈余调整——预算管理资金以前年度盈余调整”科目。在预算会计上，借记“资金结存——库款资金结存”科目，贷记有关支出科目。

(4) 年终转账时，在财务会计上，本科目借方余额转入本期盈余，借记“本期盈余——预算管理资金本期盈余”科目，贷记本科目。在预算会计上，不同预算支出科目的借方余额分别转入相应的预算结转结余科目，借记有关预算结转结余，贷记有关支出科目。

表 15 - 2　政府机关商品和服务拨款费用的账务处理

业务和会计事项	财务会计	预算会计
实际发生政府机关商品和服务拨款费用	借：政府机关商品和服务拨款费用 　贷：国库存款	借：有关支出科目 　贷：资金结存——库款资金结存
当年政府机关商品和服务拨款费用发生退回	借：国库存款 　贷：政府机关商品和服务拨款费用	借：资金结存——库款资金结存 　贷：有关支出科目
以前年度政府机关商品和服务拨款费用发生退回	借：国库存款 　贷：以前年度盈余调整——预算管理资金以前年度盈余调整	

续表

业务和会计事项	财务会计	预算会计
年终转账	借：本期盈余——预算管理资金本期盈余 　贷：政府机关商品和服务拨款费用	借：有关预算结转结余科目 　贷：有关支出科目

［例 15-1］某日，某市总会计收到的国库支付执行机构和中国人民银行国库报来的相关凭证表明，当日实际发生政府机关商品和服务拨款费用共计 3 000 000 元。其中，纳入一般公共预算的资金支出 2 000 000 元，纳入政府性基金预算的资金支出 1 000 000 元。总会计应编制会计分录如下：

财务会计：

借：政府机关商品和服务拨款费用　　3 000 000
　贷：国库存款　　3 000 000

预算会计：

借：一般公共预算支出　　2 000 000
　　政府性基金预算支出　　1 000 000
　贷：资金结存——库款资金结存　　3 000 000

［例 15-2］某日，某县财政收到的有关部门报来的凭证表明，收到当年发生的政府机关商品和服务拨款费用退款 100 000 元，款项现已退回至国库。该项费用在资金性质上属于政府性基金预算支出。总会计应编制会计分录如下：

财务会计：

借：国库存款　　100 000
　贷：政府机关商品和服务拨款费用　　100 000

预算会计：

借：资金结存——库款资金结存　　100 000
　贷：政府性基金预算支出　　100 000

［例 15-3］某市财政经年终结算，在财务会计上，“政府机关商品和服务拨款费用”科目借方余额为 150 000 000 元，现将其转入本期盈余。在预算会计上，“一般公共预算支出”科目借方余额为 300 000 000 元，“政府性基金预算支出”科目借方余额为 200 000 000 元，现将其转入相应的预算结余科目。总会计编制年终转账分录如下：

财务会计：

借：本期盈余——预算管理资金本期盈余　　150 000 000
　贷：政府机关商品和服务拨款费用　　150 000 000

预算会计：

借：一般公共预算结转结余　　300 000 000
　贷：一般公共预算支出　　300 000 000
借：政府性基金预算结转结余　　200 000 000
　贷：政府性基金预算支出　　200 000 000

二、财务费用与对应的预算支出

财务费用是指本级政府财政用于偿还政府债务的利息费用，政府债务发行、兑付、登记费用，以外币计算的政府资产及债务由于汇率变化产生的汇兑损益等。

（一）科目设置

在财务会计上，为核算本级政府财政用于偿还政府债务的利息费用，政府债务发行、兑付、登记费用，以外币计算的政府资产及债务由于汇率变化产生的汇兑损益等，总会计应设置“财务费用”总账科目，并设置“利息费用”“债务发行兑付费用”“汇兑损益”明细科目。本科目平时借方余额反映本级政府财政财务费用的累计数。期末结转后，本科目应无余额。

在预算会计上，“一般公共预算支出”“政府性基金预算支出”的科目设置，详见本节相关内容。

（二）账务处理

1. 利息费用的主要账务处理

（1）按期计提利息费用时，在财务会计上，根据债务管理部门计算确定的本期应支付利息金额，借记本科目，贷记“应付利息”“应付地方政府债券转贷款——应付利息”“应付主权外债转贷款——应付利息”等科目。

（2）提前赎回已发行的政府债券、债权人豁免政府财政承担的主权外债应付利息时，按照减少的当年已计提应付利息金额，借记“应付利息”“应付地方政府债券转贷款——应付利息”“应付主权外债转贷款——应付利息”等科目，贷记本科目。

2. 债务发行兑付费用的主要账务处理

（1）支付政府债务发行、兑付、登记款项时，在财务会计上，按照实际支付的金额，借记本科目，贷记“国库存款”科目。在预算会计上，借记“一般公共预算支出”“政府性基金预算支出”科目，贷记“资金结存——库款资金结存”科目。

（2）收到下级政府财政应承担的政府债务发行、兑付、登记款项时，按照实际收到的金额，借记“国库存款”“其他财政存款”等科目，贷记本科目。

（3）扣缴下级政府财政应承担的政府债务发行、兑付、登记款项时，按照实际收到的金额，借记“与下级往来”等科目，贷记本科目。在预算会计上，借记“补助预算支出——调拨下级”科目，贷记“资金结存——上下级调拨结存”科目。

3. 汇兑损益的主要账务处理

期末，将所有以外币计算的政府资产按期末汇率折算为人民币金额，在财务会计上，折算后的金额小于账面余额时，按照折算差额，借记本科目，贷记“其他财政存款”“应收主权外债转贷款”等科目；折算后的金额大于账面余额时，按照折算差额，借记“其他财政存款”“应收主权外债转贷款”科目，贷记本科目。在预算会计上，借记或贷记“一般公共预算支出”科目，贷记或借记“资金结存——专户资金结存”科目。

期末，将所有以外币计算的借入款项、政府债券、主权外债转贷款、应付利息等政府负债按期末汇率折算为人民币金额，在财务会计上，折算后的金额小于账面余额时，按照折算差额，借记“借入款项”“应付长期政府债券”“应付主权外债转贷款”“应付利息”等科目，贷记本科目；折算后的金额大于账面余额时，按照折算差额，借记本科目，贷记“借入款项”“应付长期政府债券”“应付主权外债转贷款”“应付利息”等科目。

4. 年终转账的主要账务处理

年终转账时，本科目借方或贷方余额转入本期盈余，借记或贷记“本期盈余——预算管理资金本期盈余”科目，贷记或借记本科目。

具体账务处理请见表 15－3。

表 15－3　财务费用的账务处理

业务和会计事项		财务会计	预算会计
利息费用的主要账务处理	按期计提利息费用	借：财务费用——利息费用 贷：应付利息 应付地方政府债券转贷款——应付利息 应付主权外债转贷款——应付利息	—
	提前赎回已发行的政府债券、债权人豁免政府财政承担的主权外债应付利息	借：应付利息 应付地方政府债券转贷款——应付利息 应付主权外债转贷款——应付利息 贷：财务费用——利息费用	—
债务发行兑付费用的主要账务处理	支付政府债务发行、兑付、登记款项	借：财务费用——债务发行兑付费用 贷：国库存款	借：一般公共预算支出/政府性基金预算支出 贷：资金结存——库款资金结存
	收到下级政府财政应承担的政府债务发行、兑付、登记款项	借：国库存款/其他财政存款 贷：财务费用	—
	扣缴下级政府财政应承担的政府债务发行、兑付、登记款项	借：与下级往来 贷：财务费用	借：补助预算支出——调拨下级 贷：资金结存——上下级调拨结存
汇兑损益的主要账务处理	期末，将所有以外币计算的政府资产按期末汇率折算为人民币金额，折算后的金额小于或大于账面余额时，按照折算差额	借或贷：财务费用 借或贷：其他财政存款/应收主权外债转贷款等	借或贷：一般公共预算支出 贷或借：资金结存——专户资金结存
	期末，将所有以外币计算的借入款项、政府债券、主权外债转贷款、应付利息等政府负债按期末汇率折算为人民币金额，折算后的金额小于或大于账面余额时，按照折算差额	借或贷：借入款项/应付长期政府债券/应付主权外债转贷款/应付利息等 贷或借：财务费用	—

续表

业务和会计事项	财务会计	预算会计
年终转账时，本科目借方或贷方余额转入本期盈余	借或贷：本期盈余——预算管理资金本期盈余 贷或借：财务费用	—

[例 15-4] 某省财政发行一笔5年期地方政府一般债券100 000 000元，发行利率为3%。现在按照债券发行总额的0.15%支付发行手续费。债券发行4个月后到期，该期债券计算4个月的应付利息1 000 000元。总会计应编制会计分录如下：

(1) 收到债券发行收入时

财务会计：

借：国库存款　　100 000 000

　贷：应付长期政府债券　　100 000 000

预算会计：

借：资金结存——库款资金结存　　100 000 000

　贷：债务预算收入　　100 000 000

(2) 支付发行手续费时

财务会计：

借：财务费用——债务发行兑付费用　　150 000

　贷：国库存款　　150 000

预算会计：

借：一般公共预算支出　　150 000

　贷：资金结存——库款资金结存　　150 000

(3) 计提应付利息时

财务会计：

借：财务费用——利息费用　　1 000 000

　贷：应付利息　　1 000 000

[例 15-5] 某省财政向某国际金融机构借入一笔以外币计算的主权外债借款。期末，计提应付利息500 000元；同时，按照期末汇率折算的金额小于账面余额，二者之间的差额为30 000元。总会计应编制会计分录如下：

财务会计：

借：财务费用——利息费用　　500 000

　贷：应付利息　　500 000

借：借入款项　　30 000

　贷：财务费用——汇兑损益　　30 000

[例 15-6] 某省财政经年终结算，“财务费用”科目借方余额为6 000 000元，现将其转入本期盈余。总会计应编制会计分录如下：

财务会计：

借：本期盈余——预算管理资金本期盈余　　6 000 000

　贷：财务费用　　6 000 000

同时，预算会计的年终转账分录需视具体预算支出科目而定，详见例 15-3。

第三节　转移性费用与转移性预算支出

一、补助费用与补助预算支出

补助费用是指本级政府财政按照财政体制规定或专项需要补助给下级政府财政的费用。

补助预算支出是指本级政府财政按财政体制规定或专项需要补助给下级政府财政的款项，包括对下级的税收返还、一般性转移支付和专项转移支付等。

(一) 科目设置

在财务会计上，总会计应设置“补助费用”总账科目来核算本级政府财政按财政体制规定或专项需要补助给下级政府财政的款项，包括对下级的税收返还、一般性转移支付和专项转移支付等。本科目可根据管理需要，按照补助地区进行明细核算。本科目平时借方余额反映本级政府财政对下级补助费用的累计数。期末结转后，本科目应无余额。

在预算会计上，总会计应设置“补助预算支出”总账科目来核算本级政府财政按财政体制规定或专项需要补助给下级政府财政的款项，并按照不同资金性质设置“一般公共预算补助支出”“政府性基金预算补助支出”“国有资本经营预算补助支出”“调拨下级”明细科目。同时，可根据管理需要，按照补助地区和《政府收支分类科目》中支出功能分类科目进行明细核算。本科目平时借方余额反映补助预算支出的累计数。期末结转后，本科目应无余额。其中，“一般公共预算补助支出”科目核算本级政府财政对下级政府财政的一般性转移支付支出。“政府性基金预算补助支出”科目核算本级政府财政对下级政府财政的政府性基金预算转移支付支出。“国有资本经营预算补助支出”科目核算本级政府财政对下级政府财政的国有资本经营预算转移支付支出。“调拨下级”科目核算年度预算执行中，本级政府财政调拨给下级政府财政的尚未指定资金性质的资金或结算应确认事项金额。

(二) 账务处理

补助费用的主要账务处理如下（见表 15-4）：

（1）向下级财政拨付转移支付资金，且在拨付时资金能确认转移支付性质和科目的，在财务会计上，借记“补助费用”科目，贷记“国库存款”科目。在预算会计上，借记“补助预算支出——一般公共预算补助支出”“补助预算支出——政府性基金预算补助支出”“补助预算支出——国有资本经营预算补助支出”科目，贷记“资金结存——库款资金结存”科目。

拨付时暂无法确认转移支付性质和科目的，在财务会计上，借记“与下级往来”科目，贷记“国库存款”科目。在预算会计上，借记“补助预算支出——调拨下级”科目，贷记“资金结存——库款资金结存”科目。

（2）年终与下级政府财政结算时：

1）按照结算确认的应当补助下级政府的费用数，在财务会计上，借记本科目，贷记“与下级往来”科目。在预算会计上，借记“补助预算支出——一般公共预算补助支出”“补助预算支出——政府性基金预算补助支出”“补助预算支出——国有资本经营预算补助支出”科目，贷记“补助预算支出——调拨下级”科目。

2）退还或核减补助费用时，在财务会计上，借记“与下级往来”科目，贷记本科目。在预算会计上，借记“补助预算支出——调拨下级”科目，贷记“补助预算支出——一般公共预算补助支出”“补助预算支出——政府性基金预算补助支出”“补助预算支出——国有资本经营预算补助支出”科目。

（3）上级财政将转移支付资金直接拨付给所辖的下级财政，本级财政进行相应的账务确认。在财务会计上，借记“与下级往来”或“补助费用”科目，贷记“与上级往来”或“补助收入”科目。在预算会计上，借记“补助预算支出——调拨下级”，贷记“补助预算收入——上级调拨”。

（4）年终转账时，在财务会计上，将本科目借方余额转入本期盈余，借记“本期盈余——预算管理资金本期盈余”科目，贷记本科目。在预算会计上，借记“一般公共预算结转结余”科目，贷记“补助预算支出——一般公共预算补助支出”科目；借记“政府性基金预算结转结余”科目，贷记“补助预算支出——政府性基金预算补助支出”科目；借记“国有资本经营预算结转结余”科目，贷记“补助预算支出——国有资本经营预算补助支出”科目；借记或贷记“资金结存——上下级调拨结存”科目，贷记或借记“补助预算支出——调拨下级”科目。

表 15-4 补助费用的账务处理

业务和会计事项	财务会计	预算会计
向下级财政拨付转移支付资金，且在拨付时资金能确认转移支付性质和科目的	借：补助费用 贷：国库存款	借：补助预算支出——一般公共预算补助支出/补助预算支出——政府性基金预算补助支出/补助预算支出——国有资本经营预算补助支出 贷：资金结存——库款资金结存
年终与下级政府财政结算时，按照结算确认的应当补助下级政府的费用数	借：补助费用 贷：与下级往来	借：补助预算支出——一般公共预算补助支出/补助预算支出——政府性基金预算补助支出/补助预算支出——国有资本经营预算补助支出 贷：补助预算支出——调拨下级
年终与下级政府财政结算时，退还或核减补助费用	借：与下级往来 贷：补助费用	借：补助预算支出——调拨下级 贷：补助预算支出——一般公共预算补助支出/补助预算支出——政府性基金预算补助支出/补助预算支出——国有资本经营预算补助支出

续表

业务和会计事项	财务会计	预算会计
上级财政将转移支付资金直接拨付给所辖的下级财政，本级财政进行相应的账务确认	借：与下级往来/补助费用 　贷：与上级往来/补助收入	借：补助预算支出——调拨下级 　贷：补助预算收入——上级调拨
年终转账时	借：本期盈余——预算管理资金本期盈余 　贷：补助费用	借：一般公共预算结转结余/政府性基金预算结转结余/国有资本经营预算结转结余 　贷：补助预算支出——一般公共预算补助支出/补助预算支出——政府性基金预算补助支出/补助预算支出——国有资本经营预算补助支出 借或贷：资金结存——上下级调拨结存 　贷或借：补助预算支出——调拨下级

［例 15－7］年终，某省财政与所属地市财政进行体制结算。经核算，省级一般公共预算需补助 A 市一般性转移支付 500 000 000 元；同时，政府性基金预算需扣减 B 市专项转移支付 30 000 000 元。省总会计应编制会计分录如下：

财务会计：

借：补助费用——A 市　　500 000 000

　贷：与下级往来——A 市　　500 000 000

借：与下级往来——B 市　　30 000 000

　贷：补助费用——B 市　　30 000 000

预算会计：

借：补助预算支出——一般公共预算补助支出　　500 000 000

　贷：补助预算支出——调拨下级　　500 000 000

借：补助预算支出——调拨下级　　30 000 000

　贷：补助预算支出——政府性基金预算补助支出　　30 000 000

［例 15－8］某日，某省财政收到的有关支出管理部门下达的预算文件和拨款依据表明，所属 C 市财政收到实行特设专户管理的上级专项转移支付 30 000 000 元。省总会计应编制会计分录如下：

财务会计：

借：与下级往来——C 市　　30 000 000

　贷：与上级往来　　30 000 000

预算会计：

借：补助预算支出——调拨下级　　30 000 000

　贷：补助预算收入——上级调拨　　30 000 000

［例 15－9］年终，某市财政经结算，"补助费用"科目借方余额为 150 000 000 元，现将其转入本期盈余。总会计应编制年终转账分录如下：

财务会计：

借：本期盈余——预算管理资金本期盈余　　150 000 000

贷：补助费用　　　　　　　　　　　　　　　　　　　150 000 000

同时，预算会计的年终转账分录需视具体预算支出科目而定，详见例 15－3。

二、上解费用与上解预算支出

上解费用是指本级政府财政按照财政体制规定或专项需要上交给上级政府财政的费用。

上解预算支出是指按照财政体制规定或专项需要由本级政府财政上交给上级政府财政的款项。

(一) 科目设置

在财务会计上，总会计应设置“上解费用”总账科目来核算本级政府财政按照财政体制规定或专项需要上解给上级政府财政的款项。本科目可根据管理需要按照项目等进行明细核算。本科目平时借方余额反映本级政府财政上解费用的累计数。期末结转后，本科目应无余额。

在预算会计上，总会计应设置“上解预算支出”总账科目来核算按照财政体制规定或专项需要由本级政府财政上交给上级政府财政的款项，并按照不同资金性质设置“一般公共预算上解支出”“政府性基金预算上解支出”“国有资本经营预算上解支出”明细科目。本科目平时借方余额反映上解支出的累计数。期末结转后，本科目应无余额。

(二) 账务处理

上解费用的主要账务处理如下（见表 15－5）：

1. 发生上解预算支出

(1) 直接划转资金时，在财务会计上，借记本科目，贷记“国库存款”科目。在预算会计上，借记“上解预算支出”科目，贷记“资金结存——库款资金结存”科目。

(2) 上级财政通过扣款方式划转时，在财务会计上，借记本科目，贷记“与上级往来”科目。在预算会计上，借记“上解预算支出”科目，贷记“补助预算收入——上级调拨”科目。

2. 年终与上级政府财政结算时

(1) 按照结算确认的应当上解费用数，在财务会计上，借记本科目，贷记“与上级往来”科目。在预算会计上，借记“上解预算支出”科目，贷记“补助预算收入——上级调拨”科目。

(2) 退还或核减上解费用时，在财务会计上，借记“国库存款”“与上级往来”等科目，贷记本科目。在预算会计上，借记“资金结存——库款资金结存”“补助预算收入——上级调拨”科目，贷记“上解预算支出”科目。

3. 年终转账时

在财务会计上，本科目借方余额转入本期盈余，借记“本期盈余——预算管理资金本期盈余”科目，贷记本科目。在预算会计上，借记“一般公共预算结转结余”科目，贷记“上解预算支出——一般公共预算上解支出”科目；借记“政府性基金预算结转结余”科目，贷记“上解预算支出——政府性基金预算上解支出”科目；借记“国有资本经营预算结转结余”科目，贷记“上解预算支出——国有资本经营预算上解支出”科目。

表 15-5 上解费用的账务处理

业务和会计事项		财务会计	预算会计
发生上解预算支出	直接划转资金	借：上解费用 　贷：国库存款	借：上解预算支出 　贷：资金结存——库款资金结存
	上级财政通过扣款方式划转	借：上解费用 　贷：与上级往来	借：上解预算支出 　贷：补助预算收入——上级调拨
年终与上级政府财政结算时，按照结算确认的应当上解费用数		借：上解费用 　贷：与上级往来	借：上解预算支出 　贷：补助预算收入——上级调拨
年终与上级政府财政结算时，退还或核减上解费用		借：国库存款/与上级往来等 　贷：上解费用	借：资金结存——库款资金结存/补助预算收入——上级调拨 　贷：上解预算支出
年终转账		借：本期盈余——预算管理资金本期盈余 　贷：上解费用	借：一般公共预算结转结余/政府性基金预算结转结余/国有资本经营预算结转结余 　贷：上解预算支出——一般公共预算上解支出/上解预算支出——政府性基金预算上解支出/上解预算支出——国有资本经营预算上解支出

[例 15-10] 年终，某市财政与省财政进行体制结算。经核算，省财政需向该市一般公共预算退还上解费用 2 000 000 元；同时，该市政府性基金预算还需向省财政上解 5 000 000 元。市总会计应编制会计分录如下：

财务会计：

借：与上级往来　　2 000 000

　贷：上解费用　　2 000 000

借：上解费用　　5 000 000

　贷：与上级往来　　5 000 000

预算会计：

借：补助预算收入——上级调拨　　2 000 000

　贷：上解预算支出——一般公共预算上解支出　　2 000 000

借：上解预算支出——政府性基金预算上解支出　　5 000 000

　贷：补助预算收入——上级调拨　　5 000 000

[例 15-11] 年终，某市财政经结算，“上解费用”科目借方余额为 2 000 000 元，现将其转入本期盈余。总会计应编制年终转账分录如下：

财务会计：

借：本期盈余——预算管理资金本期盈余　　2 000 000
　贷：上解费用　　2 000 000

同时，预算会计的年终转账分录需视具体预算支出科目而定，详见例 15－3。

三、地区间援助费用与地区间援助预算支出

地区间援助费用是指援助方政府财政安排用于受援方政府财政统筹使用的各类援助、补偿、捐赠等费用。

地区间援助预算支出是指援助方政府财政安排用于受援方政府财政统筹使用的各类援助、捐赠等资金支出。

（一）科目设置

在财务会计上，总会计应设置“地区间援助费用”总账科目来核算援助方政府财政安排用于受援方政府财政统筹使用的各类援助、补偿、捐赠等。本科目可根据管理需要，按照受援地区等进行明细核算。本科目平时借方余额反映地区间援助费用的累计数。期末结转后，本科目应无余额。

在预算会计上，总会计应设置“地区间援助预算支出”总账科目来核算援助方政府财政安排用于受援方政府财政统筹使用的各类援助、捐赠等资金支出，并按照受援地区等进行相应明细核算。本科目平时借方余额反映地区间援助支出的累计数。期末结转后，本科目应无余额。

（二）账务处理

地区间援助费用的主要账务处理如下（见表 15－6）：

（1）发生地区间援助费用时，在财务会计上，借记本科目，贷记“国库存款”科目。在预算会计上，借记“地区间援助预算支出”科目，贷记“资金结存——库款资金结存”科目。

（2）年终转账时，在财务会计上，本科目借方余额转入本期盈余，借记“本期盈余——预算管理资金本期盈余”科目，贷记本科目。在预算会计上，借记“一般公共预算结转结余”科目，贷记“地区间援助预算支出”科目。

表 15－6　地区间援助费用的账务处理

业务和会计事项	财务会计	预算会计
发生地区间援助费用	借：地区间援助费用 　贷：国库存款	借：地区间援助预算支出 　贷：资金结存——库款资金结存
年终转账	借：本期盈余——预算管理资金本期盈余 　贷：地区间援助费用	借：一般公共预算结转结余 　贷：地区间援助预算支出

［例 15－12］某日，某省一般公共预算安排地区间援助资金 200 000 000 元，款项已拨付。总会计编制会计分录如下：

财务会计：

借：地区间援助费用 200 000 000

贷：国库存款 200 000 000

预算会计：

借：地区间援助预算支出 200 000 000

贷：资金结存——库款资金结存 200 000 000

[**例 15-13**] 年终，某省财政经结算，财务会计中“地区间援助费用”科目借方余额为 500 000 000 元，现将其转入本期盈余；同时，预算会计中“地区间援助预算支出”科目借方余额为 500 000 000 元，现将其转入一般公共预算结转结余。总会计编制年终转账会计分录如下：

财务会计：

借：本期盈余——预算管理资金本期盈余 500 000 000

贷：地区间援助费用 500 000 000

预算会计：

借：一般公共预算结转结余 500 000 000

贷：地区间援助预算支出 500 000 000

第四节 财政专户管理资金支出与专用基金支出

一、财政专户管理资金支出

财政专户管理资金支出是指政府财政用纳入财政专户管理的教育收费等资金安排的支出。

(一) 科目设置

在财务会计上，总会计应设置“财政专户管理资金支出”（科目编码 5041）来核算本级政府财政用纳入财政专户管理的教育收费等资金安排的支出。本科目可根据管理需要，按照预算单位等进行明细核算。本科目平时借方余额反映财政专户管理资金支出的累计数。期末结转后，本科目应无余额。

在预算会计上，总会计应设置“财政专户管理资金支出”（科目编码 7005）来核算政府财政用纳入财政专户管理的教育收费等资金安排的支出，并根据《政府收支分类科目》中支出功能分类科目和支出经济分类科目进行明细核算。同时，可根据管理需要，按照预算单位和项目等进行明细核算。本科目平时借方余额反映财政专户管理资金支出的累计数。期末结转后，本科目应无余额。

(二) 账务处理

财政专户管理资金支出的主要账务处理如下（见表 15-7）：

（1）发生财政专户管理资金支出时，借记本科目，贷记“其他财政存款”科目。在预算会计上，借记“财政专户管理资金支出”科目，贷记“资金结存——专户资金结存”科目。

（2）当年计入的财政专户管理资金支出发生退回时，在财务会计上，按照实际退回的金额，借记“其他财政存款”科目，贷记本科目。在预算会计上，借记“资金结存——专户资金结存”科目，贷记“财政专户管理资金支出”科目。

（3）以前年度财政专户管理资金支出发生退回时，按照实际退回的金额，在财务会计上，借记“其他财政存款”科目，贷记“以前年度盈余调整——财政专户管理资金以前年度盈余调整”科目。在预算会计上，借记“资金结存——专户资金结存”科目，贷记“财政专户管理资金支出”科目。

（4）年终转账时，在财务会计上，本科目借方余额转入本期盈余，借记“本期盈余——财政专户管理资金本期盈余”科目，贷记本科目。在预算会计上，借记“财政专户管理资金结余”科目，贷记“财政专户管理资金支出”。

表 15－7　财政专户管理资金支出的账务处理

业务和会计事项	财务会计	预算会计
发生财政专户管理资金支出	借：财政专户管理资金支出 　贷：其他财政存款	借：财政专户管理资金支出 　贷：资金结存——专户资金结存
已支出事项发生退回	借：其他财政存款 　贷：财政专户管理资金支出［当年计入的支出发生退回］/以前年度盈余调整——财政专户管理资金以前年度盈余调整［以前年度计入的支出发生退回］	借：资金结存——专户资金结存 　贷：财政专户管理资金支出
年终转账	借：本期盈余——财政专户管理资金本期盈余 　贷：财政专户管理资金支出	借：财政专户管理资金结余 　贷：财政专户管理资金支出

［**例 15－14**］某市财政通过财政专户向有关教育单位拨付教育收费共计 200 000 元。总会计应编制如下会计分录：

财务会计：

借：财政专户管理资金支出　　200 000

　贷：其他财政存款　　200 000

预算会计：

借：财政专户管理资金支出　　200 000

　贷：资金结存——专户资金结存　　200 000

［**例 15－15**］某省财政经年终结算，财务会计中“财政专户管理资金支出”总账科目借方余额为 375 000 元，将其全数转入本期盈余；预算会计中“财政专户管理资金支出”总账科目借方余额为 300 000 元，将其全数转入财政专户管理资金结余。（备注：本例中之所以出现财务会计“财政专户管理资金支出”的科目余额与预算会计“财政专户管理

资金支出”的科目余额不一致，是因为有一笔计入以前年度的支出发生退回。）总会计编制会计分录如下：

财务会计：

借：本期盈余——财政专户管理资金本期盈余　　375 000

　贷：财政专户管理资金支出　　375 000

预算会计：

借：财政专户管理资金结余　　300 000

　贷：财政专户管理资金支出　　300 000

二、专用基金支出

专用基金支出是指政府财政用专用基金收入安排的支出。

（一）科目设置

在财务会计上，总会计应设置“专用基金支出”（科目编码 5042）来核算本级政府财政用专用基金收入安排的支出。本科目可根据管理需要，按照专用基金种类、预算单位等进行明细核算。本科目平时借方余额反映专用基金支出的累计数。期末结转后，本科目应无余额。

在预算会计上，总会计应设置“专用基金支出”（科目编码 7007）来核算政府财政用专用基金收入安排的支出，并根据专用基金的种类设置明细科目。同时，根据预算管理需要，按预算单位等进行明细核算。本科目平时借方余额反映专用基金支出的累计数。期末结转后，本科目应无余额。

（二）账务处理

专用基金支出的主要账务处理如下（见表 15－8）：

（1）发生专用基金支出时，在财务会计上，借记本科目，贷记“其他财政存款”科目。在预算会计上，借记“专用基金支出”科目，贷记“资金结存——专户资金结存”科目。

（2）当年专用基金支出发生退回时，在财务会计上，按照实际退回的金额，借记“其他财政存款”科目，贷记本科目。在预算会计上，借记“资金结存——专户资金结存”科目，借记“专用基金支出”科目。

（3）以前年度专用基金支出发生退回时，按照实际退回的金额，在财务会计上，借记“其他财政存款”科目，贷记“以前年度盈余调整——专用基金以前年度盈余调整”科目。在预算会计上，借记“资金结存——专户资金结存”科目，贷记“专用基金支出”科目。

（4）年终转账时，在财务会计上，本科目借方余额转入本期盈余，借记“本期盈余——专用基金本期盈余”科目，贷记本科目。在预算会计上，借记“专用基金结余”科目，贷记“专用基金支出”科目。

表 15－8 专用基金支出的账务处理

业务和会计事项	财务会计	预算会计
发生专用基金支出	借：专用基金支出 贷：其他财政存款	借：专用基金支出 贷：资金结存——专户资金结存
已支出事项发生退回	借：其他财政存款 贷：专用基金支出［当年专用基金支出发生退回］/以前年度盈余调整——专用基金以前年度盈余调整［以前年度专用基金支出发生退回］	借：资金结存——专户资金结存 贷：专用基金支出
年终转账	借：本期盈余——专用基金本期盈余 贷：专用基金支出	借：专用基金结余 贷：专用基金支出

［例 15－16］某县财政使用粮食风险基金对种粮农民进行直接补贴，从粮食风险基金财政专户拨付资金 530 000 元。总会计编制会计分录如下：

财务会计：

借：专用基金支出　　530 000

　贷：其他财政存款　　530 000

预算会计：

借：专用基金支出　　530 000

　贷：资金结存——专户资金结存　　530 000

［例 15－17］年终，某县总会计经结算，预算会计中“专用基金支出”科目借方余额为 800 000 000 元，将其全数转入“专用基金结余”科目；财务会计中“专用基金支出”科目借方余额也是 800 000 000 元，将其全数转入“本期盈余——专用基金本期盈余”科目。总会计编制会计分录如下：

财务会计：

借：本期盈余——专用基金本期盈余　　800 000 000

　贷：专用基金支出　　800 000 000

预算会计：

借：专用基金结余　　800 000 000

　贷：专用基金支出　　800 000 000

第五节　其他费用

其他费用是指政府财政无偿划出股权投资以及确认其他负债等产生的费用。

一、科目设置

在财务会计上，总会计应设置“其他费用”总账科目来核算本级政府财政无偿划出股权投资时产生的投资损失、政府财政承担支出责任的其他负债等。本科目可根据管理需要，按照类别进行明细核算。本科目平时借方余额反映本级政府财政其他费用的累计数。期末结转后，本科目应无余额。

二、账务处理

其他费用的主要账务处理如下（见表 15－9）：

（1）政府财政无偿划出股权投资时，根据股权管理部门提供的资料，按照被划出股权投资对应的“权益法调整”科目账面余额，在财务会计上，借记或贷记“权益法调整”科目，贷记或借记“股权投资——其他权益变动”科目；按照被划出股权投资的账面余额，借记本科目，贷记“股权投资——投资成本”“股权投资——损益调整”科目。

（2）政府财政承担支出责任的其他负债，按照确定应承担的负债金额，在财务会计上，借记本科目，贷记“其他负债”科目。

（3）年终转账时，在财务会计上，本科目借方余额转入本期盈余，借记“本期盈余——预算管理资金本期盈余”科目，贷记本科目。

表 15－9　其他费用的账务处理

业务和会计事项	财务会计	预算会计
政府财政无偿划出股权投资	借或贷：权益法调整 　贷或借：股权投资——其他权益变动 借：其他费用 　贷：股权投资——投资成本 　　　　　　——损益调整	—
政府财政承担支出责任的其他负债，按照确定应承担的负债金额	借：其他费用 　贷：其他负债	—
年终转账	借：本期盈余——预算管理资金本期盈余 　贷：其他费用	—

［例 15－18］因行政体制调整等原因，某县财政无偿划出一项股权投资，其“权益法调整”科目贷方余额为 350 000 元，“股权投资——投资成本”科目借方余额为 28 800 000 元，“股权投资——损益调整”科目借方余额为 1 200 000 元。总会计应编制会计分录如下：

财务会计：

借：权益法调整	350 000	
贷：股权投资——其他权益变动		350 000
借：其他费用	30 000 000	
贷：股权投资——投资成本		28 800 000
——损益调整		1 200 000

［例 15－19］某市财政经年终结算，“其他费用”科目借方余额为 500 000 元，现将其转入本期盈余。总会计应编制会计分录如下：

财务会计：

借：本期盈余——预算管理资金本期盈余　　500 000

　贷：其他费用　　500 000

第六节　其他各项预算支出

一、调出预算资金

调出预算资金是指政府财政为平衡预算收支，在不同类型预算资金之间的调出支出。

（一）科目设置

在预算会计上，总会计应设置“调出预算资金”总账科目来核算政府财政为平衡预算收支，在不同类型预算资金之间的调出支出，并设置“一般公共预算调出资金”“政府性基金预算调出资金”“国有资本经营预算调出资金”明细科目。本科目平时借方余额反映调出预算资金的累计数。期末结转后，本科目应无余额。

（二）账务处理

调出预算资金的主要账务处理如下（见表15－10）：

（1）从一般公共预算调出资金时，在预算会计上，按照调出的金额，借记“调出预算资金——一般公共预算调出资金”科目，贷记“调入预算资金”有关明细科目。

（2）从政府性基金预算调出资金时，在预算会计上，按照调出的金额，借记“调出预算资金——政府性基金预算调出资金”科目，贷记“调入预算资金”有关明细科目。

（3）从国有资本经营预算调出资金时，在预算会计上，按照调出的金额，借记“调出预算资金——国有资本经营预算调出资金”科目，贷记“调入预算资金”有关明细科目。

（4）年终转账时，在预算会计上，本科目借方余额分别转入相应的结转结余科目，借记“一般公共预算结转结余”“政府性基金预算结转结余”“国有资本经营预算结转结余”等科目，贷记本科目。

表15－10　调出预算资金的账务处理

业务和会计事项	财务会计	预算会计
调出资金	—	借：调出预算资金——一般公共预算调出资金/调出预算资金——政府性基金预算调出资金/调出预算资金——国有资本经营预算调出资金等 贷：调入预算资金——一般公共预算调入资金/调入预算资金——政府性基金预算调入资金/调入预算资金——国有资本经营预算调入资金等
年终转账	—	借：一般公共预算结转结余 政府性基金预算结转结余 国有资本经营预算结转结余 贷：调出预算资金

［例 15－20］某县财政经批准从政府性基金预算中调出一笔资金 500 000 元至一般公共预算，专门用于一般公共预算的社会保障项目。总会计应编制如下会计分录：

预算会计：

借：调出预算资金——政府性基金预算调出资金　　500 000

　贷：调入预算资金——一般公共预算调入资金　　500 000

［例 15－21］年终，某省总会计经结算，预算会计中"调出资金"科目借方余额为 930 000 元。其中，属于政府性基金预算调出资金 600 000 元，属于国有资本经营预算调出资金 330 000 元，现分别将其转入相应的结转结余科目。总会计编制会计分录如下：

预算会计：

借：政府性基金预算结转结余　　600 000

　　国有资本经营预算结转结余　　330 000

　贷：调出预算资金——政府性基金预算调出资金　　600 000

　　　　　　　　　——国有资本经营预算调出资金　　330 000

二、安排预算稳定调节基金

安排预算稳定调节基金是指政府财政安排用于弥补以后年度预算资金不足的储备资金。

（一）科目设置

在预算会计上，总会计应设置"安排预算稳定调节基金"总账科目来核算政府财政安排用于弥补以后年度预算资金不足的储备资金。本科目平时借方余额反映安排预算稳定调节基金的累计数。期末结转后，本科目应无余额。

（二）账务处理

安排预算稳定调节基金的主要账务处理如下（见表 15－11）：

（1）安排预算稳定调节基金时，在财务会计上，借记"本期盈余——预算管理资金本期盈余"科目，贷记"预算稳定调节基金"科目。在预算会计上，借记本科目，贷记"预算稳定调节基金"科目。

（2）年终转账时，在预算会计上，本科目借方余额转入一般公共预算结转结余，借记"一般公共预算结转结余"科目，贷记本科目。

表 15－11　安排预算稳定调节基金的账务处理

业务和会计事项	财务会计	预算会计
安排预算稳定调节基金	借：本期盈余——预算管理资金本期盈余 　贷：预算稳定调节基金	借：安排预算稳定调节基金 　贷：预算稳定调节基金
年终转账	—	借：一般公共预算结转结余 　贷：安排预算稳定调节基金

［例 15－22］某县财政年终发生财政超收，即财政收入大于预算收入，决定安排预算稳定调节基金 360 000 元。总会计应编制如下会计分录：

财务会计：

借：本期盈余——预算管理资金本期盈余　　360 000

　贷：预算稳定调节基金　　360 000

预算会计：

借：安排预算稳定调节基金　　360 000

　贷：预算稳定调节基金　　360 000

［例 15－23］年终，某市总会计经结算，预算会计中“安排预算稳定调节基金”科目借方余额为 620 000 元，现将其全数转入“一般公共预算结转结余”科目。总会计应编制如下会计分录：

预算会计：

借：一般公共预算结转结余　　620 000

　贷：安排预算稳定调节基金　　620 000

三、债务还本预算支出

债务还本预算支出是指政府财政偿还本级政府承担的债务本金支出。

（一）科目设置

在预算会计上，总会计应设置“债务还本预算支出”总账科目来核算政府财政偿还本级政府承担的债务本金支出，下设“国债还本支出”“一般债务还本支出”“专项债务还本支出”明细科目，并根据《政府收支分类科目》中“债务还本支出”科目进行明细核算。本科目平时借方余额反映本级政府财政债务还本预算支出的累计数。期末结转后，本科目应无余额。

债务还本预算支出的账务处理

（二）账务处理

债务还本预算支出的主要账务处理在第十三章第二节的应付政府债券和借入款项等内容中已有提及，更具体的账务处理办法详见二维码。

四、债务转贷预算支出

债务转贷预算支出是指本级政府财政向下级政府财政转贷的债务支出。

（一）科目设置

在预算会计上，总会计应设置“债务转贷预算支出”总账科目来核算本级政府财政向下级政府财政转贷的债务支出，下设“一般债务转贷支出”“专项债务转贷支出”明细科目，并根据《政府收支分类科目》中“债务转贷支出”科目和转贷地区进行明细核算。本科目平时借方余额反映债务转贷支出的累计数。期末结转后，本科目应无余额。

（二）账务处理

债务转贷预算支出的主要账务处理在第十二章第六节应收转贷款等内容中已有提及，更具体的账务处理办法详见二维码。

债务转贷预算
支出的账务处理

五、待处理支出

待处理支出是指政府财政按照预拨经费管理有关规定预拨给预算单位的尚未列为预算支出的款项。待处理支出（不含预拨下年度预算资金）应在年终前转列支出或清理收回。

（一）科目设置

在预算会计上，总会计应设置“待处理支出”总账科目来核算政府财政按照预拨经费管理有关规定预拨给预算单位的尚未列为预算支出的款项，并按照预算单位进行明细核算。本科目平时借方余额反映政府财政尚未转列支出或尚待收回的待处理支出数。期末结转后，本科目应无余额。

（二）账务处理

待处理支出的主要账务处理如下（见表15-12）：

（1）拨出款项时，在财务会计上，借记“预拨经费”等科目，贷记“国库存款”等科目。在预算会计上，借记本科目，贷记“资金结存——库款资金结存”等科目。

（2）转列预算支出时，在财务会计上，借记有关费用科目，贷记“预拨经费”等科目。在预算会计上，借记“一般公共预算支出”“政府性基金预算支出”“国有资本经营预算支出”等科目，贷记本科目。

（3）收回预拨款项时，在财务会计上，借记“国库存款”等科目，贷记“预拨经费”等科目。在预算会计上，借记“资金结存——库款资金结存”等科目，贷记本科目。

（4）年终，在预算会计上，本科目借方余额转入资金结存，借记“资金结存——待处理结存”科目，贷记本科目。

表15-12　待处理支出的账务处理

业务和会计事项	财务会计	预算会计
拨出款项	借：预拨经费等 　贷：国库存款等	借：待处理支出 　贷：资金结存——库款资金结存等
转列预算支出	借：有关费用科目 　贷：预拨经费等	借：一般公共预算支出/政府性基金预算支出/ 　　国有资本经营预算支出等 　贷：待处理支出

续表

业务和会计事项	财务会计	预算会计
收回预拨款项	借：国库存款等 　贷：预拨经费等	借：资金结存——库款资金结存等 　贷：待处理支出
年终转账	—	借：资金结存——待处理结存 　贷：待处理支出

[例 15－24] 某市财政采用实拨资金方式预拨给同级政府属于某预算单位专项经费 120 000 元。次月，经审核，将预拨给该单位的专项经费 100 000 元转列一般公共预算本级支出，该项资金在财务会计上属于“政府机关商品和服务拨款费用”，并收回余款 20 000 元。总会计编制会计分录如下：

（1）预拨时

财务会计：

借：预拨经费	120 000	
贷：国库存款		120 000

预算会计：

借：待处理支出	120 000	
贷：资金结存——库款资金结存		120 000

（2）次月，转列一般公共预算支出并收回余款时

财务会计：

借：国库存款	20 000	
政府机关商品和服务拨款费用	100 000	
贷：预拨经费		120 000

预算会计：

借：资金结存——库款资金结存	20 000	
一般公共预算支出	100 000	
贷：待处理支出		120 000

思考题

1. 财政总会计的各项拨款费用包括哪些内容？
2. 什么是一般公共预算支出、政府性基金预算支出与国有资本经营预算支出？
3. 转移性费用的核算内容有哪些？它与转移性预算支出之间是什么关系？
4. 转移性预算支出与政府间转移支付支出之间是什么关系？
5. 什么是债务转贷预算支出？
6. 什么是调出预算资金？它与安排预算稳定调节基金有什么区别？
7. 什么是待处理支出？

实训题

1. 某市财政某年发生如下经济业务，请编制该市财政总会计分录：

（1）以国库集中支付方式，通过财政零余额账户存款支付有关预算单位的属于一般公共预算本级支出的款项共计 70 000 元。具体支付情况为：“教育支出——普通教育——学前教育（对事业单位资本性补助）”39 000 元，“社会保障和就业支出——人力资源和社会保障管理事务——机关服务（机关工资福利支出）”31 000 元。

（2）年终核定当年确实无法实现拨款、按规定应留归预算单位在下一年度继续使用的本年一般公共预算国库集中支付结余资金共计 210 000 元。具体情况为：“文化旅游体育与传媒支出——文化和旅游——图书馆（对事业单位经常性补助）”90 000 元，“卫生健康支出——公立医院——综合医院（对个人和家庭的补助）”120 000 元。

（3）有关预算单位支付属于政府性基金预算本级支出的款项共计 80 000 元。具体支付情况为：“文化旅游体育与传媒支出——国家电影事业发展专项资金及对应专项债务收入安排的支出——资助城市影院（对企业的资本性支出）”47 000 元，“城乡社区支出——国有土地使用权出让收入及对应专项债务收入安排的支出——公共租赁住房支出（对企业的资本性支出）”33 000 元。

（4）以国库集中支付方式，为有关预算单位支付属于国有资本经营预算本级支出的款项共计 137 000 元。具体支付情况为：“国有资本经营预算支出——解决历史遗留问题及改革成本支出——厂办大集体改革成本支出（对个人和家庭的补助）”52 000 元，“国有资本经营预算支出——国有企业资本金注入——公益性设施投资支出（对企业的补助）”85 000 元。

（5）通过财政专户向有关教育单位拨付教育收费共计 90 000 元。具体拨付情况为：“教育支出——普通教育——高等教育——某高等学校”60 000 元，“教育支出——职业教育——高等职业教育——某高等职业学校”30 000 元。

（6）使用粮食风险基金对市级储备粮油的利息费用进行补贴，从粮食风险基金财政专户拨付资金 15 000 元。

2. 某省财政某年发生如下经济业务，请编制该省财政总会计分录：

（1）通过财政国库向所属某市财政拨付一般公共预算资金共计 52 000 元，其中，属于向该市财政拨付的均衡性转移支付资金 45 000 元，相应适用“转移性支出——一般性转移支付——均衡性转移支付支出（上下级政府间转移性支出）”预算科目；属于向该市财政拨付的专项用于节能环保方面的资金 7 000 元，相应适用“转移性支出——专项转移支付——节能环保（上下级政府间转移性支出）”预算科目。

（2）通过国库集中支付方式，为所属某市财政支付一笔政府性基金预算资金 325 000 元，用于专项补助该市政府在城乡社区建设方面发生的专项采购支出，相应适用“转移性支出——政府性基金转移支付——政府性基金补助支出（上下级政府间转移性支出）”预算科目。

（3）按财政管理体制规定通过财政国库向中央财政上解款项共计 65 100 元，具体为体制上解款项，相应适用“转移性支出——上解支出——体制上解支出（上下级政府间转移性支出）”预算科目。

（4）与所属某市财政进行年终结算，经计算，应给予所属该市财政结算补助款项548 500元，相应适用“转移性支出——一般性转移支付——结算补助支出（上下级政府间转移性支出）”预算科目。

（5）年终发生公共财政超收，即财政实际收入大于财政预算收入，决定安排预算稳定调节基金13 500元。

3. 某省财政某年发生如下经济业务，请编制该省财政总会计分录：

（1）通过财政国库偿还本级政府财政承担的省政府长期债券本金共计171 500元。其中，“债务还本预算支出——地方政府一般债务还本支出——地方政府一般债券还本支出”15 500元，“债务还本预算支出——地方政府专项债务还本支出——港口建设费债务还本支出”156 000元。

（2）发行一批地方政府一般债券。同时，向所属下级某市财政转贷285 000元，用以支持该市政府的一项基础设施建设，相应的预算科目为“转移性支出——债务转贷支出——地方政府一般债券转贷支出”。

（3）年终，“债务还本预算支出”总账科目借方余额为215 000元。其中，“地方政府一般债务还本支出”35 000元，“地方政府专项债务还本支出”180 000元。财政总会计将其分别转入“一般公共预算结转结余”“政府性基金预算结转结余”总账科目。

（4）年终，“债务转贷预算支出”总账科目借方余额为28 500元。其中，“地方政府一般债券转贷支出”4 500元，“地方政府专项债券转贷支出”24 000元。财政总会计将其分别转入“一般公共预算结转结余”“政府性基金预算结转结余”总账科目。

第十六章

总会计的净资产与预算结余核算

本章学习目标：

1. 知晓总会计净资产的核算类别
2. 掌握总会计各项净资产的核算方法
3. 了解总会计预算结余的核算类别
4. 掌握总会计各项预算结余的核算方法

第一节　净资产与预算结余概述

一、净资产的核算类别

总会计核算的净资产是指本级政府总会计核算的资产扣除负债后的净额，包括累计盈余、本期盈余、预算稳定调节基金、预算周转金、权益法调整、以前年度盈余调整等。

累计盈余是指政府财政一般公共预算资金、政府性基金预算资金、国有资本经营预算资金、财政专户管理资金、专用基金历年实现的盈余滚存的金额。

本期盈余是指政府财政一般公共预算资金、政府性基金预算资金、国有资本经营预算资金、财政专户管理资金、专用基金本期各项收入和费用分别相抵后的余额。

预算稳定调节基金是指政府财政为保持年度间预算的衔接和稳定而设置的储备性资金。

预算周转金是指政府财政为调剂预算年度内季节性收支差额，保证及时用款而设置的库款周转资金。

权益法调整是指政府财政按照持股比例计算应享有的被投资主体除净损益和利润分配以外的所有者权益变动的份额。

以前年度盈余调整是指政府财政调整以前年度盈余的事项。

二、预算结余的核算类别

总会计核算的预算结余是指预算年度内政府预算收入扣除预算支出后的余额，以及历年滚存的库款和专户资金余额，包括一般公共预算结转结余、政府性基金预算结转结余、国有资本经营预算结转结余、财政专户管理资金结余、专用基金结余、预算稳定调节基金、预算周转金和资金结存等。各项结转结余应每年结算一次。

一般公共预算结转结余是指本级政府财政一般公共预算收支的执行结果。

政府性基金预算结转结余是指本级政府财政政府性基金预算收支的执行结果。

国有资本经营预算结转结余是指本级政府财政国有资本经营预算收支的执行结果。

财政专户管理资金结余是指本级政府财政纳入财政专户管理的教育收费等资金收支的执行结果。

专用基金结余是指本级政府财政专用基金收支的执行结果。

预算稳定调节基金是指本级政府财政为保持年度间预算的衔接和稳定，在一般公共预算中设置的储备性资金。

预算周转金是指本级政府财政为调剂预算年度内季节性收支差额，保证及时用款而设置的周转资金。

资金结存是指政府财政纳入预算管理资金的流入、流出、调整和滚存的结果。

第二节　各项盈余与权益法调整

为了行文简便起见，本节将本期盈余、以前年度盈余调整、累计盈余统称为各项盈余。

一、本期盈余

本期盈余是指政府财政一般公共预算资金、政府性基金预算资金、国有资本经营预算资金、财政专户管理资金、专用基金本期各项收入、费用分别相抵后的余额。

（一）科目设置

在财务会计上，总会计应设置“本期盈余”科目来核算政府财政纳入一般公共预算、政府性基金预算、国有资本经营预算管理的资金，财政专户管理资金、专用基金本期各项收入、费用分别相抵后的余额。本科目应设置“预算管理资金本期盈余”“财政专户管理资金本期盈余”“专用基金本期盈余”明细科目。期末结转后，本科目的各个明细科目均应无余额。

设置补充和动用预算稳定调节基金，设置补充预算周转金产生的盈余变动事项，也通过本科目核算。

（二）账务处理

本期盈余的主要账务处理如下（见表 16－1）：

1.“预算管理资金本期盈余”科目的账务处理

(1)年终转账时，在财务会计上，将纳入一般公共预算、政府性基金预算、国有资本经营预算管理的各类收入科目本年发生额转入本科目的贷方，借记“税收收入”“非税收入”“投资收益”“补助收入”“上解收入”“地区间援助收入”“其他收入”科目，贷记本科目；将纳入一般公共预算、政府性基金预算、国有资本经营预算管理的各类费用科目本年发生额转入本科目的借方，借记本科目，贷记“政府机关商品和服务拨款费用”“政府机关工资福利拨款费用”“对事业单位补助拨款费用”“对企业补助拨款费用”“对个人和家庭补助拨款费用”“对社会保障基金补助拨款费用”“资本性拨款费用”“其他拨款费用”“财务费用”“补助费用”“上解费用”“地区间援助费用”“其他费用”科目。

(2)设置或补充预算稳定调节基金时，在财务会计上，借记本科目，贷记“预算稳定调节基金”科目。在预算会计上，借记“安排预算稳定调节基金”科目，贷记“预算稳定调节基金”科目。

(3)动用预算稳定调节基金时，在财务会计上，借记“预算稳定调节基金”科目，贷记本科目。在预算会计上，借记“预算稳定调节基金”科目，贷记“动用预算稳定调节基金”科目。

(4)设置或补充预算周转金时，在财务会计上，借记本科目，贷记“预算周转金”科目。在预算会计上，借记“一般公共预算结转结余”科目，贷记“预算周转金”科目。

(5)完成上述结转后，在财务会计上，将本科目余额转入累计盈余。如为借方余额，贷记本科目，借记“累计盈余——预算管理资金累计盈余”科目；如为贷方余额，借记本科目，贷记“累计盈余——预算管理资金累计盈余”科目。

2.“财政专户管理资金本期盈余”科目的账务处理

(1)年终转账时，在财务会计上，将财政专户管理资金收入的本年发生额转入本科目的贷方，借记“财政专户管理资金收入”科目，贷记本科目；将财政专户管理资金支出的本年发生额转入本科目的借方，借记本科目，贷记“财政专户管理资金支出”科目。

(2)完成上述结转后，在财务会计上，将本科目余额转入累计盈余，借记或贷记本科目，贷记或借记“累计盈余——财政专户管理资金累计盈余”科目。

3.“专用基金本期盈余”科目的账务处理

(1)年终转账时，在财务会计上，将专用基金收入的本年发生额转入本科目的贷方，借记“专用基金收入”科目，贷记本科目；将专用基金支出的本年发生额转入本科目的借方，借记本科目，贷记“专用基金支出”科目。

(2)完成上述结转后，在财务会计上，将本科目余额转入累计盈余。借记或贷记本科目，贷记或借记“累计盈余——专用基金累计盈余”科目。

表 16－1　本期盈余的账务处理

业务和会计事项		财务会计	预算会计
预算管理资金本期盈余	年终转账	借：税收收入 非税收入 投资收益 补助收入 上解收入 地区间援助收入 其他收入 贷：本期盈余——预算管理资金本期盈余 借：本期盈余——预算管理资金本期盈余 贷：政府机关商品和服务拨款费用 政府机关工资福利拨款费用 对事业单位补助拨款费用 对企业补助拨款费用 对个人和家庭补助拨款费用 对社会保障基金补助拨款费用 资本性拨款费用 其他拨款费用 财务费用 补助费用 上解费用 地区间援助费用 其他费用	—
	设置或补充预算稳定调节基金	借：本期盈余——预算管理资金本期盈余 贷：预算稳定调节基金	借：安排预算稳定调节基金 贷：预算稳定调节基金
	动用预算稳定调节基金	借：预算稳定调节基金 贷：本期盈余——预算管理资金本期盈余	借：预算稳定调节基金 贷：动用预算稳定调节基金
	设置或补充预算周转金	借：本期盈余——预算管理资金本期盈余 贷：预算周转金	借：一般公共预算结转结余 贷：预算周转金
	完成上述结转后，将本科目余额转入累计盈余	借或贷：本期盈余——预算管理资金本期盈余 贷或借：累计盈余——预算管理资金累计盈余	—
财政专户管理资金本期盈余	年终转账	借：财政专户管理资金收入 贷：本期盈余——财政专户管理资金本期盈余 借：本期盈余——财政专户管理资金本期盈余 贷：财政专户管理资金支出	借：财政专户管理资金收入 贷：财政专户管理资金结余 借：财政专户管理资金结余 贷：财政专户管理资金支出
	完成上述结转后，将本科目余额转入累计盈余	借或贷：本期盈余——财政专户管理资金本期盈余 贷或借：累计盈余——财政专户管理资金累计盈余	—

续表

<table>
<tr><th colspan="2">业务和会计事项</th><th>财务会计</th><th>预算会计</th></tr>
<tr><td rowspan="2">专用基金本期盈余</td><td>年终转账</td><td>借：专用基金收入
　贷：本期盈余——专用基金本期盈余
借：本期盈余——专用基金本期盈余
　贷：专用基金支出</td><td>借：专用基金收入
　贷：专用基金结余
借：专用基金结余
　贷：专用基金支出</td></tr>
<tr><td>完成上述结转后，将本科目余额转入累计盈余</td><td>借或贷：本期盈余——专用基金本期盈余
　贷或借：累计盈余——专用基金累计盈余</td><td>—</td></tr>
</table>

[例 16-1] 某市财政经年终结算，财务会计中的收入类和费用类科目的余额情况如表 16-2 所示。

表 16-2　某市财政年终收入类和费用类科目余额表

收入类科目	贷方余额	费用类科目	借方余额
税收收入	1 200 000 000	政府机关商品和服务拨款费用	400 000 000
非税收入	200 000 000	政府机关工资福利拨款费用	300 000 000
投资收益	50 000 000	对事业单位补助拨款费用	150 000 000
补助收入	300 000 000	对企业补助拨款费用	50 000 000
上解收入	100 000 000	对个人和家庭补助拨款费用	100 000 000
地区间援助收入	50 000 000	对社会保障基金补助拨款费用	250 000 000
其他收入	20 000 000	资本性拨款费用	500 000 000
		其他拨款费用	20 000 000
		财务费用	5 000 000
		补助费用	15 000 000
		上解费用	4 000 000
		地区间援助费用	0
		其他费用	2 000 000

根据表 16-2，总会计应编制年终会计分录如下：

财务会计：

借：税收收入	1 200 000 000
非税收入	200 000 000
投资收益	50 000 000
补助收入	300 000 000
上解收入	100 000 000
地区间援助收入	50 000 000
其他收入	20 000 000

贷：本期盈余——预算管理资金本期盈余　　1 920 000 000
借：本期盈余——预算管理资金本期盈余　　1 796 000 000
贷：政府机关商品和服务拨款费用　　400 000 000
政府机关工资福利拨款费用　　300 000 000
对事业单位补助拨款费用　　150 000 000
对企业补助拨款费用　　50 000 000
对个人和家庭补助拨款费用　　100 000 000
对社会保障基金补助拨款费用　　250 000 000
资本性拨款费用　　500 000 000
其他拨款费用　　20 000 000
财务费用　　5 000 000
补助费用　　15 000 000
上解费用　　4 000 000
其他费用　　2 000 000

上述会计分录借贷相抵后，“本期盈余——预算管理资金本期盈余”科目贷方余额124 000 000元。

［**例16-2**］接上例，经研究决定，补充预算稳定调节基金100 000 000元。总会计应编制会计分录如下：

财务会计：
借：本期盈余——预算管理资金本期盈余　　100 000 000
贷：预算稳定调节基金　　100 000 000

预算会计：
借：安排预算稳定调节基金　　100 000 000
贷：预算稳定调节基金　　100 000 000

［**例16-3**］接上例，经上述结转后，“本期盈余——预算管理资金本期盈余”科目贷方余额为24 000 000元，现转入累计盈余及相应的明细科目。总会计应编制会计分录如下：

财务会计：
借：本期盈余——预算管理资金本期盈余　　24 000 000
贷：累计盈余——预算管理资金累计盈余　　24 000 000

二、以前年度盈余调整

以前年度盈余调整是指政府财政调整以前年度盈余的事项。

（一）科目设置

在财务会计上，总会计应设置“以前年度盈余调整”总账科目来核算政府财政调整以前年度盈余的事项，并设置“预算管理资金以前年度盈余调整”“财政专户管理资金以前年度盈余调整”“专用基金以前年度盈余调整”明细科目。期末结转后，本科目应无余额。

（二）账务处理

以前年度盈余调整的主要账务处理如下（见表 16－3）：

（1）调整增加以前年度收入时，在财务会计上，按照调整增加的金额，借记有关科目，贷记本科目；调整减少的，作相反会计分录。如果在调整过程中有涉及预算收入调增或调减的，在预算会计上，借记或贷记“资金结存——库款资金结存”等科目，贷记或借记有关预算收入科目。

（2）调整增加以前年度费用时，在财务会计上，按照调整增加的金额，借记本科目，贷记有关科目；调整减少的，作相反会计分录。如果在调整过程中有涉及预算支出调增或调减的，在预算会计上，借记或贷记有关支出科目，贷记或借记“资金结存——库款资金结存”等科目。

（3）对于政府以前年度取得的资产或承担的负债，在本年初次确认时，在财务会计上，借记有关资产科目或贷记有关负债科目，贷记或借记本科目。

（4）年终转账时，在财务会计上，将本科目余额转入累计盈余，借记或贷记“累计盈余”科目，贷记或借记本科目。

表 16－3　以前年度盈余调整的账务处理

业务和会计事项		财务会计	预算会计
调整以前年度收入	增加或减少以前年度预算管理资金收入	借或贷：有关资产或负债科目 贷或借：以前年度盈余调整	借或贷：资金结存——库款资金结存 贷或借：有关预算收入科目
	增加或减少以前年度专户管理资金收入	借或贷：其他财政存款 贷或借：以前年度盈余调整	借或贷：资金结存——专户资金结存 贷或借：财政专户管理资金收入
	增加或减少以前年度专用基金收入	借或贷：其他财政存款 贷或借：以前年度盈余调整	借或贷：资金结存——专户资金结存 贷或借：专用基金收入
调整以前年度费用	增加或减少以前年度预算管理资金支出	借或贷：以前年度盈余调整 贷或借：有关资产或负债科目	借或贷：有关支出科目 贷或借：资金结存——库款资金结存
	增加或减少以前年度专户管理资金支出	借或贷：以前年度盈余调整 贷或借：其他财政存款	借或贷：财政专户管理资金支出 贷或借：资金结存——专户资金结存
	增加或减少以前年度专用基金支出	借或贷：以前年度盈余调整 贷或借：其他财政存款	借或贷：专用基金支出 贷或借：资金结存——专户资金结存

续表

业务和会计事项	财务会计	预算会计
对于政府以前年度取得的资产或承担的负债，在本年初次确认	借：有关资产科目 　贷：以前年度盈余调整 借：以前年度盈余调整 　贷：有关负债科目	—
年终转账	借或贷：累计盈余 　贷或借：以前年度盈余调整	—

［例16－4］某日，某市财政收到一笔上一年度发生的一般公共预算支出退回10 000 000元，该笔支出在发生时曾列入“资本性拨款费用”，现款项已退回至国库。总会计应编制会计分录如下：

财务会计：

借：国库存款　　10 000 000

　贷：以前年度盈余调整——预算管理资金以前年度盈余调整　　10 000 000

预算会计：

借：资金结存——库款资金结存　　10 000 000

　贷：一般公共预算支出　　10 000 000

三、累计盈余

累计盈余是指政府财政一般公共预算资金、政府性基金预算资金、国有资本经营预算资金、财政专户管理资金、专用基金历年实现的盈余滚存的金额。

（一）科目设置

在财务会计上，总会计应设置“累计盈余”总账科目来核算政府财政纳入一般公共预算、政府性基金预算、国有资本经营预算管理的预算资金，以及财政专户管理资金、专用基金历年实现的盈余滚存的金额，并设置“预算管理资金累计盈余”“财政专户管理资金累计盈余”“专用基金累计盈余”明细科目。

（二）账务处理

累计盈余的主要账务处理如下（见表16－4）：

1.“预算管理资金累计盈余”科目的主要账务处理

（1）年终转账时，在财务会计上，将“本期盈余——预算管理资金本期盈余”科目余额转入本科目，借记或贷记“本期盈余——预算管理资金本期盈余”科目，贷记或借记本科目。

（2）年终转账时，在财务会计上，将“以前年度盈余调整——预算管理资金以前年度盈余调整”科目余额转入本科目，借记或贷记“以前年度盈余调整——预算管理资金以前年度盈余调整”科目，贷记或借记本科目。

本科目期末余额反映预算管理资金累计盈余的累计数。

2. “财政专户管理资金累计盈余”科目的主要账务处理

（1）年终转账时，在财务会计上，将“本期盈余——财政专户管理资金本期盈余”科目余额转入本科目，借记或贷记“本期盈余——财政专户管理资金本期盈余”科目，贷记或借记本科目。

（2）年终转账时，在财务会计上，将“以前年度盈余调整——财政专户管理资金以前年度盈余调整”科目余额转入本科目，借记或贷记“以前年度盈余调整——财政专户管理资金以前年度盈余调整”科目，贷记或借记本科目。

本科目期末余额反映财政专户管理资金累计盈余的累计数。

3. “专用基金累计盈余”科目的主要账务处理

（1）年终转账时，在财务会计上，将“本期盈余——专用基金本期盈余”科目的余额转入本科目，借记或贷记“本期盈余——专用基金本期盈余”科目，贷记或借记本科目。

（2）年终转账时，在财务会计上，将“以前年度盈余调整——专用基金以前年度盈余调整”科目的余额转入本科目，借记或贷记“以前年度盈余调整——专用基金以前年度盈余调整”科目，贷记或借记本科目。

本科目期末余额反映专用基金累计盈余的累计数。

表 16－4　累计盈余的账务处理

业务和会计事项		财务会计	预算会计
预算管理资金累计盈余	（1）年终转账	借或贷：累计盈余——预算管理资金累计盈余 贷或借：本期盈余——预算管理资金本期盈余	—
	（2）年终转账	借或贷：累计盈余——预算管理资金累计盈余 贷或借：以前年度盈余调整——预算管理资金以前年度盈余调整	—
财政专户管理资金累计盈余	（1）年终转账	借或贷：累计盈余——财政专户管理资金累计盈余 贷或借：本期盈余——财政专户管理资金本期盈余	—
	（2）年终转账	借或贷：累计盈余——财政专户管理资金累计盈余 贷或借：以前年度盈余调整——财政专户管理资金以前年度盈余调整	—
专用基金累计盈余	（1）年终转账	借或贷：累计盈余——专用基金累计盈余 贷或借：本期盈余——专用基金本期盈余	—
	（2）年终转账	借或贷：累计盈余——专用基金累计盈余 贷或借：以前年度盈余调整——专用基金以前年度盈余调整	—

［例 16－5］某市财政经年终结算，“本期盈余”和“以前年度盈余调整”及相应的明细科目的余额情况如表 16－5 所示，现将其全部转入“累计盈余”及相应的明细科目。

表 16－5　“本期盈余”和“以前年度盈余调整”科目年终余额表

本期盈余	借方余额	贷方余额	以前年度盈余调整	借方余额	贷方余额
——预算管理资金本期盈余	100 000		——预算管理资金以前年度盈余调整		25 000
——财政专户管理资金本期盈余		50 000	——财政专户管理资金以前年度盈余调整		5 000
——专用基金本期盈余		15 000	——专用基金以前年度盈余调整	10 000	

根据各个科目的余额，总会计应编制年终转账会计分录如下：

财务会计：

借：累计盈余——预算管理资金累计盈余　　100 000
　贷：本期盈余——预算管理资金本期盈余　　100 000
借：以前年度盈余调整——预算管理资金以前年度盈余调整　　25 000
　贷：累计盈余——预算管理资金累计盈余　　25 000
借：本期盈余——财政专户管理资金本期盈余　　50 000
　贷：累计盈余——财政专户管理资金累计盈余　　50 000
借：以前年度盈余调整——财政专户管理资金以前年度盈余调整　　5 000
　贷：累计盈余——财政专户管理资金累计盈余　　5 000
借：本期盈余——专用基金本期盈余　　15 000
　贷：累计盈余——专用基金累计盈余　　15 000
借：累计盈余——专用基金累计盈余　　10 000
　贷：以前年度盈余调整——专用基金以前年度盈余调整　　10 000

上述分录借贷相抵，“累计盈余——预算管理资金累计盈余”科目借方余额为 75 000 元；“累计盈余——财政专户管理资金累计盈余”科目贷方余额为 55 000 元；“累计盈余——专用基金累计盈余”科目贷方余额为 5 000 元。

四、权益法调整

权益法调整是指政府财政按照持股比例计算应享有的被投资主体除净损益和利润分配以外的所有者权益变动的份额。

（一）科目设置

总会计应设置“权益法调整”总账科目来核算政府财政按照持股比例计算应享有的被投资主体除净损益和利润分配以外的所有者权益变动的份额，并根据管理需要，按照被投资主体进行明细核算。本科目期末余额反映政府财政在被投资主体除净损益和利润分配以外的所有者权益变动中累计享有（或分担）的份额。

（二）账务处理

权益法调增的主要账务处理在第十二章第三节股权投资等相关内容中已有提及，更具体的账务处理详见二维码。

权益法调整的账务处理

第三节　预算稳定调节基金与预算周转金

一、预算稳定调节基金

在总会计核算的净资产和预算结余中均有“预算稳定调节基金”科目的设置，但在表述上略有区别。

（一）科目设置

在财务会计上，总会计应设置“预算稳定调节基金”总账科目（科目编码3021）来核算本级政府财政为保持年度间预算的衔接和稳定而设置的储备性资金。本科目期末贷方余额反映预算稳定调节基金的累计规模。

在预算会计上，总会计应设置“预算稳定调节基金”总账科目（科目编码8031）来核算本级政府财政为保持年度间预算的衔接和稳定，在一般公共预算中设置的储备性资金。本科目期末贷方余额反映预算稳定调节基金的累计规模。

（二）账务处理

预算稳定调节基金的主要账务处理如下（见表16-6）：

（1）设置或补充预算稳定调节基金时，在财务会计上，借记“本期盈余——预算管理资金本期盈余”科目，贷记本科目。在预算会计上，借记“安排预算稳定调节基金”科目，贷记“预算稳定调节基金”科目。

（2）将预算周转金调入预算稳定调节基金时，在财务会计上，借记“预算周转金”科目，贷记本科目。在预算会计上，借记“预算周转金”科目，贷记“预算稳定调节基金”科目。

（3）动用预算稳定调节基金时，在财务会计上，借记本科目，贷记“本期盈余——预算管理资金本期盈余”科目。在预算会计上，借记“预算稳定调节基金”科目，贷记“动用预算稳定调节基金”科目。

表16-6　预算稳定调节基金的账务处理

业务和会计事项	财务会计	预算会计
设置或补充预算稳定调节基金	借：本期盈余——预算管理资金本期盈余 　贷：预算稳定调节基金	借：安排预算稳定调节基金 　贷：预算稳定调节基金

续表

业务和会计事项	财务会计	预算会计
将预算周转金调入预算稳定调节基金	借：预算周转金 　贷：预算稳定调节基金	借：预算周转金 　贷：预算稳定调节基金
动用预算稳定调节基金	借：预算稳定调节基金 　贷：本期盈余——预算管理资金本期盈余	借：预算稳定调节基金 　贷：动用预算稳定调节基金

[例 16－6] 某市财政经年终结算，全年一般公共预算收入实现超收 100 000 000 元。现根据相关规定，将这部分超收收入用于补充预算稳定调节基金。总会计应编制会计分录如下：

财务会计：

借：本期盈余——预算管理资金本期盈余　　100 000 000

　贷：预算稳定调节基金　　100 000 000

预算会计：

借：安排预算稳定调节基金　　100 000 000

　贷：预算稳定调节基金　　100 000 000

[例 16－7] 由于一般公共预算收入短收等原因，某县财政决定动用预算稳定调节基金 50 000 000 元用于弥补当年收支差额。总会计应编制会计分录如下：

财务会计：

借：预算稳定调节基金　　50 000 000

　贷：本期盈余——预算管理资金本期盈余　　50 000 000

预算会计：

借：预算稳定调节基金　　50 000 000

　贷：动用预算稳定调节基金　　50 000 000

二、预算周转金

（一）科目设置

总会计核算的净资产和预算结余中，均有“预算周转金”科目的设置。

在财务会计上，总会计应设置“预算周转金”总账科目来核算政府财政设置的用于调剂预算年度内季节性收支差额周转使用的资金。本科目期末贷方余额反映预算周转金的累计规模。

在预算会计上，总会计应设置“预算周转金”总账科目来核算政府财政设置的用于调剂预算年度内季节性收支差额周转使用的资金。本科目期末贷方余额反映预算周转金的累计规模。

（二）账务处理

预算周转金的主要账务处理如下（见表 16－7）：

（1）设置或补充预算周转金时，在财务会计上，借记“本期盈余——预算管理资金本期盈余”科目，贷记本科目。在预算会计上，借记“一般公共预算结转结余”科目，贷记“预算周转金”科目。

（2）将预算周转金调入预算稳定调节基金时，在财务会计上，借记本科目，贷记“预算稳定调节基金”科目。在预算会计上，借记“预算周转金”科目，贷记“预算稳定调节基金”科目。

表 16-7　预算周转金的账务处理

业务和会计事项	财务会计	预算会计
设置或补充预算周转金	借：本期盈余——预算管理资金本期盈余 　贷：预算周转金	借：一般公共预算结转结余 　贷：预算周转金
将预算周转金调入预算稳定调节基金	借：预算周转金 　贷：预算稳定调节基金	借：预算周转金 　贷：预算稳定调节基金

［例 16-8］某市财政经研究确定，从当年的一般公共预算结转结余中安排预算周转金 50 000 000 元。总会计应编制会计分录如下：

财务会计：

借：本期盈余——预算管理资金本期盈余　　50 000 000

　贷：预算周转金　　50 000 000

预算会计：

借：一般公共预算结转结余　　50 000 000

　贷：预算周转金　　50 000 000

［例 16-9］某县财政经研究决定，从预算周转金中调入 500 000 元到预算稳定调节基金。总会计应编制会计分录如下：

财务会计：

借：预算周转金　　500 000

　贷：预算稳定调节基金　　500 000

预算会计：

借：预算周转金　　500 000

　贷：预算稳定调节基金　　500 000

第四节　资金结存

资金结存是指政府财政纳入预算管理资金的流入、流出、调整和滚存的结果。

一、科目设置

在预算会计上，总会计应设置“资金结存”总账科目来核算政府财政纳入预算管理资金的流入、流出、调整和滚存的结果，并设置“库款资金结存”“专户资金结存”“在途资金结存”“集中支付结余结存”“上下级调拨结存”“待发国债结存”“零余额账户结存”“已结报支出”“待处理结存”明细科目。

二、账务处理

资金结存科目的主要账务处理如下：

（一）库款资金结存

“库款资金结存”科目核算政府财政以国库存款形态存在的资金，本科目期末应为借方余额。具体核算办法及案例，详见第十二章第二节国库存款相关内容。

（二）专户资金结存

“专户资金结存”科目核算政府财政以财政专户存款形态存在的资金，本科目期末应为借方余额。具体核算办法及案例，详见第十二章第二节其他财政存款相关内容。

（三）在途资金结存

“在途资金结存”科目核算报告清理期和库款报解整理期内发生的需要通过本科目过渡处理的属于上年度收入、支出等业务的款项，本科目期末余额反映政府财政持有的在途款金额。具体核算办法详见第十二章第五节在途款相关内容。

（四）集中支付结余结存

“集中支付结余结存”科目核算省级以上（含省级）政府财政国库集中支付中，应列为当年支出，但年末尚未支付需结转下一年度支付的款项。本科目期末应为贷方余额，反映政府财政尚未支付的国库集中支付结余。具体的账务处理和核算案例，详见第十三章第三节应付国库集中支付结余相关内容。

（五）上下级调拨结存

“上下级调拨结存”科目核算上下级政府财政之间资金调拨和资金结算等事项。本科目期末余额反映政府财政上下级往来款项的净额。

（1）年终转账时，在预算会计上，将“补助预算收入——上级调拨”科目贷方余额转入资金结存，借记“补助预算收入——上级调拨”科目，贷记本科目。

（2）年终转账时，在预算会计上，将“补助预算支出——调拨下级”科目借方余额转入资金结存，借记本科目，贷记“补助预算支出——调拨下级”科目。

具体见表 16－8。

表 16-8　上下级调拨结存的账务处理

业务和会计事项	财务会计	预算会计
年终转账	—	借：补助预算收入——上级调拨 　贷：资金结存——上下级调拨结存
	—	借：资金结存——上下级调拨结存 　贷：补助预算支出——调拨下级

[例 16-10] 某市财政经年终结算，“补助预算收入——上级调拨”科目贷方余额为 50 000 000 元，“补助预算支出——调拨下级”科目借方余额为 35 000 000 元，现将上述两个科目余额转入资金结存。总会计编制会计分录如下：

预算会计：

借：补助预算收入——上级调拨　50 000 000
　贷：资金结存——上下级调拨结存　50 000 000
借：资金结存——上下级调拨结存　35 000 000
　贷：补助预算支出——调拨下级　35 000 000

（六）待发国债结存

“待发国债结存”科目核算为弥补中央财政预算收支差额，中央财政预计发行国债与实际发行国债之间的差额。本科目期末应为借方余额，反映中央财政尚未使用的国债发行额度。

（1）年度终了，实际发行国债收入用于债务还本支出后，小于为弥补中央财政预算收支差额中央财政预计发行国债时，在预算会计上，按照其差额，借记本科目，贷记“债务预算收入”科目。

（2）实际发行国债收入用于债务还本支出后，大于为弥补中央财政预算收支差额中央财政预计发行国债时，在预算会计上，按照其差额，借记“债务预算收入”科目，贷记本科目。

具体见表 16-9。

表 16-9　待发国债结存的账务处理

业务和会计事项	财务会计	预算会计
年度终了，实际发行国债收入用于债务还本支出后，小于为弥补中央财政预算收支差额中央财政预计发行国债时，按照其差额	—	借：资金结存——待发国债结存 　贷：债务预算收入
实际发行国债收入用于债务还本支出后，大于为弥补中央财政预算收支差额中央财政预计发行国债时，按照其差额	—	借：债务预算收入 　贷：资金结存——待发国债结存

（七）零余额账户结存

“零余额账户结存”科目核算政府财政国库支付执行机构在代理银行开设的财政零余

额账户发生的支付和清算业务。财政国库支付执行机构未单设的地区不使用本科目。本科目年末应无余额。

财政国库支付执行机构是财政部门审核、监督财政资金收付工作的延伸，其重要职责之一，是办理财政资金的支付业务。财政国库支付执行机构会计是总会计的延伸，其会计核算执行《财政总会计制度》。

（1）财政国库支付执行机构通过财政零余额账户支付款项时，在预算会计上，借记有关支出科目，贷记本科目。

（2）根据每日清算的金额，在预算会计上，借记本科目，贷记“资金结存——已结报支出”科目。

具体见表16-10。

表16-10　零余额账户结存的账务处理

业务和会计事项	财务会计	预算会计
财政国库支付执行机构通过财政零余额账户支付款项	—	借：有关预算支出 　贷：资金结存——零余额账户结存
根据每日清算的金额	—	借：资金结存——零余额账户结存 　贷：资金结存——已结报支出

（八）已结报支出

“已结报支出”科目核算政府财政国库支付执行机构已清算的国库集中支付支出数额。财政国库支付执行机构未单设的地区不使用本科目。本科目年末应无余额。

（1）财政国库集中支付执行机构根据每日清算的金额，在预算会计上，借记“资金结存——零余额账户结存”科目，贷记本科目。

（2）财政国库集中支付执行机构按照国库集中支付制度有关规定办理资金支付时，在预算会计上，借记有关预算支出科目，贷记本科目。

（3）年终财政国库集中支付执行机构按照累计结清的预算支出金额，与有关方面核对一致后转账，在预算会计上，借记本科目，贷记有关支出科目。

具体见表16-11。

表16-11　已结报支出的账务处理

业务和会计事项	财务会计	预算会计
根据每日清算的金额	—	借：资金结存——零余额账户结存 　贷：资金结存——已结报支出
财政国库集中支付执行机构按照国库集中支付制度有关规定办理资金支付	—	借：有关支出科目 　贷：资金结存——已结报支出
年终财政国库集中支付执行机构按照累计结清的预算支出金额，与有关方面核对一致后转账	—	借：资金结存——已结报支出 　贷：有关支出科目

［例16-11］ 某市财政国库支付执行机构以国库集中支付的方式，通过财政零余额账

户支付有关预算单位的属于政府性基金预算本级支出的款项共计 237 000 元。财政国库支付执行机构应编制如下会计分录：

预算会计：

借：政府性基金预算支出　　237 000

　贷：资金结存——零余额账户结存　　237 000

［例 16-12］某市财政国库支付执行机构汇总编制当日《预算支出结算清单》。其中，当日国库集中支付的资金数为 422 000 元。财政国库支付执行机构将《预算支出结算清单》报送财政国库管理部门的财政总会计。财政国库支付执行机构应编制如下会计分录：

预算会计：

借：资金结存——零余额账户结存　　422 000

　贷：资金结存——已结报支出　　422 000

［例 16-13］某市财政国库支付执行机构收到代理银行报来的财政支出日报表，通过国库集中支付方式为有关预算单位支付属于一般公共预算本级支出的款项共计 13 500 元。财政国库支付执行机构应编制如下会计分录：

预算会计：

借：一般公共预算支出　　13 500

　贷：资金结存——已结报支出　　13 500

［例 16-14］年终，财政国库支付执行机构的有关科目余额为“资金结存——已结报支出”科目贷方余额 1 055 000 元，“一般公共预算支出”科目借方余额 843 000 元，“政府性基金预算支出”科目借方余额 164 000 元，“国有资本经营预算支出”科目借方余额 48 000 元。财政国库支付执行机构将有关科目的记录与相关方面核对一致。财政国库支付执行机构应编制如下会计分录：

预算会计：

借：资金结存——已结报支出　　1 055 000

　贷：一般公共预算支出　　843 000

　　　政府性基金预算支出　　164 000

　　　国有资本经营预算支出　　48 000

（九）待处理结存

“待处理结存”科目核算结转下年度的待处理收入和待处理支出等。本科目期末余额反映尚未清理的以前年度待处理收支的金额。

（1）年终转账时，在预算会计上，将“待处理收入”科目贷方余额转入资金结存，借记“待处理收入”科目，贷记本科目。

（2）年终转账时，在预算会计上，将“待处理支出”科目借方余额转入资金结存，借记本科目，贷记“待处理支出”科目。

（3）将以前年度结转的待处理收入转列预算收入或退回时，在财务会计上，借记“其他应付款”等科目，贷记有关收入科目或“国库存款”等科目。在预算会计上，借记本科目，贷记有关预算收入科目或“资金结存——库款资金结存”等科目。

（4）将以前年度结转的待处理支出转列预算支出或收回时，在财务会计上，借记有关费用科目或“国库存款”等科目，贷记“其他应付款”等科目。在预算会计上，借记有关支出科目或“资金结存——库款资金结存”等科目，贷记本科目。

具体见表16－12。

表16－12　待处理结存的账务处理

业务和会计事项	财务会计	预算会计
年终转账时，将“待处理收入”科目贷方余额转入资金结存	—	借：待处理收入 贷：资金结存——待处理结存
年终转账时，将“待处理支出”科目借方余额转入资金结存	—	借：资金结存——待处理结存 贷：待处理支出
将以前年度结转的待处理收入转列预算收入或退回	借：其他应付款等 贷：有关收入科目/国库存款等	借：资金结存——待处理结存 贷：有关预算收入科目/资金结存——库款资金结存等
将以前年度结转的待处理支出转列预算支出或收回	借：有关费用科目/国库存款等 贷：其他应付款等	借：有关支出科目/资金结存——库款资金结存等 贷：资金结存——待处理结存

［例16－15］某县财政经年终结算，“待处理收入”科目贷方余额为500 000元，“待处理支出”科目借方余额为350 000元，现将其转入资金结存。总会计编制会计分录如下：

预算会计：

借：待处理收入　500 000

　贷：资金结存——待处理结存　500 000

借：资金结存——待处理结存　350 000

　贷：待处理支出　350 000

［例16－16］接上例，县财政将去年收回的结转结余资金50 000元按原预算科目使用。总会计应编制会计分录如下：

财务会计：

借：其他应付款　50 000

　贷：国库存款　50 000

预算会计：

借：资金结存——待处理结存　50 000

　贷：资金结存——库款资金结存　50 000

第五节　各项预算结转结余

为了行文简便起见，本节将一般公共预算结转结余、政府性基金预算结转结余和国有资本经营预算结转结余统称为各项预算结转结余。

一、一般公共预算结转结余

一般公共预算结转结余是指本级政府财政一般公共预算收支的执行结果。

（一）科目设置

在预算会计上，总会计应设置“一般公共预算结转结余”总账科目来核算本级政府财政一般公共预算收支的执行结果。本科目期末贷方余额反映一般公共预算收支相抵后的滚存结转结余。

（二）账务处理

一般公共预算结转结余的主要账务处理如下（见表16-13）：

（1）年终转账时，在预算会计上，将一般公共预算的有关收入科目贷方余额转入本科目的贷方，借记“一般公共预算收入”“补助预算收入——一般公共预算补助收入”“上解预算收入——一般公共预算上解收入”“地区间援助预算收入”“调入预算资金——一般公共预算调入资金”“债务预算收入——国债收入”“债务预算收入——一般债务收入”“债务转贷预算收入——一般债务转贷收入”“动用预算稳定调节基金”科目，贷记本科目。将一般公共预算的有关支出科目借方余额转入本科目的借方，借记本科目，贷记“一般公共预算支出”“补助预算支出——一般公共预算补助支出”“上解预算支出——一般公共预算上解支出”“地区间援助预算支出”“调出预算资金——一般公共预算调出资金”“安排预算稳定调节基金”“债务还本预算支出——国债还本支出”“债务还本预算支出——一般债务还本支出”“债务转贷预算支出——一般债务转贷支出”科目。

（2）设置或补充预算周转金的账务处理，详见本章第三节预算周转金相关内容。

表16-13　一般公共预算结转结余的账务处理

业务和会计事项	财务会计	预算会计
年终转账	—	借：一般公共预算收入 　　补助预算收入——一般公共预算补助收入 　　上解预算收入——一般公共预算上解收入 　　地区间援助预算收入 　　调入预算资金——一般公共预算调入资金 　　债务预算收入——国债收入 　　债务预算收入——一般债务收入 　　债务转贷预算收入——一般债务转贷收入 　　动用预算稳定调节基金 　贷：一般公共预算结转结余 借：一般公共预算结转结余 　贷：一般公共预算支出 　　　补助预算支出——一般公共预算补助支出 　　　上解预算支出——一般公共预算上解支出 　　　地区间援助预算支出 　　　调出预算资金——一般公共预算调出资金 　　　安排预算稳定调节基金 　　　债务还本预算支出——国债还本支出 　　　债务还本预算支出——一般债务还本支出 　　　债务转贷预算支出——一般债务转贷支出
设置或补充预算周转金	借：本期盈余——预算管理资金本期盈余 　贷：预算周转金	借：一般公共预算结转结余 　贷：预算周转金

［例 16－17］某市财政经年终结算，纳入一般公共预算管理的各个预算收入支出科目的余额情况如下："一般公共预算收入"科目贷方余额 200 000 000 元，"补助预算收入——一般公共预算补助收入"科目贷方余额 50 000 000 元，"上解预算收入——一般公共预算上解收入"科目贷方余额 5 000 000 元，"调入预算资金——一般公共预算调入资金"科目贷方余额 30 000 000 元，"债务转贷预算收入——一般债务转贷收入"科目贷方余额 20 000 000 元，"动用预算稳定调节基金"科目贷方余额 3 000 000 元；"一般公共预算支出"科目借方余额 270 000 000 元，"补助预算支出——一般公共预算补助支出"科目借方余额 3 000 000 元，"上解预算支出——一般公共预算上解支出"科目借方余额 5 000 000 元，"地区间援助预算支出"科目借方余额 2 000 000 元，"安排预算稳定调节基金"科目借方余额 2 000 000 元，"债务转贷预算支出——一般债务转贷支出"科目借方余额 15 000 000 元。现将上述科目余额转入一般公共预算结转结余。总会计应编制年终转账会计分录如下：

预算会计：

借：一般公共预算收入	200 000 000	
补助预算收入——一般公共预算补助收入	50 000 000	
上解预算收入——一般公共预算上解收入	5 000 000	
调入预算资金——一般公共预算调入资金	30 000 000	
债务转贷预算收入——一般债务转贷收入	20 000 000	
动用预算稳定调节基金	3 000 000	
贷：一般公共预算结转结余		308 000 000
借：一般公共预算结转结余	297 000 000	
贷：一般公共预算支出		270 000 000
补助预算支出——一般公共预算补助支出		3 000 000
上解预算支出——一般公共预算上解支出		5 000 000
地区间援助预算支出		2 000 000
安排预算稳定调节基金		2 000 000
债务转贷预算支出——一般债务转贷支出		15 000 000

上述分录借贷相抵，"一般公共预算结转结余"科目为贷方余额 11 000 000 元。

二、政府性基金预算结转结余

政府性基金预算结转结余是指本级政府财政政府性基金预算收支的执行结果。

（一）科目设置

在预算会计上，总会计应设置"政府性基金预算结转结余"总账科目来核算本级政府财政政府性基金预算收支的执行结果，本科目可根据管理需要，按照政府性基金的项目进行明细核算。本科目期末贷方余额反映政府性基金预算收支相抵后的滚存结转结余。

（二）账务处理

政府性基金预算结转结余的主要账务处理如下：年终转账时，在预算会计上，将政府性基金预算的有关收入科目贷方余额转入本科目的贷方，按照政府性基金项目分别转入本科目的贷方，借记“政府性基金预算收入”“补助预算收入——政府性基金预算补助收入”“上解预算收入——政府性基金预算上解收入”“调入预算资金——政府性基金预算调入资金”“债务预算收入——专项债务收入”“债务转贷预算收入——专项债务转贷收入”科目，贷记本科目。将政府性基金预算的有关支出科目借方余额转入本科目的借方，借记本科目，贷记“政府性基金预算支出”“补助预算支出——政府性基金预算补助支出”“上解预算支出——政府性基金预算上解支出”“调出预算资金——政府性基金预算调出资金”“债务还本预算支出——专项债务还本支出”“债务转贷预算支出——专项债务转贷支出”科目（见表 16－14）。

表 16－14　政府性基金预算结转结余的账务处理

业务和会计事项	财务会计	预算会计
年终转账	—	借：政府性基金预算收入 　　补助预算收入——政府性基金预算补助收入 　　上解预算收入——政府性基金预算上解收入 　　调入预算资金——政府性基金预算调入资金 　　债务预算收入——专项债务收入 　　债务转贷预算收入——专项债务转贷收入 　贷：政府性基金预算结转结余 借：政府性基金预算结转结余 　贷：政府性基金预算支出 　　　补助预算支出——政府性基金预算补助支出 　　　上解预算支出——政府性基金预算上解支出 　　　调出预算资金——政府性基金预算调出资金 　　　债务还本预算支出——专项债务还本支出 　　　债务转贷预算支出——专项债务转贷支出

［例 16－18］某市财政经年终结算，纳入政府性基金预算管理的各个预算收入支出科目余额如下：“政府性基金预算收入”科目贷方余额 150 000 000 元，“补助预算收入——政府性基金预算补助收入”科目贷方余额 5 000 000 元，“上解预算收入——政府性基金预算上解收入”科目贷方余额 3 000 000 元，“调入预算资金——政府性基金预算调入资金”科目贷方余额 50 000 000 元，“债务转贷预算收入——专项债务转贷收入”贷方余额 20 000 000 元；“政府性基金预算支出”科目借方余额 160 000 000 元，“补助预算支出——政府性基金预算补助支出”科目借方余额 8 000 000 元，“上解预算支出——政府性基金预算上解支出”科目借方余额 2 000 000 元，“调出预算资金——政府性基金预算调出资金”科目借方余额 30 000 000 元，“债务还本预算支出——专项债务还本支出”科目借方余额 10 000 000 元。总会计编制年终转账分录如下：

预算会计：

借：政府性基金预算收入	150 000 000
补助预算收入——政府性基金预算补助收入	5 000 000

上解预算收入——政府性基金预算上解收入　　3 000 000
调入预算资金——政府性基金预算调入资金　　50 000 000
债务转贷预算收入——专项债务转贷收入　　20 000 000
贷：政府性基金预算结转结余　　228 000 000
借：政府性基金预算结转结余　　210 000 000
贷：政府性基金预算支出　　160 000 000
补助预算支出——政府性基金预算补助支出　　8 000 000
上解预算支出——政府性基金预算上解支出　　2 000 000
调出预算资金——政府性基金预算调出资金　　30 000 000
债务还本预算支出——专项债务还本支出　　10 000 000

上述分录借贷相抵，“政府性基金预算结转结余”科目为贷方余额 18 000 000 元。

三、国有资本经营预算结转结余

国有资本经营预算结转结余是指本级政府财政国有资本经营预算收支的执行结果。

（一）科目设置

在预算会计上，总会计应设置“国有资本经营预算结转结余”总账科目来核算本级政府财政国有资本经营预算收支的执行结果。本科目期末贷方余额反映国有资本经营预算收支相抵后的滚存结转结余。

（二）账务处理

国有资本经营预算结转结余的主要账务处理如下：年终转账时，在预算会计上，将国有资本经营预算的有关收入科目贷方余额转入本科目的贷方，借记“国有资本经营预算收入”“补助预算收入——国有资本经营预算补助收入”“上解预算收入——国有资本经营预算上解收入”科目，贷记本科目。将国有资本经营预算的有关支出科目借方余额转入本科目的借方，借记本科目，贷记“国有资本经营预算支出”“补助预算支出——国有资本经营预算补助支出”“上解预算支出——国有资本经营预算上解支出”“调出预算资金——国有资本经营预算调出资金”科目（见表 16－15）。

表 16－15　国有资本经营预算结转结余的账务处理

业务和会计事项	财务会计	预算会计
年终转账	—	借：国有资本经营预算收入 　　补助预算收入——国有资本经营预算补助收入 　　上解预算收入——国有资本经营预算上解收入 　贷：国有资本经营预算结转结余 借：国有资本经营预算结转结余 　贷：国有资本经营预算支出 　　　补助预算支出——国有资本经营预算补助支出 　　　上解预算支出——国有资本经营预算上解支出 　　　调出预算资金——国有资本经营预算调出资金

［例 16－19］某市财政经年终结算，纳入国有资本经营预算管理的各个预算收入支出科目余额如下："国有资本经营预算收入"科目贷方余额 50 000 000 元，"补助预算收入——国有资本经营预算补助收入"科目贷方余额 2 000 000 元；"国有资本经营预算支出"科目借方余额 35 000 000 元，"补助预算支出——国有资本经营预算补助支出"科目借方余额 1 500 000 元，"调出预算资金——国有资本经营预算调出资金"科目借方余额 10 000 000 元。总会计编制年终转账会计分录如下：

预算会计：

借：国有资本经营预算收入	50 000 000	
补助预算收入——国有资本经营预算补助收入	2 000 000	
贷：国有资本经营预算结转结余		52 000 000
借：国有资本经营预算结转结余	46 500 000	
贷：国有资本经营预算支出		35 000 000
补助预算支出——国有资本经营预算补助支出		1 500 000
调出预算资金——国有资本经营预算调出资金		10 000 000

上述分录借贷相抵，"国有资本经营预算结转结余"科目为贷方余额 5 500 000 元。

第六节　财政专户管理资金结余与专用基金结余

一、财政专户管理资金结余

财政专户管理资金结余是指本级政府财政纳入财政专户管理的教育收费等资金收支的执行结果。

（一）科目设置

在预算会计上，总会计应设置"财政专户管理资金结余"总账科目来核算本级政府财政纳入财政专户管理的教育收费等资金收支的执行结果。本科目期末贷方余额反映政府财政纳入财政专户管理的资金收支相抵后的滚存结余。

（二）账务处理

财政专户管理资金结余的主要账务处理如下：年终转账时，在预算会计上，将财政专户管理资金的有关收入科目贷方余额转入本科目的贷方，借记"财政专户管理资金收入"科目，贷记本科目。将财政专户管理资金的有关支出科目借方余额转入本科目的借方，借记本科目，贷记"财政专户管理资金支出"科目。同时，在财务会计上，"本期盈余——财政专户管理资金本期盈余"的账务处理详见本章第二节本期盈余相关内容（见表 16－16）。

表 16-16 财政专户管理资金结余的账务处理

业务和会计事项	财务会计	预算会计
年终转账	借：财政专户管理资金收入 贷：本期盈余——财政专户管理资金本期盈余 借：本期盈余——财政专户管理资金本期盈余 贷：财政专户管理资金支出	借：财政专户管理资金收入 贷：财政专户管理资金结余 借：财政专户管理资金结余 贷：财政专户管理资金支出

[例 16-20] 某省财政总会计经年终结算，财务会计的“财政专户管理资金收入”科目贷方余额为 8 700 000 元，财务会计的“财政专户管理资金支出”科目借方余额为 8 200 000 元；预算会计的“财政专户管理资金收入”科目贷方余额为 8 700 000 元，预算会计的“财政专户管理资金支出”科目借方余额为 8 000 000 元。（备注：预算会计与财务会计的科目余额不一致是因为当年有一笔以前年度列支的财政专户管理资金支出发生退回。）总会计编制年终转账会计分录如下：

财务会计：

借：财政专户管理资金收入　　8 700 000
　贷：本期盈余——财政专户管理资金本期盈余　　8 700 000
借：本期盈余——财政专户管理资金本期盈余　　8 200 000
　贷：财政专户管理资金支出　　8 200 000

预算会计：

借：财政专户管理资金收入　　8 700 000
　贷：财政专户管理资金结余　　8 700 000
借：财政专户管理资金结余　　8 000 000
　贷：财政专户管理资金支出　　8 000 000

借贷相抵，财务会计的“本期盈余——财政专户管理资金本期盈余”科目贷方余额为 500 000 元，预算会计的“财政专户管理资金结余”科目贷方余额为 700 000 元。

二、专用基金结余

专用基金结余是指本级政府财政专用基金收支的执行结果。

（一）科目设置

在预算会计上，总会计应设置“专用基金结余”总账科目来核算本级政府财政专用基金收支的执行结果，并根据专用基金的种类进行明细核算。本科目期末贷方余额反映政府财政管理的专用基金收支相抵后的滚存结余。

（二）账务处理

专用基金结余的主要账务处理如下：年终转账时，在预算会计上，将专用基金的有关收入科目贷方余额转入本科目的贷方，借记“专用基金收入”科目，贷记本科目。将专用基金的有关支出科目借方余额转入本科目的借方，借记本科目，贷记“专用基金支出”科目。同时，在财务会计上，“本期盈余——专用基金本期盈余”的账务处理详见本章第二节本期盈余相关内容（见表16－17）。

表16－17　专用基金结余的账务处理

业务和会计事项	财务会计	预算会计
年终转账	借：专用基金收入 　贷：本期盈余——专用基金本期盈余 借：本期盈余——专用基金本期盈余 　贷：专用基金支出	借：专用基金收入 　贷：专用基金结余 借：专用基金结余 　贷：专用基金支出

［例16－21］ 某市财政经年终结算，财务会计的“专用基金收入”科目贷方余额为6 500 000元，财务会计的“专用基金支出”科目借方余额为6 000 000元；预算会计的“专用基金收入”科目贷方余额为6 500 000元，预算会计的“专用基金支出”科目借方余额为6 000 000元。总会计应编制年终转账会计分录如下：

财务会计：

借：专用基金收入	6 500 000	
贷：本期盈余——专用基金本期盈余		6 500 000
借：本期盈余——专用基金本期盈余	6 000 000	
贷：专用基金支出		6 000 000

预算会计：

借：专用基金收入	6 500 000	
贷：专用基金结余		6 500 000
借：专用基金结余	6 000 000	
贷：专用基金支出		6 000 000

借贷相抵，财务会计的“本期盈余——专用基金本期盈余”科目和预算会计的“专用基金结余”科目的贷方余额均为500 000元。

《思考题》

1. 财政总会计的净资产包括什么？
2. 预算稳定调节基金与预算周转金有何区别？
3. 本期盈余和以前年度盈余调整分别如何转入累计盈余？
4. “资金结存”总账科目下都设置了哪些明细科目？各个明细科目的核算内容是什么？
5. 什么是一般公共预算结转结余、政府性基金结转结余和国有资本经营预算结转结余？

实训题

1. 某市财政经结算，预算收入类和预算支出类科目在年终转账前的余额情况如下：

预算支出类科目	借方余额	预算收入类科目	贷方余额
一般公共预算支出	520 000 000	一般公共预算收入	500 000 000
政府性基金预算支出	189 000 000	政府性基金预算收入	200 000 000
国有资本经营预算支出	30 000 000	国有资本经营预算收入	50 000 000
财政专户管理资金支出	3 800 000	财政专户管理资金收入	4 000 000
专用基金支出	1 980 000	专用基金收入	2 000 000
补助预算支出	180 000 000	补助预算收入	150 000 000
其中：一般公共预算补助支出	110 000 000	其中：一般公共预算补助收入	100 000 000
政府性基金预算补助支出	50 000 000	政府性基金预算补助收入	40 000 000
国有资本经营预算补助支出	20 000 000	国有资本经营预算补助收入	10 00 000
上解预算支出	65 000 000	上解预算收入	50 000 000
其中：一般公共预算上解支出	40 000 000	其中：一般公共预算上解收入	35 000 000
政府性基金预算上解支出	20 000 000	政府性基金预算上解收入	15 000 000
国有资本经营预算上解支出	5 000 000	国有资本经营预算上解收入	0
地区间援助预算支出	8 000 000	地区间援助预算收入	0
调出预算资金	50 000 000	调入预算资金	50 000 000
其中：一般公共预算调出资金	0	其中：一般公共预算调入资金	50 000 000
政府性基金预算调出资金	50 000 000	政府性基金预算调入资金	0
安排预算稳定调节基金	25 000 000	动用预算稳定调节基金	45 000 000
债务还本预算支出	70 000 000	债务预算收入	0
债务转贷预算支出	50 000 000	债务转贷预算收入	150 000 000
其中：一般债务转贷支出	10 000 000	其中：一般债务转贷收入	30 000 000
专项债务转贷支出	40 000 000	专项债务转贷收入	120 000 000
待处理支出	200 000	待处理收入	500 000

要求根据上述余额情况表编制年终转账分录，并计算有关科目的年终余额。

(1) 编制相应的会计分录，并计算“资金结存——待处理结存”科目的年终余额。

(2) 编制相应的会计分录，并计算“一般公共预算结转结余”科目的年终余额。

(3) 编制相应的会计分录，并计算“政府性基金预算结转结余”科目的年终余额。

(4) 编制相应的会计分录，并计算“国有资本经营预算结转结余”科目的年终余额。

附　录

附录 1　行政事业单位会计报表

附录 2　财政总会计的会计报表

参考文献

财政部条法司．中华人民共和国预算法实施条例解读．北京：中国财政经济出版社，2021.

刘京平，尉敏，许娟，等.《政府会计制度》核算指南：事业单位会计实务案例精讲.北京：中国财政经济出版社，2018.

王小龙，李敬辉，等. 预算管理一体化规范实用教程. 北京：经济科学出版社，2020.

许娟，齐军，刘京平，等.《政府会计制度》核算指南：行政单位会计实务案例精讲.北京：中国财政经济出版社，2018.

张庆龙，王彦. 政府会计制度解读与操作实务指南. 北京：中国财政经济出版社，2018.

赵建勇. 政府会计. 上海：上海财经大学出版社，2018.

政府会计制度编审委员会. 政府会计制度详解与实务. 北京：人民邮电出版社，2021.

政府会计制度编审委员会. 政府会计制度主要业务与事项账务处理实务详解. 北京：人民邮电出版社，2021.

中华人民共和国财政部. 政府会计制度：行政事业单位会计科目和报表. 上海：立信会计出版社，2017.

中华人民共和国财政部. 政府会计准则制度（2023 年版）. 上海：立信会计出版社，2023.

中华人民共和国财政部国库司. 财政国库手册. 北京：中国财政经济出版社，2020.

中华人民共和国财政部. 财政总会计制度（2023）. 北京：经济科学出版社，2023.

中华人民共和国财政部. 财政总会计制度. 中国政府网，2022－11－18.

中华人民共和国财政部. 2021 年政府收支分类科目. 上海：立信会计出版社，2020.

中华人民共和国财政部. 事业单位财务规则. 北京：经济科学出版社，2012.

中华人民共和国财政部. 行政单位财务规则. 上海：立信会计出版社，2023.

图书在版编目（CIP）数据

政府会计 / 童光辉等编著. --2 版. --北京：中国人民大学出版社，2023. 6
新编 21 世纪财税系列教材
ISBN 978-7-300-31792-2

Ⅰ. ①政… Ⅱ. ①童… Ⅲ. ①预算会计-高等学校-教材 Ⅳ. ①F810. 6

中国国家版本馆 CIP 数据核字（2023）第 096848 号

国家一流本科课程配套教材
中国大学 MOOC（慕课）配套教材
新编 21 世纪财税系列教材
政府会计（第二版）
童光辉 周克清 刘 丹 王积慧 编著
Zhengfu Kuaiji

出版发行	中国人民大学出版社			
社　址	北京中关村大街 31 号		**邮政编码**	100080
电　话	010－62511242（总编室）			010－62511770（质管部）
	010－82501766（邮购部）			010－62514148（门市部）
	010－62515195（发行公司）			010－62515275（盗版举报）
网　址	http://www.crup.com.cn			
经　销	新华书店			
印　刷	北京宏伟双华印刷有限公司		**版　次**	2022 年 2 月第 1 版
开　本	787 mm×1092 mm 1/16			2023 年 6 月第 2 版
印　张	31 插页 1		**印　次**	2025 年 2 月第 5 次印刷
字　数	700 000		**定　价**	69.00 元

教学支持说明

1. 教辅资源获取方式

为秉承中国人民大学出版社对教材类产品一贯的教学支持，我们将向采纳本书作为教材的教师免费提供丰富的教辅资源。您可直接到中国人民大学出版社官网的教师服务中心注册下载——http://www.crup.com.cn/Teacher。

如遇到注册、搜索等技术问题，可咨询网页右下角在线 QQ 客服，周一到周五工作时间有专人负责处理。

注册成为我社教师会员后，您可长期根据您所属的课程类别申请纸质样书、电子样书和教辅资源，自行完成免费下载。您也可登录我社官网的"教师服务中心"，我们经常举办赠送纸质样书、赠送电子样书、线上直播、资源下载、全国各专业培训及会议信息共享等网上教材进校园活动，期待您的积极参与！

2. 高校教师可加入下述学科教师 QQ 交流群，获取更多教学服务

经济类教师交流群：809471792

财政金融教师交流群：766895628

国际贸易教师交流群：162921240

税收教师交流群：119667851

3. 购书联系方式

网上书店咨询电话：010－82501766

邮购咨询电话：010－62515351

团购咨询电话：010－62513136

中国人民大学出版社经济分社

地址：北京市海淀区中关村大街甲 59 号文化大厦 1506 室　100872

电话：010－62513572　010－62515803

传真：010－62514775

E-mail：jjfs@crup.com.cn